막심 고리키 탄생 150주년 기념

막심 고리키 다시 읽기

일러두기

- 이 책의 지명과 인명 표기는 국립국어원의 현행 외래어 표기법에 따랐음.
- 이 책은 러시아 대외협력청(Россотрудничество)에서 일부 제작 지원을 받아 출판되었음.

Сборник статей к 150-летию со дня рождения М. Горького
막심 고리키 탄생 150주년 기념

막심 고리키 다시 읽기

М. Горький и его творчество

뿌쉬낀하우스 엮음

서문

올해는 러시아의 작가 막심 고리키의 탄생 150주년을 맞는 해이다. 그의 탄생 150주년을 축하하기 위해 몇 해 전부터 많은 행사들이 러시아학술원 산하 '고리키세계문학연구소'를 중심으로 기획되고 진행되었다. 고리키세계문학연구소는 한국의 뿌쉬낀하우스에 공동행사를 제안하였고, 몇 개의 기관이 함께 '고리키 페스티벌'을 개최하게 되었다. 페스티벌의 일환으로 고리키의 대표 시 '매의 노래', '바다제비의 노래'의 시낭송대회, 그림 공모전, 고리키 문학 좌담회, 시낭송회 '뿌쉬낀, 고리끼 그리고 쇼스따꼬비치', 연극 '밑바닥에서' 등 다양한 기념 행사들이 열렸다. 이 논문집 역시 고리키 탄생 150주년을 기념하는 책으로 페스티벌의 일부로 기획되었음을 밝힌다.

고리키 페스티벌과 이 논문집 발간은 많은 분들의 도움과 성원으로 이루어질 수 있었다. 특히 고리키세계문학연구소의 마리나 아리아스-비힐 교수님, 스트로가노프예술대학의 키릴 가브릴린 교수님, 경북대학교 이강은 교수님께 깊은 감사 말씀을 드린다. 또한 모든 행사를 안팎에서 지원해주신 주한러시아대사관, 러시아대외협력청, 루스키미르재단, 한국러시아문학회, 고려대학교 노어노문학과에도 감사 말씀 드리며, 이 논문집에 기고해주신 모든 선생님들께 감사의 말씀을 드린다.

막심 고리키는 20세기 러시아문학을 대표하는 작가라고 해도 과언이 아니다. 특히 20세기 초 외국문학의 한국 유입 시기에 가장 활발히 번역되고 연구된 작가 중 한 명이 고리키이다. 한국 연극 발전에 지대한 영향을 끼친 고리키의 연극 「밑바닥에서」는 당대로부터 현재에 이르기까지 우리 연극무대에서 활발히 공연되고 있으며, 1980년대에 고리키의 『어머니』는 대학생들의 필독서가 되기도 했다. 이와 같이 한국에서 고리키라는 작가는 우리에게 친숙하다. 하지만 우리는 그를 사회주의 리얼리즘의 대표작가로만 인식하고 있다. 실상 고리키는 다양한 스펙트럼을 지닌 작가로서 더 큰 문학적 위상을 지니고 있으며, 이러한 부분을 바로잡을 필요가 있다.

올해 성대히 치러진 고리키 페스티벌과 이번 논문집 발간을 통해 고리키에 대한 인식의 지평이 넓어지고, 이를 바탕으로 고리키에 대한 연구와 번역이 더 활발해지기를 고대한다.

김선명 (뿌쉬낀하우스 원장)

Предисловие

В этом году мы празднуем 150-летие со дня рождения М. Горького. В Институте мировой литературы (ИМЛИ) им. М. Горького РАН подготовили разнообразные мероприятия в память об этом выдающемся русском писателе и предложили нашему сеульскому Пушкинскому дому провести совместный Фестиваль Горького. Мы приняли это предложение и вместе с ИМЛИ, Московской государственной художественно-промышленной академией им. С. Г. Строганова и другими организовали фестиваль, в рамках которого прошли конкурсы чтецов и рисунков, круглый стол, Пушкинские чтения на тему «Пушкин, Горький и Шостакович», а также запланированы показы спектакля по пьесе М. Горького «На дне». И настоящий сборник статей тоже создан нашими совместными усилиями в честь 150-летия со дня рождения М. Горького.

Мы благодарны старшему научному сотруднику ИМЛИ Марине Ариас-Вихиль, заведующему кафедрой истории искусства и гуманитарных наук Академии им. Строганова Кириллу Гаврилину и профессору Университета Кёнбук Ли Ганыну за участие и помощь в издании этого сборника. Кроме того, мы благодарим посольство РФ в РК, агентство «Россотрудничество», фонд «Русский мир», Корейскую ассоциацию русистов, кафедру русского языка и литературы Университета «Корё» и всех авторов статей, включенных в этот сборник.

Максим Горький — один из самых известных русских писателей XX века. Для нас еще важнее то, что он один из первых иностранных авторов, с которыми еще в начале прошлого века познакомились корейские читатели, поэтому Горького переводили и исследовали больше многих других. Например, спектакли по его пьесе «На дне» часто ставились и в прошлом, и в современную эпоху, а его роман «Мать» был в Корее в 1980-х годах настольной книгой. Поэтому Горький для корейцев хорошо знакомый и известный автор. Часто говорят, что он представитель литературы социалистического реализма, но это не так. В действительности творчество Горького отличается большим разнообразием стилей и жанров.

Надеемся, что Фестиваль Горького в Корее и публикация

данного сборника статей помогут расширить горизонт восприятия творчества знаменитого русского писателя и стимулировать исследования и переводы его произведений на корейский язык.

— Ким Сон Мён (директор Пушкинского дома)

차례

서문 ... 5

1부 한국문학과 고리키
Корейская литература и М. Горький

1. 고리키를 통한 카프문학과의 대화 · 고현혜 ... 14
2. 무대 위의 러시아, 번역된 고리키 – 고리키의 「나 드네(На дне)」에서 함대훈의 「밤酒幕」까지 · 문경연 ... 46

2부 고리키와 사회주의 혁명
М. Горький и революция

1. 막심 고리키의 사회혁명 사상 · 이수경 ... 90
2. 막심 고리키의 『어머니』에 나타난 이념과 삶의 결합과 차이의 시학 · 이강은 ... 116
3. Максим Горький и Николай Бухарин: к истории взаимоотношений (вершители и жертвы советской истории) · Н. Н. Примочкина ... 150

3부 고리키 문학의 현대적 이해
Современное понимание творчества М. Горького

1. 고리키의 『1922–1924년 단편들』에 나타난 존재와 의식의
   미완결성의 시학 연구 · 이강은   198
2. 「밑바닥에서(На дне)」 주제의 연속성과 리메이크 · 안병용   238
3. 클림 삼긴의 '안경'과 이데올로기 · 이강은   273
4. Максим Горький и Андрей Платонов · Д. С. Московская   303

4부 문화적 컨텍스트에서 본 고리키
М. Горький в культурном контексте

1. Максим Горький и Ромен Роллан: историософия востока
   и запада (по материалам переписки) · М. А. Ариас-Вихиль   338
2. Восточная философия в духовных исканиях
   Максима Горького и русской творческой интеллигенции
   первой четверти XX века · К. Н. Гаврилин   377
3. М. Горький: музейный образ · С. М. Демкина   412
4. Максим Горький в русской и мировой культуре XX века
   · В. В. Полонский, Д. С. Московская, М. А. Ариас-Вихиль   431

1부

한국문학과 고리키

Корейская литература и М. Горький

고리키를 통한 카프문학과의 대화[1]

고현혜

논문 출처: 한국현대소설학회, 현대소설연구, No.39, [2008]

저자 소개

국민대학교 국어국문학과 강사

대표 논문으로 「이상문학의 상호텍스트성 연구」, 「이상의 「동해」와 '공통감각(共通感覺)'으로서의 '촉각'」 등이 있다.

Abstract

Dialogue with the KAPF through Maxim Gorky

Go, Hyeon-hye

(Kookmin University)

Lee Sang, a Korean modern author, effectively portrayed illusions and misery of the Korean colonial period, using the name of M. Gorky in his writings, when the oeuvre of Gorky was embraced in Korea in the 1930's. In those days, realism and modernism, KAPF (Korea Artista Proleta Federatio) and the Circle of Nine Authors developed together, opposing to each other. Lee Sang as a member of the Circle of Nine Authors frequently mentioned Gorky as a representative of the Socialist Realism literature, despite the fact that Lee Sang's own works did not adhere to the Socialist Realism. In his stories "The Story of Death(종생기)" and "Lost flower(실화)" Lee Sang used the name of Gorky occasionally, however in "The Story of Illusion(환시기)" Gorky played an important role to embody the theme of the novel. In 1936, when "The Story of Illusion" was supposedly written, KAPF was forcibly dismantled and this was indirectly described in the novel. Lee Sang as a member of the Circle of Nine Authors expressed his literary position of not adhering to either left wing or right wing after the dismantling of KAPF, describing the situation in terms of triangle relationship centered on a woman who read all Gorky's books.

Key words : KAPF, the Circle of Nine Authors, realism, modernism, Gorky

1. 이상문학의 "번안모사"

이상(李箱)의 글쓰기는 식민지 근대라는 현실을 전복할 수 있는 새로운 주체-텍스트를 생산하고자 하는 욕망의 소산이다. 그런데 특이한 것은 그것이 '위조·모방'이나 '속임·꾸밈'의 방식으로 나타난다는 사실이다. 「날개」에서는 "그대 자신(自身)을 위조(僞造)하는 것도 할 만한 일이오"(253면)[2]라는 언급이, 「단발」에서는 "이렇게 세상을 속이고 일부러 자기를 속임으로 하여 본연(本然)의 자기를 얼른 보기에 고귀(高貴)하게 꾸미자는 것이다"(282면)라는 언급이 보인다. 또한 이상은 문학이 근본적으로 기만의 행위임을 「종생기」를 통해 적나라하게 보여주고 있다. 이상은 도스토옙스키나 고리키를 뛰어난 기만술의 대가로 칭하면서 자신의 기만술이 그에 미치지 못함을 고백한다. 주목되는 것은 이상이 자신의 글쓰기를 "절승(絶勝)에 혹사(酷似)한 풍경(風景)을 미문(美文)으로 번안모사(飜案模寫)해 놓"(372면)는 것으로 표현하고 있다는 점이다. 이상의 글쓰기는 구체적으로 절묘한 풍경으로서의 식민지 근대의 현실을 위트나 아이러니, 패러독스라는 수사학적 장치를 동원, 다른 작품을 "번안모사"하는 방식으로 진행된다. 여기서 "번안모사"가 의미하는 바는 상호텍스트성이다. 이상문학의 상당수가 국내외 작가의 텍스트 및 자체 텍스트와 상호텍스트적 관련을 맺고 있다.

　브로이히와 피스터에 따르면 상호텍스트성은 전통적인 원전연구나 영향사 연구와 구별되는 것으로 두 개 이상의 텍스트 간의 의도적인 관련성이 텍스트 내에서 구체적으로 확인될 수 있어야 한다. 또한 여기서 더 나아가 작가의 의도성이 확인되는 결과텍스트(Folgetext)와 결과텍스트의 작가가 의도적으로 끌어들여 관련시키는 동기텍스트(Pratext) 간의 상호텍스트성이 의도적으로 작품생산의 수단으로 이용되어 어느 한쪽에 또는 두 개의 텍스트 모두에 하나의 텍스트로 만들어질 수 없는 새로운 의미가 부가되거나, 동기텍스트와 결과텍스트의 경계를 넘어서는 하나의 메타 차원이 성립되어 새로운 의미가 생겨날 수 있어야 한다. 이 글은 상호텍스트성에 대한 논의로, 기존의 연구에서 다뤄지지 않은 이상과 고리키 문학의 상호텍스트적 관련성을 읽어보고자 한다. 이 글은 하나의 가설로부터 출발하는데, 그것은 이상이 1930년대 조선에 수용된 고리키 문학의 자장 안에서 고리키 문학을 상호텍스트적으로 활용함으로써 당대 조선의 현실과 카프 해체의 사태에 대한 인식을 보여주면서 자신의 문학적 입장을 표명하고 있지 않은가에 대한 것이다. 가설을 입증해 나가는 과정에서 리얼리즘의 기수인 카프와 모더니즘의 기수인 구인회의 각기 다르면서도 동일한 입각점을 발견할 수 있기를 기대한다.

2. 현실에 터널 놓기 : 리얼리즘과 모더니즘

　루카치의 『오해된 리얼리즘에 반대하여』는 리얼리즘과 모더니즘 간의 오해된 역사를 아이러닉하게 반영한다. 그의 카프카 읽기가 이를 대표한다. 그는 카프카의 문학을 자기가 생각하는 그릇된 작품의 패러다임으로 거론 했으나, 후기에 이르러 카프카를 위대한 작가로 재평가한다. 그가 자신의 논지를 수정하게 된 이유는 카프카에게서 재발견한 독창성 때문이다. 그에 따르면 카프카의 작품은 엄청난 불안과 공포가 예술적인 가식 없이 단순하며 직접적으로, 엄청난 강렬성으로 다가온다. 루카치는 카프카의 작품이 충격과 강렬함을 주지만 전체의 구조나 형상화의 방향은 그 자체가 초월적인 '무'를 향해 있다는 것을 발견한다. 곧 세부적으로는 디테일이 사실적이나 전체로서는 반리얼리즘이라는 것이다. 그러나 루카치는 카프카 문학에서 '무'뿐만이 아니라 엄청난 반역, 격분, 저항적 성격을 읽어내면서 카프카를 인정하기에 이른다. 그러나 루카치는 그 구체적인 이유를 논리적으로 설명하지는 않는다. 이러한 발견에서 그가 다다른 결론은 한 작가, 한 작품 내에서도 리얼리즘 경향과 모더니즘 경향은 착종되어 있을 수 있으며, 리얼리즘과 모더니즘의 구분이란 편의적인 도식적 구분일 뿐이라는 것이다. 양식적 규범이란 있을 수 없고, 있다고 해도 그 양식은 항상 열려져 있으며, 중요한 것은 변화하는 현실에 끊임없이 다가가려는 작가의 노력과 현실을 파고드는 깊이에 있다. 결국 그는 리얼리즘과 모더니즘이라는 터널의 양쪽 끝에서 파고 들어가다 만나게 되는 중간 지점을 카프카를 통해 읽어 보고자 했던 것이다.

우리의 경우도 리얼리즘과 모더니즘이라는 이분화된 틀을 재고하려는 모색이 있었다. 1990년대에 발표된 민족문학론에 관한 진정석의 글이 그것이다. 이 글은 1996년 11월 '민족문학론의 갱신을 위하여'라는 표제 밑에 민족문학작가회의와 민족문학사연구소가 공동 주최한 심포지엄에서 '민족문학과 모더니즘'이라는 주제 밑에 발표된 발제문을 보완한 것이다. 진정석은 근대성 범주를 가운데 놓고 리얼리즘과 모더니즘의 이분법적 도식을 재고하자고 의견을 개진한다. 그래야만 리얼리즘-모더니즘의 이분법적 도식 하에 전자에 우위성을 부여함으로써 창작과 비평에 빈곤함을 자초하는 기존의 민족문학론에서 탈피할 수 있다는 것이다. 진정석은 근대적 현실의 '리얼리티'를 포착하려면 가장 먼저 근대의 역설과 이중성을 통찰하는 것이 시급함을 주장한다. 자본주의는 개인의 일상생활에 광범위하게 편재해 있으면서 그 개인들을 괴롭히는, 쾌락과 고통을 동시에 안겨주는, 적과 나 자신을 구별할 수 없도록 만드는 '가장 큰 적'이라는 것이다. 따라서 명확한 실체를 보이지 않는 이 감당키 어려운 괴물과 싸우기 위해서는 리얼리즘이라는 낡은 무기나, 모더니즘의 방법론만 가지고는 대적할 수 없으며, 남은 방법은 리얼리즘과 모더니즘을 함께 동원해 리얼리티 속으로 겸허하게 침잠해야 한다고 본다. 그에 따르면 현실의 리얼리티야말로 모든 문학적 형상화의 출발점이자 근거이고 종착역이기 때문에 중요한 것은 리얼리즘이나 모더니즘이 아니라 개념의 틀에 갇히지 않는 현실의 생생한 리얼리티를 포착하려는 정신이며, 그것은 리얼리즘의 방법을 따를 수도 있고 모더니즘의 기법에 의거할 수도, 또 다른 방향에서 추구될 수도 있다.

결국 앞서 살펴본 논의들의 공통된 문제는 리얼리즘과 모더니즘이라는 터널의 양끝이 아니라 그 둘이 종합되는 지점, 그들 간의 만남의 장이다. 그것은 곧 이 둘이 공유하는 근대 자본주의라는 공통된 현실이다. 리얼리즘과 모더니즘은 그 현실에 터널을 놓기 위해 서로 다른 방향에서 각자만의 방식으로 터널을 뚫는다. 그들은 "우리가 터널을 양쪽에서 파 들어오면 중간에서 틀림없이 만나게 되리라"는 루카치의 말처럼 언젠가는 중간에서

만나게 될 것이다. 1930년대 카프와 구인회라는 터널의 양끝이 만나는 식민지 근대의 현실이 이를 증명해 주리라 본다. 한국근대문학사에서 1930년대는 사상적인 면에서 민족주의와 마르크스주의라는 단선적인 대립구도를 벗어나 새롭게 모더니즘이 등장, 풍부한 문학적 담론이 형성된 시기이다. 1930년대 프로문학은 카프(KAPF)의 두 차례에 걸친 검거 사건을 겪고 1935년 카프가 해체됨으로써 퇴조의 길을 걷는다. 이에 프로문학 측에서는 프로문학의 한계를 극복하기 위해 이념적 모색을 시도한다. 또한 모더니즘 작가들도 새로운 경향의 작품을 발표하는데, 1930년대는 이러한 모더니즘과 리얼리즘이 첨예하게 맞물리면서 진행된 시기였다. 1920년대의 미분화되었던 이데올로기적 구도는 자본주의가 양적·질적으로 성장함에 따라 변화하게 되고 1930년대에 이르러 각 계급적·계층적 이해 집단의 사상적 구도 및 이데올로기적 이해관계가 첨예하게 맞부딪치면서 모더니즘과 리얼리즘은 각기 상대방을 대타적인 이데올로기로 인식하게 된다. 이러한 한 시대의 극단에 자리 잡은 문학그룹이 카프와 구인회였다. 이 글은 이 두 문학그룹의 대화의 지점을 이상문학 속 고리키를 매개로 해 읽어보고자 한다.

3. 프로문학의 고리키, 이상의 고리키

   1930년대는 서양문학 이입의 과정에서 전문적인 외국문학 전공자에 의해 번역작업이 본격화된 시기이다. 김진섭은 「번역과 문화(飜譯과 文化)」(『조선중앙일보』, 1935. 4. 17.–1935. 5. 1.)에서 번역이 곧 "각 민족의 차이라는 대난국"을 해소시켜 주고 "보다 넓고 높은 세계를 가장 직접적으로 국민화하고 자기화하는 문화적 행동"의 역할을 한다고 말한 바 있다. 이는 특히 1930년대 수용된 고리키를 통해서도 확인할 수 있다. 1930년대 전후의 한–소 문학의 관계는 고리키 문학을 매개로 했다고 해도 과언이 아니다. 왜냐하면 고리키가 한국 프로문학 형성에 가장 많은 영향을 끼친 작가 중의 한 사람이기 때문이다.

물론 고리키 문학의 수용은 대개가 일본 문학계로부터의 작품 소개와 이론 유입에 영향 받은 바 크다. 고리키는 일본의 사회주의 문학 형성에 지대한 영향을 끼친다. 고바야시 다키치(小林多喜二), 미야모토 유리꼬(宮本百合子), 나가노 시게하루(中野重治), 도쿠에이 나오시(德永直) 등 대표적인 일본의 프롤레타리아 작가들과 김남천, 한식, 이기영, 한설야, 백철, 임화 등 한국의 프롤레타리아 문인들은 모두 공통되게 사회주의적 리얼리즘 문학의 전형으로서 고리키를 수용한다. 한국 사회주의 문학의 전신자 역할을 했던 일본의 프로문학이 급격한 성장과 그로 인한 후유증을 앓고 있던 시기에 고리키 작품은 큰 의미를 부여받아 1920년대에 들어 체계적으로 번역된다. 1921~23년 일본평론사(日本評論社) 출판사는 9권짜리 전집을, 1929년 교세이가꾸 출판사는 『세계 문학』시리즈로서 11권짜리 고리키전집을 발간했다. 또한 개조사(改造社) 출판사는 1929~32년에 25권짜리 전집을 발간하기도 해 일본의 노동자들과 혁명적 인텔리겐치아들로부터 큰 인기를 얻었다. 이러한 인기의 원인은 고리키 작품이 제시하는 새로운 창작방법으로서의 사회주의 리얼리즘에 있었다. 고리키 작품은 종래의 작품들과 달리 긍정적인 주인공들에게 새로운 이상을 부여했다. 주인공들이 지닌 신념에 찬 열정은 일본 프롤레타리아 작가들에게 억압받는 민중의 실체에 대한 자각, 진정한 역사의 방향, 곧 사회주의 쪽으로의 변환 과정을 보여주는 것으로 인식되었다. 이처럼 고리키는 일본 프롤레타리아 문학의 이념-창작 형상화에 지대한 영향을 미친다. 이러한 사정은 한국 프롤레타리아 문학에 있어서도 마찬가지였다.

한국에서 소개된 고리키의 첫 작품은 『신생활』지에 진순성(秦瞬星)이 번역 소개한 소설 「의중지인(意中之人)」(1922. 7)이다. 1920년대에는 15편 가량의 단편 작품이 번역 소개되었고, 30년대에는 약 45편 가량의 글이 소개되었다. 30년대에는 주로 고리키에 대한 평론이 주류를 이루었으며, 희곡 소개도 있었다. 특히 1936년에 고리키에 대한 소개가 본격적으로 이루어지는데, 이는 이 해 6월 19일에 고리키가 사망했기 때문이다. 그를 추모하는 특집 형식의 글이 대거 등장했고 그의 서거 1주년을 기념하는 글들도 쏟아져 나왔다. 일간지 『동아일보』, 『조선일보』, 『조선중앙일보』와 잡지 『비판』이 고리키를 특집 기사로 다루어 1930년대 한국 프롤레타리아 문학에서의 고리키의 영향력을 입증했다. 고리키를 소개한 필자들은 사회주의 문학자인 김남천, 한식, 이기영, 한설야, 백철, 임화, 함대훈 등이었는데, 이로써 한국 프롤레타리아 작가와 비평가들에게 미친 고리키의 영향력을 확인할 수 있다. 회월 박영희는 「고리키의 문학적 보고에 관련하야-이에 대한 나의 관심」(『개벽』, 1935. 1.)에서 1934년 8월에 개최된 제1회 소비에트 작가대회 석상에서 발표한 사회주의 리얼리즘 선언이라 할 수 있는 고리키의 연설 「문학과 사회와 금일의 문학」을 소개 비판하였고, 한식은 「문호 막심 고리키의 문학사상의 지위-위대한 작가, 교사로서의 그의 부고를 듣고」(『동아일보』, 1936. 6. 20.-26.)에서 고리키를 "프롤레타리아 예술의 태조이자 대표자, 문학사가 가진 최고의 종합적인 사회주의 리얼리즘"으로 소개하였다. 또한 한설야는 「막심 꼬리키의 예술에 대하여」(『조선일보』,

1936. 7. 25.-31.)에서 "맨 밑 계단으로부터 맨 위의 계단, 즉 광명의 절정에 이르기까지 피와 힘과 의지로 집요히 올라간 오직 한 사람의 위대한 예술가"로서 고리키를 규정하였다. 그 밖에 고리키 문학 소개에 개척자적 역할을 한 함대훈은 총 24회에 걸쳐 연재한 「노농문단의 기린아 막심 고리키 연구-문단생활 40년을 기념하야」(『조선일보』, 1932. 11. 23.-12. 27.)에서 고리키의 작품을 망라하여 그의 문학을 4기로 나누어 설명하였다. 이와 같은 관계는 "고리키의 작품들은 한국의 진보적인 작가들을 형성하는 데 커다란 영향을 끼쳤고……그들에게 프롤레타리아 문학 운동의 등대가 되었다"(『조-소문화』, 1951. 6. 18.)는 말로써 정리될 수 있을 것이다.

그렇다면 프로문학과 대척점에 있었던 구인회 문인들에게 고리키는 어떠한 존재였을까. 구인회 작가인 이상의 경우 프로문학 작가들과 달리 고리키와의 관계가 그리 명쾌하게 정리되지 않는다. 이상은 그의 수필이나 잡필 등의 기록을 통해서 고리키 문학의 어떤 점에 크게 영향을 받았다는 직접적인 기록을 한 바도 없거니와 그의 작품 자체에서도 사회주의 리얼리즘 창작 방법의 전형을 보여주는 고리키 문학의 특성과 아무런 유사점을 발견할 수 없기 때문이다. 이상은 단지 몇 편의 작품들을 통해 단편적으로 고리키를 언급하고 있을 뿐인데, 그 언급 또한 애증이 겹친 기묘한 성질의 것이기에 뭐라 명확히 규정내릴 수 없다. 그러나 고리키에 대한 이상의 관심사를 따라가다 보면 일종의 실마리를 발견하게 된다.

　　또스토예프스키- 나 꼬리키-는 美文을쓰는 버릇이없는체했고
　또 荒凉, 雅談한景致를 「取扱」하지않았으되 이 의뭉스러운어룬들은
　직 美文은 쓸듯쓸듯, 絶勝景槪는 나올듯나올듯, 해만보이고 끝끝내

아주 활짝 꼬랑지를 내보이지는않고 그만둔 구렁이같은 분들이기 때문에 그欺瞞術은 한층 더 進步된것이며, 그런만큼 效果가 또 絶大하야 千年을두고 萬年을 두고 네리네리 부즐없는 慰撫를바라는 衆俗들을 잘 속일수있은 것이다. 그렇나- (372~373면)

「종생기」에서는 기만술의 대가로서 도스토옙스키와 고리키를 언급하면서 그들을 비판하는 어조로 말하고 있으나 실은 도스토옙스키와 고리키가 사용하고 있는 "미문(美文)"의 스타일 및 서스펜스의 수법에 대한 일종의 존경심을 내비치고 있다. 이는 「종생기」의 다음 구절에서 구체적으로 확인된다.

李箱! 당신은 世上을 經營할줄모르는 말하자면 병신이오. 그다지도 「迷惑」하단말슴이오? 건너다보니 절터지오? 그렇다하드라도 「카라마소푸의兄弟」나 「四十年」을 좀 구경삼아 들러보시지오. (371면)

도스토옙스키나 고리키가 모두 "미문(美文)을 쓰는 버릇이 없는 체" 하였으나 실은 둘 다 "미문(美文)"을 쓰는 작가들이었고, "황량(荒凉), 아담(雅談)한 경치(景致)를 「취급(取扱)」하지 않았으되" 사실은 의뭉스럽게도 "절승경개(絶勝景槪)"를 내비친 작가들이라는 이상의 숨은 평가가 위의 대목 속에 드러난다. 도스토옙스키와 고리키의 기만술에 자신의 기만술이 미치지 못함을 자조하는 이상의 고민 속에는 이들 대가들처럼 인간 세계의 "절승경개"를 명확히 밝혀 제시할 수도 없고, 그것을 "미문"으로 쓸 수도 없는 한계상황에 따른 아픔이 자리하고 있다. 그 한계는 1차적으로는 검열과 통제의 칼날이 날카로웠던 식민지 상황에 근거한 것이 아니었을까. 1930년대 식민지 조선의 암흑 속에서는 문학을 통해 있는 그대로 당대 사회의 "절승경개"를 내비친다든가, 그것을 "미문"으로 만든다는 것 자체가 불가능한 일이었다. 그러나 그 한계는 시대적인 한계일 뿐만 아니라 이상의 한계이기도 했을 것이다. 이상은 근대의 이중성과 허상을 알면서도 근대가 불러일으키는 환상으로부터 완전히 자유롭지 못했다. 그는 근대의 환상과 절망, 그 사이에서 갈팡질팡하는 딜레마로 고통 받는다. 그래서 이상은 자신의 정신을 "미혹(迷惑)"하다고 일컬으며 스스로를 "세상(世上)을 경영(經營)할 줄 모르는 말하자면 병신"으로 규정지었는지도 모른다. 이상은 한계를 뛰어넘기 위해 대가들의 글쓰기를 변형하여 자기화함으로써 새로운 형태의 글쓰기를 창조해 내고자 하는데, 이를 스스로 일컬어 "절승에 혹사한 풍경을 미문으로 번안모사해 놓"는 것이라 명명하고 있다.

  1930년대는 한국 프롤레타리아 문학 단체였던 카프가 일제에 의해 강제 해산되고 프로문학 작가들이 굴욕스러운 전향을 선택할 수밖에 없는 암흑기였다. 일제의 검열과 억압이 특히 심했던 이 시기에 구인회는 일제의 검열의 법망에서 보다 자유로운 순수문학을 표방하며 등장한 문학 단체였다. 이 구인회의 일원으로서 이상이 자신의 정신의 딜레마를 넘어설 수 있는 차선책으로 택한 방법이 바로 "절승에 혹사한 풍경을 미문으로 번안모사해 놓는" 글쓰기였다. 「실화」에서 직접적으로 고리키의 작품을 언급하는 대목이 이 점을 극명하게 보여준다.

     十二月의麥酒는 선뜩선뜩하다. 밤이나 낮이나 監房은 어둡다는 이것은 꼬−리키의 「나 드네」 구슬픈 노래, 이노래를 나는 모른다.
(346~347면)

"꼬−리끼의 「나 드네」", 곧 고리키의 「밤주막」은 러시아의 밑바닥 생활을 주제로 한 희곡인데, 이상은 이 희곡 속에 나오는 "밤이나 낮이나 감방(監房)은 어둡다"라는 가사를 지닌 구슬픈 노래를 모른다고 이야기한다. 그러나 이상은 다음 장의 모두(冒頭)에서 「밤주막」의 노래가사를 기록해놓고 있다.

밤이나 낮이나 그의 마음은 한 없이 어두우리라. 그렇나 俞政아! 너무 슬퍼마라. 너에게는 따로 할 일이 있느니라. (347면)

"밤이나 낮이나 그의 마음은 한 없이 어두우리라"는 민중들의 밑바닥 생의 어둠을 드러내는 「밤주막」의 가사 구절이다. 이상은 이 가사 옆에 구인회의 같은 멤버로 활동했으며 그와 절친한 사이였던 소설가 김유정(金裕貞)을 끌어들이고 있다. 물론 예리한 현실인식을 통해 소외된 계층들의 삶을 그려냄으로써 당대의 모순을 드러냈던 김유정의 문학세계와 고리키 문학의 내용이 전혀 동떨어진 것은 아니기에 이들의 연결은 부자연스럽지 않다. 둘 다 밑바닥 생의 어둠을 노래했기 때문이다. 그러나 특이한 점은 이상이 「밤주막」 가사 옆에 김유정을 끌어들이는 것은 김유정 소설을 말하기 위함이 아니라 김유정 개인 자체의 어둠, 곧 폐결핵이라는 치명적인 병마에 시달리고 있는 그의 마음의 상태를 표현하기 위해서라는 점이다. 일견 그렇게 보인다. 이후 소설의 전개는 이상이 폐결핵을 앓고 있는 김유정을 찾아가 대화를 나누는 장면으로 전개되고 있기 때문이다. 그러나 이것도 역시 그렇게 억지스러운 것은 아니다. 왜냐하면 비참하고 쓰라린 성장기를 보냈던 고리키나 가난과 질병 속에서 살았던 김유정에게 있어 밑바닥에서의 생이 그들 문학의 토대였기 때문이다. 그러나 이것은 독자를 속이기 위한 가면일 뿐이다. 왜냐하면 이상이 시인 정지용(鄭芝溶)의 이름은 본명으로 표기하면서("그렇면 詩人芝溶이어! 李箱은 勿論 子爵의아들도 아무것도 아니겠읍니다그려!"(346면)) 소설가 김유정의 이름에는 변경을 가하고 있기 때문이다. 이상은 김유정의 '裕貞'이라는 한자를 '俞政'으로 바꿔 표기한다. 이상은 동일한 '유정'이라는 발음을 통해 독자로 하여금 이상과 친분이 있는 소설가 김유정을 떠올리게 하는 방식으로 독서를 유도하면서도 실은 친우의 이름의 한자를 바꿈으로써 그 한자의 의미를 통해 진짜 말하고자 하는 바를 앞서 이상이 「종생기」에서 언급한 대가들처럼 "쓸 듯 말 듯" "나올 듯 나올 듯, 해만 보이고 끝끝내 아주 활짝 꼬랑지를 내보이지는 않고 그만두"듯 드러내고 있는 것이다. 구렁이 같은 이 속임수 밑에는 당시 1930년대 사회정치상의 어둠을 고리키의 「밤주막」의 노래 가사에 빗대어 이야기하고자 하는 이상의 진의가 숨겨져 있다. 아래의 유정을 향한 이상의 고백적 언술에서 이 면모가 언뜻언뜻 비치고 있다.

「信念을 빼앗긴 것은 健康이 없어진 것처럼 죽엄의 꼬염을받기 마치 쉬운 경우드군요.」

「李箱兄! 兄은 오늘이야 그것을 빼앗기셨읍니까? 인제—겨우—오늘이야—겨우—인제」

俞政! 俞政만 싫다지않으면 나는 오늘밤으로 치러버리고 말작정이었다. 한개 妖物에게 負傷해서 죽는 것이 아니라 二十七歲를 一期로하는 不運의 天才가되기 위하야 죽는 것이다.

　俞政과李箱－이 神聖不可侵의 찬란한 情死 － 이 너무나 엄청난 거즛을 어떻게 다 주체를 할 작정인지.

「그렇지만 나는 臨終할 때 遺言까지도 거즛말을 해줄 결심입니다」

「이것 좀 보십시오」

하고 풀어 헤치는 俞政의 젓가슴은 草籠보다도 앙상하다. 그 앙상한 가슴이 부풀었다 구겼다 하면서 斷末魔의 呼吸이 서긂다.

「明日의 희망이 이글이글 끓습니다」

俞政은 운다. 울수 있는 外의 그는 왼갓 表情을 다 忘却하여 버렸기 때문이다.

「俞兄! 저는 來日 아침車로 東京가겠읍니다.」(348면)

일제에 대한 저항을 표면상에 그려내지 못했던 식민지 시대의 작가들에게 있어 카프의 강제 해산과 전향할 수밖에 없었던 프로문학 작가들의 상황은 남의 일이 아니었을 것이다. 구인회의 일원이었던 이상 또한 그 사정은 다르지 않았다. 이 당시 구인회 또한 프로문학의 파장에 무관할 수 없었을 것이다. 구인회가 결성되던 시기가 카프 문학운동이 종말을 고하던 시기라는 점을 고려하면 이들의 문학적 행로가 전형기 문단의 진로 모색과 관련됨을 어렵지 않게 추정해 볼 수 있다. 1930년대의 문단은 3·1운동 이후 활발해진 사회운동의 활성화와 더불어 결성되어 전개된 프로문학이 약화·쇠퇴하고 일제의 압력으로 카프가 해체되면서 문인들은 점차 역사의 표면에서 후퇴하는 모습을 보인다. 구인회는 이데올로기에 얽매인 프로

문학에 대한 거부에서 출발하였으나 구인회가 프로문학을 거부하고 순수 문학을 전면에 내세운 데에는 1930년대 일제 무단 정치 체제의 전면적인 탄압과 통제의 상황 속에서 살아남기 위한 자체 내의 궤도수정의 일면이 없지 않았을 것이다. 해방 이후 구인회 회원들의 정치적 변신과 행적 등을 감안해 본다면 구인회 작가들의 하나로 묶을 수 없는 다양한 문학적 경향들 속에 일종의 사회정치적인 측면에서의 혁명성이 잠재해 있었다고 조심스럽게 진단해 볼 수도 있다.[3] 구인회의 일원인 이상에게도 "한 개의 요물(妖物)"인 일제에 저항하는, 어둠 속에 묻힌 조국을 향한 "유정(俞政)"의 사랑이 있었다. 그러나 당대의 문단적 상황에서 그것의 직접적인 표출이란 "신성불가침(神聖不可侵)"적인 것이다. 그래서 이상은 조국에 대한 자신의 "유정(俞政)"의 사랑을 소설가 김유정과의 동반자살·정사(情死)라는 외피로 위장하여 자신의 글쓰기를 "거짓말"로 만든다. 그가 동경에서 죽기 전 유언처럼 말한 "레몬 혹은 메론을 달라"는 극히 모더니스트적인 발언과 같은, 조국의 현실을 도외시한 모더니스트적인 형상을 지닌 그의 글쓰기는 겉과 속이 다른 일종의 거짓말이었던 것이다. 이것은 그의 죽음의 원인이 되기도 한 동경에서의 사건을 떠올리게 한다. 이상은 방종한 댄디의 성향과는 전혀 어울리지 않는 죄명인 불령선인(不逞鮮人)[4]으로 일본경찰에 잡혀 구금되고 이후 건강 악화로 동경제대부속병원에서 만 26세 7개월의 생을 마친다. 동경에서 이상은 연극을 통해 민족의 얼을 되살리고자 설립된 동경학생예술좌[5] 월례회에 자주 참석해 이 연극단체의 동인들과 모임을 같이 했는데, 이상이 동경학생예술좌 청년들과 가졌던 만남은 그냥 스쳐 지나가는 이야기로 취급될 것이 아니다. 조국의 현실을 타개해 나가려는 이상의 숨겨진 의지는 제정 러시아의 밑바닥 사람들의 생활을 묘사한 프롤레타리아 문학의 선구자 고리키 문학과의 텍스트적 관련성을 통해 드러나고 있기 때문이다.

4. 「환시기」 : 고리키를 매개로 한 삼각관계

이상의 일제에 대한 저항적인 측면은 「실화」와 마찬가지로 고리키의 「밤주막」과 텍스트적 관련성을 보이는 「환시기」에서도 확인해 볼 수 있다. 그러나 이상은 「환시기」에서 고리키를 보다 적극적으로 활용하는 측면을 보여준다. 「종생기」나 「실화」에서 고리키가 단편적으로 활용되었다면, 「환시기」에서는 고리키가 작품의 주제구현에 있어 핵심적인 역할을 담당한다.

> 太昔에 左右를 難辨하는 天痴있드니
> 그 不吉한子孫이 百代를 겨끄매
> 이에 가지가지 天刑病者를 낳았더라. (243면)[6]

「환시기(幻視記)」(『청색지』 1938. 6. 유고로 발표)는 "좌우(左右)를 난변(難辨)하는 천치(天痴)"인 "천형병자(天刑病者)"를 자처하는 작가 이상이 자신의 개인사를 소재로 삼아 고리키 전집을 독파한 한 여자를 두고 벌인 삼각관계를 그린 소설이다. 이 작품이 쓰인 시기로 추정되는 1936년은 일제의 압력으로 카프가 강제 해산된 카프해체 직후이다. 카프문인들은 생계를 위해 지금껏 지켜왔던 신념인 사회주의가 환상이었음을 고백하며 전향할 수밖에 없는 상황에 처한다. 당시 문인들에게 카프의 해체는 큰 파장을 낳았다. 이상에게도 카프해체의 상황은 충격으로 다가왔을 것이다. 따라서 이 시기 이상이 카프해체의 상황에 대한 인식과 사유를 작품으로 남겼을 가능성을 고려해 볼 필요가 있다. 그러나 대개의 연구들은 「환시기」를 이상의 자전적 글쓰기로서만 해석한다.

「환시기(幻視記)」는 1936년에 쓰여진 작품 가운데 가장 먼저 나온 소설인 것으로 보인다. 이 작품의 창작 시기는 대략 1936년 2월경으로 추정된다. 이 작품은 '정인택과 권순옥의 사랑과 결혼'이라는 작가의 신변 사실을 형상화한 작품으로 사소설 또는 자전적 소설로 분류될 수 있는 작품이다. …… 정인택의 아내 권순옥은 원래 이상의 연인이었다. 그녀는 「환시기」에서 순영(윤태영의 텍스트에서도 동일)으로, 그리고 조용만의 작품에서는 미정으로 나온다. 이상이 정인택마저 '송군'으로 쓴 것(윤태영의 텍스트에서는 '정군'으로 제시)이나 두 작가 모두 권순옥의 이름을 가명으로 한 것은 예술로서 한 차원 고양시키기 위해서라기보다 사인성(私人性) 때문일 것이다. 실재의 사건이 허구적 소설로 자리매김되는 것도 작가의 이러한 서술 태도로 말미암는다. …… 각각의 텍스트에서 이름을 제외한 사건들은 사실의 영역에 속하는 것이다. 이상이 '멕시코'에서 순영에게 송군과의 결혼을 주선한 것과 송군이 '자살소동'을 일으켜 '의전병원'에 입원하게 된 것, 그리고 난관 끝에 순영과 송군이 '결혼'에 이르게 된 것이 그렇다. 여기에서 속에 든 내용은 실제사건으로서 두 작품 모두 일상적 언어 차원에서 재현된다. 이상은 자신의 일상적 사건을 예술적 의장을 빌어 작품 속에 재현한 것이다. 다만 작품에서 정인택은 송군, 권순옥은 순영으로 각기 기호적인 대체가 이뤄졌을 뿐이다. 결국 이상은 현실 세계의 대상들을 소설 속에서 허구의 기호로 대체시킴으로써 소설을 형상화해내고 있다.

김주현은 실생활의 위기의식을 그림으로써 거기에서의 구원을 내세우는 일본의 사소설과 같은 맥락에서 「환시기」를 바라보고 있다. 그의 논의는 이상의 자전적 글쓰기의 면모를 밝혀 준 점에서 의의가 있으나 이상이 자신의 개인사적인 사건을 문학적으로 형상화함으로써 궁극적으로 드러내려 한 주제가 무엇인지에 대해서는 명확한 해답을 내려주지 못하고 있다. 이것은 작품의 저변에 깔려 있는 고리키라는 존재의 의미망을 간과한 탓에 오는 난관이 아닐까. 「환시기」에 보이는 사건은 확인 가능한 작가의 개인사적 사건이지만 궁극적으로는 허구화된 사건이며 이 소설화된 사건은 무엇보다 고리키라는 매개항을 통해 진행된다는 점에서 개인사에 국한되지 않는 주제적 측면을 담고 있다. 「환시기」는 이상의 옛 애인인 카페 여급, 처녀는 아니지만 고리키 전집을 독파했기에 두 남자로부터 사랑을 받는 순영을 둘러싼 이상과 송군의 삼각관계의 이야기이다. 이상 소설의 경우 대개가 연애에 관한 이야기이므로 남녀 간의 연애의 문제가 어떻게 다뤄지고 있는지가 이상 소설 연구의 핵심이 될 것이다. 특히 당사자 모두에게 정신적 고통을 강요하는 삼각관계의 구도는 인간의 내면을 들여다보게 만드는 장치이다. 이상 소설의 경우 삼각관계는 유달리 주목을 요한다. 왜냐하면 대개의 소설들에서 삼각관계는 한 여자를 두고 두 남자가 경쟁을 벌이는 구도로 한 명의 최종 승리자를 향해 있다. 그런데 이상 소설에서는 한 여자를 두고 두 남자가 대치하긴 하지만 주인공인 '나'는 경쟁을 하기도 전에 스스로 물러나거나 패배하는 모습을 보여줌으로써 통속적인 독자들의 기대를 실망시킨다. 이는 다분히 이상의 의도에 따른 결과이다. 이상은 삼각관계를 통해 인간관계의 갈등구조를 보여주면서도 자신을 대변하는 주인공 '나'의 어이없는 패배를 통해 갈등구조를 파괴한다. 이는 연애의 문제가 곧 자기성찰의 기제임을 극명하게 드러내는 모형이다. 이상의 연애소설에서는 한 여자를 사이에 둔 두 남자 간의 암투와 치열한 경합보다는 경쟁을 하기도 전에 물러나거나 어이없이 패배한 주인공의 내면과 의식이 소설의 중심을 이룬다. 이는 곧 이상이 남녀 간의 삼각관계를 단순히 소재차원에서 다루고 있는 것이 아니라 근대인들의 인간관계로 문제시하고 있으며 연애의 문제를 자기성찰의 계기로 삼고자 했음을 보여주는 것이다. 따라서 「환시기」의 남녀 간의 삼각관계는 단순히 소재 차원에 그치지 않는 의미망을 형성하고 있다고 보아야 할 것이다.

 이상 스스로 작품 안에서 창작의 동기를 밝히고 있듯이―"(이 순영이라는 이름짜밑에다 氏짜를붙이지않으면안되는 지금내가엽슨처지가 말하자면 이소설을쓰는 동기지)"(243면), 「환시기」는 순영을 중심에 두고 송군과 이상이 맺은 삼각관계에서 이상이 패배하고 만 사건의 전말을 이야기하고 있다. 그 주요 내용이란 간단한 것이다. 아내의 첫 번째 가출 이후 이상은 여급 순영을 사랑하게 되었으나 순영이 잠시 떠나게 되어 낙담하게 되고 어느 날 갑자기 귀가한 아내에게 순영에 대한 곪은 애정을 대신 표현함으로써 안정을 찾게 된다. 그러나 아내의 두 번째 가출로 다시 고독한 신세가 된 이상은 다시 돌아온 순영과의 관계를 회복하기가 어렵다. 자신을 기다리지 않고 아내에게 돌아간 이상에게 일종의 배신감을 느끼는 순영과 거리가 생기게 된 것이다. 한편 친구인 송군이 자신의 연인이었던 순영을 짝사랑하고 있음을 알게 된 이상은 송군이 자살기도를 하자, 순영에게 자신의 사랑을 이야기하려던 자리에서 그만 송군과의 결혼을 종용하게 되고 이후 순영은 송군과 가까워져 송군의 아내가 된다. 결혼 후 송군은 생계의 문제로 자신의 고리키 전집을 내다팔고 그 돈으로 이상과 술자리를 같이 한다. 이상은 지금은 송군의 아내가 된 순영과 연인이었던 시절, 그녀의 비뚤어진 얼굴 탓에 성공하지 못한 첫 키스의 기억을 떠올리며 당시 그가 느꼈던 그녀와 자신 간의 거리, 곧 삼천포읍에서 산다고 말하는 그와 회령읍에서 산다고 말하는 순영 사이의 거리가 "남북 이천 오백리(南北 二千五百里)"였음을 반추한다. 이후 아내의 얼굴이 삐뚤어졌다고 불평하는 송군과 순영의 거리가, 동경과 블라디보스톡 사이의 "남북 일만리(南北 一萬里)"임을 느끼면서 송군에게 아내의 왼쪽으로 기운 얼굴을 똑바로 보기 위해 바른쪽으로 비켜서기 이전에 자신의 시각을 교정하라고, 그래야만 둘의 거리가 남녀 간의 키스할 때의 거리처럼 가까워질 수 있을 것이라고 충고한다. 이 소설에서 중요한 것은 삼각관계를 둘러싼 대강의 줄거리 내용이나 이상의 개인사적 측면과 대응될 수 있는 사항들이 아니라, 이상과 송군이 고리키 전집의 독파자이기 때문에 사랑하는 순영을 표상화하는 방식과 그녀를 중심축에 둔 그들의 입장이다. 이상과 송군에게 순영은 처녀가 아닌 대신 고리키 전집을 독파한 존재이다. 또한 순영은 얼굴이 왼쪽으로 기울어져 있으며, 그녀의 고향은 블라디보스톡이나 회령읍으로 이야기된다.

처녀가아닌대신에 꼬리키전집을한권도 빼놓지않고讀파했다는

처녀이상의보배가 宋군을動하게하였고 지금宋군의 은근한자랑꺼리리라.

결혼하였으니 자연 宋군의書架와부인순영씨 (이 순영이라는 이름짜밑에다 氏짜를붙이지않으면안되는 지금내가엽슨처지가 말하자면 이소설을쓰는동기지) 의서가가 합병할밖에―합병을하고보니 宋군의최근에받은 꼬리키전집과 순영씨의고색창연한꼬리키전집이 얼렸다. …… 암만봐두여편네얼굴이라능게 왼쪽으로「야깐」비뚜러젔다는 감이 없지않단말야―자네 사년동안이나 쪼차당겼다니 삐뚜러징거 알구두그랬나 끝끝내 모르고그만두었나? …… 나는 삼천포읍에서사는사람이라고 그리니까 순영은 회령읍에사는사람이라고 그린다. 내 그 인색한원근법이 일사천리지세로 南北二千五百里라는거리를급조하야 나와순영사이에다 펴놓는다. 순영의 얼굴에서 순간 원광이 사라졌다. ……

자네마누라가 회령서났다능건 거 정말이든가―
요샌또우라디오스톡에서 났다구 그리데―내무슨수작인지모르지―그래난동경서났다구 그랬지―좀더멀찍암치해둘걸그랬나봐―
우라디오스톡허구동경이면 南北이 一萬里로구나굉징한거리다―
(243~251면)

그녀가 독파했다는 고리키 문학이란 곧 프롤레타리아 문학의 전형이며, 그녀의 얼굴이 좌측으로 기울어져 있음은 좌우 대립의 상황에서 그녀가 사회주의 진영을 대변하고 있음을 암시적으로 표현한 것이다. 또한 그녀의 고향으로 표현되는 블라디보스톡이나 회령 또한 프롤레타리아 계층들의 삶의 터전으로서 사회주의와 밀접한 관련성을 띤다. 블라디보스톡은 사회주의 혁명의 발신지 러시아의 승리와 비극, 자유와 속박의 역사가 점철된 도시이다. 또한 이곳은 일제에 저항하기 위해 많은 한국인들이 정보교환을 하던 곳이자 고려 공산당중앙총국이 발족된 장소였다. 회령은 식민지 시절 궁핍과 수탈의 아픈 역사가 점점이 새겨진 유민의 터전이자 유랑의 길목인 함경북도 국경 지방의 하나로 일제가 수탈을 목적으로 실시한 경제 발전의 그늘 속에서 숱한 노동자들이 비참한 삶을 마쳤던 도시이다. 1935년 4월 15일 회령 유선 탄광에서 폭약이 터져 800여 명의 갱부가 매몰되었던 사건은 그 단적인 예이다.

이러한 사회주의 진영을 대변하는 순영을 둘러싼 이상과 송군의 입장은 동일선상에서 출발하지만 이후 변화하여 입장 차이를 보이게 된다. 이상은 처녀가 아닌 대신 고리키 전집을 독파한 자신의 보배인 순영을 사랑하면서도 순영과 결합하지 못하고 송군과의 결혼을 종용하게 되며 송군은 고리키로 인해 사랑하게 된 순영과 결혼했으면서도 생계를 이유로 순영으로부터 받은 신판 고리키 전집을 내다 판다.

>宋군과결혼하지 응? 그야말루 宋군은 지금 절벽에매달린사람이
>오-宋군이가진良心 그와 배치 되는 현실의박해로 말미아믄 갈등
>自殺하고 싶은고민을 누가알아주나- ……
>결혼한지한달쯤해서 宋군은 드듸여 자기가받은 新판꼬리키 전집
>한길을 내다팔았다.
>반만먹세-
>반은?

> 반은 여편네같다주어야지-지난달에 그지경을해놓아서 이달엔아
> 주죽을지경일세-
> 난또마누라 화장품이나사다주는줄알었네그려- (248, 244면)

이상과 송군 모두 현실과 신념 사이의 괴리 속에서 갈등을 앓는다. 이상은 비뚤어진 순영의 얼굴이 착시효과로 인해 똑바로 보였던 사실을 기억하고 있다. 즉 이상은 사회주의라는 것이 일종의 환상임을 이미 자각한 상태이다. 그래서 그는 자신의 고민을 사회주의라는 이념 속에서 해결할 수 없음을 잘 알고 있었다. 그러한 탓에 이상은 아직 순영의 얼굴이 비뚤어진 사실을 알지 못하는, 그래서 순영을 통해 현실과의 갈등을 해결할 수 있다고 믿는 송군에게 순영으로 대변되는 사회주의에 대한 신념 혹은 지향을 양보하게 된다. 결국 이상은 「환시기」를 통해 식민지 현실 속에서 맞이하게 된 좌우 대립의 문단상황을 이야기하고 있는 것이다. 이상은 부르주아 계층의 타락한 모습에 절망하고 프롤레타리아 계층의 혁명의 환상에 좌절한 나머지 어느 하나를 선택하지 않고 독립을 선언한다. 그러나 송군의 경우는 이상과 다르다. 송군은 실제 이상의 친구인 정인택(鄭人澤)이 허구화된 인물로 정인택의 삶의 여정과 관련해 송군의 입지를 해석해 볼 필요도 있다. 정인택은 무력한 지식인의 과잉된 의식세계를 추적하는 심리주의적 경향의 작품을 많이 쓴 소설가이다. 그는 구인회의 일원은 아니었지만 구인회 회원들의 해방 이후의 정치적 변모에 못지않은 행적을 보여준다. 정인택은 일제강점기 말기에는 조선문인보국회에 관여해 친일적인 작품들을 쓰기도 했으며, 8·15 광복 후에는 별다른 활동을 하지 않다가 6·25 전쟁 때 월북한다. 그러나 이상이 실제의 인물인 친구 정인택을 소설적 인물로

어떻게 형상화했느냐가 보다 중요하므로 송군의 입지는 작품 내용과의 관련 속에서 파악하는 것이 적절할 것이다. 송군은 현실과 자신의 신념 사이의 모순 속에서 고통 받던 시절 순영을 만나 사랑하게 된 인물이다. 그는 이상과 마찬가지로 순영이 고리키 전집을 독파했기에 사랑한다. 그는 머뭇거리던 이상과 달리 적극적인 구애를 펼쳐 그녀와 결혼한다. 그에게는 순영이 고리키 문학에 정통하다는 사실이 은근한 자랑거리이다. 그러나 이후 그는 그가 그토록 아끼던 그녀로부터 받은 신판 고리키 전집을 생계의 이유로 내다 팔게 되며 아내의 얼굴이 비뚤어졌다는 사실을 알게 되어 실망하는 모습을 보인다.

 이러한 송군의 면모는 1935년 일제에 의해 카프가 강제 해산되어 쇠퇴일로를 걷게 된 프로문학의 문단상황과 결부해 해석해 볼 수 있는 여지를 준다. 사회주의 이념을 신념으로 삼았던 프로문학 작가들에게 일제에 의한 카프의 강제 해산과 전향의 요구는 삶의 근거를 통째로 뒤흔드는 충격이었다. 1935년 카프해산 이후 프로문학 작가들은 사회주의 신념과 전향이라는 현실 사이의 모순 속에서 갈등하게 된다. 이 당시 전향은 작가의 내부적 요인에 의한 것이라기보다는 외부적 강제에 의해 이루어진 것이었다. 전향을 하지 않으면 당장의 생계가 어려운 절대 절명의 상황이었다는 점, 식민지 치하에서의 전향이란 곧 일제의 식민정책에 순응하는 길이라는 점에서 프로문학 작가들의 고민은 실로 심각한 것이 아닐 수 없었다. 사회주의 이념을 대변하는 고리키 전집을 독파했다는 순영을 지극히 사랑하던 송군은 사회주의 이념의 신봉자였으나, 생계의 문제에 부딪치게 되면서 그토록 중시했던 고리키 전집, 곧 사회주의 이념을 내다 팔게 되고 이후 똑바르다고 여겼던 아내의 얼굴, 곧 사회주의 혁명이 환상이었음을 깨닫게 된다. 이러한 송군의 현재적 입지는 좌우 중 어느 하나를 선택하지 않은 이상보다 사회주의와 큰 간격을 둔 것이다. 이상과 순영의 거리가 "남북 이천 오백리"라면 송군과 순영의 거리는 "남북 일만리"로 표상된다.

이상은 이러한 송군에게 다음과 같은 충고를 던진다.

> 아까 바른쪽으루비켜스란소리는 괜헌소리구 비켜스기전에 자네 시각을 訂정―그때문에다른물건이죄다 바쭉으루삐뚜러져 보이드래두 사랑하는안해얼굴이 똑바루만보인다면시각의 직능은 그만아닌가―그렇면 자연 그 우라디오스톡 동경사이 남북만리거리두 배―제처럼 바싹 맞 닦아스구말테니. (251면)

좌익의 신념에 봉사했던 친구가 생계의 요구로 인해 신념을 내다 팔고 사회주의의 환상성에 절망해 우익 쪽으로 돌아서려는 것을 지켜본 이상은 친구 송군에게 일제의 강압에 의해 전향하기 이전에 사회주의를 바라보던 자신의 시각을 정정함으로써 일제에 순응하는 길보다는 저항하는 길을 택하도록 촉구한다. 이상은 곤경에 처한 카프문인들에 대한 구인회 작가로서의 시선과 좌익도 우익도 택하지 않은 채 독립을 선언하는 자신의 문학적 입장을 「환시기」에 그려내고 있다.

이처럼 구인회 작가인 이상의 「환시기」 속에서도 1935년 카프 해체라는 문단사의 사건은 그 파장을 드러내고 있다. "포스트―카프문학"을 거론하고 있는 채호석의 지적처럼 카프 해산 이후 카프에 속했던 작가들의 문학만이 아니라 많은 새로운 작가들의 문학 역시 여전히 카프의 자장 내에 존재하고 있었던 것이다.

5. 현실과 희망의 간극

이상의 소설은 대개가 개인사를 토대로 한 자전적 글쓰기의 면모를 보여준다. 그래서 그 주제를 해명하는 데 많은 어려움이 따른다. 앞서 고리키와 관련해 단편적으로 살펴본 이상의 「종생기」와 「실화」뿐만 아니라 「환시기」도 그 명확한 주제가 무엇인지가 모호해 의견이 분분하다. 그러나 세 작품을 꿸 수 있는 요소로서 '고리키'에 주목해본다면 작품 해명에 있어 보다 수월한 길이 열릴 수 있다. 「종생기」에는 소설 창작과정에 있어 고리키의 「클림 삼긴의 생애」의 영향성이 드러나 있으며 「실화」와 「환시기」에는 고리키의 「밤주막」이 상호텍스트적으로 활용되고 있는데, 이를 통해 이상이 고리키의 작품에 영향을 받았고 고리키 문학의 특성을 자기화하고자 했음을 읽어볼 수 있다. 「환시기」의 경우는 그 농도가 가장 높은 편인데, 왜냐하면 이 작품은 「밤주막」과 동일하게 현실과 희망 사이의 간극을 그리고 있기 때문이다.

고리키의 「밤주막」은 밑바닥 인생들의 암울한 현실을 다룬다. 음울한 현실은 등장인물들의 운명과 행위를 결정하는 인자로 작용하고 각 인물들의 배경과 성격을 드러낸다. 지옥이나 동굴 속 같이 어두침침한 빈민굴 속에 사는 사람들은 아무런 희망도 개선의지도 갖지 않은 채 술에 취해 지내거나 싸움질과 노름 등에 매달려 산다. 그러나 루카라는 인물이 나타나면서 빈민굴 사람들은 몰라보게 변모한다. 루카라는 노인은 빈민굴 사람들에게 일종의 희망을 심어주는데, 이로 인해 빈민굴 사람들은 점차 희망을 갖고 이곳을 떠나 자신들의 삶을 개척하고자 하는 의지를 갖게 된다. 그러나 그들이 막상 현실에 부딪혔을 때 희망은 여지없이 파괴되어 버린다. 그들은 결국 이전의 생활로 되돌아가게 된다. 그러나 문제는 현실의 구원으로서 환상을 맛보았던 사람들은 다시 이전의 삶으로 조건 없이 되돌아가지 못하고, 현실적인 삶의 비참함을 이전보다 더욱 견딜 수 없게 느낀다는 데 있다. 현실과 희망의 간극은 이 점에서 극대화되는데, 「밤주막」의 이러한 측면은 이상의 「환시기」에서도 그대로 나타난다. 사회주의라는 이념에 희망을 품고 자살기도를 하면서까지 신념을 지키고 이를 사랑했던 송군은 생계의 문제에 부딪히면서 사회주의의 환상성을 깨닫고 자신의 신념을 내다 팔게 된다. 환경이 개인의 성격과 운명을 결정한다는 숙명적 세계관을 드러내 보인다는 점에서 「환시기」의 맥락은 「밤주막」의 맥락과 근접한 부분을 보여준다. 일례로 송군이 그토록 아끼던 고리키 전집을 내다 팔게 된 것, 곧 그가 신념을 버리게 된 것은 그를 압박하는 생계의 문제에 그 원인이 있다. 일제의 억압으로 살기 위해 전향을 택한 카프 작가들의 삶이란 「밤주막」의 꿈을 이루지 못하고 척박한 현실로 되돌아온 빈민굴 사람들의 삶과 크게 다르지 않다. 「밤주막」의 인물들이나 1930년대 전향 작가들은 그 구체적인 맥락은 다르지만 큰 틀에서 본다면 모두 현실의 구원으로서 환상을 쫓다가 다시 척박한 현실로 되돌아온 자들로서, 그들의 현재적인 삶이란 희망을 몰랐던 시절보다 더욱 비참한 것이다. 혁명 전야, 제정 러시아 말기의 암울하고 절망적인 시대상을 빈민굴을 배경으로 하여 드러낸 고리키의 「밤주막」과 카프의 강제 해산으로 카프 문인들이 전향으로 나아갈 수밖에 없는 시대 상황을 당시를 살았던 인간의 생계문제로 형상화한 이상의 「환시기」 모두 현실과 희망의 간극 속에 놓여 있는 당대인들의 삶의 조건을 그려내고 있다.

주석

1 이 글은 『현대소설연구』 제39호(한국현대소설학회, 2008. 12)에 동일 제목으로 수록된 글을 이 책의 편집 취지에 맞추어 인용주를 생략하고 문장의 오류 및 일부 내용을 수정하여 재수록한 것이다. 인용주에 대해서는 『현대소설연구』의 글을 참조.

2 이 글에서는 김주현 주해, 『정본 이상문학전집 02-소설』, 소명출판, 2005에 수록된 작품을 기본 자료로 활용했다. 이 책의 인용은 인용 구절 뒤 괄호 속에 면수만 기입.

3 자의든 타의든 구인회의 다수의 회원들이 6.25 전쟁 때 납북되거나 광복 후 좌익 문학단체에 관계하다 월북한 모습을 보여주고 있어 주목된다. 김기림은 6.25 전쟁 때 납북되었고, 이태준은 광복 후에 '조선문학가동맹'에 포섭되어 활약하다가 월북한다. 독실한 가톨릭 신자로 순수시인이었던 정지용은 광복 후 좌익 문학단체에 관계하다가 전향, 보도연맹(輔導聯盟)에 가입하였으며, 6.25 전쟁 때 북한공산군에 끌려간 후 사망했다. 이상과 함께 대표적인 모더니스트 소설가였던 박태원은 8.15 광복 후에 조선문학가동맹에 가담함으로써 작가의식의 전환을 꾀했고, 6.25 전쟁 중 서울에 온 이태준·안회남 등을 따라 월북했다.

4 불령선인(不逞鮮人) : 일제 강점기에 불온하고 불량한 조선 사람이라는 뜻으로, 일본 제국주의자들이 자기네 말을 따르지 않는 한국 사람을 이르던 말.

5 동경학생예술좌(東京學生藝術座)는 일제강점기에 도쿄에 유학 중인 한국 학생들로 조직된 학생 연극 단체이다. 이 예술단체는 연극을 통한 민족의 얼을 고취한다는 취지하에 1934년 설립하여 1940년까지 지속되었다. 박동근·김진수·황순원·김영수·김병기·김동원·김일영·허남실·주영섭·마완영 등 15명이 창립했다. 창립 취지는 이 단체를 통하여 적극적으로 연극을 수업, 귀국하여 연극을 통해

민족의 얼을 되살리고자 하는 것이었다. 유치진의 「소」, 주영섭의 「나루」로 창립공연을 했고(1935 築地劇場), 제2회에는 유치진 각색의 「춘향전」(1937)을, 제3회에는 E.F.오닐의 「지평선」(1937)과 주영섭의 「벌판」(1937) 등을 공연하였다. 또 기관지 『막(幕)』(1936~1939)을 발간했으며, 1939년 70여 명의 회원 중 일부가 귀국하여 극연좌(劇硏座)를 비롯한 국내 연극계에서 활동했다. 그러나 연극을 통한 좌익사상 고취의 혐의를 받고 일부 회원이 검거되었으며, 주영섭·마완영·박동근·이서향 등이 기소되었다. 결국 8개월의 옥중생활에서 풀려나온 박동근이 도쿄로 건너가면서 해산되었다.

6 김윤식(김윤식 엮음, 『이상문학전집 2 소설』, 문학사상사, 1991, 287면 각주 3번)은 이 구절에 대해 "고리키의 희곡 「밤주막」의 주제 음악 가사. 희곡의 앞에 씌어 있다"고 기재하고 있는데, 김주현 주해의 정본 텍스트에서는 고리키의 희곡 앞에 이것이 확인되지 않는다고 밝히고 있어 명확한 규명이 필요하다. 함대훈 역의 번역본(조선공업문화사(1949), 양문사(1954))에서도 이것이 확인되지 않는다. 김윤식이 어느 판본을 보았는지는 조사가 필요한 상황이다. 이상이 「환시기」를 쓸 당시 「밤주막」을 염두에 두었음은 확실한 것으로 보인다. 이 두 작품 모두 현실과 환상의 간극을 다루고 있으며 삼각관계를 그리고 있다. 「밤주막」은 한 남자를 둘러싼 자매 간의 삼각관계를, 「환시기」는 한 여자를 사이에 둔 친구 간의 삼각관계를 보여준다.

참고문헌

1. 기본자료

　　이상, 『정본 이상문학전집 02-소설』, 김주현 주해, 소명출판, 2005.

　　막심 고리키, 함대훈 역, 『밤주막』, 양문사, 1954.

2. 단행본 및 논문

　　김주현, 『이상 소설 연구』, 소명출판, 1991.

　　김효중, 『번역학』, 민음사, 1998.

　　문석우, 「투르게네프와 고리키 문학의 수용과 한국적 변용」, 『서구문학의 수용과 한국적 변용』, 한국학술정보(주), 2004.

　　이진순, 「동경 시절의 이상」, 『그리운 그 이름, 이상』, 김유중·김주현 엮음, 지식산업사, 2004.

　　진정석, 「모더니즘의 재인식」, 『창작과 비평 96』, 창작과비평사, 1997. 6, 150~173면.

　　채호석, 「탈-식민과 (포스트-) 카프문학」, 『민족문학사연구』 제23호, 민족문학사학회, 2003, 37~66면.

　　한계전·전혜자·임영환·장사선, 「1930년대 한국 문학의 비교문학적 연구」, 『비교문학』 제14집, 한국비교문학회, 1989, 9~115면.

　　게오르그 루카치, 「프란츠 카프카냐 토마스 만이냐」, 『현대리얼리즘론』, 황석천 역, 열음사, 1986.

　　U. Broich/M. Pfister(Hrsg), Intertextualität: Formen, Funktionen, anglistische Fallstudien, Tübingen : M. Niemeyer, 1985.

무대 위의 러시아, 번역된 고리키
– 고리키의 「나 드네(На дне)」에서
함대훈의 「밤주막(酒幕)」까지

문경연

논문 출처: 인하대학교 한국학연구소, 한국학연구, Vol. 35, [2014.11.]
『백년 동안의 진보』, 박헌호 편저, 소명출판, 2015

저자 소개

동국대학교 다르마칼리지 강의교수
경희대학교 국어국문학과 박사 졸업
대표 저서로『한국 근대 극장예술과 취미 담론 연구』, 번역서로『좌담회로 읽는 국민문학』,『취미의 탄생』,『演技된 근대』,『포스트콜로니얼 드라마』등이 있다. 현재는 근현대 한국 연극과 동아시아의 문화번역 연구에 매진하고 있다.

Abstract

Russia on Stage, Translated Gorky: From Maxim Gorky's the Lower Depths to Ham Dae-hun's the Night Tavern

Moon, Kyoung-Yeon

(Dongguk Univ. Dharma College)

This paper deals with Ham Dae-hun's translation of Maxim Gorky's The Lower Depths (На дне) into The Night Tavern and the staging of it in 1933 as a notable event within the dramatical history of Korea. It is examined within the cultural context of that particular historical period, in which the theatrical and literary circles welcomed Gorky and the process of which his works were culturally translated. To the Proletarian theatre people and the realist writers of Korea at the time, Gorky was the symbol of progressive literature. In this paper, it is verified that Ham Dae-hun's 1933 translation of Gorky's The Lower Depths was printed in 1949 as The Night Tavern, and that version is selected as the text upon which I based my discussion.

As Osanai Kaoru (小山內薫) was often placed as an important filter for Ham Dae-hun's translation work, this paper traces the relationship of influence between The Lower Depths (На дне, 1902), The Night Inn (夜の宿,

1910), and The Night Tavern (밤酒幕, 1933/1949). As a result, I have come to a tentative conclusion that Ham's translation is more likely a direct translation from the original Russian text than an indirect translation of Osanai's Japanese translation. After the premiere of The Night Tavern in 1933, amongst the 1930s' literary circles, the text came to be used as a dismal symbol that represented Korean society. Also in the theatrical circles, The Night Tavern became the standard of realist playwriting and scale for evaluation. In addition, by piecing together the contemporary discourse, this paper also reconstructs the response and resonance that The Night Tavern created in the 1930s' Korean cultural world by the conflicting and collaborating utterances from literary works, theatrical performances, films, and critics.

Key words: Maxim Gorky, Ham Dae-hun, Proletarian theatre, progressive, The Night Tavern, The Lower Depths

1. 한국 근대문학과 러시아문학의 조우

"十二月의 麥酒는 선뜩선뜩하다. 밤이나 낮이나 監房은 어둡다는 이것은 꾀-리키의 「나 드네」 구슬픈노래, 이노래를 나는 모른다."

소설가 이상(李箱)이 자신의 내면을 반영한 소설 「失花」(『文章』 1939.3)의 6장 마지막에 쓴 문장이다. 12월의 동경에서 법정대학 유학 중인 친구 Y와 맥주를 마시며 이상이 고리키의 「나 드네(На дне, 밑바닥)」를 떠올릴 때, "구슬픈노래, 이노래를 나는 모른다"는 말은 물론 반어적인 표현이다. 러시아어로 '밑바닥'이라는 의미를 가진 단어 '나 드네(На дне)'는 고리키가 1902년에 발표한 희곡이다. 모스크바예술극장은 1902년 12월 스타니슬랍스키, 네미로비치 단첸코 연출의 고리키 작 「나 드네」[1]를 무대에 올렸고, 체홉의 「갈매기」와 함께 러시아 연극사의 한 장을 장

그림 1 모스크바 예술좌에서 상연한 『고리키』作 『룸펜窟』의 一場面 (「명연출가순례(2) 스타니슬랍흐스키 (中)」, 『동아일보』 1935.4.17.)

식하게 된다. 「나 드네」는 「소시민」에 이은 고리키의 두 번째 희곡작품이었다. 제목에서 추측할 수 있듯 가장 '밑바닥'을 사는 하층민들의 삶의 공간, 싸구려 여인숙을 배경으로 그곳 사람들의 빈곤하고 비참한 삶을 그린 작품이다. 「나 드네」는 당시 독일을 비롯하여 프랑스, 미국, 영국에서 러시아와 큰 시차를 두지 않고 공연되었다. 특히 1902년에 먼저 「소시민」을 올리고 고리키의 저력을 확인했던 독일 연극계는 고리키 작품에 지대한 관심을 표명했고, 1903년부터 1904년까지 무려 500일 이상 「나 드네」를 베를린에서 무대화했다. 이는 모스크바예술극장의 연극사적 위상을 보여주는 것이면서 동시에 고리키에 대한 세계적 주목을 확인시켜주는 대목이라 하겠다. 이름에서 이미 추앙의 태도를 갖게 만드는 러시아 문호 '막심 고리키(Maxim Gorky, 1868~1936)'.[2] '가장 고통스러운'이라는 의미의 이름 자체만으로도 조선을 포함하여 혁명을 꿈꾸던 20세기 초반 전 세계의 시대적 상징이자 문학의 대변이 될 수밖에 없었다. 이런 흐름 속에서 소설가 이상이 문득 생의 심연(深淵, 나 드네)에 치달은 듯한 느낌을 받고 연극 「나 드네」에 삽입된 노래 "해가 뜨나 해가 지나 감옥은 어둡네"를 환기하는 것이 "동경에서 느낀 이상의 방향상실감의 정직한 반영"이자 "체념적 어조"라는 해석은 그래서 당연하다. '러시아', '고리키', '밑바닥' 그리고 「나 드네」가 하나의 계열을 만들며 이상(李箱)의 머릿속에 떠올랐던 것과 흡사하게, 본고의 시작도 이 열쇳말들의 나열에서 시작되었다.

1909년 최남선이 『소년』에 '톨스토이'를 소개한 이래 한국 근대문학 형성기에 러시아문학이 미친 파급력은 상당했다. 1920년대 번역된 러시아의 문학작품과 비평의 숫자는 영국 다음으로 많았고, 미국이나 독일문학보다 거의 두 배에 달했다. 양적 공세가 영향력의 모든 것을 보여주는 지표가

될 수는 없으나 근대 문학에 탐닉하기 시작한 조선의 문학자들이 가졌음 직한 러시아 문학에 대한 동경과 조바심, 문학적 실천의 계기 등을 상상하기에는 충분한 근거가 된다. 한국 근대문학 형성에 미친 러시아문학의 영향력은 주지하다시피 최남선, 이광수, 조명희, 이무영 등의 사상론·예술론과 작품 연구를 통해 충분히 밝혀졌다. 이 구도는 한국 근대 극예술의 영역으로 그 범위를 좁혀보아도 다르지 않다. 톨스토이, 투르게네프, 도스토옙스키, 체홉, 고리키 등의 작품이 1910년대 이후 소개되고 번역[3], 공연되었다. 선행연구에 기대보자면 1920년대 톨스토이 다음으로 가장 많이 연구된 작가는 고리키였다. 그리고 1930년대가 되면 고리키의 '문단활동 40주년 기념'과 1936년 고리키의 '죽음'을 계기로 그에 대한 조선문단 내의 평문 발표 회수와 평가가 최고조에 달했다. 이 시기 조선에는 일본 내 러시아문학붐의 후미(後尾)에서 러시아 문학자들과 조우하고 러시아 작가를 사숙하는 작가군들이 등장했다. 그중에서도 고리키의 영향을 받은 작가들은 상당했다.[4]

  그러나 해방 이후 냉전 체제하 한국에서 소수의 문학작품을 제외한 대부분의 러시아발 서적들은 공식적인 출간이 불가능해졌고, 긴 공백 이후 러시아의 사상과 문학이 다시 조명받은 것은 1980년대 중반 이후였다.[5] 1990년에 발간된 김송본의 『고리키와 조선문학』은 1920년대부터 해방기까지 발표된 고리키 관련 연구논문, 생애와 작품론, 회고와 단상, 단편적 기록 등을 수집하고 해설을 실은 단행본으로, 고리키의 유입 양상을 그려보게 한다. 자료 유형의 구분이 모호하고 다수 누락된 자료들이 있다는 아쉬움이 있지만 고리키 연구의 1차 자료가 되어주고 한국 문학사에서 고리키의 위치를 가늠케 하는데 도움이 된다. 이 책에 실린 한설야, 김온, 이상화, 홍효민, 한식, 이효석, 송영, 이기영, 김남천, 임화, 함대훈 등의 논문과 평문을 통해 고리키에 대한 소개가 1920~30년대에 동시대적이었다는 시차적 민감성과 조선 작가들에게 생존하는 최고의 문호로 받아들여졌던 분위기를 확인할 수 있다. 이 시기의 '고리키론'들을 보면 당시 조선의 문인과 연극인들은 고리키 문학의 특징을 거의 정확하게 간파하고 있었다. 이는 조선 문학자들이 작품뿐만 아니라 러시아 문단의 연구와 비평들을 발빠르게 흡수하고 있었음을 보여주는 것이다.[6] 이들에게 고리키는 프롤레타리아 문학의 대표자 혹은 사회주의 리얼리즘의 창시자로 숭앙되고, 1930년대 프로문학 진영의 논쟁과 사회주의 리얼리즘으로의 전향에 원용되는 동시대의 가장 진보적인 작가였다. 고리키가 한국에 수용된 양상과 관련한 담론 연구는 1990년대 이후 몇 편의 논문을 통해 축적되었다.

소설과 문학론에서뿐만 아니라 조선의 근대연극 형성에서 러시아 희곡과 연극은 지대한 기여를 했고 영향력을 미쳤다. 서양 근대연극으로서의 러시아 연극과 스타니슬랍스키로 대표되는 모스크바예술극장의 근대극 운동이 일본을 경유하여 조선연극계에 미친 영향력 중에서 고리키가 차지하는 지분은 상당했다. 이에 본고는 조선 연극계와 문단이 고리키를 환대했던 상황들을 살펴보고자 하는데, 이번에 처음 연구되는 함대훈의 번역 텍스트 「밤酒幕」(1933)[7]을 중심으로 당대 문화적 상황과 작품의 수용 과정을 고찰할 것이다. 그런데 식민지 시기 연구가 대부분 그러하듯이 자료 접근의 어려움이 극예술연구에도 큰 걸림돌이 되는 것이 사실이다. 매체에 발표되거나 단행본으로 출간된 극소수의 작품을 제외한 대부분의 공연대본은 남아있지 않은 실정이다. 최근에 톨스토이의 희곡 「어둠의 힘」(이광수 역, 중앙서림, 1923)에 대한 이광수 번역 연구와 역시 톨스토이의 희곡

「산송장」(조명희 역, 평문관, 1924)에 대한 연구가 이루어졌다. 이는 창작이 아닌 번역 작품을 저평가하는 연구자들의 시각과 문학 범주 안에서도 희곡이 갖는 낮은 위상 때문에, 톨스토이, 이광수, 조명희라는 문학사 대표선수들의 결합이었음에도 연구가 비교적 늦게 이루어진 축에 속한다. 한편 톨스토이의 「부활」이 조선에서 「카츄샤」(예성좌, 1915)라는 예제로 공연되고 '카츄샤'가 대중적인 아이콘이 되는 맥락과 번역(번안, 각색)의 과정을 추적한 연구는 확인 가능한 '대본'이 없는 관계로, 원작인 앙리 바타이유(Henry Bataille)의 「부활(The Resurrection)」(1902)과 시마무라 호게츠(島村抱月)의 「부활」(1908) 번역을 통해 이것이 조선에 유입되는 방식을 우회하여 연구하였다. 그러므로 「어둠의 힘」과 「산송장」을 제외하고 식민지 시대에 번역·공연된 러시아 희곡 중에서 작품(대본)이 확인된 경우는 현재로서는 없다고 하겠다.[8] 본고가 텍스트로 삼은 「밤酒幕」이 그 틈을 조금이라도 메울 수 있을 것이라고 기대하며, 고리키와 함대훈 사이에는 일본 연극계 혹은 오사나이 가오루(小山內薰)라는 중요한 필터가 가로놓여 있는 바, 그 영향관계를 함께 검토하고자 한다.

2. 「나 드네(На дне)」(1902), 「夜の宿」(1910), 「밤酒幕」(1933/1949)[9]

1) 함대훈과 「밤酒幕」

식민시기 러시아문학 소개에 스스로 소명을 삼았던 자가 있으니 바로 일보(一步) 함대훈(咸大薰, 1907~1949)이다. 조선문단의 고리키 수용에 있어 함대훈의 공은 누구보다도 탁월했다. 당대 매체에 기고한 고리키 작가론과 작품론의 수(45편 정도)는 타의 추종을 불허했다. 함대훈이 발표한 러시아문학 비평 중에서 가장 많은 비중을 차지하는 것은 톨스토이론과 고리키론이며,[10] 그는 고리키를 비롯하여 고골리, 톨스토이, 체홉 등 러시아 문학작품을 번역했다. 함대훈이 졸업한 동경외국어학교 러시아어과는 일본에 러시아문학이 이입되는데 가장 많은 역량을 발휘한 지식장이었다. 함대훈이 이곳에서 러시아문학을 전공하고 이후 러시아문학 전문가가 된 것은 다행한 일이지만, 한편으로는 러시아문학의 일본적 이입과 조선적 이입 사이에서 번역의 풍토성이라는 민감한 문제를 해결해야하는 문제적 포지션에 그가 놓이게 됨을 의미하는 것이기도 했다. 그는 1931년 동경외국어학교를 졸업하고 귀국하여 그해에 '해외문학연구회' 동료들인 김진섭, 이하윤, 정인섭, 유치진 등과 함께 '극예술연구회'를 조직하였다. 극연 활동에 깊이 개입하면서 러시아 희곡 작품을 주로 번역·소개했는데, 극연의 창단 공연작은 함대훈이 번역한 고골리의 풍자극 「검찰관」이었다. 귀국 후 조선일보 학예부에 재직하면서 극연 활동에 참여하던 시절 함대훈은 "극예술연구회란 연극단체를 만들어 가지고 동인 10인이서 지도하고 있던 때이니만치 낮에는 사무를 보고 저녁이면 劇硏에 나아가서 혹은 會에 참석도 하고 연극 연습하는 것을 구경도 하고 會의 금후 방침에 대한 토의도 하고 세계연극운동에 대한 이론전개도 있어 그야말로 아침에 나아가면 대개 밤 열두시가 지나서야 하숙에 돌아"왔고, "그뿐인가 그때 돌아와서는 또 상연희곡의 번역, 상연목록에 대한 해설, 그 작가의 예술관 비평 등, 신문잡지에 실리고 원고쓰기에 새벽 두시 세시까지 지내는 때가 많았"다고 한다. 함대훈은 1932년 「밤酒幕」의 번역을 끝내고 고리키의 생애와 문학세계를 소개하는 데 열중했다. 함대훈은 고리키가 쓴 「나는 글쓰기를 어떻게 배웠는가」를 번역하면서 러시아와 전 세계 노동자계급을 대표했던 고리키의 사회주의 사상과 창작방법, 고리키적 휴머니즘과 작가정신에 깊은 감화를 받았다고 한다.[11] 이런 저간의 사정 속에서 이루어진 함대훈의 번역 실천들은 가히 고리키에 대한 '언어적 환대'라고 할 수 있다. 사숙하던 고리키가 독살로 죽었을 것이라는 소문에 가슴 아파하거나 사숙(私淑)한 노문호에 대한 추모의 정을 표현했던 점에서도 고리키에 대한 함대훈의 존경과 흠모를 가늠할 수 있다.

함대훈은 1930년대에 가장 활발하게 활동한 언론인이면서 1934년 장편소설 「폭풍전야」를 발표한 이래 다수의 소설을 창작한 소설가였다. 1940년대에는 정인섭, 유치진과 '현대극장' 및 '국민연극연구소'를 이끌었고, 조선문인보국회 활동을 하며 친일의 광풍 한가운데 있기도 했다. 그는 해방 이후 안재홍이 창간한 『한성일보』(1946)에 편집국장으로 입사한 이후 군정과 민정하에서 경무부장, 공보부장, 공안국장을 거치며 공직에서 활약했다. 1948년 대한민국 정부가 수립된 후에는 경찰전문학교 교장이 되었는데, 행정부 관료가 되지 못하고 한직에 앉은 것을 한탄하며 술에 의존했다고 한다. 그 때문이었는지 1949년 3월 21일 조회에서 훈시를 하던 도중 쓰러져 42세로 세상을 떠났다.[12] 그러니까 함대훈은 1949년 2월 7일에 『밤酒幕』(조선공업문화사)의 서문을 써놓고, 10월 15일 발행된 책은 보지 못한 채 죽음을 맞은 것이다. 유치진은 '극연'에서 상연하려고 함대훈이 번역했지만 공연이 중지된 "막심 고리키의 「밤酒幕」 4막은 6.25 후에야 단행본으로 양문사에서 출판"(유치진, 「一步 함대훈형」, 『동랑 유치진 전집 6』, 서울예대 출판부, 1993, 222면)되었다고 회고한 바 있다. 이 기록에 근거하여 1954

년 양문사판을 최초의 발행본으로 착오한 연구자들이 있으나 6.25 이전인 1949년에 '조선공업문화사'에서 이미 출간되었다.

그렇다면 「밤酒幕」(1949)을 좀 더 살펴보도록 하자. 고리키의 「나 드네(На дне)」는 식민지 시대에 그것을 언급하는 문인에 따라 '나 드네', '夜宿(夜の宿)', '貧民窟', '맨밋바닥'(한설야), '룸펜굴(이무영)', '밤酒幕' 등으로 달리 명명되었다. 일본 문단 혹은 일역본을 통해 원전을 접했을 것으로 보이는 문인들은 제목 옆에 '일역 どん低 혹은 夜の宿'이라는 부기를 달기도 했다. 해방 이전에 고리키의 작품은 단편소설 위주로 10편 정도가 번역되어 매체에 게재되었고[13], 희곡 「밤酒幕」의 경우 공연 사실만 확인될 뿐 그 대본은 전하지 않는 상황이었다. 그리고 해방 이후인 1949년에 함대훈 번역의 『밤酒幕』이 단행본으로 출간된 것이다. 1954년에는 양문사(陽文社)에서 다시 함대훈 번역의 『밤酒幕』을 발행했다. 두 판본을 비교해보니 1949년판과 1954년판은 출판사가 다르고 책 표지가 달라졌지만, 판형은 물론이고 책의 전체 편집(지면 수)이 동일하다는 사실을 확인할 수 있었다. 이것은 앞선 출판사에서 지형(紙型)을 다음 출판사에 넘긴 경우로 볼 수 있는데, 판권지를 대조해 보니 발행자가 邊庚傑에서 邊浩成으로 바뀌었지만 출판사 주소는 '서울 종로구 중학동 12'로 동일했다. 이는 동일 출판사가 사명(社名)을 바꾸고 출판업을 재정비한 후 1954년에 재출간한 것으로 보이며, 양문사는 1957년에는 재판(再版)을 찍기도 했다. 1949년판과 1954년판의 차이를 꼽자면 전자에는 표지 다음 면에 '고리키'의 반신사진이 실려 있는데 후자에는 사진이 빠졌고, 첨부된 고리키의 약력 부분에 '소비에트작가동맹 의장'이 된 사실이 삭제되었다는 점이다. 이는 함대훈이 1949년판 서문에 "『고-리키-』를 『푸로레타리아』문학 창건자라고만 할 수 없나

니 그것은 너무나 인생의 『밑바닥』의 가지가지 생활을 그렷고 정치와 경제의 인생기록을 그렸고 환멸과 불안의 세계에서 새로운 시대의 광명을 찾는 생활을 그렸기 때문이"라며 고리키 문학의 보편성을 강조한 맥락과도 상통한 것으로, 냉전 체제하에서 출판물의 자발적 내적 검열을 드러낸 대목이다. 박지영은 해방기의 번역에 대한 인식과 번역 현황을 연구하면서, 해방 직후 검열의 자유가 가져다 준 자유의 최대 수혜자가 좌파 원전과 좌파 성향 작가들의 문학이었다고 본다. 물론 단정 수립 이후 반공주의 검열정책이 보다 확고해지면서 문학 역시 검열의 전방으로 떠오르게 되지만, 한국 전쟁 이전에는 느슨한 구석이 존재했었다는 것이다. 이러한 분위기에서 『밤酒幕』의 출판도 가능했던 것으로 보인다. 한편 양문사는 1959년에 100권으로 기획한 '양문문고' 시리즈에 『밤酒幕』을 별다른 부기없이 『貧民窟』로 개제(改題)하여 발행했다. 식민지 시대에 이 작품은 단일한 제목으로 명명되지 못했는데, 해방 이후에도 「밤酒幕」이 「貧民窟」로 바뀌어 출간되면서 이후 연구자들이 「밤酒幕」과 「貧民窟」을 개별 작품으로 인식하는 오해가 비롯되었다. 그러나 2000년대에는 원작의 의미에 가까운 「밑바닥에서」로 번역, 공연되면서 제목이 단일화되는 양상을 보이고 있다.

이 글에서 텍스트로 삼은 1949년판 함대훈 번역의 「밤酒幕」은 함대훈이 '서문'에서도 밝히고 있듯이 1930년대에 번역되어 무대화된 공연대본으로 당시에 출간되지 못하고 해방 이후에 발간된 것이다. 앞서 언급했듯이 「밤酒幕」은 1932년에 함대훈에 의해 번역되어, 1933년에 초연무대에 올려졌다. 1949년 출간 당시 수정이 가해졌을 가능성도 없지는 않으나, 보성전문 연극부의 공연을 앞두고 1933년 11월 21일자 조선중앙일보에 실린 「밤酒幕 解題」에서 인용하는 대사와 삽입 노래의 가사가 1949년판본과 동일함을 확인할 수 있다. 때문에 1949년에 발간된 단행본의 번역시점을 1930년 대로 삼아도 큰 문제는 없을 듯하다.

2) 오사나이 가오루와 「夜の宿」(1910)

일본에서 고리키의 「나 드네(Ha дне)」가 처음 번역된 것은 러일전쟁 이전에 모리 오가이를 통해서였다. 오사나이 가오루[14]는 모리 오가이(森鷗外)가 「萬年草」(1903)를 발표했던 시기에 오사카마이니치신문(大阪朝日新聞)에 「여인숙(木賃宿)」이라는 제목으로 희곡을 번역해서 연재했음을 기억하고 있었다. 오사나이는 자신이 읽어보지는 못했지만 이것이 일본의 최초 번역이라고 밝혀둔 바 있다. 모리 오가이는 「Nachtasyl(나락)」으로 번역된 「나 드네」의 독일어 대본을 저본으로 삼아 1903년에 일역했다고 한다. 그리고 두 번째로 성사된 번역은 1909년 9월부터 『無名通信』 3~4호에 걸쳐 연재된 노보리 쇼무(昇曙夢)[15]의 「나락(奈落)」이었다. 연재본은 「나 드네」의 1막과 2막만을 번역한 것인데 「奈落」은 'どん底(밑바닥)'이라는 원작의 의미를 살린 제목이었고, 노보리 쇼무는 완역한 후 「どん底」라는 제목으로 출간했다. 그의 「どん底」는 일본에서 처음으로 러시아 원전을 번역한 것이었다. 비슷한 시기 오사나이가 자유극장 제3회 시연(1910)을 위해 「나 드네」를 「夜の宿」로 번역할 때 그는 독일어본을 가지고 1차 번역을 한 후 지인들이 소장한 영어본과 프랑스어본을 빌려다가 대조하면서 수정했다고 한다. 자유극장 시연이 끝난 후 이 대본은 『미타문학(三田文學)』 1910년 11월호에 게재되었다. 오사나이는 1913년에 「夜の宿」을 재공연할 당시 러시아 원전을 앞서 번역한 노보리 쇼무의 번역본을 참고하여 대본을 다시 수정했고, 1925년 금성당(金星堂)에서 자신의 번역희곡집 『近代劇五曲』[16]을 출간

할 때는 이 수정본을 실었다. 오사나이는 1903년에 처음 번역작업을 할 당시, 독일본과 영국본, 미국본 사이에 어휘와 뉘앙스의 차이 때문에 고민했고[17] 러시아본을 확인하고 싶었지만 러시아어에 무지해서 어쩔 수 없었다고 고백했다. 또 오사나이도 「どん底(밑바닥)」이라는 제목이 원작의 의미에 근접한 제목이라고 판단했지만 노보리가 먼저 이 제목으로 번역본을 발표했기 때문에 자신은 「夜の宿」으로 발표했다고 한다. 영국에서 「나 드네(На дне)」가 번역출간될 때 제목이 「The Lower Depths」로 번역된 판본도 있었지만 「A Night's Lodging」으로 번역된 판본도 있고, 미국에서는 「The Night Refuge」로 번역되었던 사례가 「夜の宿」으로 낙착을 보게 한 근거가 되어주었다. 1928년 죽음 직전까지 쓰키지소극장에서 일본의 신극운동에 투신했던 오사나이에게 「夜の宿」은 다른 어떤 작품보다도 애착이 큰 작품이었고 그래서 가장 많이 재연(再演)된 쓰키지의 대표작 중 하나였다.

 1920년대 후반이 되면 일본 내의 좌익영화인이자 번역가였던 마츠자키 게이지(松崎啓次)[18]가 다시 「夜の宿」을 번역했다. 『고리키전집 제8권-세 편의 희곡』[19](共生閣, 1929)에 고리키의 희곡 3편이 실려 있는데, 그중 한 편이 바로 「夜の宿」이었다. 마쓰자키는 "「夜の宿」은 이미 우리나라의 우수한 여러 선배들에 의해 몇 차례 번역 출판되었다는 점에서 역자로서 다시 번역하는 것이 마음에 걸리는 일이지만, 마음의 부담을 가지고서 굳이 번역을 한 것은 공생각(共生閣)이 세 차례나 권유하며 '세 편의 희곡'을 한 권에 묶고 싶어 했고, 이 전집 발행의 계급적 의의를 고려하고 있기 때문"이라는 입장을 표명했다. "이해하기 쉽게 번역하겠다"는 번역태도를 설정한 마츠자키는 번역작업에 프롤레타리아영화동맹의 회원에게 도움을 받았다. 이 책에 실린 세 작품은 모두 1902년에 창작된 고리키의 희곡인데, 마

츠자키는 이 작품들을 쓴 직후 고리키가 프롤레타리아해방운동으로 돌진해갔음을 강조했다.

이상 일본에서 번역된 「나 드네」의 번역사를 살펴보았다. 일본의 번역자들은 대체로 자신들이 번역한 원본과 원작자, 출판사 등을 밝혀가며 번역의 과정을 기록해 두거나, 서문을 통해 그 과정을 공개했다. 특히 오사나이의 경우 '연출노트'와 비슷한 글쓰기 작업을 계속하면서 무대 구현과 연기, 의상, 음악 등에 대한 당시 정황들을 기록[20]해 둠으로써 후대 연극작업과 일본연극사연구에 기여하고 있다.

그렇다면 이 대목에서 함대훈은 어떤 판본을 가지고 번역을 했을지 혹은 도움을 받았을지 궁금해진다. 조선 연극계에서 단순한 언급이 아니라 공연 예제(藝題)로 고리키의 「나 드네」가 호출된 것은 1930년이었다. 일본 유학 중이었던 연출가 홍해성은 스승인 오사나이가 죽은 후 쓰키지소극장에서의 활동을 정리하고 귀국한 직후 '신흥극장'을 창단했다. 이때 창단작으로 공연하려 했던 작품에 바로 '酒幕의 밤(막심 꼴키 작)'이 포함되어 있었다. 홍해성은 1924년 10월 쓰키지소극장의 제13회 공연물이었던 「夜の宿」에 '타타르인'으로 출연한 적이 있었고, 1929년 3월 쓰키지 제84회 공연이자 오사나이 가오루 추모공연이었던 「夜の宿」 공연에서 마지막 연기를 한 바 있다. 홍해성은 쓰키지 그리고 「夜の宿」에 대한 각별한 의미 때문에 귀국 후 첫 공연목록에 「夜の宿」을 넣고 싶어 했던 것 같다. 하지만 현실적인 문제에 부딪혔음인지 신흥극단은 후지모리 세이키치(藤森成吉)의 「상련기」를 「목단등기(牧丹燈記)」로 개제한 한편의 작품만 창단무대에 올렸다.[21] 결국 조선에서 「나 드네」의 공연은 무산되었다. 1933년 9월에는 '극예술연구회 제5회 공연'으로 '고리키의 "룸펜窟"(일역 どん低 혹은 夜の宿)'이 공연

될 것이라는 기사가 실렸다. 그러나 이 계획 역시 무산되면서, 극연 5회 공연에는 「버드나무 선 동리의 풍경」(유치진 작), 「바보」(피란델로 작), 「베니스의 상인」(셰익스피어 작) 세 편만 무대에 올려졌다. 함대훈은 1932년 소비에트 문단에서 거행된 '고리키 문단생활 40년제'에 맞추어 조선에서도 기념제를 하고 고리키의 희곡 「나 드네」(일명 룸펜窟)[22]를 올리려고 번역을 마쳤지만 무산되어 아쉬워했었다. 무산된 그 공연이 바로 극예술연구회의 5회 공연이었고, 이렇게 조선에서 「밤酒幕」이 초연되기까지 공연이 두 번이나 무산되는 곡절이 있었던 것이다. 게다가 초역 당시 함대훈은 고리키의 「나 드네」를 「룸펜窟」로 번역했지만 보성전문 연극부 공연 때는 「밤酒幕」으로 제목이 변경되었다. 보전 연극부는 조선중앙일보 학예부의 후원을 받아 1933년 11월25일 배재고보 대강당에서 고리키의 「밤酒幕」을 공연했다. 「나 드네」가 「밑바닥(どん低)」이나 「밤酒幕」이 아닌 「밤酒幕」으로 제목의 낙착을 보게 된 것에는 당연히 쓰키지소극장의 「夜の宿」 공연이 성취한 권위와 후광 때문이었을 것임을 추론할 수 있다.

3) 「나 드네」의 번역 비교

이 절에서는 앞서 거론한 「나 드네」의 번역본 4종 (①오사나이 가오루, 「夜の宿」, 1910년 자유극장 시연용 대본 (1925년 수정 후 단행본발간) ②마츠자키 게이지, 『夜の宿』, 1929년 공생각 출간본 ③함대훈, 『밤酒幕』, 1933년 보전연극부 공연 대본(1949년 단행본 발간) ④최윤락, 『밑바닥에서』, 지식을만드는지식, 2011)에서 눈에 띄는 표본을 추출하여 번역 양상을 살펴보고, 가능하다면 함대훈 번역이 여타의 번역본과 어떤 연관성을 띠는지, 특이점이 발견된다면 무엇인지 살펴보고자 한다.

일단 먼저 비교해 볼 부분은 연극에 삽입된 삽입가요 부분이다.

* 「나 드네(На дне)」의 삽입가요 번역 부분[23]

① 오사나이 가오루 (1910(초연) / 1925(발간))	晝が來よとて夜が來ようとて。(夜でも晝でも) わしの牢屋は無間の地獄。(牢獄は暗い) 夜晝わかたず鬼めが覗く。よいやさ。(いつでも鬼めが、ああ、ああ) わしが牢獄の小窓から。(窓から覗く。) 覗こと儘よ。(いかに鬼めが覗こと儘よ。) 塀は越されず。 自由に焦れても、ああ、ああ。(おかに自由を戀ひ焦りよとて。) 鎖は切れぬ。(錠や鎖が切れはせぬ。よいたさ。壁は九重飛べせぬ。)
② 마쓰자키 게이지 (1929)	太陽は登りもた沈むが。 ここへ光はささぬ。 晝も夜も監守がアーアー！ 監房の窓を見張る。 見張れ勝手に どんなに自由を望んだとて こんな鐵鎖をぶつきれやうか こんあ壁が飛越せやうか

③ 함대훈 (1933(초연) /1949(발간))	해가뜨나 해가지나 감옥속은 어둡네 아귀놈의 저 눈깔이 아아아아 아아아아 철창으로 엿보네 멋대로 넘겨다보렴 어찌 넘나 저담을 자유가 그리우나 아아아아 아아아아 쇠사슬을 못끊어
④ 최윤락(2011)	해는 뜨고 또 지니 감옥은 어두워 밤이나 낮이나 나의 창을 지키네 지키려면 지켜라 도망치진 않을테야 자유를 원하지만, 제기랄 쇠사슬이 끊어지지 않네

이상은 4편의 번역본에서 확인한 삽입가요의 가사인데, ①~④ 사이에서 동일한 문장구조나 특정 어휘의 반복적 사용을 확인하지는 못했고 전체적인 의미 전달에는 차이가 없음을 확인했다. 그림2)는 오사나이가 번역한 1910년 자유극장 시연용 대본 「夜の宿」중에, 2막 앞면에 수록되었던 악보이다. 즉 「나 드네」의 삽입가요 악보인

그림 2 「夜の宿」 삽입노래 악보

데 연극에서는 2막과 4막에서 불렸고, 당대에는 일종의 연극주제가로 인식되어 대중들에게 불리워졌다. 악보에는 러시아어 가사와 프랑스어 가사가 함께 표기되어 있는데, 이 악보는 프랑스어 번역본에 수록된 것을 오사나이가 옮겨온 것이라고 한다. 오사나이는 러시아 민요 곡조의 이 곡에 어울리는 일본어 가사를 붙여 공연에 활용했다. 함대훈의 번역본을 통해 1933년 보전 연극부 공연에서도 분명 삽입가요를 활용했을 것으로 판단되고, 동일한 러시아 민요의 곡조를 사용했을 가능성이 크다고 보여지지만 현재로서는 확실히 확인을 할 수는 없다. 어쨌든 작품에서 인상적으로 활용된 삽입 가요의 경우 가사를 비교해 볼 수 있으며, 이외 다른 부분의 번역 사례를 좀더 살펴보면 다음과 같다.

    *만두장사 크바시냐의 대사
    ① 구운 새우 백 마리를 가져다 준대도 누가 다시 시집을 갈 것 같아
    ② 열 마리 말을 준다고 누가 다시 시집을 가는 일이 있겠어
    ③ 떡시루를 쪄놓구 빌어봐 다신 서방을 얻나
    ④ 이젠 기름에 튀긴 새우 백 마리를 준대도 그 사람에게 시집을 가지는 않을거야

    *나스챠가 읽고 있는 책 제목 번역
    ① 악연(惡緣)
    ② 불행한 사랑(因果な戀)
    ③ 시들은 사랑

④ 운명적인 사랑

*루카의 대사
① 사민평등이란 말이네
② 사민평등이란 말이네
③ 사민평등이란 말이로군
④ 그렇다면 모두가 매한가지란 말인데

*루카의 대사
① 인간이란…인간으로서의 가치에 변화가 없는 거니까.
② 인간이란 어떻든 간에 그에 상응하는 가치(値打)가 있지.
③ 사람이란…설사 그것이 어떠한 놈이라도….언제나 그 상당한 가버치는 가지고 있는 것이니까.
④ 사람은…상태가 어떻든 언제나 자신만의 가치가 있는 거야.

*조프의 대사
① 정직하게 산다면 사흘 안에 굶어 죽을거야.
② 정직하게 산다면 사흘도 안 되서 아사(餓死)하고 말거야.
③ 만일 이 친구들이 정직한 생활을 시작한다면 그야말로 사흘도 못가서 굶어 죽을게아냐.
④ 이 친구들은 사흘만 정직하게 살면 굶어죽어.

*알료시카의 대사

① 난 이래봬두 노동자(職人)야

② 난 이래봬두 노동자(職人)야

③ 난 이래봬두 노동자야

④ 난 그래도 일을 하고 있어

*부브노프의 대사

① 양심, 그게 뭐야? 부자도 아닌데

② 양심, 그게 뭐야? 부자도 아닌데

③ 양심이 다 뭐야? 난 뿌르죠아가 아냐.

④ 양심이 있으면 뭣에 쓰게? 나는 부자도 아니고

*4막의 지시문

① 몸을 숙이고 천천히 나간다. 이삼분간 불안한 정적. 조금 후 길쪽에서 착종하는 소리. 시끄러운 사람들 소리가 난다. 사람들 소리는 점점 높아가고 점점 가까워진다. 얼마 안되어 한사람 한사람의 소리가 들려온다.

② 몸을 구부리고 조용히 퇴장. 무대 조용해진다. 조금 있다가 도로 쪽 어디에선가 여러 사람의 시끄러운 소리. 그 소리가 점점 가까워졌다가 점점 커진다. 조금 있다가 무대 뒤쪽에서 각각의 소리들이 들려온다.

③ 고개를 숙으리고 천천히 나간다. 이삼분간 불안스러운 정적. 공장의 기적소리. 좀 있다가 길가편에서 錯綜한 소리. 요란한 소리

일어난다. 사람소리는 점점 높아가고 점점 가까워온다. 얼마 안되어서 한사람 한사람씩의 목소리가 들린다.

④ 클레시가 몸을 구부리고 천천히 자리를 뜬다. 불길한 정적이 잠깐. 이윽고 도로의 어디선가 웅성거리는 분명하지 않은 여러 소리가 들린다. 점점 소리가 커지며 가까워진다. 목소리가 또렷하게 들린다.

이상 번역의 몇 군데를 추출하여 제시한 것이 연구자가 가설로 세운 연구결과를 유도하기 위한 자의적 선택일 수 있음을 스스로 경계하면서, 작품 전체를 비교할 수 없는 소논문의 한계상 각 판본의 번역 양상을 간파하고 그 차이를 변별하고자 했음을 밝혀둔다. 4편의 번역본을 독해하는 과정에서 필자는 전체적으로 번역의 양상을 비교하여 함대훈이 러시아 원전을 번역했을 가능성(직역)을 점치고, 오사나이 가오루의 번역본이나 일본 내 여러 종의 번역 중 어느 하나를 번역했을(중역)의 가능성을 가늠해보고자 했다. 그런데 위에서 대략적으로 보았듯이 함대훈이 대본으로서의 권위가 보장된 오사나이 일역본을 그대로 중역한 것은 아니라는 사실을 확인할 수 있었다. 함대훈의 번역은 상당히 구어적인 번역을 지향하고 있으며 조선어 특유의 어휘와 관용어, 속담 등이 적극적으로 활용된 것도 확인할 수 있다. 또 나프 소속 프롤레타리아 작가였던 마쓰자키의 번역본을 조선어로 번역한 것도 아님을 확인했다. 마쓰자키 번역본의 경우 번역자의 좌파 이력과 사상이 번역에 반영되었을 것으로 예상했으나 어휘 선택이나 논조에서 그런 점을 발견하기 어려웠던 점은 의외였다. 마쓰자키는 그 스스로 서문에서 '쉬운 번역'을 지향했음을 밝혀두었는데, 그래서인지 사회주의 사상을 부각시키는 개념이나 어휘를 오히려 함대훈보다 덜 사용했고 있음을 확인할 수 있었다.

물론 함대훈이 필자가 확인하지 못한 다른 일본어 판본 중에서 어느 하나를 특정해서 번역했을 가능성도 있다. 그러나 일단 오사나이 번역본과 마쓰자키 번역본, 그리고 "모스크바 나우카 출판사에서 발간한 25권의 고리키 전집 중에서 1970년에 나온 7권을 저본"으로 삼아 번역했다는 최윤락 본(2011)을 비교한 결과, 모교 은사에게 원전을 빌려다가 러시아본을 번역했다는 함대훈의 말은 상당히 신빙성이 있는 것으로 판단된다. 그렇다면 러시아원전을 번역한 ④최윤락 번역과 함대훈 번역의 유사성을 통해 러시아원전 번역의 가능성을 타진해 볼 수 있는데, 두 판본의 경우 대사의 의미전달과 중요 내용에는 차이가 없지만 어휘선택의 차이가 있음을 확인할 수 있다. 이 경우 1930년대와 2010년대의 시차에서 비롯한 어휘 사용의 차이로 해석할 수 있겠다. 동시대 번역본이라고 할 수 있는 ①, ②, ③의 판본들은 ①-②, ①-③, ①-②-③ 사이의 부분적인 유사점을 발견할 수 있었다. 이상의 결과들을 통합해 본다면 결과적으로 함대훈이 번역작업을 할 때 러시아 원본을 중심으로 번역하되 필요에 따라 오사나이의 번역본이나 다른 일본어 번역본을 참조했을 가능성에 무게를 둘 수 있다. 함대훈이 러시아문학 서적 외에도 '露'자나 '蘇'자가 붙은 것이면 露文, 日文 가리지 않고 다 사서 모았고, 또 그것과 관련된 책도 거의 다 사서 모으면서 독서에 심취했다고 하는 말도, 여러 판본 사이에서 중첩적인 번역이 이루어졌을 가능성을 점치게 한다. 한편 번역본을 대조하는 과정에서 함대훈 번역이 당대 조선인들의 일상적인 언어 관습을 활용하고 하층민이 사용했음직한 어휘 사용과 문장을 구사함으로써 조선어의 뉘앙스를 살리려고 애쓴 점을 발견할 수 있었다. 오사나이와 최윤락이 "구운 새우 백 마리를 준대도 다시 시집을 가지 않을 것"이라고 번역한 부분을 함대훈은 "떡시루를 쪄놓구 빌어봐 다신 서방을 얻나"라는 당대인들의 언어적 관습을 재현하여 번역했고, '튀전(도박)', '구리귀신', '쌔빈거야', '마마자죽' 등의 일상 어휘들을 구사한 대목들이 그 예가 된다. 또 함대훈은 오사나이나 마쓰자키가 '부자', '일꾼', '영혼' 등으로 번역한 어휘를 '뿌르죠아', '노동자', '붉은 영혼' 등과 같은 어휘로 번역하면서 프롤레타리아문학자로 수용되었던 고리키의 사상적 흔적을 미약하게나마 남겨놓으려는 노력을 하기도 했다.

3. 「밤酒幕」과 무대의 진보 혹은 조선적 반향들

이번 절에서는 「밤酒幕」의 무대 서사와 연극적 특징을 살펴보고 이 작품이 조선 문화계에서 발생시킨 파장을 추적해보고자 한다. 고리키가 1902년에 발표한 「밤酒幕」은 고리키 초기문학의 특징인 휴머니즘이 잘 투영된 희곡이다. 4막극 「밤酒幕」은 빈민들이 거주하는 여인숙을 배경으로 한다. 탐욕적인 여인숙 주인과 그의 젊은 부인 그리고 여인숙에 세들어 사는 자물쇠공과 죽음을 목전에 둔 그의 아내, 만두장수, 모자장수, 신기려장수, 남작, 배우, 가난한 몽상가 처녀, 무직의 부랑자들이 등장한다. 함대훈이 설명하고 있듯이 "극의 인물로서는 군중이 출현하여 있으면서도 그중 주요한 인물이 비교적 명료히 나타나있지 않"아서 이들 중에 딱히 주인공을 꼽을 수 없다. 단일 인물에 극적 서사가 집중되지 않는 대신 참담하고 비인간적인 상황에서 희망도 없이 살아가는 집합적 주인공이 있을 뿐이다. 게다가 "이 극의 카타스트로피는 3막에서도 4막에서도 일어나지 않"으며 "전편을 통하여 계속적 스토리가 없"기 때문에 플롯이 없는 작품이라 할 수 있다. 그런 점에서 "그러면서도 支離하지 않게 볼 수 있는 이 희곡의 위대성"을 간파한 함대훈의 평가가 1930년대 대중관객들과 공유되었을지에 대해서는 회의적일 수밖에 없다.

  연극은 동굴과도 같은 지하 빈민 여인숙에 순례자 루카가 나타나면서 시작되는데, 루카는 죽음에 임박한 '안나'(자물쇠공 부인)를 위로하고, 알콜 중독자인 '배우'에게 병을 고치는 자선병원을 소개하며 새로운 삶을 권유한다. 가난한 처녀 나스쨔가 대학생과의 연애를 추억할 때 다른 모든 사람들이 거짓이라고 비웃지만 루카는 스스로 진실이라고 믿는다면 진실일 것이라고 믿어준다. 또 안주인의 여동생 나타샤와 사랑에 빠진 페펠에게는 함께 도망을 가라고 용기를 준다(페펠은 안주인의 정부였다). 루카의 등장으로 여인숙 사람들은 '위로'를 받지만 '사틴'의 말에 따르면 그것은 이들을 전혀 구제하지 못하는 '거짓된 위로'일 뿐이다. 실제로 루카의 위로는 무력했으며 극적 서사에 어떤 효과도 내지 못했다. 안나는 두려움 속에 죽음을 맞았고, 페펠은 치정관계였던 나타샤 언니의 모함으로 여인숙 주인을 죽였다는 살인죄를 뒤집어쓴다. 심지어 루카의 말에 늘 감탄하고 수긍하던 배우는 마지막 장면에서 목을 맨 채 발견된다. 작품 안에서 가장 문제적인 장면들은 '순례자 루카'와 예전에는 전신국 기사였지만 지금은 트럼프 판에서 사기를 쳐서 돈을 뜯어내는 '사틴'이 나누는 논쟁에 있다. 루카는 "진실이 인간의 병을 항상 치료할 수 있는 것은 아니"라며 어떤 사람에게 위로가 된다면 설사 그것이 거짓말일지라도 필요하다는 입장이다. 사틴은 루카의 위로의 말들이 '진실'이 아니라고 공박한다. 「밤酒幕」은 '진실'과 '거짓'이 충돌하는 공간으로 형상화되지만, 루카는 홀연히 사라져버리고 그가 떠나버린 종막(4막)에는 예전의 사람들만 남아있을 뿐이다.

> 사-친 : 그야 영감은 거짓말을 했지. 허지만 그 거짓말은 우릴 불상히 여기기 때문이야. 남을 동정해주기 때문에 거짓말 하는 사람은 이 세상에 얼마든지 있거던. 난 그런걸 잘 알아. 책에두 써 있어. …… 노동자가 손을 다쳣을 때에 그 아픔을 호소하는 거짓말도 잇을 것이요…굶주려 죽어가는 자를 질책한는 때의 거짓말도 있거던. 거원 말에야 내 환하지! 마음이 약헌놈과 남의 생피를 빨은 그 따위놈들에게 용기를 나게하고…..편들어주고….또 따듯이 껴안어 주거던….그러나 제 스스로 제몸을 지배할 수 있는 사람이나 남의 이마에 흐르는 땀에 의지하지 않고 독립할 수 있는 사람에게는 거짓말이란 전혀 소용없는거야. 그러니까 거짓말이란 노예와 군주의 종교야…진실은…자유로운 인간의 神이지.

4막에서 사틴이 역설하는 자유로운 인간에게는 동정의 거짓말이 필요하지 않다. 자유로운 인간은 오직 진실만으로 충분하기 때문이다.

> 사-친 : 인간은 진실이야. 그러나 대체 인간이란 뭐야. 그건 너라든지 나라든지 또는 저것들이라든지, 이런 손톱만한 게 아냐. 그건 너두, 저것들두, 루카 영감두, 나폴레옹두, 모하메트두, 모-두를 함께 모은 거야. (공중에 사람 형체의 윤곽을 그린다) 알겠나? 인간이란 이렇게 큰 거야. 모-든 것의 시초와 모-든 것의 종말이 이 속에 포함돼 있거던. 모-든 것이 다 인간 속에 있는 거야, 모-

든 것이 다 사람을 위해서 있는 거야, 이 세상에 있는 것이라고는 오즉 인간이 있을 뿐이고... 그 밖의 것들은 모두 인간의 손이나 머리로 만들어진 거야. 인-간!, 굉장하지! 제법 거만하게 들리지 않느냐 말이야, 인-간! 인간이란 본래부터가 가엾게 생각할 것이 아니라 존경해야 할 성질의 것이야. 가장 동정합네 하구 남에게 모욕을 줘서는 안 돼. 어때 남작! 인간의 건강을 위해서 축배를 들자! 자기 자신이 인간이라는 것을 느꼈을 때의 마음이란 참으로 유쾌하거던. ……"

인간은 결코 동정의 대상이 아닌 존중의 대상이라고 말하는 사틴[24]은 어떤 구속이나 억압에서도 '자유로운' '인간'에 대한 이념을 설파한다. "가장 중요한 것은 인간"(함, 127)이라는 대사는 고리키의 휴머니즘을 극명하게 드러내는 말이다. 함대훈이 "眞理의 放浪者, 不義의 人"으로 그려진 방랑자들이 "누덕이를 입고 먹을 것이 업는 거지들"이지만 "有産階級에서는 구할 수업는 인간적 따뜻한 감정과 황금이나 폭력 아래서도 굽힐 수업는 사나이다운 氣槪를 가지고 잇"다고 평가할 때, 그 인간은 분명 '사틴'으로 수렴된다. 이때 사틴은 프롤레타리아 의식의 각성을 구현하는 미래적 인물로 해석할 수 있다. 하지만 이 세계는 '사틴'의 태도와 무관하게 손을 쓸 수 없을 만큼 절망적인 상태에서 봉합된다. 작품의 마지막에 여주인 바실리사는 자기 동생과 사랑에 빠진 정부 페펠에게 자신의 살인죄를 뒤집어 씌우고, 배우는 자살한다. 무엇보다 배우의 죽음은 루카의 거짓말이 현실에서 패배했음을 보여주는 문제적 장면인데, 바로 거기서 연극은 막을 내린다. 「밤酒幕」은 자유에 대한 믿음과 절망 사이에서 진자처럼 움직이는 인간을 형상화했다고 할 수 있다. 즉 삶의 억압에서 벗어날 수 있다는 자유에 대한 믿음과 현실 개혁의 가능성을 발견하지 못하는 인간의 절망이, 죽음으로 치닫게 되는 패배주의 사이에서 고통받는 인생 구도를 그려냈다. 그래서인지 「밤酒幕」에 대한 해석, 특히 루카와 사틴에 대한 해석은 초연 당시부터 오늘날까지 다양한 논쟁을 불러일으켰다. 식민지 시기 조선에서도 「밤酒幕」은 "고-리키의 심각한 작품의 하나로써 이는 奴隸의 哲學이오 弱子의 시 그것이오 無望한 노래"로 받아들여지거나 "예술적 형상으로써는 훌륭하지마는 또 그와 같은 반동시대의 일면의 반영이라고는 할지라도 여하튼 일시적으로 후퇴하여 헤매이는 암중모색의 정직한 고리키의 심정을 여실하게 표현"한 작품으로 분분하게 받아들여졌다.

「밤酒幕」의 조선 초연은 김승일이 연출을 맡아 1933년 11월 25일 보성전문 연극부 제2회 공연으로 선정하여 배재 대강당 무대에 올렸다. 공연에 참여했던 주영섭은 보성전문 연극부 정규 제1회 공연(1932년 12월 8일)으로 올린 오토 뮬러의 「하차(荷車)(1막)」와 타프렛 타링의 「삼등수병(三等水兵) 마틴」(10장)이 작품선정의 부적절함과 미숙한 무대로 실패했던 것을 상기하며, 제2회 공연에의 두려움과 의지를 피력했었다. 주영섭은 「밤酒幕」을 끝으로 일본 법정대학으로 유학을 떠났고 1934년 '동경학생예술좌'를 창단했으며 기관지 『막(幕)』의 발간을 주도하기도 했다. "社會階級의 不合理와 矛盾이 個性을 壓迫함을 力說"한 고리키 문학 제1기의 특징을 드러낸 작품으로 소개된 「밤酒幕」 공연은 "원작 그대로 하고 십헛지만은 시간문제상 부득이 3막의 군데군데 세리푸를 생략한 곳"이 있었음에도 "천이백명이 군집"하는 대성공을 거두었다. 공연 성공은 보전 연극부에게 유례없는 재공연을 가능케 했고, 이들의 평양 공연이 성사되었다. 보전의 제

2회 공연작품 「밤酒幕」은 평양 금천대좌에서 재상연되었다.

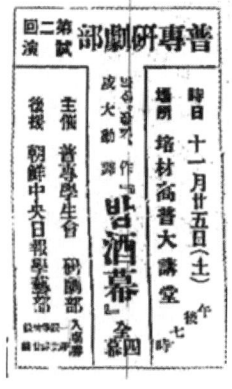  

그림 3 「밤주막 해제」, 『조선중앙일보』 1933.11.21. 그림 4 「普專演劇二會 공연을 압두고」, 『조선중앙일보』 1933.11.24. 그림 5 「本社 學藝部後援 普專演劇大盛況」, 『조선중앙일보』 1933.11.27.

「밤酒幕」의 초연은 흥행에서는 일단 성공한 것으로 보였지만, 공연 자체에는 비판이 뒤따랐다. 김광섭은 무대 조명의 부자연스러움, 러시아 부랑자들의 특색을 살리지 못한 의상, 그리고 연기 등을 하나하나 지적하며 전체적으로 비판적인 논조의 글을 발표했다. 연출가 김승일은 이 의견에 즉각 반론을 표했는데, 김광섭이 자신을 가리켜 「밤酒幕」에 대한 지식과 이해가 없다고 비판한 것에 대한 응답이었다. 하지만 김승일의 글은 감정적 언사가 과잉적으로 사용되면서 명료한 반박에 기반한 전문적 연극비평으로서의 논조를 만들어내지는 못했다.

「밤酒幕」 공연이 식민지 시기에 단발적으로 끝난 것은 아쉽지만, 「밤酒幕」은 연극장을 뛰어 너머 조선의 문단 상황을 비판적으로 성찰하는 논자들에게 일종의 메타포로 호출되기도 했다. 유진오가 "조선은 일반 자본주의 국가와 달리 식민지이기 때문에 대규모의 대중적 투쟁은 거의 전부 반일적 색채를 띠고 있다. 그러므로 문학작품에 있어서도 이 정세는 반영되어야 할 것"인데 문단현실은 그러하지 못함을 비판했던 것처럼 1930년대 조선 문단의 상황을 집약하는 단어는 '침통(沈痛)'이었다. 현민은 문학이 '침통'한 조선의 상황을 반영한 침통한 문학이 되어야 함을 역설하기도 했다.

"…… 조선의 현실은 여러 가지 의미에 잇서서 世界大戰前 십년간의 露西亞에 비할수잇지 안흘가. 그리고 조선사람의 성질도 집착력이 세인 점에서 잇서서는 스라브민족에 비할바 못되건만 忍苦 耐難하야 아모리 심각한 역경에서도 쓰러지지 안코 견디어나가는데는 피차 상통하는 점이 잇지안흘까. 이러한 성질은 북방의 혹렬한 자연과 차리슴의 압제가 로서아농민에게 너어준것이며 조선의 농민이 또한 누백년 단련받어온바다. 만일 이러한 前提가 시인된다면 앞으로 수년간 조선문학이 보여줄 특질은 沈痛의 一色이 아닐가 생각된다. …… 지금 "로서아의 어머니"로 세계좌익문학의 최고수준에 서잇으며 사회주의건설에 정력적으로 참가하고 잇는 막심 꼴키까지도 그 당시에는 허무주의적 색채가 농후한 작품을 발표하엿엇다. 일례로 頻頻히 상연되고잇는 그의 "밤酒幕"(日譯名 どん低)를 들어 생각해보라. 밤酒幕 일편을 꾀뚤코 잇는 굵은 실은 실로 처참한 너무나 처참한 절망적 암흑이 아닌가. 낙오와 범죄와 알콜과 도박과 애욕과 빈곤과 질병과 자살과 최후의 지둥차듯부는 뼈를 에이는 바람! 관명을 멀리 등진 무리들이 그곳에서 간신이 蠢動하고 잇음을 우리는 보는 것이다."

현민에게 조선 사회 전체가 바로 '빈민굴=밑바닥'으로 인식되었다면, 이 서향에게는 조선문단의 당시 상황이야말로 '루카가 떠난 밤주막'이었다.

"'루카'는 도망갓다. 루카를 비평하는 '사친'은 그러나 루카보다도 오히려 아모런 창조도 가진 사람이 아니엇다. 알콜중독의 하물 렙배우는 그래도 어느때가지 '루카'를 따라 살엇다. 그러나 '루카'가 떠난 뒤 그는 자살하고 말엇다. '사친'은 '피지카'이엇다. 그는 자기를 존재시킬수는 잇엇으나 남을 구제할 수는 업엇다. 루카는 거짓말쟁이엿고 몽상가엿다. 그러나 그는 헤겔이 가르키는 한사람이엇다. 즉 그는 형이상학자이엇다. 그는 物理를 가지지 안헛으나 물리의 모태를 가진 사람이엇다. '사친'은 현재이고 존재이엇으나 '루카'는 미래이고 가능이엇다. 그러나 루카는 떠나고 말엇다.
조선문단이 흡사 이 루카가 떠난 '밤酒幕'같다. 사친들이 남엇다. 거즛말이 없어지고 몽상이 없어젓다. 따라서 손톱끝만한 형이상학도 없어지고 말엇다. 휴매니티의 탐구. 어서 밥뻬 더 깊어야 할 것이고 지성 역시 풍부히 가저야 할 것이며 또 '告發의 정신', 그런 것도 잇어서 나뿔 것이 없다. 그러나 그것을 웨치는 사람이 모든 사친일 때 모든 루카에 대한 비방적 흉내일 뿐이다."

1930년대 문단에서 「밤酒幕」이 조선사회를 표상하는 음울한 기호로 활용되었다면, 희곡계에서 「밤酒幕」은 창작의 기준이자 평가의 척도로 언급되기도 했다. 동아일보 주최 1938년 제2회 연극경연대회 실시 이후 심사위원들이 모인 좌담회에서 안석영, 송석하 등은 낭만좌의 「상하의 집」이 구성과 기교, 배우들의 연기가 가장 좋았다고 평가했다. 그런데 임화는 "「상하의 집」은 고리키의 「밤주막」의 모방인데 처음 장면의 장기두는 것이라든지 마즈막 장면 가까이 배우가 자살했다는 것이라든지 아조 그대로 꾸어왔"다고 지적했다. 그리고 중앙무대의 「이상향」 역시 "「밤주막」을 모방한 것이 확실"하다고 비판했다. 안석영도 "문학이 남루를 벗지 안흐면 즉 미학을 가지지 못하면 예술이라고 할 수 없"다며 임화의 발언에 동의했다. 1939년도 동아일보 신춘문예에서 함세덕을 재치고 여여헌(麗麗軒)의 「방군(房軍)」이 뽑힌 이유는 "과장도 미화도 되지 않은 그들(동경 노동자)의 생활적 분위기가 마치 우리로 하여금 고리키의 「밤주막」에서 느끼는 것과 같은 박진력을 체득케"했기 때문이었다. 「밤酒幕」이라는 작품을 배우들도 분명히 인지하고 있었던 것인지 '낭만좌'의 여배우 권서추는 20~30년대 대부분의 여배우들이 '카츄샤' 연기를 욕심냈던 것처럼 "「밤酒幕」의 '나타샤'역을 하고 싶"어했다. 단편적이기는 하지만 이러한 일련의 문단 장면들에서 확인할 수 있는 것은 「밤酒幕」이 식민지 조선의 사실주의 연극에 상당한 영향력을 끼치면서 극연 계열의 지식인 연극인들이 작품을 창작하고 평가하는 기축으로 작용했다는 점이다.

한편 「밤酒幕」이 다양한 문화 현장에서 회자된 데는 1937년에 조선에서도 개봉한 장 르느와르 감독의 프랑스 영화 「밤酒幕」도 한몫했다. 영화는 "데류크賞의 제일회 수상작품으로 선출된 영화"라는 명성과 함께 "이것이 人民戰線의 손에 의하야 만드러진 작품이라는 것을 생각해보면 '루노와-르'의 獨自性은 '콤뮤니스트'적인 '휴-매니즘'에 있다"는 평가가 얻어졌다. 주영섭은 고리키의 걸작 「밤酒幕」의 주제를 가져다가 현대 불란서의 고통을 표현해낸 영화로 소개하고 "그 속에서 침통하게 울려나오는 것은 시대를 상징하는 '밤酒幕의 노래'뿐"이라 소개했다. 신문은 1937~8년 조선에서 개봉된 영화 중에 가장 인기 있는 외화 2위로 영화 「밤酒幕」을 꼽았다. 한편 소설가 이무영은 소설 「지축을 돌리는 사람들」에서 "극연의 제3회 공연작인 카이저의 「유아나」관극 장면"을 묘사하면서 주인공들의 삼각관계를 연상케하고, 주인공의 입을 통해 극연 3회 공연작이었던 유치진의 「토막」을 "고리키의 「룸펜굴」을 연상시키는 생생한 조선의 싸늘한 현실을 그대로 커트한 것 같은 보기드믄 작품"이었다는 미디어 혼용과 메타적 논평을 시도하기도 했다.

4. 나오며

지금까지 본고는 막심 고리키의 「나 드네(На дне)」를 함대훈이 「밤酒幕」으로 번역하여 1933년 조선에서 공연했던 연극사적 사실에 주목하고, 당대 연극계와 문단이 고리키를 환대했던 문화적 상황과 작품의 문화번역 과정을 고찰하였다. 본고는 함대훈의 1933년도 번

그림 6 「밤酒幕 원명 Les BasFonds」, 『동아일보』 1938.1.12.

역본이 1949년에 『밤酒幕』(조선공업문화사출판부, 1949)으로 출간되었음을 확인하고 「밤酒幕」의 실제 번역과 작품의 문화번역 과정을 재구하였다. 그 과정에서 함대훈의 번역 작업에는 일본 연극계와 오사나이 가오루(小

山內薰)이라는 중요한 필터가 가로놓여 있었기에, 「나 드네(На дне)」(1902), 「夜の宿」(1910), 「밤酒幕」(1932/1949)의 영향 관계를 추적하였다. 그 결과 함대훈의 번역본은 일본어 중역이 아니라 러시아 원본을 번역하되 일역본을 참조했을 가능성이 더 큰 것으로 추정하였다.

고리키는 조선의 프롤레타리아문학인들과 리얼리즘 작가들에게 진보적 문학의 상징으로 수용되었다. 1933년에 초연된 「밤酒幕」 공연 이후, 1930년대 문단에서 「밤酒幕」은 조선사회를 표상하는 음울한 기호로 해석되기도 했고 희곡계에서 「밤酒幕」은 근대 사실주의 희곡 창작의 기준이자 평가의 척도로 인용되기도 했다. 한편 「밤酒幕」의 번역과 공연을 전후하여 조선의 문화계에서는 문학작품, 연극공연, 영화 상영, 평단의 언설들이 충돌하고 협업하며 「밤酒幕」의 조선적 반향을 만들어낸 정황을 확인할 수 있었다. 특히 고리키의 「나 드네」는 유럽과 아메리카에서는 물론이고 일본, 조선에서도 번역되어 무대에 올려졌으며, 당대 세계적으로 유명한 코뮤니스트 작가 장 르누와르가 영화를 통해 고리키에 대한 오마주를 표현하면서 그 파장이 더욱 확산되었다. 조선의 문학자들은 조선의 상황과 문단의 부진을 「밤酒幕」에 대입하면서 불안과 침울의 심정을 드러내기도 했고, 고리키가 프롤레타리아문학의 선구자이자 그 스스로 처참하고 빈곤한 삶의 내력을 거친 작가였다는 점에서 전인격적인 감응을 주는 작가로 받아들였다. 때문에 "일국의 문호나 위인으로 숭앙할 것이 아니라" "실로 만인의 사표로 삼을 세계적인 위인"이라는 평가를 내리기도 했다. 그러나 조선적 수용 과정에서 고리키의 작품세계와 사상이 제대로 검토되고 이해되지 않은 것을 지적하고 이 시기 고리키에 대한 조선 문학계의 수용 태도가 거의 무비판적이었다는 러시아문학연구자의 비판도 염두에 둘 필요가 있다. 한편

「밤酒幕」이라는 작품을 통해 러시아문화가 조선에 수용되고 문화적 파장을 만들어낸 상황을 추적해 보면, 연극「밤주막」이 공연되고 그 이후 다른 미디어와 연동되는 효과를 발생시키면서 일종의 문화적 메타포로 자리잡는 조선적 추이를 그려볼 수 있었다. 러시아연극에 대한 당대 관객들의 반응을 찾기가 어려워 수용자 연구가 이루어지지 못한 것은 아쉽지만, 러시아문학에 대한 근대 문학자들의 요구는 강렬했고 러시아 연극이 조선 연극계에 만들어낸 파급력을 충분히 확인할 수 있었다는 점에서 번역의 의미와 더불어 본고의 의미를 찾고자 한다.

주석

1 「나 드네(На дне)」라는 원제를 쓰는 이유는 한국 연극사에서 작품 제목과 관련된 오해들이 있었고, 문인과 연구자마다 다른 식의 번역과 표기를 하면서 혼란을 만들어냈기 때문이다. 이는 일본 근대 연출가인 오사나이 가오루의 영향이기도 한데, 이후 서술의 과정에서 다시 설명하기로 한다.

2 막심 고리키의 본명은 알렉세이 페쉬코프이다.

3 단막극 중심으로 번역되었고, 장막극은 축약번역·부분번역되었으며 각색되는 경우도 있었다.

4 대표적으로 최서해, 이기영, 이익상, 김기진, 임화, 이무영, 현진건 등을 들 수 있다.

5 해방 이후 한국문학계에서 고리키의 문학작품연구가 다시 시작된 계기가 된 것은 『어머니』(최민영 역, 도서출판 석탑, 1985)의 출간이었다. – 이강은, 「막심 고리키 문학의 수용양상 연구」, 『러시아소비에트문학』, 제3권 제1호, 한국러시아문학회, 1992, 116~117면.

6 그 과정에서 '번역'과 '창작'이 제대로 표명되지 않은 채 발표되는 경우도 많았다. 조시정은 『한국 근대문학 속에 나타난 고리키 신화의 해체와 재구성』(서울대학교 석사논문, 2009.)에서 함대훈이 조선일보에 무려 한 달 이상에 걸쳐 24회 연재한 「노농문단의 기린아 막심 고리키」(『조선일보』1932.11.23.~12.27)라는 연구논문이 노보리 쇼무(昇曙夢)의 「고리키의 생애와 예술」을 번역한 것임을 밝혀냈다. 그리고 노보리 쇼무의 글은 쇼무가 「고리키의 생애와 예술」 서문에서 밝히고 있듯이 러시아 문학비평가 코간의 저서 『고리키』의 일부를 번역한 것이었다.

7 함대훈은 「노농문단의 기린아 막심 고리키 연구–문단생활 40년을 기념하여」(『조

선일보』 1932.11.23.)에서, 소비에트 문단에서 1932년 9월 '막심 고리키 문단생활 40년제'가 거행되었다는 소식을 듣고 조선문단에서도 기념제를 계획했지만 제사정에 의해 중지되었다 한다. 기념제와 동시에 고리키의 희곡 「나 드네」를 상연하기 위해 "번역을 완전히 종료"했지만 그 공연마저 극단 사정으로 중지되었다는 것이다. 이 글을 쓴 시기가 1932년임을 감안할 때 번역 탈고 시점을 1932년으로 삼을 수 있다. 그리고 1932년에 번역된 「밤酒幕」이 무대에 오른 것은 1933년 보성전문 연극부 공연을 통해서이며, 책으로 발행된 것은 1949년이다. 저간의 사정과 맥락은 후술하기로 한다.

8 러시아희곡뿐만 아니라, 「인형의 집」 정도를 제외한 대다수의 식민시기 공연된 장막 번역극 대본을 확인할 수 없는 실정이다.

9 1933년 초연, 1949년 단행본 출간을 의미한다.

10 러시아문학 관련 함대훈의 작가별 비평 글 편수와 목록은 김병철 위의 책(1982)과 이강은의 논문(1992)에 정리되어 있다.

11 "나는 최근 外誌에서 고리키가 작가가 되기까지의 지내온 경험에 대한 글을 읽었다. 문학 연구에 어느 때나 등한히 하지 않고 더구나 수년 내로 창작에 욕망을 갖고 무슨 큰 것을 하나 써보려던 내게 이 글은 크게 감격을 주었다. 이제사 느낀 것은 아니지만 우수한 외국 문학의 영향, 생활 체험의 영향, 언어와 어휘가 작품에 미치는 영향, 국민, 민화가 끼치는 영향 등의 내용을 가진 고리키의 논문은 내게 계시하는 것이 많았다." - 함대훈, 「막심 고리키의 문학수업의 도정」, 『조선일보』 1943.9.26.

12 이상의 함대훈에 대한 간단한 이력은 이헌구, 「인물론 : 一步 咸大勳」, 『신문과 방송』 1972년 10월호, 한국언론진흥재단, 66~70면을 참고했다.

13 「의중지심(意中至心)」, 「가을의 하룻밤」, 「첼까쉬」, 「반역자의 母」, 「솔개」, 「악마」, 「그의 애인」, 「인간」, 「행복」 등이 있다. 발표시기와 발표면, 번역자 등에 대한 정

보는 김병철, 『한국 근대번역문학사 연구』, (을유문화사, 1988)를 참조할 것.

14 일본 신극운동의 선구자로 평가받는 오사나이 가오루(1881~1928)는 연출가이자 극작가이며 소설가였다. 1909년 자유극장을 세우고 1924년 쓰키지소극장을 설립하였다. 오사나이는 서구 근대극을 적극적으로 번역하고, 유럽의 극장 순회를 통해 서구 근대극을 관람한 후 자유극장과 쓰키지소극장에서 서구극을 비롯한 창작극을 무대화하면서 일본 근대극이 형성되는 데 혁혁한 공을 세웠다. 1924년부터 1929년까지 홍해성이 쓰키지소극장에 입소하여 오사나이 가오루의 연기 및 무대연출 지도를 받은 바 있다.

15 노보리 쇼무(昇曙夢)는 동경에 있는 러시아정교 신학교 출신으로 일본의 러시아문학 수용에 큰 역할을 한 번역가이자 문학연구자이다. 고리키의 희곡「どん底」(1921)와 장편소설「포마 고르제예프」(1929)를 번역했고, 1921년부터 일본평론사에서 『고리키 전집』(전9권)을 편집, 발간했다.

16 小山內薰, 『近代劇五曲』, 金星堂, 1925.「夜の宿」은 小山內薰, 『世界近代劇叢書 第二輯 - 夜の宿』(金星堂, 1925)에도 실렸다.

17 오사나이 가오루는 1910년「夜の宿」을 번역하여『미타문학』에 발표하면서, 독일, 프랑스, 미국 공연의 리플렛을 첨부하였다. - 小山內薰,「夜の宿」,『三田文學』明治43年11月號. -『明治飜譯文學全集 翻譯家編 20 - 小山內薰集』(大空社, 2003)에 재수록되어 있음.

18 松崎啓次(1905~1974)는 1929년 결성된 프로키노(プロキノ, 일본프롤레타리아영화동맹)에 가입하여 활발하게 활동한 영화 기획자 겸 시나리오작가, 러시아문학 번역가였다. 그는『勞農ロシヤ文学叢書 第1輯』(マルクス書房),『ゴルキー全集』(共生閣),『プロレタリア移動劇場脚本集 第1輯』(共生閣)발간에 참여했다.

19 1929년 도쿄 공생각에서 발간된『고리키 전집』은 총11권으로 기획되었다.

20 공연 기록 글쓰기 안에 당대 번역극 공연의 실증적 자료뿐만 아니라 오사나이가

서구 연극에 가지고 있었던 의심없는 모방 욕구와 신극 정착에의 의지를 확인할 수 있는데, 이에 대한 연구는 일본연극학자의 몫으로 돌리고자 한다.

21 "금번에 서울에 극단 신흥극장이 창립되어 오는 십일월 중순에는 제일회 공연을 하게 되리라는바 상연목록은 (1) 相戀記(藤森成吉 作) (2) 酒幕의 밤(막심 꼴키 작) (3) 무엇이 그녀자를 그토록 시키엿느냐?(藤森成吉 作) 등이라 하며 또 남녀 연구생을 모집한다는데 응모자는 리력서를 지참하고 예지동 일백칠십일번지 홍해성 방으로 가야한다는 바." - 「촉망되는 신극단 '신흥극장' 출현」, 『동아일보』 1930.10.23.

22 함대훈은 공연 전인 1932년에 발표한 글에서 "「나 드네」(나의 번역은 룸펜굴이라 하였다)"라고 밝히고 있다. - 「노농문단의 기린아 막심 고리키 연구-문단생활 40년을 기념하여」, 『조선일보』1932.12.26.

23 괄호 속 문장은 오사나이가 초연 이후 러시아 원전을 번역한 일본 내 다른 판본과 비교하며 수정을 거친 후 1925년 출간본에 실은 것이다.

24 이강은(1998, 60면)은 사틴에게서 고리키의 '작가적 개입'을 읽어내기도 한다. 사틴이 고리키의 사상을 대변한다는 것이다.

참고문헌

1. 기본 자료

    막심 고-리키, 함대훈 역, 『밤酒幕』, 조선공업문화사출판부, 1949.

    막심 고리키, 최윤락 역, 『밑바닥에서』, 지식을만드는지식, 2011.

    小山內薰, 『近代劇五曲』, 金星堂, 1925.

    松崎啓次, 『ゴルキー全集 第八券 – 三つの戱曲』, 共生閣, 1929.

    『동아일보』, 『조선일보』, 『조선중앙일보』.

2. 논문 및 단행본

    孤月, 「露文豪 고르키-의 略傳」, 『新民公論』 제2권6호, 1921.5.

    김광섭, 「普專 第二回公演 『밤酒幕』을 보고」, 『조선중앙일보』 1933.12.01.

    김승일, 「연출자로서 일언」, 『조선중앙일보』 1933.12.8~9.

    김병철, 『한국 근대번역문학사 연구』, 을유문화사, 1988.

    김송본 엮음, 『고리키와 조선문학』, 좋은책, 1990.

    니나 구르핀켈, 홍성광 역, 『고리키』, 한길사, 1998.

    김동환, 「러시아 소설과 이기영 소설의 상관성」, 『이기영』, 새미, 1995.

    김미연, 『이광수의 톨스토이 수용과 번역 양상 연구』, 고려대 석사논문, 2012.

    김병철, 『한국근대번역문학사연구』, 을유문화사, 1975.

    김연수, 『러시아 사회주의 리얼리즘이 한국 근대극에 끼친 영향에 관한 연구』, 단국대 석사논문, 1994.

김용희, 「최서해에 끼친 고리키와 알치 바세푸의 영향」, 『국어국문학』 제88호, 1982.

막심 고리키, 최민영 역, 『어머니』, 도서출판 석탑, 1985.

문석우, 「투르게네프 및 고리키 문학의 수용과 한국적 변용」, 『서구문학의 수용과 한국적 변용』, 한국학술정보, 2004.

박지영, 「해방기 지식 場의 재편과 '번역'의 정치학」, 『대동문화연구』 제68집, 성균관대학교 대동문화연구원, 2009.

손성준, 「조명희 소설의 외래적 원천과 그 변용: 투르게네프와 고리키를 중심으로」, 『국제어문』 62집, 국제어문학회, 2014.

신정옥, 『한국신극과 서양연극』, 새문사, 1994.

신형철, 「이상문학의 역사철학적 연구」, 서울대 박사논문, 2012.

안숙현, 「한국 근대극에 미친 러시아문학과 연극의 영향에 관한 연구 : 19세기 러시아문학과 연극의 수용을 중심으로」, 단국대 석사논문, 1994.

우수영, 「'어둠의 힘'에 나타난 이광수의 번역 의도」, 『어문론총』 제58호, 한국문학언어학회, 2013.

우수진, 「무대에 선 카츄샤와 번역극의 등장: '부활'연극의 수용 경로와 그 문화 계보학」, 『한국근대문학연구』 제28호, 한국근대문학회, 2013.

유진오, 「침통한 문학」, 『동방평론』 제1호, 1932.4.

이강은, 「막심 고리키 문학의 수용양상 연구」, 『러시아소비에트문학』, 제3권 제1호, 한국러시아문학회, 1992., 「막심 고리키의 '밑바닥에서'의 작품 이념 연구」, 『러시아소비에트문학』, 제8권 제1호, 한국러시아문학회, 1997.

이상 , 「失花」, 『文章』, 1939년 3월호.

이숭원, 「한국문학의 막심 고리키 수용」, 『국어국문학』 제88호, 1982.

이기영, 「막심 고리키 1주년제」, 『조광』 제3권 제6호, 1937.

이서향, 「신인은 말한다(2)-문단과 신인, 나의 문단타개책(상)」, 『동아일보』 1938.9.10., 「연극경연 심사를 마치고 3」, 『동아일보』 1939.3.11.

이헌구, 「인물론- 一步 咸大勳」, 『신문과 방송』 1972년 10월호, 한국언론진흥재단, 1972.

일기자, 「新春文藝選評」, 『동아일보』 1939.1.13.

주영섭, 「普專演劇二會 공연을 압두고」, 『조선중앙일보』 1933.11.24.

주영섭, 「짱 루노와아르의 영화 '밤酒幕' 연구 (상,하)」, 『동아일보』 1937.12.28. /12.31.

조시정, 「한국 근대문학 속에 나타난 고리키 신화의 해체와 재구성」, 서울대 석사논문, 2009.

조진기, 「고리키의 수용과 그 영향」, 『비교문학의 이론과 실천』, 새문사, 2006.

D.S 미르스키, 이항재 역, 『러시아문학사』, 문원출판, 2001.

폴 리쾨르, 윤성우 외 역, 『번역론-번역에 관한 철학적 성찰』, 철학과현실사, 2006.

한식, 「문호 막심 고리키의 문학사상의 공헌-위대한 작가, 교사로서의 그의 訃報를 들으며」, 『동아일보』 1936.6.20.~26.

함대훈, 「踏步」, 『박문』 12호, 1939.10., 「노농문단의 기린아 막심 고리키 연구-문단생활 40년을 기념하여」, 『조선일보』 1932.11.23.~12.27., 「막심 고리키의 문학수업의 도정」, 『조선일보』 1943.9.26., 「노서아문학의 시대성」, 『백민』 제5권 2호, 1949.3.

玄民, 「당래문학의 특징은 침통의 일색일까」, 『동아일보』 1935.1.1.

小山内薫, 和田利彦 編, 「自由劇場 第三回試演」, 『小山内薫全集-第6卷』, 春陽堂, 1929.

小山内薫, 和田利彦 編, 「『夜の宿』の回顧」, 『小山内薫全集-第6卷』, 春陽堂, 1929.

『明治飜譯文學全集 翻譯家編 20 - 小山內薰集』, 大空社, 2003.

松崎啓次, 『ゴルキー全集』, 共生閣, 1929.

2부
고리키와 사회주의 혁명

M. Горький и революция

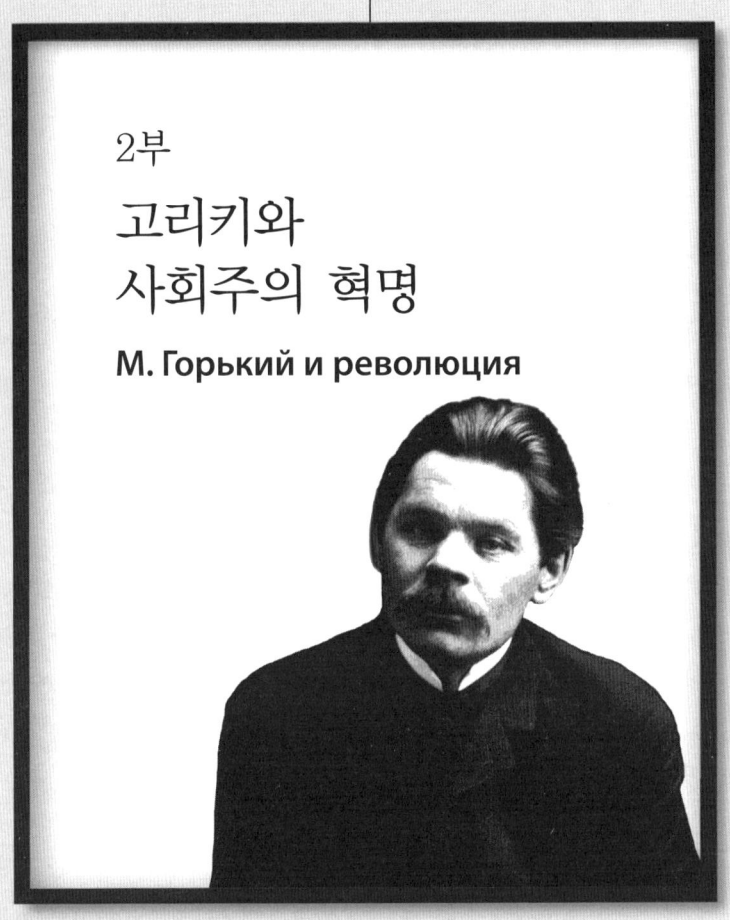

막심 고리키의 사회혁명 사상

이수경

논문 출처: (語文論叢, Vol.7, [1998])

저자 소개

건국대학교 동화미디어콘텐츠학과 교수

한국외국어대학교 노어과를 졸업하고, 제1호 러시아 국비유학생으로 선발되어 모스크바국립대학교에서 러시아문학으로 박사학위를 받았다. 주요 관심 분야는 러시아문학 및 아동문학, 영화 등이며, 고리키, 아동문학, 영화에 관한 논문이 있다. 러시아문학(일반문학)과 아동문학을 아우르며, 문학에서 받은 영감으로 그녀만의 독창적인 그림을 그리고 있다. 저서로 『러시아문학 감상』, 옮긴 책으로는 『카시탄카』, 『마부』, 『곱사등이 망아지』, 『시의적절치 않은 생각들: 혁명과 문화에 대한 소고』, 『시의적절치 않은 생각들: 혁명과 문화. 1917년 소고』, 『가롯 유다』, 『붉은 웃음』, 『인간의 삶』, 『사제 바실리 피베이스키의 삶』, 『러시아 현대소설 선집 1』 등이 있다.

Abstract

Revolution and Culture in the Works of M. Gorky

Sookyung Lee

(Konkuk Univ.)

This paper discusses revolutionary ideas and publicistic articles by M. Gorky published in the "New Life" newspaper in 1917–1918 under the title of "Untimely thoughts: essays on revolution, culture, and the Bolsheviks". These articles represent a chronicle of the first revolutionary months when the writer encountered many complexities of the revolutionary events of 1917, the time when the democratic revolution of February turned into the October Socialist Revolution.

Gorky saw this process in all its contradictions, with the cruelty of a fratricidal war. Without accepting revolutionary violence, he did not however lose a hope for the birth of a new society, a new state built on good and justice through the revolution.

For a new country, for a new society and a new man, Gorky tried to preserve all the 'valuable', cultural heritage, intellectual forces of the country, i.e. scientists, writers, cultural figures, etc. Intellectual forces, in Gorky's opinion, are the driving forces of the country, without them a country has no future. In addition, he claims that it is time to start educating people. He firmly believes that the Russian people, vodka-laden and disfigured by the cynicism of violence, are ugly cruel, but at the same time incomprehensibly good-natured and talented.

Thus, despite the negative developments in the course of the revolution, Gorky was convinced that the Russian people would overcome the difficulties of revolutionary construction, for the people gained a creative potential through the revolution.

All this is considered in 'Untimely Thought' and by the end of the work it is concluded that a new era will come. Gorky, who loves his homeland and deeply believes that the Russian people are able to create a world of true justice, remains an outstanding phenomenon of the Russian and world culture.

1. 들어가는 말

　작가 막심 고리키는 흔히 소비에트 사회주의 체제의 절대적 지지자, 신봉자라고 일반적으로 평가되고 있다. 그는 1917년 볼셰비키 혁명 후 사회주의 정권 수립을 위해 많은 활동을 한 인물로, 소비에트 정권 70여 년간 소비에트 신생 문학의 최고의 자리를 점하는 작가로 칭송되고 찬양되어 왔다. 그는 문학뿐 아니라, 사회 분야에서도 활동을 하며, 많은 평론체 글들과 레닌 및 기타 소비에트 지도자들, 세계적으로 유명한 작가들 및 소비에트 작가들과 서신을 주고 받았다.
　그러나 아이러니컬하게도 소비에트 문학의 대부라 할 수 있는 고리키의 많은 글들은 불과 얼마 전까지만 해도 소비에트 체제하에서 발간되지 못한 채 비밀 문서국에 묻혀 있어야 했으며, 현재까지도 그의 많은 편지와 사회 평론체 글들은 아직도 세간에 알려지지 않은 채 어둠 속에 매장되어 있다. 그 이유는 소비에트 사회주의 체제에 대한 전적인 지지가 아니라, 소비에트 지도자와 그 정부에 대한 비판이 포함되어 있었기 때문이다.
　편지 및 평론체 글뿐만이 아니라, 그의 몇몇 작품도 작가의 의도나 원본과는 달리 왜곡되고 변형되어 세상에 알려져 있다. 특히 혁명의 지도자이며 소비에트 정부의 창시자라 불려지는 레닌에 대한 그의 회상기를 예로

들 수 있다. 이 작품은 레닌에 대한 찬양 일변도의 톤으로 발행되었으나, 작가 스스로 언급했듯이, 이는 작가가 썼던 원본과는 달리, 소비에트 체제의 검열 과정에서 임의로 변형되고 삭제되어 발행된 것이다.

이같은 상황에서 고리키의 작품 및 사상을 전면적으로 이해하기 위해서는 아직 '검열 상태'에 놓여 있는 그의 글들이 세상에 빛을 보게 될 때나 가능할 것이다. 그나마 다행히도 1990년 초 고리키의 사회 혁명 사상이 드러나 있는 평론집 「시의적절치 않은 생각들: 혁명과 문화에 대한 소고 (Несвоевременные мысли. Заметки о революции и культуре)」가 첫 발행 후 70여 년이 지나서야 다시금 발행되어, 우리가 그동안 천편일률적으로 알고 있었던 고리키의 사회 혁명 사상을 새로이 접할 수 있게 되었다.

이와 관련하여 본 논고에서는 여태까지 우리의 관념 속에 철저한 사회주의 신봉자로 알려져 있던 막심 고리키가 1917년 2월 혁명 후부터 1918년 사회 혁명기에 러시아에서 일어난 사건들, 즉 혁명을 어떻게 평가하고 있는지 고찰하며, 세간에 알려지지 않은 채 매장되어 있었던 작가의 사고 및 사회 평론가로서 고리키의 신흥 소비에트 사회주의 사회에 관한 기본 사상을 살펴보고자 한다.

2. 막심 고리키의 혁명관

고리키의 혁명관을 가장 많이 살펴볼 수 있는 곳은 『새생활(Новая жизнь)』이라는 신문 지면이라 할 수 있다. 『새생활』지는 1917년 2월 혁명 후인 4월 18일부터 1918년 7월 16일까지 페트로그라드에서 고리키의 편집하에 사회민주주의자들-국제주의자들의 기관지로써 발행된다. 『새생활』지는 러시아 및 국제 프롤레타리아트의 이해에 상반되는 제국주의 전쟁 반대 및 2월 혁명으로 획득한 사회적, 정치적 업적 유지를 위해 모든 혁명세력 및 민주세력 규합, 문화, 교육 및 과학 발전을 모토로 내걸고, 10월 혁명 후에는 사회주의의 인도주의 사상, 사회 민주화, 인간의 권리와 자유를 주장하며, 혁명의 이면과 사회 혁명의 왜곡된 방법 및 형태를 비난하는 신흥 소비에트 정부의 비평지로써 등장한다.

이 『새생활』지에 고리키는 단편 및 수필, 그리고 그 외에도 80편 정도의 글을 발표한다. 이 중 57편은 『시의적절치 않은 생각들(Несвоевременные мысли)』시리즈로 발표한 글들에 포함되어 있다. 이때 발표한 글들을 모아 2권의 책 『혁명과 문화. 1917년의 글들(Революция и культура. Статьи за 1917 г.)』[1] 과 또 한 권의 책 『시의적절치 않은 생각들: 혁명과 문화에 대한 소고(Несвоевременные мысли. Заметки о революции и культуре)』[2]가 발행된다.

이 글들은 1917년 2월 혁명이 10월 사회주의 혁명으로 전환되는 시기와 그 이후 작가가 수많은 혁명의 사건들과 부딪치며 이에 대한 독특한 평가를 내린 작품이라 할 수 있다. 2월, 10월 혁명을 무지몽매 및 전제, 구타 및 폭력이 난무했던 야만적인 러시아의 역사를 바꿀 수 있는 하나의 전환점으로 생각한 고리키는 혁명을 환영한다. 그러나 혁명의 진행은 고리키나 혁명을 환영한 다른 소비에트 작가들이 생각했던 혁명의 이념과는 전혀 다른 모순과 부조리로 가득찬 방향으로 나아가며, 폭력 및 무질서, 약탈 및 파괴, 살인이 온 나라를 휩쓸고, 지도부 역시 그 과정을 통제하지 않는 것을 본 고리키는 혁명 및 소비에트 지도부에 대한 신랄한 비판을 가하게 된다. 고리키가 생각한 혁명이란, 과거의 모순 및 부조리, 문제점을 제거해 가며, 정의롭고, 공정한 사회, 만인이 평등한 사회를 형성해 나가는 것이었다. 일단 혁명이 발생하여 성공했다고 해서 수세기에 걸쳐 존재했던 모든 문제점이 저절로 사라지는 것이 아니라, 혁명을 완성시켜 나가려 하는 인민들의 끊임없는 노력과 열정 속에서만 혁명의 진가를 달성해 나아갈 수 있다고 그는 생각한다. 이를 위해서 우선적으로 문화 운동이 선행되어야 하며, 90% 이상이 문맹이었던 러시아 인민들의 교육과 계몽이 필요하다고 고리키는 역설하고 있다. 한마디로, 그는 혁명의 폭력성을 인정하지 않으면서 시대에 의해 억압받고 노예화되어 있으나 그 내면에 거대한 힘을 갖고 있는 러시아 인민들은 노력과 열정으로 모든 난관을 극복하고 정의롭고 선한 공정한 사회를 건설하리라는 러시아 인민 및 지상에 도래한 사회주의에 대한 자신의 믿음을 표현하고 있다.

혁명 과정에서 교육 및 문화의 역할을 중요시하는 고리키는 『새생활』지 첫 호에서 바로 교육 및 문화에 대해 역설하고 있다. 1917년 4월 18일 자 『새생활』지 첫 호 「혁명과 문화」[3]라는 글에서 고리키는 혁명을 이룬 지금 소비에트 정부는 오랫동안 형성된 러시아인의 정신적 무지함을 없애기 위해 문화 및 교육의 역할을 최대의 과제로 삼아야 함을 강조하고 있다. 그는 19세기 전제 정치하에서 러시아의 정신적 빈곤이 폭로되었으며, 차르 정부는 러시아를 정신적으로 파멸시키는 데 성공하였다고 언급하며, 지금 러시아에 혁명이 이루어졌지만 혁명 스스로 정신적으로 러시아를 완쾌시켜 풍요롭게 함을 의미하지 않기 때문에 혁명이 승리로 끝난 지금에서야 국가가 지적으로 풍요로워지는 길고 기나긴 과정이 시작된다고 주장하고 있다.

"혁명의 지도세력은 지금, 즉각적으로 국가의 지식세력 양산에 심혈을 기울일 수 있는 여건을 조성하며, 그 단체를 창설하는 책임을 져야한다. 지식세력 – 이는 질적으로 최상의 생산세력으로, 이를 조속히 성장시키려하는 열망은 모든 계급의 염원이 되어야 한다. 우리는 다방면적인 문화 발전에 착수해야 한다. 즉 혁명은 자유 창작의 길에 이르는 모든 방해물들을 제거하였으므로, 우리는 스스로에게, 전 세계에 자신의 능력과 재능 및 천재성을 보여 주어야 한다…"

고리키는 혁명 이후 당시 소비에트 정부가 행하였던 부르주아 계급 청산이나 볼셰비키의 반대자들 제거, 소비에트 사회에 해롭다고 여기는 기존 문학과 문화에 대한 당국의 부정적 태도에 비판적 시각을 표출하며, 즉각적으로 교육 및 문화 발전에 착수해야 함을 역설하고 있다. 이와 같은 고리키의 교육 및 문화 중시 사상은 이후에 계속되는 글들에서도 여러 번 반복되어 등장하고 있다.

혁명을 환영하며 혁명만이 전쟁을 종결시키고 러시아에 인민을 기초로 한 새로운 민주주의 문화를 창설할 수 있다고 생각한 그는 이처럼 위대한 혁명 속에서도 예전과 같은 폭력, 모순과 부조리만이 반복된다면, 그 혁명은 결국 실패로 끝나고 말 것임을 경고하고 있다.

"혁명은 위대하고, 정직한 과업이며, 우리의 재활을 위해 필수불가결한 과제이지, 민족의 재산을 파괴하는 무의미한 약탈 행위가 아니다. 우리 러시아인이 우리의 가슴속에 남아 있는 가장 훌륭한 것들을 혁명 속에 불어 넣지 못한다면, 러시아 노동자-혁명가들의 평판을 훼손시키는 잔인함과 악의를 소멸시키거나 통제하지 못한다면, 혁명은 그 의미를 상실하고 사라져버릴 것이다".

이와 관련하여 고리키는 그 당시의 역사적 상황에서 사회주의 혁명은 아직 시기상조라고 여기고 있다. 토지에 지나치게 집착하는 이기적인 소부르주아 농민 세력이 혁명을 집어삼켜, 혁명의 주동 세력인 노동자 및 인텔리겐치아를 파멸로 이끌어 갈 것으로 판단했기 때문이다.

"…… 농민에게서 뗄래야 뗄 수 없는 그 본성은 잔인한 소유자적 개인주의로, 이는 노동자 계급의 사회주의 열망에 가혹한 전쟁을 선언할 것이다. 농민들이 파리의 코뮨을 파멸로 몰아 넣었다 ……"

러시아는 농업 국가로서, 농민은 아직 민주적 사회적으로 삶을 변화시킬 준비가 되어 있지 않다고 고리키는 주장한다. 그렇기 때문에 사회주의 혁명을 완성하기 전에 국가의 지적 세력 및 문화적 세력을 발전시켜야 한다고 생각한다. 그리고 광범위하게 새로운 문화를 건설하고, 인민 대중에 지식을 교육시키고 난 후에야 새로운 사회주의 삶의 건설이 가능하다고 여긴다. 즉 인민 대중을 지적, 문화적으로 무장시키고 난 후에야 사회주의 혁명이 완성될 수 있다는 생각이다. 바로 이런 점에서 고리키는 『시의적절치 않은 생각들』을 통해 2월 혁명 이후 조속히 사회주의 혁명을 추구하는 레닌과 논쟁을 벌이게 된다.

그러나 혁명시기에 러시아 인민들이 보여준 무질서, 전횡, 약탈, 살인,

이기주의는 인민들이 스스로 습득했거나 단기간에 이루어진 특성들이 아니라, 수십세기 동안 역사적으로 형성된 것임을 고리키는 주장하고 있다.

"우리 민족의 무정부적 경향, 노동에 대한 증오, 모든 야만성과 무지함을 비난하면서도, 나는 우리 민족이 달리 어떻게 될 수 없었음을 알고 있다. 우리 민족이 살았던 여건은 인간에 대한 존경심도, 시민권의 인식도, 정의감도 심어 줄 수 없었다. 이는 완전한 전횡과 인간의 억압, 파렴치한 거짓말, 짐승적 가혹함이 지배하는 여건이었다…"

이처럼 억압받고 학대받는 일반 계층이었던 인민 대중들이 질서와 규율을 습득할 수 있는 여건이 형성되어 있지도 않았으며, 지배계급에 의해서도 일반 대중들의 무지와 무질서가 더욱 가속화된 것으로, 우리 모두의 책임이지, 단지 러시아 일반 인민을 비난할 수는 없는 일이다. 그러므로 지금 우리들이 해야 할 일은 러시아 인민 대중을 의식화하고 교육시켜 의식적으로 성숙한 인민 대중으로 만들어야 한다고 고리키는 주장하고 있다.

더불어 혁명 후 길거리에서 공공연히 자행되는 무질서에 대하여 고리키는 끊임없는 노력만이 혁명을 완성시켜 나간다고 강조하고 있다. 1917년 7월 4일 그는 페트로그라드의 거리에서 승리자 '혁명군'이 선량한 주민들을 학살하는 사건을 목격하게 된다. 혁명군의 비이성적인 무자비함뿐만 아니라 그 외에도 무수한 인민 대중들의 잔임함과 적의로 혁명 기간 동안 자행된 길거리의 즉석 인민 재판 건수는 1917년 12월에는 만 건을 상회한다. 거리에서 붙잡힌 도둑은 즉석에서 죽도록 구타하거나 익사시켜 죽이거나 총살형에 처하는 일이 비일비재하게 일어난다. 이와 같은 사건들을 무수히 목도하게 된 고리키는 7월 14일 자 『새생활』지에 러시아 인민이 인간의 존엄성을 인지하기 위해서 피나는 노력을 해야 함을 역설하고 있다.

"자신의 인성과 인간의 가치를 인식하기 위해 러시아 인민들은 많은 노력을 해야 한다. 느리지만 지속적인 문화의 불꽃으로 인민들은 자신들 속에 내재한 노예 근성으로부터 탈피하여야 한다."

이처럼 고리키는 야만적이고 무지한 인민 대중으로부터 국가를 구하기 위해서 우선 문화를 발전시키고, 인민 대중에게 문화를 교육시켜야 한다고 계속해서 주장하고 있다. 이런 것들을 전제로 하지 않은 혁명은 무익한 것이며, 의미를 상실하기 때문이다.

또한 그는 혁명기에 자행되는 무자비하고 비이성적인 사건들의 원인이 무엇인가를 돌이켜보며, 그의 원인으로 러시아인의 우둔함을 들고 있다.

"우리들의 최대의 적은 레닌주의자들도, 독일인들도, 선동가, 반혁명가들도 아니고, 바로 혐오스런 러시아의 우둔함이다. …바로 우리들의 우둔함이 악의 근원이며, 이는 비문화성, 역사적 감각의 부재를 일컫는다."

그러나 이같은 러시아 민족 특성의 부정적 현상들을 언급하면서도, 고리키는 언제나 인민 출신 러시아인의 창조적 가능성에 대한 확신을 잃지 않고 있다. 『시의적절치 않은 생각들』에서도 그는 러시아의 심오한 사회적,

심리적 모순 속에서도 새로운 러시아, 새로운 사회, 새로운 인간이 탄생되리라는 믿음을 보여주고 있다.

고리키는 1918년 5월 1일 자 『새생활』지에 러시아인에 대해 언급하며, 헤아릴 수 없을 정도로 많은 모순을 안고 있는 이들이지만, 이들 속에 내재해 있는 능력을 높이 사고 있다.

> "우리, 루시는, 천성이 무정부주의자들이고, 가혹한 짐승과 같으며, 우리의 혈관 속에는 아직도 음침하면서도 악한 노예의 피- 타타르 압제 및 농노제도의 극악 무익한 잔재-가 흐르고 있음이 사실이다.... 지구상에서 가장 죄많고, 추악하고 선과 악을 구별하지 못하고, 보드카에 절어 살며, 폭력의 냉소주의에 의해 왜곡되고, 말도 못할 정도로 가혹하면서도 동시에 이해할 수 없을 정도로 선량한 민족, 그러면서도 재능있는 민족이다."

또 다른 글에서는 다음과 같이 언급하고 있다.

> "이들(러시아 민족)은 굼뜨고, 이성이 조직화되지 못했으나, 거대하고 잠재적인 재능의 민족으로 전면적 발전의 능력을 소유한 민족이다."

이처럼 고리키는 러시아 인민들의 능력을 높이 평가하며, 점차 그들 속에는 정치 혁신자들의 비이성도, 외국 약탈자들의 탐욕도 무서워하지 않은 새로운 힘이 성숙되고 있다고 인민에 대한 믿음을 잃지 않고 있다.

한편 고리키는 역사적으로 형성된 러시아 인민의 부르주아에 대한 적의가 타당함을 인정하면서도 혁명기에 러시아 인민이 자행하는 동족상잔의 살인 및 약탈행위를 비난하고 있다. 이와 같은 모든 어두운 본능들을 없애기 위해, 『새생활』지에 게재한 많은 글들에서 고리키는 혁명의 첫 번째 과제로써 문화 발전의 중요성을 끊임없이 주장하고 있는 것이다. 바로 이 점에서 프롤레타리아트에 의한 권력 장악 및 프롤레타리아트 독재를 혁명으로 인식하는 레닌 및 볼셰비키들과 고리키는 의견의 불일치를 보이고 있다. 그러나 고리키는 혁명의 주체세력으로서 프롤레타리아트를 반대하고 있는 것이 아니며, 반대로 프롤레타리아트의 역사적 사명을 높이 평가하고 있다.

"…… 공장 노동자는 물리적 세력일 뿐 아니라 정신적 세력이며, 타인의 의지의 수행자일 뿐 아니라 자신의 의지와 이성을 실현시키는 인간이다."

그러나 혁명의 원동력이라 할 수 있는 프롤레타리아트에 불온 세력이 가담하여 혁명을 잘못된 방향으로 이끌어 가고 있음을 고리키는 지적하고 있다.

"…… 혁명 운동에 수많은 선동가와 모험가들이 참여하여, 우리 러시아인에게 서로 서로에 대한 불신감과 인간에 대한 불신감을 자연스럽게 심어주고 있다."

이들은 자유 및 평등에 대한 혁명사상을 훼손시키고, 혁명으로 획득한 자유를 마치 무정부적 자유 및 무조건적인 무정부적 활동의 자유로써 받아들이고, 평등사상과 자유사상을 '빼앗기고 약탈된 장물을 다시 빼앗는 것'으로 왜곡하여 받아들이고 있다는 점이다. 이는 무질서, 약탈, 인간에 대한 인간의 폭력을 야기하기 때문에, 이를 방지하기 위해 고리키는 바로 교육 및 문화로써 인민 대중의 인식을 먼저 변화시켜야 함을 계속해서 주장하고 있다.

1917년 4월 20일부터 『새생활』지에는 '시의적절치 않은 생각들'이라는 제목하에 고리키의 혁명에 대한 글들이 본격적으로 발표되기 시작한다. 이 글에서 고리키는 새 술은 새 부대에 담아야 하듯이, 새 시대에 걸맞는 새로운 태도를 정립해야함을 주장하며, 파괴적 본능이나 기존의 편협한 관념을 떨쳐버리고 넓고 깊이 있는 인간이 되기를 호소하고 있다.

"새 정치 체제는 우리로부터 새로운 정신 체계를 요구하고 있다. …… 우리는 정권 투쟁의 혼란 속에서 살고 있다. 이 투쟁은 좋은 면과 더불어 인간의 어두운 본능을 일깨우고 있다. …… 다른 계급에 대한 적의는 정당하고 근거있는 프롤레타리아트의 권리이다. 그러나 동시에 프롤레타리아트는 위대하고 장엄한 새로운 문화사상과 전 세계적인 형제애 사상을 실천하는 장본인이다. 그러므로 프롤레타리아트가 먼저 자신에게 불필요한 인간에 대한 이전의 낡은 관계를 청산하고, 영혼 및 삶의 경험을 축적하는 정신을 넓히고 깊이 있게 하기 위해 끊임없이 노력해야 한다."

위대한 혁명을 수행한 러시아 인민들은 지난날 억압받고 학대받았다는 사실에 기인하여 이를 보상받거나 보복하겠다는 심리, 낡은 사고 방식에서 탈피하여 한 걸음 더 나아가 깊이 있는 폭넓은 인간이 되어야 한다는 것이다. 바로 이런 견지에서 고리키는 혁명을 수행한 일부 지도자들이 자행하고 있고, 페트로그라드의 길거리에서 행해지는 공공연한 살인 및 약탈 등을 인정하지 않고 있는 것이다.

전반적으로 고리키는 혁명의 보편적 인도주의적 의미를 인정하면서도 또 한편으로는 혁명의 폭력을 비난하고 있다. 혁명의 폭력이 오랜 세월 동안 역사적으로 형성되어온 국가의 문화재들을 파괴하기 때문이었다. 혁명의 폭력성은 혁명 전 제정 러시아에서 자행되었던 개인에 대한 억압이나 개인에 대한 멸시와 똑같은 것이다. 그렇기 때문에 인간의 자유와 새로운 사회 건설을 이룩할 수 있는 위대한 혁명이 개인에 반하는 범죄로 얼룩져서는 안 된다는 것이다. 만약 이와 같은 혁명의 폭력이 나타난다면, 러시아인이 원하는 자유는 러시아 조국에 존재하지 않을 것이기 때문이다. 고리키의 이런 생각들은 『시의적절치 않은 생각들』에 반영되어 죄없는 사람들, 작가 및 문화 활동가들에 대한 체포 및 수색, 유형을 격렬히 비난한다. 문화 활동가들은 바로 국가의 지적 자원으로, 이들 없이 혁명은 성공적으로 그 목적을 달성할 수 없었을 것이라 믿고 있는 고리키는 혁명 시기에 문학가들 및 문화 활동가들이 겪어야 했던 생활의 어려움을 돕고자 혼신을 다했으며, 페트로그라드에서 배고픔으로 죽어가던 학자들과 작가들을 도우며, 혁명 지도층에 '만약 이들, 우수한 두뇌가 죽는다면 우리는 무엇으로 살 수 있겠는가?'라고 호소하여 정당한 이유없이 박해받은 수많은 사람들을 구하고자 노력하였다.

이 외에도 민족 문화재의 약탈 및 파괴에 반대하여 혁명 초기 고리키는 문화 기념비 구원 및 보호 사업을 펼친다. 혁명 기간 동안 고리키는 박물관, 화랑, 문서국 등의 보호를 위해 매번 레닌이나, 교육인민위원 루나차르스키, 또는 기타 다른 혁명 인사들에게 직접 부탁하며 문화재 보호에 지대한 관심을 기울인다. 그로 인해 러시아의 수많은 국가 및 개인 예술품들이 외국으로 유출되지 않고 보존될 수 있었다. 바로 이와 같은 문화재 보호 사상도 이 시기 고리키의 주요 사상 중의 하나를 차지하고 있다.

혁명 기간 동안 레닌에 대한 고리키의 태도는 『시의적절치 않은 생각들』과 얼마 전에 발행된 1919-1921년 동안 고리키가 레닌에게 보낸 편지에서 찾아볼 수 있다. 『시의적절치 않은 생각들』에서 고리키는 볼셰비키의 정책을 비판하면서도 이들을 변호하며 이들도 우리와 똑같은 사람들이며 역사가 자랑스러워할 인물들임을 강조하고 있다.

"볼셰비키? 생각해 보시오. -이들 또한 우리같은 사람들입니다. 이들도 우리처럼 어머니에 의해서 태어났으며, 우리 개개인 속에 숨어있는 짐승같은 본능이 이들 마음속에도 똑같이 있습니다. 이들 가운데 더 나은 사람들은 시간이 지나면서 우리 러시아 역사가 자랑스러워할 인물들이며, 우리들의 자식들과 손자들이 이들의 열정에 감탄해 마지 않을 것입니다."

그는 또한 볼셰비키들이 러시아 인민들에게 지대한 영향을 미쳤음을 지적하고 있다.

"…… 그들의(볼셰비키) 정치 활동이 우리에게 결국 어떤 결과를 가져올지는 모르나, 러시아의 모든 대중으로 하여금 쓸모없이 헛된 견해에서 벗어나도록 하였고, 현실에 대한 적극적 태도 - 이와같은 태도없이 우리나라는 멸망하였을 것이다 - 를 자극하였다는 점에서 심리적으로 볼셰비키들은 이미 러시아 인민에게 큰 공헌을 하였다."

이처럼 고리키는 혁명의 폭력성에 반대하며, 레닌과 볼셰비키들과 논쟁을 벌이면서도, 러시아 인민들의 적극적인 사고를 일깨웠다는 점에서 이들을 높이 평가하고 있다.

1919년도 고리키의 편지들은 평론집 『시의적절치 않은 생각들』과 매우 비슷하다고 할 수 있다. 이 편지들에서 고리키는 혁명의 폭력성을 받아들이지 않으며, 폭력이 없고 모든 인민의 의식이 깨이고 자유로운 문화 사회를 건설하는 혁명을 수호하고 있다. 모든 혁명은 낡은 것의 파괴자, 그리고 정직하고 창조적인 새로운 것의 창조자에 의해서 완성되어야 한다는 확신 하에 고리키는 혁명의 무뢰한들과 모험주의자들을 비난하고 있다.

1917년 5월 6일 자 『새생활』지에 고리키는 자신의 영리와 복지를 위해 말로만 부르짖는 사회주의자가 아닌, 사실상의 진정한 사회주의자가 되자고 호소하고 있다. 그 뒤 1918년 6월 6일 자 『새생활』지에 그는 두 가지 타입의 혁명가, 즉 '영원한' 혁명가와 '일시적'이고 한시적인 혁명가를 구분하여 그들을 평가하고 있다.

"영원한 혁명가는 자신 속에 혁명적 프로메테우스적 원칙을 구현하며, 인류를 완성으로 이끄는 모든 대중 사상의 정신적 계승자로, 이와 같은 사상은 그의 이성에서 뿐만이 아니라, 그의 감정 및 무의식적 세계에서도 구현되어 있다. …… 어느 사회 체제하에서도 그는 …… 평생 만족하지 않게 되어 있다. 인류가 좋은 것에서 더 나은 것을 창조할 힘을 갖고 있음을 알고 있고 믿기 때문이다. …… 영원한 혁명가는 인류의 머리와 신경을 끊임없이 자극하는 효소와 같다. 또한 그가 존재하기 이전에 창조된 진실을 파괴하며 새로운 진실을 만드는 천재이다. 그러나 일시적 혁명가는 병적으로 예민하게 사람들이 가하는 사회적 모욕과 치욕을 느끼는 사람이다. …… 그는 보수주의자로 남아 있다 …… 또한 세계의 과거와 자신과의 조직적 관계를 느끼지 못하고, 자신이 완전히 해방되었다고 생각하나, 내부적으로는 동물적 본능의 비열한 보수주의에 얽매여 있다 ……"

이처럼 고리키는 진정한 영원한 혁명가를 나라의 미래를 이끌어 나가는 원동력으로 찬양하는 동시에, 순간적인 일시적 혁명가들을 혹독하게 평가하며 이들이 러시아 인민들 속에 어두운 본능을 일깨웠음에 대하여 비판을 가하고 있다.

레닌에게 보내는 편지들에서 혁명의 의미에 대해 언급하며, 고리키는 다시 국가의 지적 자원을 파괴하는 정책에 대하여 비판을 가하고 있다. 레닌은 다른 권력 위에 프롤레타리아트의 '강철 권력'이 필요함을 확신하고 있는 반면, 고리키는 평화롭고 자유로운 혁명의 수행 방법을 주장하고 있다. 두 사람의 의견 충돌은 혁명의 투쟁 방법에 대하여 각기 정치가, 문학가 및 사회 활동가로서 서로 다른 견해를 갖고 있기 때문이다.

1919년 9월 자 편지에서도 고리키는 역시 폭력 전술에 반대하며 인간의 개성과 인간의 삶을 비호하고 있다. 그는 러시아 인민의 보배라 할 수 있는 지식인의 숙청과 관련, 이를 자행하고 있는 '적군' 역시 '백군'처럼 인민의 적이 분명해졌음을 밝히고 있다.

고리키는 인텔리겐치아를 아끼면서도 그 본질을 꿰뚫어, 9월 자 다른 한 편지에서 정치적, 사회적 인텔리겐치아와 진정한 국가 과학 자원의 대변자로서의 인텔리겐치아의 차이점을 지적하며, 진정한 학자를 국가의 원동력으로 높이 평가하고 있다.

"학자 …… 바로 그가, 그만이, 새로운 지적 에너지로 나라를 풍요롭게 살찌우고, 발전시키며, 인간 이성이 불필요한 사물과 투쟁하는 데 있어 우리에게 필요한 수많은 인재들을 만들어 낼 것이다."

즉 진정한 학자만이 러시아의 장래를 책임질 새로운 인재들을 배출하여 러시아가 발전할 수 있으며, 이로써 과거의 부조리에서 탈피하여 새로운 사회가 건설되리라는 작가의 교육 중시 사상이 다시 한번 강조되어 나타나고 있다.

이미 살펴보았듯이, 이와 같은 고리키의 소비에트 정부 및 지도자에 대한 비판은 혁명의 실현 및 완성을 위해 점진적이면서도 지속적인 정신적 변화, 문화 및 교육, 비폭력의 방법을 주장하였던 그와 달리, 볼셰비키는 즉각적이고, 조속한 사회주의 혁명 및 혁명사상을 실현하기 위해 폭력 및 테러 전술을 이용했기 때문이다. 그가 주장하는 바는 20세기까지 전제주의국가였던 병폐된 러시아의 현실 속에서 혁명이 일어났다고 해서, 무조건적으로 낡은 모든 것을 타파하고, 새로운 것만을 받아들이려는 경직된 이데올로기를 반대하며, 좋고 나쁜 것을 선별해서 신생 소비에트 국가의 문화 발전에 이바지하도록 해야 한다는 것이다.

3. 맺는 말

위의 글을 통해 혁명, 레닌 및 볼셰비키, 교육 및 문화, 혁명에서의 인민의 역할 등 막심 고리키의 전반적인 사회혁명사상을 살펴보았다. 고리키는 혁명의 모순조차 무조건적으로 찬성하고 지지하는 것이 아니라, 진정한 혁명의 구현을 위해 혁명의 모순과 문제점들을 예리하게 비판하며, 폭력 및 살인, 약탈 및 유혈 혁명을 거부하며, 문화와 교육으로 혁명을 달성할 것을 강조하고 있다.

이와 같은 비판들은 막심 고리키가 사회주의 및 사회주의 사상을 부정하고자 하는 의도에서 나온 것이 아니다. 구시대의 모순과 비리를 조속히 해결하고, 혁명을 통해 이제껏 억압받고 학대받았던 인민이 자신의 능력과 잠재력을 마음껏 구현할 수 있는 새로운 창조적, 정의로운 사회가 하루라도 빨리 건설되고 정착하기를 바란 그의 믿음에서 기인하고 있는 것이다. 그가 생각하는 사회주의란 단지 혁명이라는 정치 사상뿐 아니라, 사회, 문화 등을 총망라하는 포괄적인 세계관을 의미하고 있기 때문이다. 혁명을 이루었기 때문에 곧바로 모든 부조리와 모순이 사라지는 것이 아니라, 끊임없는 노력으로 혁명을 완성시키려 노력하는 가운데 진정으로 정의롭고 조화로운 사회가 건설되리라는 것이다.

1990년대에 『시의적절치 않은 생각들』이 근 70여 년 만에 다시 발행되어, 고리키의 작품 및 사상에 대한 논쟁에 새로운 계기를 부여하였다. 고리키의 사회 사상[4]을 자세히 연구하려는 비평가 및 문학가들은 새로이 접하게 된 그의 평론 및 편지글에 의거하여 고리키에 대하여 이전의 자신들이 내린 평가와는 전혀 다른 새로운 평가를 내리고 있다.

예를 들어, 파라모노프(Б. Парамонов)는 「고리키, 오점(Горький, белое пятно)」이라는 글에서 제1차 혁명의 실패 후 정치 반동기인 1907년 필로소포프(Д. Философов)가 쓴 「고리키의 종말(Конец Горького)」이라는 글 이후, 현재 두 번째로 '고리키의 종말'이 도래했음을 주장하고 있다. 이 글의 저자는 또한 진정한 고리키는 아카데미 전집의 2부, 3부에 포함되어야 하나, 아직까지도 일종의 검열 속에 놓여 있는 그의 평론과 편지에 의거해서만 평가될 수 있을 것이라고 기술하고 있다.

그러나 파라모노프가 언급하듯이 '만약 고리키가 현재에도 무엇인가로 흥미를 야기하고 있다면, 이는 그의 예술작품보다는 그의 사상, 사상의 형태가 주는 것'으로, 고리키는 작가로서보다도 사상가로, 정신적 타입으로 중요하다는 것에 동의하기는 힘들다. 파라모노프 외에도 '새로운 체제에 맞게' 고리키의 문학 작품을 전면적으로 재고하려는 시도가 몇몇 비평가들 작품에서도 나타나고 있다. 이와 같은 평가는 과거 소비에트 시대에 만연되었던 고리키와 레닌의 관계, 즉 고리키와 레닌 사이의 의견 차이는 전혀 없고 고리키의 실수를 언제나 레닌이 지적하여 고리키를 올바른 방향으로 이끌었다는 일방적인 도식적 관계를, 현재 새로운 체제하의 새로운 조류에 부응시키는 것이며, 새로이 출판된 고리키의 평론집이 무조건적으로 소비에트 정부를 비판했다는 또 다른 일방적인 측면에서 고리키를 평가하려는 오류를 범하는 것이라 할 수 있다.

시대적 붐이 일고 있는 고리키에 대한 새로운 비평적 경향의 작품들 중에서 1994년 학술원 산하 고리키 세계문학연구소에서 발행된 스피리도노바(Л. Спиридонова)의 저서 『고리키: 역사와의 대화(М. Горький: диалог с историей)』는 고리키에 대하여 비교적 객관적인 평가를 내리고 있는 작품이라 할 수 있다. 저자는 고리키에 대한 몇몇 비난은 작가의 삶과 작품에 대한 정확치 않은 지식으로부터 기인되고 있거나, 『시의적절치 않은 생각들』, 기타 평론 및 예술 작품들을 '경기를 타듯이' 시대 변화에 따라 평가함으로써 야기되는 현상이라고 주장하고 있다. 다시 말해 고리키라는 작가의 진면목을 평가하는 것이 아니라, 시대 조류에 따라 소비에트 시대에는 사회주의 리얼리즘의 아버지라 찬양하고, 지금 자본주의 체제하에서는 무조건적으로 소비에트 체제 옹호 작가이므로 배척되어야 한다는 극단적 평가에 기인하고 있다는 것이다. 이와 같은 평가는 작가에 대한 정확한 지식과 사실에 의해서만 그 잘못이 시정된다고 작가는 주장하고 있다.

진정한 작가는 한 시대에 의해 평가되는 것이 아니라, 몇 시대를 거쳐 그 진정한 면모를 평가받는 것이다. 그의 모든 작품들은 바로 그의 조국 및 인민에 대한 그의 사랑을 반영하는 것이며, 세계의 모든 문화적 가치를 창조하는 해방된 새로운 인간에 대한 그의 염원의 표현인 것이다.

고리키가 주장하였던 사상들이 비록 지금은 지나간 역사 속으로 사라진 사회주의 국가라는 우리와는 전혀 다른 정치 체제하에서 발표된 글들이기는 하지만, 20세기 초 러시아 혁명기에 고리키가 주장하였던 문화와 교육의 역할, 정신적 도덕적 발전의 중요성, 인간 존중 및 노동 존중, 비폭력 사상은 거의 일세기가 지나가는 20세기 말, 문명화로 인해 인간의 존엄성과 노동의 신성함이 비하되고, 정신적 도덕적 가치를 상실해가는 물질 만능주의의 현대 사회에도 여전히 경종을 울리고 있는 중요한 사상이다. 인민과 인류, 자신의 조국을 사랑한 한 인간으로서, 문학가, 사회 활동가, 비평가로서 고리키가 인간의 정신에 호소하고자 했던 바는 시공간을 떠나 문명이 발달할수록 더욱더 가치를 더할 것이며, 인류가 계속 존재하는 한 지속적으로 추구하고 발전시켜야 할 영원한 과제로 남을 것이다.

주석

1 33편의 글로 구성되어, 1918년 베를린에서 러시아어로 발간된다.

2 48편의 글로 구성되어, 1918년 10월 페트로그라드에서 발간된다. 고리키는 시간적 순서에 따르지 않고, 주제별로 글들을 분류하여 발표한다. 이후 본 논문에서 이 평론집은 『시의적절치 않은 생각들』로 표기한다.

3 1917년 4월 18일 자 평론은 「혁명과 문화」라는 제목하에 발표되고, 그 이후 4월 20일 자부터는 「시의적절치 않은 생각들」이라는 제목하에 그의 평론이 발표되기 시작한다.

4 1906년 차르 정부하에서 볼셰비키 자금 마련을 위해 미국을 여행한 고리키는 차르 정부의 귀국허가 불가로 인해, 이후 1913년 로모노소프 가문 300주년 기념일을 기해 특사를 받을 때까지 러시아로 돌아올 수 없어 이탈리아에 머물게 된다. 1917년 혁명 후, 1921년 건강상의 이유로 다시 이탈리아로 떠나게 되며, 1931년 영구 귀국하기 전에 몇 번 소련을 방문한다. 귀국 전후 고리키는 집단화 및 국영화, 수용소 여행담 등 사회 평론적 글들을 발표한다. 이 글들로 인해 고리키가 테러 및 폭력, 살인을 자행하는 스탈린을 무조건적으로 지지하고, 옹호한다는 일설이 나오고 있다. 그러나 이 글들을 고리키가 스탈린을 무조건적으로 지지했다는 식의 일방적인 측면으로만 받아들여서는 안 된다. 고리키의 혁명관을 주지한다면, 고리키가 스탈린의 비행을 찬양하는 것이 아니라, 점차 완성되어 나아가리라는 사회주의 혁명에 대한 자신의 믿음을 표출한 것이라 할 수 있다. 1917년, 1918년 혁명기처럼 사회주의 사회 건설에 많은 문제점이 있는 것은 사실이나, 그 건설 과정에서 문제점이 점차 해결되어 나가리라 여긴 그는 『시의적절치 않은 생각들』에서처럼 직접적인 비판과 비난을 가하고 있지는 않으나, 정의롭고 선한 사회 건설을 이루기 위해 인민들의 노력에 호소한 것이라 할 수 있다. 또한 그 당시 레닌

시대처럼 문학이나 문화 인사에 대한 처형 및 사건에 관여하며, 이들의 사면을 위해 노력하는 고리키에 대하여 스탈린은 좋지 않게 생각하였으며, 고리키 자신의 작품 및 글들도 검열 과정속에 상당 정도 왜곡되고, 원본과는 다르게 발행되었다는 작가 자신의 진술로 미루어 보아, 친정부적, 친스탈린적 작가라는 극단적인 결론은 그 당시 세계적인 명성을 얻고 있었던 고리키의 이름을 이용하려 했던 소비에트 정부측의 선전용 자료에만 의거한 잘못된 평가라 할 수 있다.

참고문헌

Вайнберг И. "Во имя революции и культуры. Публицистика М.Горького 1917-1918 года," Литературное обозрение No.9.(1988).

Волков А. Ленин и Горький, М.,1979.

Горький М. Несвоевременные мысли. Заметки о революции и культуре, М.: Современник, 1991.

Неизвестный Горький(к 125-летию со дня рождения). Материалы и исследования. Выпуск 3, М.: Наследие, 1994.

Неизвестный Горький. Материалы и исследования. Выпуск 4, М.: Наследие, 1995.

Парамонов Б. "Горький, белое пятно," Октябрь No.5.(1992).

Примочкина Н. Писатель и власть. М.Горький в литературном движении 20-годов, М., 1996.

Резников Л. "О книге М. Горького 「Несвоевременные мысли」," Нева No.1.(1988).

Спиридонова Л. М.Горький:диалог с историей, М.: Наследие, Наука, 1994.

막심 고리키의 『어머니』에 나타난 이념과 삶의 결합과 차이의 시학

이강은

논문 출처: 문예미학, Vol. 5, No.1 [1999]

저자 소개

경북대학교 노어노문학과 교수

고려대학교 노어노문학과를 졸업하고 동 대학원에서 「M. 고리키의 『클림 삼긴의 생애』 연구」로 문학박사 학위를 받았다. 『혁명의 문학 문학의 혁명 막심 고리키』, 『변혁기 러시아 문학의 윤리와 미학』, 『반성과 지향의 러시아 소설론』, 『바흐친과 폴리포니야』, 『러시아 소설의 형식적 불안정과 화자』 등의 저서가 있고, 역서로 막심 고리키의 소설집 『은둔자』, 『대답 없는 사랑』, 『세상 속으로』, 톨스토이 전기 『레프 톨스토이 1, 2』와 톨스토이 소설 『이반 일리치의 죽음』 등이 있다.

Abstract

The Dissonance of Ideology and Life in Maxim Gorky's <Mother>

Gangeun Lee

(Kyungpook National Univ.)

As the working class grows quantitatively and the capitalistic contradictions they are under are becoming increasingly qualitative, the working class can accept ideological leadership from an avant-garde revolutionary organization. It can be a step ahead of the individual developmental stage, and, in that case, it can be given as a form of belief.

The need to present the legitimacy of the external ideology and the real consciousness of the heroes has become a dual task for the writer of <Mother>. Gorky has adopted a dual viewpoint structure to solve this problem. This is the mature viewpoint that has already accepted external ideals, and the viewpoint of a female worker who does not even know and accept ideology. The writer does not hide his direct narrative in the first part of the novel, but soon moves on to Nilovna's inner viewpoint. But even in this case, the writer can not only keep track of Nilovna's growth process itself. In order to prove and to demonstrate the objective justification of ideology, various other characters must be brought into the work. By this necessity, the author constantly overlaps his point of view on Nilovna's viewpoint.

The two orientations inherent in <Mother> are contradictory, leaving a poetic trail in the work. It is an inevitable historical task for the working class to accept ideologies that are prepared from the outside to overcome the contradictions of capitalism. <Mother> is responding to the historical task of the union of ideology and life. However, Gorky cannot ignore that the combination of ideology and life is not easily done dogmatically and theoretically, that ideology and life are mutually enriching, leaving traces of each other, raising objections to each other.

The dissonance, disagreement, and conflict between ideology and life is not the confrontation between ideology and life. Ideology and life are inevitably combined, and the style of this combination is culture.

1

막심 고리키의 소설 『어머니』는 최초의 사회주의 리얼리즘 문학으로 평가받는다. 20세기 초 러시아의 현실에서 한 노동자의 어머니가 아들과 함께 사회주의 혁명가로 성장해 가는 과정을 그린 이 작품은 20세기 인류문화의 가장 쟁점적 현상 중의 하나인 사회주의 리얼리즘의 출발을 알리고 있는 것이다.

자본주의 모순이 심화되어감에 따라 이를 극복하려는 실천과 이념이 존재하는 것은 필연적이다. 마찬가지로 문학예술에서, 자본주의 모순에 대해 전혀 알지 못하던 노동자가 자신의 역사적 운명, 불평등한 사회구조의 근본적 원인을 인식하고 이를 극복하기 위해 체계적이고 조직적인 운동에 나서는 주제를 다루는 것은 역시 보편적인 일이다. 바로 이와 같은 주제를 다룸에 있어 공통적으로 부딪치는 예술적 과제들, 즉 열악한 노동현실에 대한 고발, 노동자의 권리를 억압하는 권력기제에 대한 비판과 투쟁, 혁명운동의 주체로 성장해 가는 노동자 내부의 분화와 성장, 노동자와 진보적 지식인의 결합, 노동자와 농민의 관계, 혈연적 입장과 사회적 입장의 변증법, 민중전통과 노동자운동의 관계 등등 새로운 문학이 성립되기 위해 이론적으로 실천적으로 획득해야 할 많은 과제들이 『어머니』에서 본격적으로 제기되어 있고 이를 둘러싼 평가는 매우 문제적이다.

『어머니』에 대한 평가가 '문제적'이라고 말한 것은 여전히 그 해결을 요하는 쟁점들을 담고 있다는 뜻이다. 이 작품이 지닌 의의가 세계적이고 세기적이었던 만큼 이 작품을 둘러싼 논쟁도 전면적이었다. 단순히 정치적 입장에 따라 이 작품을 선호하거나 도외시하는 비문학적 입장은 돌아볼 것도 없고, 문학 현상으로서의 『어머니』의 성과에 대한 논쟁은 그 어떤 문학론도 비켜갈 수 없을 만큼 본질적이고, 시작되면 곧바로 문학론의 모든 영역의 문제들을 끌어들이는 전면적 성격을 지니고 있다. 이같은 성격을 '문제적'이라고 말했지만, 사실 오늘날 논쟁의 한 축으로서 사회주의 리얼리즘 문학이 토대로 하는 사회주의 사회가 붕괴되어 버리고, 이념으로서의 사회주의가 역사적으로 도전 받고 있는 상황에서 『어머니』에 대한 평가는 '중첩적으로' 문제적이라고 해야 맞을 것이다. 혹자는 이 상황이 일종의 '원인무효'로서 『어머니』의 문학적 생명의 종결로 생각할 수 있겠으나, 오히려 『어머니』에 대한 객관적 평가의 시점이 도래하였다고 보는 것이 옳다. 『어머니』의 주인공 닐로브나와 아들 파벨, 그리고 이들의 동지들이 억압받으며 꿈꾸었던 사회주의 사회가 '이루어졌다'고 평가될 때, 다시말해 소비에트와 동구 사회주의 국가들, 기타 전 세계의 사회주의 국가들이 엄존하고 있을 때, 『어머니』는 그 역사적 문학적 정당성을 자연스럽게 보장받을 수 있었을 뿐만 아니라 비사회주의 국가의 진보적 문학론에도 심대한 영향을 미칠 수 있었다. 그러나 이 정당성과 영향력은 『어머니』라는 작품을 신화화시키고 있는 것으로 반드시 문학적 근거에 따른 것만은 아니었다. 반대로 대립적인 이데올로기에 따라 『어머니』를 도외시하던 문학론에서도 나름대로 객관적인 평가의 눈을 가질 필요가 있다. 근대 사회에서 노동자의 삶과 운명이 예술적으로 형상화 대상이 되는 것은 필연적이며, 새로운 문예미학의 원칙들이 모색되는 것도 당연하다. 최소한 이 점에서 『어머니』의 객관적 존재 근거와 문학적 정당성이 존재한다는 것을 부정하기 어려운 것이다.

새롭게 형성된 역사적 상황은 중첩적 문제의식을 요구하고 있으며, 이것은 『어머니』의 올바른 평가를 위해서뿐만 아니라, 21세기 인류 문화 창조를 위한 고뇌에 있어서도 반드시 필요한 문제틀이다. 오늘날 『어머니』가 새롭게 문학적 의의를 담아내는 그릇이 될 수 있다면 이와 같은 문제틀을 사유할 수 있는 매개가 될 수 있기 때문이다.

2

막심 고리키는 『어머니』에서 노동자계층을 중심으로 사회주의 혁명 이념이 전파되고 이 이념에 따라 조직적인 혁명운동이 전개되는 모습, 그리고 노동자와 운동의 참여자들이 역사의 주체로 성장하는 과정을 보여주고 있다. 이 사회이념은 파벨이나 닐로브나 같은 주인공들이 작품에서 직접 체험과 연구를 통해 획득하는 '자신들의 이데올로기'가 아니라 작품 외부에 형성되어 있고, 주인공들의 학습을 통해 작품 내부로 유입된다. 이처럼 작품 외부의 이념이 작품내의 개인의 의식과 결합하게 될 때, 부분적으로 도식화가 불가피하게 된다. 특히 작가가 이 이념에 대해 철저하게 공감하고 있고, 그 확립과 선전을 위해 작품을 쓴다면 작품의 모든 등장인물들이 이 이념의 잣대로 재단되고 분류되리라는 것은 두말할 나위가 없다. 19세기의 전통적 문학론의 기준에서, 그리고 새로운 시대상황 자체를 인정할 수 없는 20세기 문학론에서 이 작품이 지속적으로 '함량 미달' 판정을 받을 수밖에 없었던 것도 당연한 일이다. 『어머니』는 인물체계, 사건전개, 이념적 대립구도 등이 단순하고 파벨이라는 불요불굴의 혁명가가 자신이 그토록 확신하는 이념을 수용하는 과정도 빈약하며, 어머니 펠라게야 닐로브나가 혁명의식으로 깨어나는 과정도 여전히 아들에 대한 정서적 공감에서 연원하는 것으로서 종교적 색채가 짙을 뿐 아니라 집단적 주인공으로서 노동자 계급이 각성하는 과정도 풍부하지 못하고 삽화적으로 처리되어 있고, 따라서 작품에 가장 크게 울리는 것은 작가 자신이 습득한 이념을 작품에서 대변하고 있는 파벨의 법정 최후 진술뿐이다 등등의 비판이 상당히 설득력 있게 들린다. 하지만 이러한 '빈약한 예술적 요소'들은 바로 이 소설이 외부적 이념과 작품내의 개인의 의식을 만나게 한다는 새로운 시대 상황에 부응하는 한 '필연적인' 결점이다.

　문제는 혁명적 이념과 노동자 계급의 결합이 『어머니』에 구현된 예술적 현실과 동질적이라는 점을 이해하는 데에 있다. 또한 그 과정에서 빚어지는 인간적 갈등과 인간의 성장과정, 개인의 운명들이 '도식적일 정도로' 전 세계적 보편성을 보이고 있다. 바로 이 점이 『어머니』에서 제시되는 이념의 정당성이나 객관성에 대해 논하기 이전에 전제되어야 하며, 이 전제에서 작품이 담당하고 있는 새로운 역사적 상황에 따른 새로운 예술적 과제를 올바로 이해할 수 있을 것이다. 자본주의의 성장 과정에서 모순의 축적은 단기간에 무의식 노동자를 의식적 혁명적 노동자로 성장시킨다. 특히 외부적 이념이 제공되는 경우에는 폭발적으로 의식의 고양을 이룩하게 된다. 1905년 러시아는 러시아 자본주의의 빠른 발전과 더불어 대도시와 인근 노동자들의 자연발생적 파업이 잇따랐고, 사회민주당을 중심으로 혁명 이념이 급속히 전파되었으며, 러·일 전쟁 패배로 인해 차르 전제 정권은 일정한 정치적 위기에 봉착했다. 여기에 가퐁 신부가 이끄는 권리 청원 운동에 대한 무자비한 진압('피의 일요일' 사건)으로 인해 국제적 비난 여론이 고조되는 등 러시아는 혁명적 정세로 접어들었고, 결국 러시아 일차 혁명으로 귀결된다. 이 과정에서 고리키는 매우 적극적인 활동을 전개하며, 이 활동에서의 체험이 이후의 문학 창작 활동에 지속적으로 반영되고 있다.[1] 『어머니』는 일차 혁명 이후 외국으로 망명할 수밖에 없었던 고리키가 미국에 잠시 체류하는 과정에서 구상하고 집필을 시작한 작품으로 이 당시 러시아 노동자의 실재 인물과 사건을 작품의 원형으로 삼고 있다는 점은 잘 알려진 사실이다.[2] 다시 말해 『어머니』는 작가가 적극적으로 차리즘과 맞서 싸우고 자유주의 언론과 치열한 논쟁을 전개하면서 러시아 사회민주당의 지도 노선을 스스로 수용하였던 매우 고양된 파토스를 담고 있다. 또한 이 것은 러시아 노동자 계급이 외부로부터, 즉 러시아 사회민주당을 비롯한 혁명 활동가들로부터 혁명적 사회주의 이념을 습득함으로써 러시아 현실에 대한 인식을 체계화하고 혁명적 노동운동가로 성장하는 단기간의 고양된 러시아 정세를 객관적으로 반영하고 있다.

  고리키 자신도 이 작품을 서둘러 썼다는 사실을 인정하였고, 이 서두름에 대해 블라지미르 레닌은 "이 책은 아주 시의에 적절한 필요한 책입니다. 당연히 서둘러야지요. 지금 많은 노동자들이 무의식적이고 자연발생적으로 혁명 운동에 동참하고 있는데 이제 그들이 『어머니』를 읽음으로서 많은 도움을 받게 될 것입니다"(20, 9)라는 유명한 언급을 남긴 바 있다. 레닌의 말이 혁명 운동가로서의 목적의식에서 나온 것이기는 하지만, 새로운 시대의 문학작품이 감당해야 할 중요한 문제에 대한 지적인 것 또한 사실이다.

노동계급이 양적으로 증대되고 또 이들이 감당하고 있는 자본주의 모순이 질적으로 심화되어 갈 때, 노동계급은 개인으로서나 집단으로서 전위적인 혁명 활동 조직으로부터 이념적 지도를 받아들일 수 있고, 이 이념은 때로 개인의 발전단계나 자연스러운 집단의 성장과정을 앞서는 것일 수 있으며 일종의 신념 형태로 주어지기도 한다. 이것은 부분의 관점에서 보면 부분이 따라갈 수 없는 전체의 도식으로 비쳐질 수 있지만 보편과 개별의 차이를 무시하는 단순한 도식 그 자체는 아니다. 오히려 문학작품에서 외부 이념과 삶의 결합이라는 문제는 어떤 도식의 강요가 아니라 그 사이에 빚어질 수 있는 차이와 갈등의 문제, 보편적 역사과정의 필연성과 이 필연성을 인식해 가는 구체적 개인과 집단들의 불균등한 발전의 형상화 문제로 나타난다.

3

외부 이념과 작품 속 주인공의 결합을 그리는 것은 작가에게 이중적인 과제를 요구한다. 우선 외부 이념의 정당성이 확보될 수 있어야 할 것이다. 그리고 그 이념이 주인공의 필연적 성장과정과 부합될 수 있어야 한다. 이러한 이중적 과제는 모순적 방향성을 가지고 있는데, 이념의 정당성은 객관현실의 묘사와 제시를 통해 확보되고, 주인공의 성장과정은 내면적 주관적 체험과 주체의 개별적 처지에 근거하여 제시되기 때문이다.

이와 같은 이중적 과제가 『어머니』의 서술 시점을 이중화시키고 있다. 작가는 주인공들이 적절히 평가하고 묘사할 수 없는 객관적 세계 모습에 대해 전지적 시점을 통하여 묘사하고 있다. 이를테면 작품 서두(1장과 2장)에서 노동자 지구의 열악한 생활 환경과 주거 환경, 노동자들의 생활상 등에 대한 묘사는 철저히 작가적 묘사로 주어진다. "매일 노동자 지구에 연기 자욱하고 기름 냄새에 절은 새벽을 뚫고 공장 사이렌 소리가 찢어지듯 울려 퍼지면 온순하게 그 부름에 따라 잠으로 근육을 미처 풀어내지 못한 음울한 표정의 사람들이 놀란 벌레들처럼 작은 회색 집에서 뛰쳐나왔다. …… 불그레한 햇살이 집집마다 유리창에 피곤하게 비치는 저녁 무렵이면 공장은 타다 남은 석탄 찌꺼기 같은 사람들을 …… 쏟아냈다 …… 또 하루를 공장이 삼켜버렸고 기계들은 사람들 근육에서 필요한 만큼 힘을 빨아냈다. 하루는 흔적도 없이 인생에서 지워져 버렸고 사람은 제 무덤을 향해 한 걸음 더 나아갔다."(8, 7-8) 이러한 전지적 묘사는 미하일 블라소프가 평생의 고된 노동으로 인해 파멸되어 버린다는 사실을 알리고 그 아들 파벨이 아버지와는 달리 각성된 노동자로 성장하고 있다는 것을 제시하기까지 계속된다. 그러나 파벨이 달라져 가는 모습은 어머니 펠라게야 닐로브나의 시선을 통해 제시된다. 파벨 가족이 몸담은 노동자 지구의 일반적인 노동자의 운명을 그렇게 잘 알고 있던 서술자의 입장은, 무지하고 평생을 남편에게 매만 맞고 살아온 닐로브나의 '관찰력'과 '판단력'에 사건 진행을 맡기고 있는 것이다. "어머니는 그를 유심히 관찰해 본 결과, 아들의 거무스름한 얼굴이 한결 날카로워지고 두 눈은 뭐든 더욱 심각하게 바라보고, 입술은 이상할 정도로 엄격하게 꽉 다물고 있다는 것을 알았다. 무엇인가에 말없이 화를 내고 있거나 무슨 병이라도 앓고 있는 것처럼 보였다 …… 아들이 공장 젊은이들을 닮아 가지 않는 모습을 보는 것은 기분 좋은 일이었으나 아들이 삶의 어두운 흐름으로부터 어딘가 다른 곳으로 열심히 굳세게 헤엄쳐가고 있다는 것을 눈치챘을 때 그녀의 마음 한 구석에 한 줄기 불안한 감정이 일어났다."(8, 16) 이처럼 전지적 작가 묘사로부터 주관적인 한 주인공의 시점으로 전환하는 과정은, '그녀는 알았다', '그녀에게는 보였다', '그녀에게는 알 수 없는 이해되지 않는 말들', '그녀의 마음에 들었다', '가끔 그녀는 생각했다' 등등과 같은 서술 관점의 전환에 의해 이루어진다. 그리고 이제 변화된 파벨과 그의 활동, 그의 동지들, 그들의 만남 등의 상황 전개는 닐로브나의 시점에서, 그녀의 눈앞에서 벌어지고 그녀의 생각 속에 반영되는 것으로서 제시된다. 따라서 소설 속에서 사건과 행위는 그 자체의 논리와 인과성보다는 닐로브나의 의식에의 반영, 그녀의 의식의 발전이라는 관점을 중심으로 작품에 수용된다.

만일 닐로브나의 주관적 시점으로 완전히 옮겨갔다면 객관적 사건의 진행과 외부 이념의 객관성이라는 과제는 어떻게 보전되는가. 작가적 시점과 주인공 닐로브나의 시점이 분기되고 닐로브나의 시점을 통한 것만이, 즉 그녀가 관찰하고 듣고 생각하는 것만이 작품에 들어오기 시작했다는 것은 분명히 객관적 사건의 진행을 전달하기에는 불편한 형식임에 틀림없다. 더구나 닐로브나가 외부 이념을 충분히 이해하지 못할 뿐만 아니라, 의식적으로도 매우 후진적인 상태에서 작품에 등장하였기 때문에, 그녀의 성장과정에서 그녀가 볼 수 있고 들을 수 있는 것은 매우 제한되어 있다. 그러나 앞서 말한 바와 같이 외부 이념이 주인공의 내적 필연성에 의해 형상화되어야 하며, 이를 위해서는 아주 미성숙한 노동자의 의식적 각성과정을 그려야 하기 때문에 닐로브나의 성장과정을 그리는 것은 필수적이다. 여기서 작가가 객관적 상황을 작가의 직접적인 서술로 제시하지 않고 작품에 제시하는 다양한 방법이 사용될 수밖에 없게 된다. 등장인물들의 수많은 직접 대화, 파벨의 집에서 어머니의 눈앞에서 벌어지는 수많은 일화가 필요한 것이다(바로 파벨이 중심적인 인물이고 지도적인 인물이어야 하는 이유가 여기에 있다). 어머니 자신이 직접 판단하기 어려운 많은 일들, 그리고 혁명 운동가들의 의식과 논쟁, 조직활동과 투쟁방식 등등은 때로는 직접 대화를 통해서, 혹은 그들만의 대화를 어머니가 듣는다는 상황 설정을 통해 자연스럽게 작품에 들어온다. 경우에 따라 닐로브나의 눈이나 귀로 보고 들은 것이 아니라 상당한 기간에 걸친 사건의 진행을 요약하거나 대체적인 상황전달에 있어 작가 묘사로 불릴 만한 부분이 적지 않지만 이 경우에도 그 장면 이후에 반드시 어머니 닐로브나가 보고 들을 수 있었다는 서술의 표시가 나타난다. 이를테면 1부 12장 소택지 사건을 서술하면서 소택지 사건의 본질에 대한 요약과 노동자들의 반응은 닐로브나의 의식의 통과 없이 직접 제시되고 있다. 그러나 며칠 뒤 그의 집에 들른 주물공 시조프와 열쇠공 마호틴이 파벨에게(그때까지 모르고 있었던) 소택지 이야기를 하게 되고 "파벨은 세금의 부당성과, 그 공사를 함으로써 사장이 갈취하게 되는 이익을 설명"했고, 그들을 돌려보내고 "어머니는 웃으면서 말했다"(8, 60)라는 장면에서 우리는 닐로브나가 이 사건과 사건의 본질에 대해 말하는 두 노동자와 파벨의 대화를 통해 소택지 사건에 대해 잘 알게 되었다는 서술적 보충장치를 보게 된다. 또한 노동자들의 현실적인 모습을 닐로브나가 직접 느끼고 묘사하기 어려운 장면에서 노동자들의 직접 대화가 그들의 상태를 잘 전달해주고 있고, 이런 경우 닐로브나는 개연적으로 같은 장소에서 이를 듣게 된다는 보충장치로 작용할 뿐이다. 예를 들어, 소택지 사건에서 불만을 표출하고 파벨의 연설에 환호하던 노동자들이 사장이 나타나서 단호히 위협하자 혼란에 빠진다.

"동지들, 난 사장이 공제를 철회할 때까지 작업을 중단할 것을 제안합니다."
격앙된 목소리들이 터져 나왔다.
"우리가 바본 줄 알아!"
"파업하자는 게야?"
"돈 몇 푼 때문에?"
"왜 안 돼, 파업하면 되지!"
"그럼 모두 목이 달아날걸…"
"그럼 일은 누가 하고?"
"일 할 놈들이야 많지."
"배신자가 될 거야?"(8, 65)

이 장면을 보고 듣는 것은 군중 속의 닐로브나이지만 그녀는 아무런 평가적 관점 없이 그저 듣고 전해줌으로써 노동자들의 현실적인 처지와 수준을 보여주고 있다. 이처럼 소설 속에는 닐로브나의 제한된 시점에도 불구하고 객관적 현실과 다양한 인물들이 그려질 수 있다. 파벨과는 달리 유연하고 감성적인 안드레이 나호드카와 거친 성격에 과격한 지하운동가로 성장하는 니콜라이 베소프쉬코프, 농민 운동가가 된 다소 음모가적인 르이빈, 지식인들의 혁명 정신에 큰 영향을 주는 이고르 이바노비치, 공장주의 딸이지만 집을 떠나 혁명운동에 뛰어든 나타샤, 지주 집안의 딸이지만 역시 집을 나와 혁명 운동에 뛰어드는 사센카 등등 보편적으로 혁명운동과정에서 나타날 수 있는 다양한 인간형과 인격형이 개성적으로 등장하고 있다. 또한 소택지 사건을 통한 조직적 운동의 필요성 제기, 메이데이 대시위를 통한 적과 동지의 선명한 전선 형성, 뒤이은 체포와 구금, 재판, 지하활동, 지속적인 조직 활동 등등 복잡한 현실의 움직임이 제한된 닐로브나의 시선에도 불구하고 폭넓게 작품에 수용되고 있다.

  이처럼 외부 이념의 객관적 정당성의 제시와 작품 내의 주인공들의 의식적 발전과정의 구체적인 결합과정을 그려야 할 필요는 작가에게 이중적 과제로 대두되었는 바, 작가는 이 과제를 해결하기 위해 이중적 시점 구조를 채택하고 있는 것이다. 작가 자신의 신념에 찬 시점, 즉 외부이념을 이미 받아들이고 습득한 성숙한 시점과 미처 이 이념을 알지도 못하고 받아들이지도 못하는 한 여성 노동자의 시점이 바로 그것이다. 작가는 소설 첫 부분에서 자신의 직접적인 서술을 감추지 않지만 곧 닐로브나의 내면의 시점으로 옮겨간다. 하지만 이 경우에도 작가는 완전히 닐로브나의 자연스러운 성장과정 자체만을 추적하고 있을 수만은 없다. 이념의 객관적 정당성에 대해, 그리고 이를 증명하기 위해 작품의 다른 주인공들의 다양한 활약과 다양한 태도들을 작품에 들여와야 하기 때문이다. 이러한 필요에 의해 작가는 지속적으로 닐로브나의 시점 위에 자신의 시점을 중첩시키고 있다.

4

  작가는 왜 완전하게 닐로브나에게 시점을 넘겨주지 않는가. 앞서 말했듯이 닐로브나가 자신의 의식의 각성 수준에서 미처 볼 수 없고, 미처 들을 수 없는 내용을 작가는 지속적으로 전해주면서 닐로브나의 내부 시점과 병존해서 현실의 객관적 진행을 전달하기 위해 노력하고 있다. 이념의 정당성을 증명해줄 현실 묘사와 이 이념이 현실적으로 개인에게 어떻게 작용을 하며, 개인을 어떻게 변화시키는가에 대한 묘사를 병존시켜야 할 필요 때문에 작가는 닐로브나의 내적 성장과정에만 집중할 수 없다. 물론 현실의 객관적 진행양상과 닐로브나의 부단한 접촉이 닐로브나의 내적 성장과 긴밀한 연관을 맺고 있다. 그러나 닐로브나의 내적 준비와 성장과정과 무관하게 파벨을 위시하여 많은 혁명 활동가들이 계속해서 자신들의 사업을 진행해 나가고 있는 모습 또한 객관적으로 형상화되고 있다.

 모순적인 이중적 방향성은 『어머니』의 구성에도 깊은 영향을 미치고 있다. 이 작품은 메이데이 시위에서 파벨과 동료들이 체포된 이후, 닐로브나의 정신적 격변을 사이로 1부와 2부로 나뉘어져 있고, 각 부는 거의 동일한 분량으로 29장씩 구성되어 있다. 각 장을 구별하는 원칙은 닐로브나에게 유의미한 사건이나 만남, 대화이다. 물론 각 장에는 시간적 구별이 존재하기도 한다. 그러나 '그로부터 2년이 지났다'거나 '이 주일이 지난 후', '사흘이 지난 후', '저녁 때', '다음날 아침' 등등과 같이 시간적 지표가 분명하게 제시됨으로써 작품을 연대기적인 서사로 이끌어가고 있는 것이 사실이지만, 시간적 거리가 각 장마다 일정치 아니하고, 1부와 2부를 나누고 있는 시간은 동일한 시간대에서 이루어지고 있으며, 동일한 시간대에 이루어진 행위도 서로 다른 장으로 구별되는 경우가 많다는 점에서 단순히 연대기적인 기록 형식을 취하고 있다고 말할 수는 없다. 카스토르스키는 고리키가 "모든 이념적 주제적으로 의미 있는 총체적 순간을 독자적인 장으로 구별하고 있다. 그리하여 작품의 장들이 아주 많아지게 되었다"고 지적한 바 있다. 이것은 『어머니』가 연대기적 기록 형식이 아니라는 점을 지적하면서 닐로브나의 의식 발전을 중심에 놓고 작품을 보려는 태도이다. 그러나 이 지적은 일면 타당하면서도 닐로브나의 성장과정에 대해서만 집중하고 있을 뿐 『어머니』의 객관적 서사진행에 대해서는 소홀히 취급하는 견해이다.

『어머니』는 새로운 역사적 상황을 전제로 하는 작품, 다시 말해 민중적 각성이 사회주의 혁명 이념과 결합하면서 조직적인 현실 변혁의 힘으로 급속히 성장해 가는 시대의 필요에 부응하는 작품이다. 기존의 변혁운동, 즉 귀족 중심의 변혁운동(19세기 초)과 잡계급 인텔리겐치아의 변혁운동(19세기 중후반)과 달리 19세기 말 20세기 초 러시아 변혁운동의 중심은 진보적 사회주의 이념을 확립한 인텔리겐치아와 노동자민중의 결합이라는 특징을 띠고 있다. 이 운동은 사회주의 국가 건설이라는 뚜렷한 전망을 가지고 진행되는 것이다. 따라서 이 운동은 기존의 전제국가 제도와 자본주의 경제체제를 총체적으로 부정하는 것으로 사람들의 삶의 전영역에 걸친 변화를 수반하게 된다.

『어머니』를 이러한 세계적 변화에 대한 예술적 대응이라고 보는 루카치의 견해는 주목할 만하다. "노동계급 전위의 영웅적 투쟁에 대한 서사적 형상화는 소박하고 단순한 서사시의 위대성에로 고양된다. 그리고 여기에서 낡은 생활형식이 혁명적으로 해체되고 노동계급조직이 혁명적으로 재구성됨으로써 하나의 새로운 '객체의 총체성'이 형성되는 것을 관찰해보면 대단히 흥미롭다. 스트라이크, 메이데이 시위, 재판, 투옥, 탈출, 혁명가의 장례식 등 이 모든 형상들은 진정한 서사시다운 풍부한 내용과 압도적 넓이를 갖추고 있다." 그러나 서사시다운 풍부한 내용과 압도적 넓이라는 『어머니』에 대한 평가는 다소 과장되어 있다. 『어머니』는 "중편이라기에는 너무 긴 동시에 본격적인 장편소설다운 풍부한 묘사는 부족하여 어중간"하며, "아들 파벨 블라소프와 그 동료들의 공장생활이나 그곳에서의 공작활동은 이만한 길이의 소설에서라면 좀 더 구체적으로 제시되어야 마땅하며, 어머니의 활약상도 주변 인물과 상황에 대한 충분한 형상화가 안 따름으로써, 처음 한두 번과 마지막의 극적인 장면을 빼면 단조로운 되풀이에 빠지는 경향이 있다"는 지적도 만만치 않기 때문이다. 하지만 루카치는 『어머니』의 객체적 총체성의 달성이 단편적 서술 기법을 통해 이루어질 수밖에 없다는 것을 지적한다. "낡은 러시아에서의 부르주아적 생활과 그것의 해체과정은, 소재를 폭력적으로 장악하지 않고서 『어머니』에서 보이는 바와 같은 폭넓은 서사적 형상을 창조하는 것을 허용치 않았다. 따라서 개별 장면들의 극적인 짧막함, 인물 서술에 있어 그 인물의 온갖 측면을 다면체적으로 보여주는 것 등이 효과적인 서술 방식으로 남아 있을 수밖에 없었다"는 것이다. 이와 같은 대립적 평가가 나오게 된 데에는 이 작품의 이중적이고 모순적인 방향성 때문이다.

닐로브나의 의식적 각성을 따라가는 인물 시각적 소설에서 파벨과 주변 인물들에 대한 총체적 서술은 단편적으로 닐로브나에게 비쳐지는 개연성 속에서만 주어질 수밖에 없다. 또한 작품 구성상 연대기적 일상성과 사건들의 결합은 닐로브나의 의식적 각성과정에 대한 필수적인 장치로서 결코 단조로운 되풀이가 아니라 긴장되고 사실적인 심리묘사와 일상성의 결합으로 풍부하다. 루카치가 말하는 '소재의 폭력적 장악'은 부르주아 현실의 급격한 변화를 이념적 전망에 입각해서 묘사하라는 뜻이고, '극적인 짧막함, 다면체적 서술방식' 등은 이념적 전망의 객관성을 확보해야 한다는 『어머니』의 과제를 지적하고 있다. 이것은 이념적 시점의 구성에 있어서도 닐로브나의 각성과정에 대한 내적 반응과 더불어 그녀 주변의 객관적 상황을 전달해야 하는 이중적 시점 구조를 지속시키도록 요구하였다. 따라서 닐로브나는 한편으로는 자신의 내적 성장과정을 보여주어야 하는 주인공이었고, 다른 한편으로는 주변 상황과 인물들을(때로 자신의 평가적 이념 수준을 넘어서는) 독자에게 전달해야 하는 관찰자 겸 화자의 기능을 수행해야 했다. 『어머니』의 구성적 특징은 이와 같은 이중적 방향성에 대한 불가피한 예술적 대응인 셈이다.[3]

『어머니』의 구성적 특징과 시점 구조에 비추어 이 작품의 장르문제가 역시 언급되어야 할 것이다. 작가 자신은 이 작품을 포베스치(повесть)로 불렀다. 이 말은 중편쯤에 해당되는데 현대 문학용어에서 중편이 장편과 단편의 중간 정도 분량을 나타내는 말로 주로 쓰이는 것에 반해 러시아 문학에서는 고대로부터 어떤 사건에 대한 연대기적 구성을 지칭하는 전통을 가지고 있다. 따라서 포베스치는 반드시 양에 따라 규정되기보다는(때로 장편보다 많은 분량이 포베스치로 불리는 경우도 많다) 서술 방법과 서술 대상에 따라 구별되는 장르적 전통을 함축하고 있다. 고리키는 이 작품이 단편화된 사건과 사건에 따른 장의 구분, 일상적 묘사로부터 시작하여 매번 일정한 의미적 사건으로 고양되는 장의 구성, 일정한 시간적 진행 속에서 발생한 사건에 대한 기록이라는 것을 염두에 두고 포베스치라고 지칭하였다. 그러나 소비에트 문학자들은 대체로 이 작품을 로만-에포페야라고 부르고 싶어 한다.[4] 이 말은 장편소설이라는 범주를 넘어 장편소설과 산문서사시의 장르적 결합을 의미하는 용어로서 장편서사시라고 옮겨질 법한 말인데, 이 용어에는 소비에트 소설이론의 이론과 이데올로기가 잘 담겨 있다. 그러나 엄밀히 말해서 전통적 장르 규정으로 이 작품을 온전히 분류하기는 무척 힘들다. 전통적 장편소설(로만)과 포베스치, 혹은 서사시(에포페야)의 다양한 특징을 이 작품이 동시에 가지고 있기 때문이다. 주인공 닐로브나의 개인적 고뇌와 갈등을 통한 내적 성장과 좌절이라는 점에서는 장편소설적 특징을 지니고 있고, 노동자 시위와 이를 중심으로 펼쳐지는 몇 가지 사건에 대한 이야기라는 점에서는 전통적인 포베스치 장르에 가깝고, 파벨을 위시한 노동혁명가들과 민중대중의 위대한 각성과 투쟁, 새로운 조화와 행복을 향한 불굴의 전진을 다루고 있다는 점에서는 분명 새시대의 서사시라고 부름직한 측면이 있다. 여기서 장르 논쟁을 완결 지을 수는 없는 일이고, 다만 이러한 장르적 복합성이 담길 수밖에 없었던 것은 역시 이 작품이 감당하고 있는 이중적 모순적 방향성 때문이라는 점을 확인할 수 있다. 그리고 이 모순적 방향성 중 어느 한 방향만을 강조해서 보면, 이 작품은 서로 다른 장르적 지향을 갖는 것으로 평가될 수밖에 없는 것이다.

5

어떤 작품이든지 그 작품이 수용되는 시대 정신과 무관할 수 없다. 앞서 『어머니』가 서사시적 특징을 가지고 있는 것으로 보고자 했던 소비에트 학자들이 갈등과 미해결의 소설성(романность)보다는 조화와 균형, 통일의 서사시성(эпичность)을 선호했으리라는 점은 이해되고도 남는다. 『어머니』의 닐로브나와 파벨의 이념적 일치, 이 일치를 향한 동지들과 다수 민중의 움직임, 이를 가로막는 세력에 대한 단호한 투쟁은 작품에서 파벨과 닐로브나의 현실적 패배에도 불구하고 이들의 영원한 승리를 강하게 암시하고 있다. 객관적이고 과학적인 외부 이념과 주인공들의 현실적 투쟁의 결합은 온갖 난관에도 불구하고 가야할 길을 가게 되고 목적에 도달하게 될 운명을 예정 받고 있는 것이다.[5] 그 전망의 끝에는 작가의 작품에서의 이념적 적극성이 작동하고 있다. 만일 이와 같이 세 요소가 통일적으로, 모순 없이 존재한다면, 그리고 그것이 보편적 역사과정을 반영하는 것이라면 당연히 이것은 현대 노동계급의 서사시라고 말할 수 있다.

『어머니』에 나타난 외부 이념과 이 이념에 대한 작가의 신념, 그리고 작품 세계의 통일성을 유지하고자 하는 파토스는 당시 시대정신에 의해서 정당화되고, 독창적인 시점 구성을 통해 예술적으로 실현되어 있다. 그리고 이 파토스는 분명히 민중적 서사시를 창조할 수 있는 동력이며, 현대사의 일정 시기에는 민중적 서사시의 창조로 이어지고 있음을 부정할 수 없다.[6] 그러나 오늘날 사회주의 혁명 이념들의 확산, 그 전망과 필연성을 밝히며 그것이 얼마나 개인과 한 계급을 풍부하게 하고 내적 성장을 이룩하게 해주는가를 보여주려는 작가의 노력과 문제들이 아무런 논쟁 없이 받아들여질 수는 없다. 그리고 외부 이념과 파벨과 주인공들과 작가의 이념적 일치가 투쟁적으로, 혁명적으로 건설하고자 했던 바로 그 사회주의 러시아에서 벌어졌던 비극적 역사를 고려하면 다음과 같은 고통스러운 질문은 이해되어야만 한다. "20세기 러시아 역사의 비극적 사건들은 혁명적 개조들이 민족적 삶을 뿌리째 파괴하였고 사회적 파란을 수반하고 민족문화 전통에 치명적인 위해를 가져왔다는 것을 보여주었다고 생각된다. 만일 공업화나 전쟁 승리와 같은 러시아의 위대한 업적에 대해 말한다면 다음과 같이 질문해야 할 것이다. 첫째, 공업화나 전쟁 승리 같은 업적들이 민족적 삶의 혁명적 분절 덕분에 이루어진 것인가, 그것에도 불구하고 이루어진 것인가. 둘째, 이를 위해 치러야 했던 대가가 얼마나 큰 것이며 수천 수백만의 생명의 대가를 어떻게 치를 수 있는가. 만일 국가나 정부가 혁명적이 아니라 진화적 방법을 통해 발전되었다면 그 대가는 조금이라도 줄지는 않았을 것인가?"

이 질문이 반드시 『어머니』를 향해서만 던져져야 하는 것은 아니다. 그리고 작가 고리키만이 이 질문에 책임이 있는 것은 아니다. 분명 이 작품이 쓰여진 시대, 20세기 초는 전제 정부의 해체와 노동자의 계급적 각성과 정당한 권리 확보가 당면한 세계사적 조류였다. 또한 세계 자본주의의 보편적 진행과정에서 심화되는 모순을 반영하는 보편적인 현실에 대한 예술적 선취로 『어머니』는 당연히 평가되어야 한다. 고리키는 『어머니』에 대해 레닌으로부터 "매우 시의에 적절한 책"(очень своевременная книга)(20, 9)이라는 평가를 받고 몹시 값있는 평가로 받아들였지만, 1917년 혁명 전후 『시의에 맞지 않는 생각들(Несвоевременные мысли)』(레닌의 말에 대한 분명한 대구를 보여주는 제목이다)이라는 칼럼집을 통해 볼셰비키 혁명의 폭력성과 무도함, 혁명의 미래에 대한 불안, 혁명 지도자들의 반혁명성을 정면으로 공격하고 나선 바 있다.[7] 이와 같은 정황을 보더라도 1905년 러시아 1차 혁명기의 기본적인 근대적 인권과 노동에 대한 요구조차 묵살하는 차르 정부의 잔혹한 대응, 자유주의 언론의 무관심과 적대감, 자유주의 지식인들의 모호한 태도 등에 대해 커다란 실망을 안고 러시아를 떠날 수밖에 없었던 고리키가 민중의 각성과 노동자 계급의 혁명 활동에 유일한 희망을 걸고 이 작품을 집필하였다는 사실과 이 작품이 근거하고 있는 외부 이념으로서의 사회주의 혁명이념이 현실화된 이후의 과정을, 그리고 20세기 후반의 사태를 직접 연결시키는 것은 정당하지도 못하고 얻을 바도 없다. 그러나 이 작품을 읽는 '현재의 우리'는 마땅히 위와 같은 질문을 회피해서는 안 된다. 그리고 이 질문과 대답 과정에서 우리는 앞서 말한 바와 같은 중첩적인 문제의식을 충분히 고려해야 할 것이다.

현재적인 중첩적 문제의식에서 바라본 『어머니』에서 우리가 읽고 보아야 할 것은 그 이념의 무모순적인 통일성이 아니라 이념과 삶의 차이와 불일치에 대해서이다. 만일 민중적 파토스, 시대적 파토스, 작가의 신념어린 파토스에 의해 '만들어진' 『어머니』에서도 이념과 삶의 차이와 불일치가 있다면, 바로 그 부분에서부터 이념과 삶의 진정한 대화가 가능할 것이다. 이념이 삶을 전적으로 지배하거나 삶의 무정부성에 이념이 무너져버리는 것은 현실적이지 못하다. 삶으로부터 이념이, 그리고 이념으로부터 진정한 삶의 건설이 이루어지는 과정 자체가 중요하며, 이 과정은 완결을 지향하나 스스로를 완결로 규정짓는 순간 미완결이 되어버리는 지속의 운명 속에 있다.

닐로브나의 미성숙한 시기와 성숙의 시기, 아버지 미하일과 아들 파벨의 구별, 노동자와 권력기관, 사회주의 이념과 부르주아 이념, 수동적 대중과 능동적 대중 등에서도 우리는 커다란 차이와 불일치를 느낄 수 있다. 그러나 이 차이와 불일치는 철저하게도 통일과 일치를 전제로 한 차이와 불일치이다. 여기서 절대 악은 절대 선 앞에 굴복되어야 한다는 것 이외에는 어떤 논리도 있을 수 없다. 각각의 영역은 서로 대화를 필요로 하지 않으며 그 자체로 폐쇄되어 있다. 따라서 이들의 투쟁은 차이와 불일치를 영원한 통일과 일치로 만들기 위한 '서사시적 투쟁', 혹은 '우화적 권선징악'이 될 뿐이다. 그러나 한 인간의 삶과 한 사회 전체의 삶에서 확연하게 절대 선과 절대 악으로 구별할 수 없는 복합적 문제들을 통과하지 않은 '서사시적 투쟁'은 자신의 투쟁을 위해 적을 만들거나, 관념화된 전선에 복무하기 쉽다. 바로 이 복합적 문제들 속으로 '서사시적 투쟁'을 통과시킬 때 결과는 어떻게 될 것인가. 또 '서사시적 투쟁'을 다루는 예술작품에 이 복합적 문제들은 어떻게 자신의 흔적을 남기는가.

6

『어머니』를 해석하는 유력한 한 견해가 소위 건신주의(богостроительство) 사상의 투영으로 보는 것이다. 사회주의 이념과 종교를 동일시하여 사회주의 투쟁을 마치 현실의 신을 건설하는 것으로 해석하려는 한 분파로서 건신주의는 한때 러시아 사회민주당 내에 적지 않은 영향을 미쳤고 고리키와 루나차르스키, 보그다노프 등도 여러모로 이 사상의 확립에 개재되어 있었다. 바로 이 건신주의가 『어머니』에도 깊은 영향을 남기고 있는 바[8], 닐로브나의 실천과 파벨의 실천과정은 '낡은' 기존의 종교를 버리고 새로운 종교로서 사회주의를 받아들이는 종교적 의례와 같다는 해석이 줄곧 제기되고 있다. 최근에도 이반 에사울로프는 「막심 고리키의 중편 『어머니』에서 희생과 희생성」이라는 글에서 이렇게 말하고 있다. "만일 교회가 사회주의자들의 신념대로 '신의 무덤'이고 '낡은 신앙'은 '그릇된 종교'라면 '사회 민주 노동당'은 파벨 블라소프가 연설에서 말하듯이 '우리의 정신적 고향'(8, 153)이다. 이 때문에 주인공들의 희생성을 묘사할 때 작가는 때로 아주 완벽하게 전통적인 교회적 의례(예를 들면 메이데이 시위는 십

자가를 든 교회행렬과 동일하다)를 활용하고 있다. 하지만 이 희생성은 '새로운 신'의 등극이라는 자기 목적을 가진 것이다('우리는 이제 새로운 신, 빛과 진실의 신, 이성과 선의 신의 이름으로 교회 행렬처럼 행진을 시작했습니다. 우리의 목적지는 멀고도 험하지만 면류관은 가까이에 있습니다.') (8, 153)." 에사울로프는 『어머니』에서 주인공들의 행동양식과 논리구조에서 고리키의 건신주의 경향을 타당한 근거를 가지고 분석하고 있다. 특히 닐로브나의 심성과 생활양식은 철저히 종교적이다. 그녀는 파벨의 주위에 있는 동지들을 "새까만 눈동자에서 배어 나오는 심오하면서도 다정하고, 그런가 하면 준열한 그들의 눈매는 다름 아닌 엠마오로 향하는 그리스도의 눈매"(8, 108)를 가진 사람으로 보았으며, 시위대 선두에 서있는 아들의 위험을 그리스도를 위한 죽음으로 이해하고 있다: "—이건 성스러운 일이야 … 생각해봐, 사람들이 그리스도를 위해 죽지 않았다면 그리스도도 이 땅에 오시지 않았을 거야! 이런 생각이 어머니의 뇌리를 스쳐지나갔고 어머니는 자신이 발견한 명백하고도 단순한 진리에 깜짝 놀랐다"(8, 154). 닐로브나는 아들의 연설문을 배포하러 나가는 작품의 대단원에서까지 새로운 사상을 새로운 종교와 연계시켜 이해하고 있다: "이것은 새로운 신이 사람들에게 태어난 것이야! 모든 사람을 위한 모든 것, 모든 것을 위한 모든 사람들! 이렇게 나는 당신들 모두를 이해해요. 진실로 당신들 모두는 동지이고, 모두들 친척이며 모두들 한 어머니, 진리의 자식이지요!"(8, 339)

 노동자 계급의 과학적 사회주의 사상에 입각한 '서사시적 투쟁'이 민중의 종교적 심성과 결합하는 것은 사실 불과 얼음의 결합과도 같은 모순이다. 이 논문에서는 『어머니』의 건신주의 내용에 대한 분석이 아니라 과학적이라고 불리는 이념이 실천과정에서 논리적으로 결합될 수 없는 왜곡된 결합을 통해 스스로 왜곡될 위험에 처해 있다는 사실에 주목하고자 한다. 어떤 이념도 민중의 복합적 현실 상태와 결합되지 않을 수 없고, 이 경우 이념이 민중의 현실상에 깊은 영향을 미치지만 반대로 민중 현실의 복합성도 이념에 깊은 흔적을 남기게 된다. 닐로브나는 자신의 삶을 역사적으로 인식할 수 있도록 해주는 것으로서 이념을 깨우쳐가는 인물로 설정되어 있지만, 사실 그녀는 시종일관 아들과의 혈연적 동기에 더 많이 좌우되고 있다. 어찌 그렇지 않을 수 있겠는가. 어머니와 아들이라는 관계는 계급적 이념보다 더욱 크고 높은 개념이 아니던가. 닐로브나가 아들 파벨을 위해 지하활동을 하고 파벨의 연설문을 배포하는 것은 보다 근본적으로 모성에 지배받는 행위이다. 이것은 모성애와 노동해방의 의지의 결합이라는 아름다움을 나타내는 것이 아니라 과학적 이념이 모성애에 포섭되어 있는 형국이라고 보아야 맞다. 이처럼 닐로브나의 종교적 심성과 모성애는 '과학적 이념'을 나름대로 변형시켜 이해함으로써 민중의 현실상이 이념에 깊은 흔적을 남기고 있는 양상을 보여주고 있다.

7

삶이 이념의 모양을 바꾸거나 자신의 흔적을 남기고자 하는 징후들은 예술가 고리키의 손끝에서 다양하게 묻어나고 있다(필자는 이렇게 표현할 수밖에 없다). 파벨이 위험한 일에 관여하고 있다는 불안한 느낌을 가지게 된 닐로브나는 어느 날 저녁 안드레이 나호드카와 파벨의 대화를 엿듣게 된다. 안드레이가 동지 중에서 나타샤를 사랑하게 되었다는 고백을 들은 파벨이 "안드레이, 자기가 무엇을 하고자 하는지 분명하게 생각할 필요가 있어요. …… 둘이 결혼을 하겠죠. 정말 재미있는 결혼이야. 지식인 신부와 노동자 신랑이라! 어린애가 태어날 거고, 형은 하나만을 위해서 일해야 할 거예요, 그것도 많이 …… 형의 인생은 평생 빵 조각과 아이들과 집 한 칸을 위한 것이 될 거예요, 운동은 더 이상 없어요. 인생도 운동도 다 끝이라고요. …… 그 모든 걸 버리는 것이 좋아요"(8, 42)라고 충고한다. 안드레이는 "가슴의 반은 사랑하고 있고, 반은 미워하고 있다니, 이게 도대체 사람의 가슴일까?"(8, 42)라고 한탄하지만 "이 길이 가야할 길이라면 가겠어"(8, 42)라고 파벨의 말을 받아들인다. 그러나 곧바로 안드레이는 파벨에게도 이런 일이 일어난다면 역시 힘든 문제이지 않겠느냐고 파벨에게 묻는다. 파벨은 자신도 이미 힘들어하고 있다고 짧게 수긍한다. 이 장면을 엿들은 어머니는 베개에 얼굴을 파묻고 눈물을 흘린다. "다음날 아침 어머니에게 안드레이가 밤새 키가 조금 작아져 한결 사랑스러워 보였다. 하지만 아들은 변함없이 야윈 모습에 꼿꼿하고 말이 없었다. 이전에 어머니는 안드레이 오니시모비치라고 깍듯이 불렀는데 오늘은 자기도 모르게 그에게 이렇게 말했다. "안드류샤, 장화 좀 수선해야겠네. 그러다간 발가락이 다 얼고 말겠어!"(8, 43). 지난밤에 아들과 안드레이의 대화를 엿들은 어머니는 안드레이의 인간적 내면을 알게 된 후 안드레이의 키가 좀 작아지고 사랑스러워진 것처럼 느끼면서 존칭으로 부르던 안드레이를 자신도 모르게 애칭(안드류샤)으로 부르고 다정하게 그의 장화를 염려해주고 있다. 그러나 매우 완고하게 안드레이의 고민을 일축해버리는(이념적으로는 매우 정당한) 파벨의 모습은 언제나처럼 야위고 꼿꼿하고 말이 없는 모습으로 비친다. 이 장면은 닐로브나가 이념적 이해나 성장을 하지 않은 상태에서 문제를 여전히 인간적 감성으로만 바라보고 있다는 것으로 해석될 수도 있지만, 인간의 삶의 실제가 이념에 대해 마주 서있는 것에 대한 작가의 예술적 감식의 발현으로 볼 수도 있다. 삶이 이념을 위해 '가야할 길이라면 가야'하겠지만 이념이 삶에 조응하기 위해서는 조금 키가 작아져야 할 필요도 있고, 결국 '가슴의 반은 사랑, 반은 증오'를 담을 수밖에 없는 아이러니가 이들 삶의 본질인 것이다. 파벨이 자신도 이미 힘들어하고 있다는 고백은 『어머니』에서 매우 드문 내면 고백으로서 짧지만 파벨의 감추어진 인간적 면모를 느끼게 한다. 그렇기 때문에 우리는 이 장면을 이념적 단순화로 나아가는 파벨과 인간적 감정의 안드레이(혹은 닐로브나)로 단순하게 대립시킴으로써, 이념과 삶의 대립이라는 문제구도로 이해해서는 안 된다. 문제는 이념과 삶의 모순적 통일성에 대한 인식인 것이다.

위와 같은 예는 이 작품에 수없이 나타난다. 메이데이 시위를 앞두고 닐로브나는 아들 파벨이 맨 앞에서 깃발을 들게 될 것이라는 말을 듣고 불안해하는 모습을 보인다. 그러자 파벨은 "슬퍼하기보다는 기뻐해야만 해요. 언제나 우리네 어머니들은 기쁜 마음으로 자식들을 사지로 떠나보낼 수 있는 거지?"(8, 119)라고 응수하고, "사람이 살아가는 데에 방해가 되는 사랑도 있다"(8, 119)고 단호하게 어머니를 힐난한다. 그러자 어머니는 "몸을 부르르 떤다"(8, 119). 어머니가 떠는 것은 추위 때문은 아니다. 어머니는 "모든 것이 변했어. 사람들은 더 뜨거워지고 날씨는 더 추워지고. 예년 같으면 이때쯤이면 따뜻해지고 날씨고 맑고 햇살도 따스했는데 ……"(8, 120)라고 자신의 영혼 상태를 반어적으로 표현한다. 안드레이가 나서서 파벨의 쓸데없는 단호함을 비난하며 어머니를 위로한다. "나는 파벨을 사랑해요. 하지만 파벨이 입고 다니는 조끼는 좋아하지 않아요. 어머니도 아시다시피 파벨은 새 조끼를 떡 하니 입고 꽤나 마음에 드는지 배를 쑥 내밀고 사람들을 밀치고 다니지 뭡니까. 자 봐라, 내 조끼가 얼마나 근사한지 하고 말이에요. 좋은 조끼인 것은 분명한데 왜 미냔 말예요, 그렇지 않아도 비좁은 데서"(8, 121-123). 그러자 다소 마음이 누그러진 파벨도 어머니와 안드레이의 대화에 "웃으면서"(8, 122) 끼어들었고 어머니의 권유에 따라 힘차게 껴안는다. "워낙 힘차게 끌어안다 보니 그들은 잠시 얼어붙은 듯했다. 몸은 비록 둘이지만 우정으로 뜨겁게 불타오르는 하나의 영혼이 되었다"(8, 122). 그리고 이제 어머니와 파벨과 안드레이는 고양된 감정으로 하나가 된다.

위의 장면에서 삶과 이념의 행복한 조화와 일치의 서사시적 지향을 본다는 것은 다소 순진한 일이다. 오히려 우리는 삶과 이념의 분명한 갈등을 보아야 하고, 작가가 서둘러서 그 갈등을 봉합하는 것을 읽어야 한다. 파벨이 입고 있는 이념의 조끼에 대한 안드레이의 지적은 너무나 탁월한 표현이어서 안드레이가 무심코 던진 말이라기보다 작가 고리키가 고심 속에 얻은 득의의 표현이라고 생각된다. 이처럼 어머니와 파벨, 안드레이의 이념과 파벨의 이념이 갈등을 일으키고 있고 이 갈등은 쉽게 화해될 수 없는 것임을 알 수 있는데, 사상가 고리키는 서둘러서 이 갈등을 고양된 감정으로 봉합하고 있다. "몸은 비록 둘이지만 우정으로 …… 하나의 영혼이 되었다"는 닐로브나의 시점을 넘어서서 작가의 전지적 시점일 수밖에 없는 것이다. 여기서 우리는 예술가 고리키와 사상가 고리키가 서로 다르게 작품에 작용하고 있음을 알 수 있다. 예술가 고리키는 삶과 이념의 예리한 갈등에 대해 불안한 신호를 작품에 지속적으로 남기고 있고, 사상가 고리키는 이 불안한 신호를 부단히 덮어버리는 더 큰 이념적 신호(사이렌)를 울리고 싶어 한다. 그러나 예술가의 신호는 아무리 작아도 더 큰 신호보다 더 크고 깊게, 그리고 시대를 넘어 멀리까지 들려올 수 있다, 독자가 들을 준비가 되어 있다면.

다시 한 예를 더 들어보자. 2부에서 르이빈과 소피야와 함께 닐로브나는 농촌으로 전단을 전달하러 갔다. 거기서 르이빈이 파벨의 영웅적 투쟁을 전하면서 어머니를 농민들에게 소개한다. "…… 그 사람은 자기가 총검에 찔리고 강제노동에 처해지리라는 걸 알면서도 자기의 길을 간 걸세. 어머니가 누워 있다 하더라도 어머닐 넘고 지나갈 걸세. 닐로브나, 당신을 넘고 나아가겠지요? -넘어 가겠지! - 몸을 부르르 떨고서 어머니가 말했다. 그리고 주위를 둘러보고는 무겁게 한숨을 내쉬었다."(8, 190) 어머니는 자신을 넘어서 가야할 길을 가야 하는 아들을 알고 있으면서, 이념이 삶을 짓밟아버릴지도 모른다는 예감에 몸을 부르르 떨지 않을 수 없다. 바로 여기서 앞의 예와 다름없이 우리는 예술가 고리키의 불안한 신호를 듣지 않을 수 있는가.

8

『어머니』에 관철되어 있는 두 가지 방향성이 모순적으로 작품에 시학적 흔적을 남기고 있다. 과학적 이념과 노동계급의 결합이라는 역사적 과제에 조응함으로서 『어머니』의 사회적 정당성이 있다면, 이념과 삶의 차이와 불일치, 갈등이 예술적 신호로 곳곳에 산재하여 있음으로서 『어머니』의 예술적 정당성이 있다. 노동자 계급이 자본주의 삶의 모순을 극복하기 위한 운동과정에서 일정하게 외부로부터 준비되어진 이념을 받아들이는 것은 필연적 역사적 과제이며, 『어머니』는 이념의 정당함에 대한 객관적 현실과 이 이념을 수용하여 성장하는 노동자의 구체적 현실적 삶의 과정을 그려냄으로써 이념과 삶의 결합이라는 역사적 과제에 부응하고 있는 것이다. 그러나 작가는 이념과 삶의 결합이 도식적으로, 이론적으로 쉽게 이루어지는 것이 아니라는 것, 이념과 삶은 상호작용을 통해 서로에게 이의를 제기하고 서로의 흔적을 남기고 서로 풍부해지는 차이 속에 존재한다는 것을 외면하지 못한다.

이념과 삶의 차이와 불일치, 갈등에 대한 지적이, 다시 확인하거니와, 이념과 삶의 대립을 말하는 것은 아니다. 이념이냐, 삶이냐라는 고답적 문제의식은 벗어나야 한다. 이념과 삶은 불가피하게 결합되어 있고, 이 결합의 양식이 문화라고까지 말할 수 있다. 이런 점에서 『어머니』는 하나의 외부 이념을 논증하고 설파하는 작품이 아니라 외부 이념의 객관성, 즉 자본주의하의 자본과 권력에 맞서 싸우는 피억압 민중의 저항과 그 승리의 필연성에 대해 삶 자체의 논리가 다양하게 이의를 제기하고 차이를 빚어내고 다소 간의 교정을, 그 이념의 풍부화, 인간화를 요구하고 있는 작품으로 해석하는 것이 현대적으로 의미가 있다고 생각한다.

이처럼 고리키의 『어머니』는 삶과 이념의 문제의 부단한 긴장을 인간의 현대적 삶 속에서 그려내는 소설로서, 즉 새로운 유형의 현대적 이념 소설로서 새롭게 읽혀질 수 있다. 그리고 이때 『어머니』는 역사적 객관적 이념과 더불어 이 이념으로 완전히 수렴되어지지 않는 삶 자체의 공존을 말해주고 있으며, 작가는 진정한 예술의 과제는 바로 이 긴장된 관계의 해체가 아니라 부단한 추적과 형상화라는 것을 가르쳐주고 있다.

주석

1 И. Нович의 『М. Горький в эпоху первой русской революции』(М. 1955)에는 1차 혁명 기간 중의 고리키의 정치 활동에의 참여와 이 경험의 문학적 반영이 매우 세밀하게 연구되어 있다.

2 이 작품은 잘로모프라는 노동자와 그 어머니를 원형으로 삼고 있다고 작가에 의해, 그리고 다양한 방계 자료에 의해 확인된다. М. Горький: Полное собрание сочинение в 25 томах, М. 1968-1976, Т. 8, стр. 428-430. (이후 이 전집에서의 인용은 본문 속에 (권수, 쪽수)로 표기함.)

3 볼코프 교수는 『어머니』의 구성을 집중화된 구성(концентрическое построение)이라고 보았고 이러한 구성을 『클림 삼긴의 생애』의 구성과 유사하다고 보았다. 이 점에서는 매우 뛰어난 통찰이었는데, 그는 서둘러서 클림 삼긴과 닐로브나의 이념적 입장과 기능이 전적으로 다르다는 결론을 내려버린다(А.А. Волков: Путь художника. М. Горький до Октября, М. 1969, стр. 189). 그러나 이념 소설로서 두 소설이 지니는 공통성은 단순한 형식적 유사함이 아니라 인간의 삶에 이념이 어떻게 영향을 미치고, 인간은 이념을 어떻게 다루는가에 대한 내용적 공통성을 지니고 있다.

4 대표적으로 Е. Б. Тагер의 「기념비적 서사시의 성립」 참조.(в кн. Творчество Горького советской эпохи, М., 1964) 볼코프는 로만이면서 서사시인 새로운 장르로 보고자 한다.(А. А. Волков: 앞의 책, стр. 175-187)

5 "별이 빛나는 창공을 보고, 갈 수가 있고 또 가야만 하는 길의 지도를 읽을 수 있던 시대는 얼마나 행복했던가? 그리고 별빛이 그 길을 훤히 밝혀 주던 시대는 얼마나 행복했던가?"라는 루카치의 서사시의 시대에 대한 시적인 표현을 상기하

자.(G. 루카치: 『소설의 이론』, 반성완 역, 심설당 1985, 29쪽.)

6 이를테면 식민지로부터의 민족해방투쟁이나 반파시즘 전선에서의 투쟁 등과 같은 전민중적 의지와 힘이 발현되었던 시기에서는 민중적 서사시의 창조가 가능했다.

7 М. Горький: Несвоевременные мысли. Заметки о революции и культуре, М. Советский писатель, 1990. 이 책은 1917-8년에 『신생활』지에 실린 고리키의 칼럼을 모은 책이다. 소비에트 시기에는 출판되지 못했다. 이 칼럼에서 고리키는 "레닌과 트로츠키, 그리고 그 동지들은 권력이라는 끈끈한 독에 중독"되었고, 레닌은 "도덕성의 부재와 민중의 생명에 대한 군주와 같은 무자비한 냉혹함"을 가진 인물이라고 표현하면서, "시월혁명은 실패가 예정된 잔인한 실험"이라는 극단적 평가를 서슴치 않았다. 물론 곧 이 잡지는 폐간되었고 고리키는 레닌과 화해한 후 러시아 문화유산을 보존하는 사업에 주력하다가 1923년 레닌의 마지막 권유를 받아들여 이탈리아로 망명하게 된다. 이 부분에 대해 좀더 자세한 소개는 「고리키의 『1922-1924년 단편들』에 나타난 존재와 의식의 미완결성의 시학 연구」 (이강은: 러시아어문학연구논집 제5집, 1999)의 앞부분을 참조.

8 건신주의 시기 고리키의 활동과 고리키의 종교적 태도에 대해서는 И.Ф. Еремина: Лев Толстой, Максим Горький: новый взгляд на некоторые аспекты духовного мира, М., 1996과 Гейер Хьетсо: Максим Горький. Судьба писателя, М. 1997, стр. 141-152를 참조.

참고문헌

이강은: 「막심 고리키의『어머니』연구 –낭만주의적 특성과 리얼리즘적 특성에 대한 이해」, 여산 박형규 교수 화갑기념논문집, 1992.

이강은: 「M.고리키의『끌림 쌈긴의 생애』연구 –이데올로기적 삶의 객관적 형상화를 중심으로」, 고려대 박사학위 논문, 1994.

이강은: 「러시아 현대 소설론의 이론과 이데올로기 –로만 에뽀뻬야론을 중심으로」, 『러시아어문학연구논집』제2집, 1996.

이강은: 「막심 고리키의『밑바닥에서』의 작품이념 연구」, 『러시아문학』제8집, 1997.

이강은: 「자전소설의 '나'와 작가의 차이와 갈등–똘스또이와 고리키의 자전적 삼부작 비교연구」, 『러시아 문학』제9집, 1998.

이강은: 「고리키의『1922–1924년 단편들』에 나타난 존재와 의식의 미완결성의 시학연구」, 『러시아어문학연구논집』제5집, 1999.

G. 루카치:『변혁기 러시아의 리얼리즘 문학』, 조정환 역, 동녘 1986년.

М. Горький: Полное собрание сочинений. Художественные произведения в 25 томах, Наука, 1968-1976.

М. Горький: Несвоевременные мысли. Заметки о революции и культуре, М. 1990.

Б. Бурсов: Роман Горького "Мать" и вопросы социалистического реализма, М. 1955.

А. А. Волков: Путь художника. М. Горький до Октября, М. 1969.

М. М. Голубков: Максим Горький, МГУ, 2-е изд., 1998.

М. Горький и революция. Горьковские чтения '90, Нижний Новгород 1991.

М. Горький-художник и современность. Горьковские чтения '88, Горький, 1988.

И. Есаулов: Жертва и жертвенность в повести М. Горького "Мать". "Вопросы литературы", 11-12월 호, 1998.

Е. Ирина: Лев Толстой, Максим Горький: Новый взгляд на некоторые аспекты духовного мира, М. 1996.

С. В. Касторский: Повесть М. Горького "Мать", Учпедгиз, Л. 1954.

Неизвестный Горький. Горький и его эпоха, вып. 3, М. 1994.

И. М. Нович: Горький в эпоху первой русской революции, М. 1955.

Новый взгляд на М. Горького. М. Горький и его эпоха, вып. 4, М. 1995.

А. И. Овчаренко: Горький и литературные искания XX столетия, 3-е изд., М. 1982.

О художественном мастерстве М. Горького. Сборник статей, М. 1960.

Л. Спиридонова: М. Горький: диалог с историей, М. 1994.

Е. Б. Тагер: Творчество Горького советской эпохи, М. 1964.

А.. А.. Тарасова: Из творческой лаборатории М. Горького, М. 1964.

Творчество М. Горького и вопросы социалистического реализма, М. 1958.

Г. Хьетсо, Максим Горький. Судьба писателя, М. 1997.

К. Чуковский: Две души Максима Горького. Л. 1924.

В. Шкловский: Удачи и поражения Максима Горького, 1926.

МАКСИМ ГОРЬКИЙ И НИКОЛАЙ БУХАРИН: К ИСТОРИИ ВЗАИМООТНОШЕНИЙ (ВЕРШИТЕЛИ И ЖЕРТВЫ СОВЕТСКОЙ ИСТОРИИ)

Н. Н. Примочкина

저자 소개

Primochkina Natalia, Russia, Moscow, Leading Researcher of the A. M. Gorky Institute of World Literature (IMLI) of the Russian Academy of Sciences, Doctor of Philology.

E-mail: nprim47@yandex.ru

Abstract

MAXIM GORKY AND NIKOLAI BUKHARIN: ON THE HISTORY OF THEIR RELATIONS (THE ARBITERS AND VICTIMS OF THE SOVIET HISTORY)

Primochkina Natalia

(A. M. Gorky Institute of World
Literature of the Russian Academy of Sciences)

Proceeding from newly found archive materials (documents and letters), the article looks at the story of turbulent professional and personal friendship between Maxim Gorky, the "Petrel" of the Revolution, and Nikolai Bukharin, one of the Party ideologists and leaders of the Soviet state. The light is shed on the vicissitudes of life under Stalin's regime, which reduced the great men of history to the victims of the times.

Keywords: Gorky, Bukharin, business and personal relationships, Stalin's regime, tragic fates, Soviet epoch.

Революционер-большевик, любимый ученик и ближайший соратник В. И. Ленина, один из самых видных руководителей молодого советского государства, Николай Иванович Бухарин родился 27 сентября 1888 г. в Москве, в семье школьных учителей. Окончил 1-ю Московскую гимназию, получил блестящее образование. Читал по-английски, свободно владел французским и немецким языками, хорошо знал латынь. С детства увлекался рисованием. С 1907 г. учился на экономическом отделении юридического факультета Московского университета, откуда в 1911 г. был исключён за участие в революционной деятельности.

Во время революции 1905–1907 гг. вместе со своим другом Ильёй Эренбургом принимал активное участие в студенческих демонстрациях, организованных студентами Московского университета. В 1906 г. семнадцатилетний юноша вступил в РСДРП, примкнув к большевикам. В июне 1911 г. был арестован и сослан на три года в Онегу Архангельской губернии, в том же году бежал из ссылки, затем нелегально выехал за границу.

В 1912 г. в Кракове Бухарин познакомился с Лениным, с которым впоследствии поддерживал дружеские отношения. В эмиграции продолжал заниматься самообразованием, изучая сочинения основателей марксизма и труды своих современников. Особенно сильное влияние на формирование взглядов Бухарина оказал «левый» коммунист А. А. Богданов.

В 1914 г., с началом Первой мировой войны, Бухарин был арестован властями Австро-Венгрии по подозрению в шпионаже и выслан в Швейцарию. В 1915 г. через Францию и Англию переехал в Стокгольм. В марте 1916 г. был арестован и после нескольких недель тюрьмы выслан из Швеции в Норвегию. С октября 1916 г. жил в Нью-Йорке, где редактировал вместе с Л. Д. Троцким газету «Новый мир».

После Февральской революции 1917 г. Бухарин немедленно принял решение о возвращении на родину, однако вернулся в Россию только в мае 1917, поскольку был арестован в Японии, через территорию которой ехал. По возвращении в Россию был избран членом ЦК РСДРП(б), работал в Московском комитете партии, участвовал в Московском вооружённом восстании. В течение многих лет с небольшим перерывом в 1918 г. был главным редактором газеты «Правда», ведущим партийным идеологом и экономистом-теоретиком советского государства. Подготовил предложения по национализации промышленности и созданию органов управления экономикой во главе с Высшим советом народного хозяйства (ВСНХ). С 1919 г. являлся членом Исполкома Коминтерна, а с 1926 г. — его фактическим руководителем.

Подводя итоги своим многолетним наблюдениям за деятельностью Бухарина, Ленин так охарактеризовал его место и роль в партийном руководстве страны в известном «Письме к съезду»: «Бухарин не только ценнейший и крупнейший теоретик партии, он также законно считается любимцем всей партии…»[1].

После смерти Ленина Бухарин становится членом Политбюро ЦК, одним из влиятельнейших руководителей партии и государства и близким другом И. В. Сталина. Бухарин принадлежал к немногим, обращавшимся к Сталину на «ты» и называвшим его Кобой. Сталин, в свою очередь, звал его «Бухарчиком». В 1923–1924 гг. Бухарин оказал существенную поддержку Сталину в борьбе против Троцкого, в 1925–1926 гг. — против Л. Б. Каменева и Г. Е. Зиновьева.

Проанализировав после смерти Ленина причины неудач «военного коммунизма», Бухарин превратился в активного сторонника провозглашённой вождём новой экономической политики. Теперь он делал акцент на необходимости дальнейшего проведения экономических реформ в русле нэпа. Вместе с тем, он принимал участие в разработке сталинской теории «социализма в одной отдельно взятой стране», противопоставленной идее перманентной мировой революции Троцкого.

Однако начиная с 1928 г. пути Бухарина и Сталина всё более расходятся. В это время Бухарин выступил против всеобщей коллективизации и чрезвычайных мер по отношению к деревне, предлагая мягкий, постепенный, эволюционный путь развития промышленности и сельского хозяйства. Это, однако, противоречило курсу Сталина на всеобщую коллективизацию и ускоренную индустриализацию.

В ноябре 1928 г. Пленум ЦК назвал позицию Бухарина и разделявших её членов Политбюро А. И. Рыкова и М. П. Томского «правым уклоном». На апрельском Пленуме ЦК 1929 г. продолжился разгром группы Бухарина, а сам он за фракционную деятельность вскоре был снят с поста главного редактора газеты «Правда» и выведен из Президиума Исполкома Коминтерна. Тогда опальный политик попросил направить его на скромную должность заведующего сектором научно-исследовательской работы ВСНХ СССР, а после его расформирования в 1932 г. стал заведующим научно-исследовательским сектором и членом коллегии Наркомата тяжёлой промышленности СССР. В 1931–1936 гг. он был издателем научно-популярного и общественного журнала «Социалистическая реконструкция и наука» («СоРеНа»). Бухарин был одним из редакторов первого издания Большой советской энциклопедии. В 1929 г. он был избран действительным членом Академии наук СССР по социально-экономическим наукам. С 1930 г. Бухарин являлся председателем Комиссии по истории знаний (КИЗ), с 1932 г. — директором Института истории науки и техники АН СССР. Кроме того, с 1934 по 1937 г. он был главным редактором газеты «Известия». Он же являлся одним из основных авторов проекта Конституции СССР, принятой в 1936 г.

Бухарин был на 20 лет моложе Горького и не входил в круг тех революционеров (В. И. Ленин, А. А. Богданов, Г. А. Алексинский, А. В. Луначарский и др.), с которыми писатель сблизился после революции 1905 г. в эмиграции. В годы Октябрьской революции и гражданской войны Горький, как известно, был настроен весьма критически по отношению к политике большевиков, резко осуждал их методы насилия и террора, уничтожение богатого культурного наследия страны, преследование интеллигенции. Деятельность Бухарина, прославлявшего в то время «пролетарское принуждение во всех своих формах», видимо, не была исключением. В 1921 г. Горький, например, с возмущением писал о «культурной» политике большевиков, в том числе о популярном в то время учебном пособии Бухарина «Теория исторического материализма» (1921): «Гуманитарные науки <...> целиком взяты под подозрение в нашей стране. Студенты наших университетов — народных — учатся философствовать по книге Бухарина «Теория материализма»»[2].

Начало особым, дружественным отношениям писателя и политика положила поездка Бухарина в 1922 г. в Германию. Ни в литературе о Горьком, ни в литературе о Бухарине ранее не встречалось упоминания о таком весьма любопытном факте, что Бухарин лечился в том самом санатории и в то же самое время, когда там находился Горький[3]. Можно предположить, что Ленин, зная о местопребывании Горького, специально послал своего любимца и ученика лечиться в санаторий Санкт-Блазиен. С уехавшим из России осенью 1921 г. писателем следовало наладить контакт, чтобы воздействовать на его настроения и взгляды и таким образом ненавязчиво повлиять на его выступления в западной прессе, от которых существенно зависело реноме молодого, с трудом признаваемого Европой государства. Блестящий собеседник и обаятельный человек, Бухарин как нельзя лучше подходил для этих целей.

О встрече Бухарина с Горьким в Германии, возникновении взаимного интереса и человеческих симпатий мы узнаем из переписки, сохранившейся в горьковском архиве. Тяжело больной туберкулёзом, сильно истощённый нервно и физически писатель вскоре после отъезда из России был вынужден отправиться на лечение в немецкий санаторий, где провел четыре месяца, с декабря 1921 по начало апреля 1922 г. А в конце февраля — начале марта туда же прибыл Бухарин. 18 марта Горький писал в Берлин своему секретарю П. П. Крючкову по поводу готовящегося в Москве процесса эсеров: «Речь Ленина? Здесь — Смилга[4], Бухарин, и — оба они не понимают, что творится в Москве. Сведений у них — никаких нет, никто ничего им не пишет, хотя Бух‹арин› — член ЦК! Нервничает он — отчаянно и, разумеется, это очень во вред его плохому сердцу. Хочет бросить лечение и ехать в Берлин»[5].

Тревогу и волнение Бухарина можно понять. Он был поставлен в достаточно неловкое, щекотливое положение. 5–8 апреля 1922 г. в Берлине должна была состояться конференция трёх Интернационалов, на которой он наряду с К. Радеком представлял Коминтерн. Вероятно, Бухарин предвидел, что на этой конференции ему придётся держать ответ за действия советского правительства по отношению к эсерам. Так и случилось. Заграничные социалисты, возмущённые готовящимся в России судебным процессом правых эсеров, потребовали от советских делегатов письменного обещания не применять к подсудимым смертную казнь. И Бухарин с Радеком под нажимом участников конференции такое обещание подписали. Ленин посчитал эту уступку ошибкой своих посланцев и тут же написал об этом ругательную статью «Мы заплатили слишком дорого», которая была напечатана 11 апреля одновременно в «Правде» и в «Известиях».

Вскоре после возвращения в Москву Бухарин написал Горькому своё первое письмо, шутливо и несколько фамильярно обращаясь к нему «Алексей Максимович, Прекрасные Усы», что свидетельствовало об установившихся между ними особо доверительных, дружеских отношениях. Судя по публикуемым ниже письмам Бухарина Горькому, общение их в санатории было довольно тесным. Пользуясь этой дружбой, Бухарин частенько позволял себе то мягко, то довольно грубо журить старшего товарища, указывал на его политические «ошибки» и «заблуждения». В том же письме от первой половины мая 1922 г. он писал о реакции советского партийного руководства на появление в западной печати статьи Горького «Русская жестокость» из цикла «О русском крестьянстве»: «Нас всех очень огорчила Ваша статья в «Politiken» <…> Ну какого рожна Вы, Прекрасные Усы, идёте в такие сволочные газеты <…> Вы не представляете объективного значения отклика, инструментальной роли Ваших высказываний в теперешний момент. Я знаю, что Вы на меня рассердитесь. Но пишу Вам, потому что Вас очень люблю и ценю»[7].

И сердитый «ворчун» Горький вынужден был оправдываться. 1 июня 1922 г. он подробно отвечал Бухарину, пытаясь отвести его упреки и разъяснить мотивы своего выступления: «Спасибо за Ваше хорошее, товарищеское письмо. На такие письма — не сердятся, за них — крепко жмут руку.

Посылаю Вам оригинал статьи <…> Не сообразил я, что печатать её во дни Генуи⁶ было нетактично, но я и не думал, что её напечатают так скоро. Однако кое-кого она убедила в том, что Сов. власть — власть исторически оправданная <...> Слышу, что наиболее порядочные люди из эмигрантов говорят: статья примиряет с Сов. властью, что, действительно, только большевизм мог оживить крестьянство <...>

Сердечный привет В. Ильичу, Рыкову, Троцкому.

Вам — крепко жму руку, хорош Вы человек, чудесный товарищ»⁸.

Однако очень скоро отношения Горького с Бухариным, так же, как с остальными членами советского руководства, сильно испортились. Это было связано всё с тем же затеянным большевиками судебным процессом эсеров, который проходил в Москве с 8 июня по 7 августа 1922 г. Несмотря на письменные обещания Бухарина и Радека, данные представителям международного рабочего движения, ход этого процесса ясно указывал на то, что некоторых подсудимых ожидает смертный приговор. Тогда русские социал-демократы (меньшевики), проживавшие за границей, решили прибегнуть к помощи Горького как к последнему средству спасения арестованных. В начале июля 1922 г. писатель, под давлением меньшевистских лидеров Л. Мартова и Б. И. Николаевского, выступил с открытыми письмами к заместителю председателя Совнаркома А. И. Рыкову и к сочувствующему

Советской России А. Франсу, в которых выразил резкий протест против этого процесса и против большевистских методов террора вообще. «Если процесс социалистов-революционеров будет закончен убийством, — писал он Рыкову, — это будет убийство с заранее обдуманным намерением, — гнусное убийство. Я прошу Вас сообщить Л. Д. Троцкому и другим это моё мнение. Надеюсь, оно не удивит Вас, ибо Вам известно, что за всё время революции я тысячекратно указывал Советской власти на бессмыслие и преступность истребления интеллигенции в нашей безграмотной и некультурной стране. Ныне я убеждён, что если эсеры будут убиты, — это преступление вызовет со стороны социалистической Европы моральную блокаду России»[9].

Вскоре это письмо появилось в иностранной прессе, затем было перепечатано во многих эмигрантских газетах. (В России его публикация состоялась только в эпоху «перестройки»[10]). Советским руководством выступление Горького было расценено как предательство и вызвало у него гнев. Если после появления в зарубежной печати статьи Горького «Русская жестокость» Бухарин как главный редактор «Правды» ещё мог промолчать, то теперь Троцкий и другие члены Политбюро ЦК дали ему прямое указание разоблачить «заблудшего» писателя, «которого в политике никто всерьёз не берёт»[11]. 18 июля 1922 г. в «Правде» была напечатана статья С. Зорина «Почти на дне (О последних выступлениях Горького» (№ 158), в которой писатель обвинялся в буржуазном перерождении и в том, что он сильно «вредит нашей революции». 21 июля в той же «Правде» (№ 161) со стихотворным фельетоном «Гнетучка» выступил Демьян Бедный, утверждавший, что в результате жизни за границей Горький оторвался от родной почвы и теперь он «насквозь отравлен тучей разных остервенело-буржуазных белогвардейских комаров».

От больного, проживавшего в Горках под надзором врачей Ленина «скандальное» письмо Горького об эсерах было скрыто. Вождь познакомился с ним позже по публикации в меньшевистском эмигрантском журнале «Социалистический вестник» (1922. № 13–14. 20 июля) и тотчас же, 7 сентября 1922 г. написал Бухарину, который вместе с женой был в это время в Германии: «Я читал (в «Социалистическом вестнике») поганое письмо Горького. Думал было обругать его в печати (об эсерах), но решил, что, пожалуй, это чересчур. Надо посоветоваться. Может быть, Вы его видаете и беседуете с ним? Напишите, пожалуйста, Ваше мнение»[12]. Возможно, именно этой просьбой Ленина было вызвано следующее письмо Бухарина Горькому, в котором он сожалел, что не смог встретиться с писателем в Берлине, сообщал о болезни вождя и осторожно предупреждал своего адресата о неприемлемости для советских властей его деловых контактов и совместных издательских проектов с эмигрантами-меньшевиками — «этим гнильем, нытиками, гробокопателями»[13].

Неизвестно, что ответил Бухарин Ленину, какой совет он ему дал. Но в результате Ленин всё же не стал публично «разоблачать» и «клеймить» Горького в печати. Тем не менее писатель долго и тяжело переживал травлю в советской прессе, начатую против него «Известиями» и «Правдой» летом 1922 г. С этого времени он перестал говорить в письмах на родину о своём скором возвращении. 21 апреля 1923 г. Горький писал о своих новых мрачных настроениях Р. Роллану: «…за моё отношение к процессу социалистов-революционеров меня провозгласили «врагом народа». Принимая во внимание, что с той поры я не один раз писал моим друзьям-вождям о гнусности и глупости этих подготовок к убийству Буткевича, Цепляка и патриарха Тихона[14], их отношение ко мне, как к «врагу» народа, несомненно, упрочилось ещё сильнее. <…>

Всё это, конечно, чепуха, но признаюсь, что довольно с меня этой чепухи! — Я хочу писать, много писать и не чувствую ни малейшего желания возвращаться в Россию. Я не мог бы писать, если бы вынужден был всё своё время тратить на то, чтоб непрерывно повторять: „Не убий". Убийца всегда подлец, но когда он выполняет это в целях пропаганды, то он в сто крат подлее! А террор в России всё увеличивается»[15].

В начале 1920-х годов философские и общественно-литературные позиции Горького и Бухарина существенно отличались. Оптимистически настроенному Бухарину были чужды острокритические публицистические и художественные размышления о русском народе, его исторических судьбах глубоко разочарованного происходящим на родине Горького. Пытаясь переубедить писателя, вдохнуть в него свою большевистскую «веру», Бухарин писал ему летом 1923 г. по поводу его новых произведений: «Художественно, читать — наслаждение. Но нет ли у Вас начала опростительства под влиянием западноевропейского кризиса и переоценки всех ценностей в «буддийском» направлении? Не влияет ли на Вас сейчас трагическая червоточина гибнущих кругов?»[16].

Несмотря на принципиальные политические и идейные разногласия с Горьким, правящая большевистская верхушка и в отсутствие тяжело больного Ленина не теряла надежды вернуть писателя-«еретика» сначала в Россию, а затем и в свои ряды. 6 июля 1923 г. Зиновьев и Бухарин обратились к Горькому по этому поводу с письмом. Зиновьев уговаривал писателя вернуться на родину, заверяя, что любит и ценит его. Бухарин сделал к этому письму следующую приписку, в которой также агитировал Горького «за советскую власть» и грубо ругал политическую эмиграцию:

«Дорогой Алексей Максимович!

Пользуюсь случаем (сидим вместе с Григорием на заседании), чтобы сделать Вам приписку. Я Вам уже давно посылал письмо, но ответа не получил. С тех пор у нас основная линия на улучшение проступила до того ясно, что Вы бы «взвились» и взяли самые оптимистические ноты. Только вот огромное несчастье с Ильичом. Но всё стоит на прочных рельсах, уверяю Вас, на гораздо более прочных, чем в гнилой Центральной Европе. Центр жизни (а не хныканья) у нас. Сами увидите! Насколько было бы лучше, если бы Вы не торчали среди говёнников, а приезжали бы к нам. Жить здесь в тысячу раз радостнее и веселее!»[17]

Однако Горький, у которого со времен революции и гражданской войны сложились плохие отношения с Зиновьевым и которого, видимо, сильно раздражали непристойные ругательства в адрес меньшевистских лидеров в письмах Бухарина, решил ответить своим корреспондентам не прямо, а через посредство заместителя Ленина Рыкова, с которым незадолго до этого встречался в Германии.

В приписке к этому письму Рыкову, адресованной Зиновьеву и Бухарину, Горький указал на две основные причины его нежелания возвращаться на родину: плохое состояние здоровья и враждебное отношение советских властей к его зарубежной литературно-издательской деятельности, в частности, запрет на распространение в России его берлинского журнала «Беседа»[18].

После того, как Рыков показал это послание адресатам, Бухарин 25 августа 1923 г. написал Горькому обиженное письмо: «Алексей Ив‹анович› показывал Ваше письмо. Почему Вы не ответили непосредственно? Ведь мы Вам писали в совершенно неофициальном порядке. Разве это не было видно? Вы, ей-богу, не видите из-за деревьев леса»[19]. 18 или 19 сентября Горький сообщал Б. И. Николаевскому: «Получил письмо от Бухарина, в ответ на моё письмо Рыкову, завтра отвечу; посмотрим, что будет»[20]. На следующий день, 20 сентября он просил своего секретаря П. П. Крючкова: «…пожалуйста — отправьте прилагаемое письмо Бухарину в Миссию для скорейшей передачи адресату. Сие очень важно»[21]. Как видим, Горький придавал этому письму особое значение. Вероятно, в нём писатель высказал свою общественно-политическую и нравственную позицию по наиболее актуальным, животрепещущим вопросам современной жизни Советской России, позицию, которая коренным образом отличалась от официально принятой в государственных и партийных верхах. К сожалению, это письмо Горького пока не разыскано. Но после него переписка писателя с Бухариным прервалась почти на два года.

Как уже говорилось, далеко не всегда Горький был согласен с Бухариным и не всегда одобрял его деятельность. Порой его шокировали грубые и непродуманные, на его взгляд, выступления полемиста-партийца. Так, 11 марта 1924 г. Горький писал Е. П. Пешковой: «...не найдешь ли книгу И. П. Павлова «20-летний опыт», книгу, против которой так развязно полемизирует Н. Бухарин в «Кр<асной> нови»...»[22] Говоря о том, что философия марксизма «вносит в область высшей психической деятельности человека довольно грубый, а потому и вредный рационализм», писатель в 1925 г. в качестве примера, подтверждающего эту его мысль, вновь ссылался на «статью Бухарина против академика И. П. Павлова»[23].

Горький имел в виду большую статью Бухарина «О мировой революции, нашей стране и прочем (Ответ профессору И. Павлову)», напечатанную в журнале «Красная новь». Полемизировал в ней Бухарин не с научными выводами академика, а с его определением марксизма и коммунизма, прозвучавшим в публичной лекции. В своей статье Бухарин цитировал такое «еретическое» высказывание Павлова: «Марксизм и коммунизм это вовсе не есть абсолютная истина, это — одна из теорий, в которой, может быть, есть чистая правда, а, может быть, и нет правды»[24]. Это высказывание Бухарин охарактеризовал как «абракадабру» и «наивничание». Однако Горький, как видно из вышеприведённых писем, был согласен скорее с Павловым, чем с Бухариным.

В то же время Горький, внимательно следивший из-за границы за культурной и литературной жизнью на родине, не мог не видеть положительной роли Бухарина, пользовавшегося особым доверием творческой и научной интеллигенции. Вот что пишет об этом периоде его жизни автор фундаментальной книги «Бухарин. Политическая биография. 1888–1938» С. Коэн: «...Период пребывания Бухарина у власти совпал с замечательным оживлением интеллектуальной и художественной творческой деятельности как внутри, так и вне партии. Он не был единственным покровителем этого процесса, но его высокое положение гарантировало официальную терпимость к таким вещам на протяжении 20-х гг. Он способствовал развитию художественных и научных достижений и составлял редкое исключение в среде партийных вождей, состоя в хороших отношениях с такими разными людьми, как Осип Мандельштам, Михаил Покровский, Максим Горький и Иван Павлов»[25].

Не мог не сочувствовать Горький и выступлениям Бухарина против ненавистных писателю руководителей Всесоюзной ассоциации пролетарских писателей и редакции печально знаменитого журнала «На посту», против их претензий на гегемонию в делах литературы. Критик А. К. Воронский, вступивший в 1920-е годы в смертельную схватку с «напостовцами», сообщил Горькому 6 марта 1925 г.: «Литературная драка как будто ослабевает. В верхах «напостовцы» терпят поражения. Делу этому помогает т. Бухарин. Хорошо, если литературная атмосфера несколько очистится, а то очень тяжело было»[26].

Говоря о поражении «напостовцев» в «верхах», Воронский имел в виду работу литературной комиссии при ЦК ВКП(б), готовившей резолюцию «О политике партии в области художественной литературы». Большую лепту в работу этой комиссии внес своими выступлениями Бухарин. Хотя он был давним и страстным приверженцем идеи особой «пролетарской культуры» и восторженно приветствовал рождение «пролетарского» романа и «пролетарской» драмы, он решительно выступил против стремления пролетарских литературных организаций к единоличной власти, призывал завоевывать доверие писателей-«попутчиков», а не «бить их дубинкой до бесчувствия» и не «зажимать их в тиски». Мысли Бухарина о свободном соревновании различных школ и направлений в литературе, о недопустимости жёсткого партийного диктата в области культуры нашли отражение в написанной им и затем принятой ЦК знаменитой резолюции «О политике партии в области художественной литературы» 1925 г.

В большом письме от 14 мая 1925 г. Бухарин информировал Горького, во-первых, о повороте партии «лицом к крестьянству», теоретиком и инициатором которого был он сам, а также о готовящейся смене политики в области художественной литературы. «Я, как видите, всё агитирую Вас, — писал в заключение

Бухарин, — хотя Вы никогда ни строчечки не напишете»[27]. На этот раз Горький ответил. Обрадованный, что партийное руководство наконец-то обратило внимание на «литературный фронт», писатель в ответном письме намечает целую программу осуществления грамотной литературной политики в стране. Как известно, Горький всегда с недоверием относился к русскому крестьянству и возможности его союза с пролетариатом. Стараясь понять необходимость новой политики «смычки» города и деревни, он всё же и здесь предостерегал Бухарина от опасных, по его мнению, тенденций «дифирамбов деревне» в произведениях текущей литературы. Далее Горький советовал партийному руководству не давить марксистской идеологией на талантливую молодёжь из «попутчиков», а предоставить ей большую творческую свободу и избавить от травли со стороны «напостовцев». «Литературная молодёжь, — писал он в этом письме от 23 июня 1925 г., — восхищает меня. Отношение к ней «напостовцев» — дурацкое. Все эти Родовы, Лелевичи, Вардины прежде всего бездарны. Да, видимо, и малограмотны. Не следует затискивать начинающих писателей в угол, хотя бы и в марксистский. Они уже достаточно революционны в своей органической ненависти к «быту» <...> Они сами придут к революционному, героическому пафосу, пафосу спокойному, но — беспощадному ко всякой «старинке» в слове и деле»[28].

Это письмо, написанное за неделю до обнародования резолюции ЦК о литературе, во многих своих положениях и мыслях совпало с основным пафосом этого партийного документа.

Горький воспринял резолюцию с глубоким удовлетворением, связывал с ней свои надежды на очищение литературной атмосферы, большую свободу творчества, либерализацию советской политики в отношении беспартийной интеллигенции и творческих работников. 13 июля 1925 г. он вновь писал Бухарину, явно поощряя и благодаря его за этот партийный документ: «Резолюция ЦК «О политике партии в области художественной литературы», — превосходная и мудрая вещь, дорогой Николай Иванович! Нет сомнения, что этот умный подзатыльник сильно толкнёт вперёд наше словесное искусство <...> И своевременно и мудро приласкать несколько — молодых, воодушевить их, как это и сделано в резолюции ЦК»[29].

28 мая 1928 г. Горький впервые после шести с половиной лет пребывания в Европе приехал на родину. На Белорусском вокзале в Москве его встречали многие видные партийные и государственные деятели, и среди них в первых рядах — Бухарин.

В начале июля Горький отправился в большое путешествие по городам и республикам Союза. Во время поездки он встречался с многочисленными делегациями трудящихся и партийных активистов, выступал на митингах, посещал детские трудовые колонии и дома творчества, музеи и театры, клубы и библиотеки. Внимательно наблюдая за жизнью людей Советской России, писатель был не только очарован увиденным, но и серьёзно встревожен теми негативными, уродливыми чертами в развитии советского общества, которые он сумел рассмотреть. Например, в письме от 31 декабря 1928 г. своему старому знакомому, писателю И. М. Касаткину, делясь впечатлениями от пребывания на родине, Горький признался, что был «ошеломлён» их «противоречивостью». Они вызвали у него одновременно «и восторг, и тревогу». Далее писатель разъяснял, что восторг был вызван увиденной им героической работой масс, изменениями «к лучшему» в «туманной психике» россиян, «тревога же вызвана тем, что <…> переживаем моментик тяжёлый и что это далеко не всем ясно»[30]. Эта главная причина тревоги Горького — тяжёлый «моментик» в жизни страны — раскрывается в вышеупомянутом письме Касаткину и многих других письмах этого времени как «разноречие между городом и деревней», вызванное сопротивлением крестьянства насильственным хлебозаготовкам и коллективизации.

К концу 1920-х годов в развитии народного хозяйства СССР наметились серьёзные противоречия между социалистическим по преимуществу характером промышленного производства и основанным на частной собственности сельским хозяйством.

Причем в аграрной стране, которой продолжала оставаться Россия, сельскохозяйственное производство зерна составляло основу её экономики. Для задуманной руководством страны ускоренной индустриализации нужны были огромные средства, которые можно было взять только у крестьянства. Однако крестьяне как полновластные хозяева произведённой ими продукции не хотели продавать государству хлеб по заниженным ценам. В результате плановые хлебозаготовки упали к концу 1927 г. почти наполовину. Оказавшись перед угрозой голода в городах, партийное руководство страны в декабре 1927 — январе 1928 г. разослало на места секретные директивные письма с требованием увеличить хлебозаготовки любым путем, в том числе и с помощью «чрезвычайных» репрессивных мер. Члены Политбюро поехали по областям «выкачивать хлеб». Сам Сталин ездил с этой миссией в Сибирь. За отказ продавать хлеб была введена уголовная ответственность — лишение свободы с конфискацией имущества. Реакцией на применение чрезвычайных мер стали крестьянские вооружённые восстания и террористические акты против хлебозаготовителей. Несмотря на это, весной того же года Сталин циркулярным письмом поставил задачу покрыть всю страну колхозами и совхозами, хотя вплоть до конца 1929 г. во всех официальных партийных документах говорилось об исключительной добровольности вступления в колхозы и о коллективизации как задаче, рассчитанной на неопределённо длительный срок. Горький, как и многие его современники, видимо, верил, что коллективизация проходит в деревне на добровольной основе и что многочисленные «перегибы» в отношении крестьянства допущены по глупости или излишнему рвению местных властей, а не по прямой указке сверху.

В это же время в верхушке партии, только что освободившейся от левой троцкистской оппозиции, вновь наметились серьёзные разногласия. На этот раз против Сталина выступили члены Политбюро Бухарин, Рыков и Томский. Разногласия в Политбюро вырвались наружу при обсуждении политики хлебозаготовок в 1928 г. на июльском пленуме ЦК ВКП(б). Бухарин и его товарищи говорили о тяжёлом, кризисном положении страны, о «размычке» крестьян и рабочих, об ошибках «нового курса». Разойдясь со Сталиным, Бухарин в июле 1928 г. стал искать поддержку и встретился с Л. Б. Каменевым, только что восстановленным в партии после опалы, которой он подвергся как один из лидеров левой оппозиции, и попытался создать с ним антисталинский блок. Об этих переговорах стало известно Сталину, который воспринял их как «двурушничество» Бухарина и вскоре заговорил о «правом уклоне» как главной опасности для партии.

Горький, бесспорно, знал о настроениях Бухарина и его встрече с Каменевым. Рыков, Каменев и Бухарин были наиболее близкими ему людьми в высшем партийном руководстве. Разногласия, раскол и непрекращающаяся борьба в партии, травля, которой подвергались его друзья, не на шутку тревожили Горького. Он мечтал о примирении враждующих сторон для общей партийной, хозяйственной и культурной работы, о чём не раз упоминал в письмах этого времени.

В течение всего 1928 г. кризис народного хозяйства продолжал углубляться. Планы хлебозаготовок остались опять невыполненными, озимые посевы снизились, города оказались на грани голода, во многих из них были введены хлебные карточки. В результате к крестьянству вновь были применены «чрезвычайные меры». В 1929 г. три четверти крестьянского населения страны получили всего одну восьмую часть национального дохода. По сути, шла «перекачка» средств из деревни в город, из сельского хозяйства в тяжёлую промышленность. В результате подобной политики крестьяне подняли в 1929 г. 1300 мятежей и восстаний.

Горький видел, что страна находится на пороге гражданской войны, но, как и в 1917 г., больше всего боялся, что тёмная крестьянская стихия затопит островки социалистических преобразований в экономической и культурной жизни Советской России. Не внушала Горькому оптимизма и непрекращающаяся борьба в высшем партийном руководстве. На апрельском пленуме ЦК ВКП (б) 1929 г. Бухарин, Рыков и Томский были обвинены во фракционности, их заставляли «покаяться», но они отказались. Окончательному разгрому «правая оппозиция» подверглась на следующем, ноябрьском Пленуме ЦК, на котором Бухарин, вновь отказавшийся от «покаяния», был выведен из состава Политбюро. В результате Бухарин, Рыков и Томский были вынуждены поддержать сталинский курс на ускоренную индустриализацию и коллективизацию. После пленума они выступили с публичным покаянием и окончательно капитулировали перед Сталиным.

Горький был рад временному примирению в высшем партийном руководстве. 29 ноября 1929 г. он писал в связи с этим Сталину: «Страшно обрадован возвращением к партийной жизни Бухарина, Алексея Ивановича <Рыкова. — Н. П.>, Томского. Очень рад. Такой праздник на душе. Тяжело переживал я этот раскол»[31]. Разумеется, Горький, как и «правые уклонисты», был против «чрезвычайных мер» по отношению к крестьянству. Но в то же время писатель вполне искренно и сознательно решил поддержать курс Сталина, потому что видел будущее своей родины только на путях ликвидации частной собственности и коллективизации индивидуальных крестьянских хозяйств.

Подавив последнюю попытку сопротивления бухаринской группы своему политическому курсу, Сталин в конце декабря

1929 г. впервые открыто выступил с предложением перейти к «ликвидации кулачества как класса» и «сплошной коллективизации». 5 января 1930 г. было принято соответствующее постановление ЦК ВКП (б), а уже 8 января Горький послал Сталину письмо, в котором не только поддержал его политический курс, но и указал на великий социальный и философский смысл проводимых им преобразований в деревне, подчеркнул их революционное, поистине эпохальное значение. «…после того, — писал он, — как партия столь решительно ставит деревню на рельсы коллективизма — социальная революция принимает подлинно социалистический характер. Это — переворот почти геологический и это больше, неизмеримо больше и глубже всего, что было сделано партией. Уничтожается строй жизни, существовавший тысячелетия, строй, который создал человека крайне уродливо своеобразного и способного ужаснуть своим животным консерватизмом, своим инстинктом собственника. Таких людей — два десятка миллионов. Задача перевоспитать их в кратчайший срок — безумнейшая задача. И, однако, вот она практически решается»[32].

1928–1933 гг. — время наибольшего официального признания писателя советскими властями. Он вознесён на вершину славы, вхож в самые высокие кабинеты, осыпан всяческими милостями. Сам «вождь народов» регулярно ходит к нему в гости, ведёт длительные беседы, советуется по вопросам культурной политики. Сталину, в результате длительных усилий и дипломатических хитростей заманившему Горького в Союз, писатель был нужен как крупная козырная карта в его политической игре с Западом, в заигрывании с собственным народом. По свидетельству близкого к вождю И. М. Гронского, Сталин на одном из совещаний сказал о Горьком: «Значение его больше, чем любого из руководителей партии»[33].

Однако писатель из всего сталинского окружения выделял именно Бухарина. На наш взгляд, это объяснялось не только сильной личной симпатией Горького к этому партийному руководителю, но прежде всего его идейной позицией, той культурной политикой, которую он пытался проводить в стране. Правящая верхушка партии не была однородной. В ней существовало более жёсткое, радикальное крыло, которое возглавлял Сталин, и более либеральное, умеренное, возглавляемое Бухариным. По мнению С. Коэна, «бухаринизм был более либеральным и гуманным вариантом русского коммунизма с его врождёнными авторитарными традициями»[34]. Хотя Горький сильно расходился с Бухариным в отношении к русскому крестьянству, приветствовал сталинскую коллективизацию деревни, против которой выступал Бухарин, но во всех прочих вопросах, особенно в области культурной политики, писатель гораздо ближе стоял к этому партийному вождю, нежели к другим членам государственно-партийного руководства.

Пребывающему в жестокой политической опале Бухарину, видимо, особенно важно было чисто человеческое, душевное общение с писателем. В начале мая 1930 г. он писал Горькому: «Хотелось бы поговорить с Вами, дорогой мой, да уж не знаю, когда это будет. Вспоминаю о Вас часто, особенно когда тяжко на душе — <...> потому, что Вы сумели не потерять множество черт человеческих, ради развития коих вообще стоит жить и бороться. Ну, я, кажется, готов впасть в сантименты»[35].

Публичное шельмование Бухарина продолжалось весь следующий после его «падения», 1930-й год. На XVI съезде партии под нажимом сталинского большинства Рыков и Томский ещё раз осудили свои прежние взгляды и оппозиционную деятельность. Бухарин, в отличие от своих товарищей, молчал. Простудившись (или сказавшись больным), он вообще не появился на заседаниях съезда и был осуждён заочно: его взгляды были объявлены несовместимыми с принадлежностью к ВКП(б).

Горький, тяжело переживавший раскол в партийных верхах и шельмование близких ему Рыкова и Бухарина в советской прессе, старался всячески поддержать своих друзей. В разгар травли Бухарина на съезде, 23 июля 1930 г. он шлёт из Сорренто опальному политику письмо, в котором пытается обратить в шутку и пародию грозные обвинения Бухарина в «правом уклоне» и во всех прочих «злодействах» и хоть немного поправить ему настроение: «Николай Иванович Бухарин! Вы — действительно — уклонист, ибо уклоняетесь от сотрудничества в «Лит. учебе», несмотря на покорные и даже униженные просьбы редактора онаго журнала М. Горького <…> Дорогой и проклятый уклонист, — поверьте старому инвалиду, потрясённому землетрясением, изнывающему от жары и обилия работы — журнал этот достоин поддержки Вашей! А Вы, еретик, молчите. Позор! <…> Подо мной, ночами, трясётся земля, разрушаются дома <…> воют собаки, мне надо писать для «Наших достижений», для «За рубежом», для «Лит. учебы», надо писать роман, пьесу, письма, — войдите же в моё положение, злодей Аскалонский, Гиерон — тиран Сиракузский, Диоклетиан и мизантроп!» Заканчивал Горький письмо уже серьёзно, вкладывая в свои слова всю силу сердечного чувства: «Крепко жму руку, обнимаю, очень крепко, искренно люблю Вас, дорогой…»[36].

В конце концов осенью 1930 г. под прессингом продолжающейся заушательской критики Бухарину пришлось выступить ещё раз с публичным покаянием. 20 ноября 1930 г. в «Правде» было опубликовано «Заявление Н. И. Бухарина в ЦК ВКП(б)», в котором он признал правильность решений XVI съезда, осудил всякую фракционную работу и любые попытки открытой борьбы с партийным руководством. Горький, внимательно наблюдавший из-за границы за происходящим на родине и в принципе ненавидевший всякие публичные покаяния, вновь почувствовал необходимость поддержать гонимого политика. Причем роли корреспондентов теперь диаметрально поменялись. Если в начале 1920-х годов Бухарин в своих письмах пытался зарядить сомневающегося писателя политической бодростью и общественным оптимизмом, то теперь — наоборот, этим начал заниматься Горький. 11 декабря 1930 г. он писал Бухарину, рассказывая ему о своей встрече в Италии с советскими «ударниками»: «Дорогой Николай Иванович — захотелось черкнуть Вам несколько слов. Прочитал Ваше письмо в «Правде» и очень обрадован. Это было не вчера, но радость о том, что Вы снова на своём боевом месте, жива и сегодня.<…>

Видел «ударников». Пережил потрясающий момент, когда они <…> начали заявлять о своём вступлении в партию. Вы такие моменты видели, а мне — в диковинку.<…> Много хорошего, дорогой друг, и как будто всё больше его, а?

Вам смешно читать? Ну ладно, смейтесь.

Крепко обнимаю Вас, очень крепко. И Алексея Ивановича <Рыкова. — Н.П.>. Много пережили Вы оба тяжёлого за эти годы, я знаю. Но — простите старику «сентиментальность», любить вас обоих я стал больше, любить и уважать. Факт»[37].

Горький использовал свой огромный авторитет, чтобы примирить оппозиционеров со Сталиным, устраивал для них «нечаянные встречи» у себя на квартире, боролся за возвращение бывших партийных вождей на руководящие посты. «Некоторые лидеры оппозиции, — вспоминал об этом времени Гронский,— навещали Горького. Особенно часто бывали Н. И. Бухарин, Л. Б. Каменев и А. И. Рыков, с которыми Алексей Максимович раньше дружил, а в то время всемерно им протежировал. Свидетелем подобного рода встреч и бесед доводилось бывать и мне. Сталин делал вид, что соглашается с Горьким. Он вводил в заблуждение не только его, но и многих других людей, куда более опытных в политике, чем Алексей Максимович. По настоянию Горького, Бухарин был назначен заведующим отделом научно-технической пропаганды ВСНХ СССР, а Каменев директором издательства «Академия»»[38].

Бухарин выгодно отличался от других членов партийного руководства своей блестящей эрудицией, подлинной образованностью, глубоким знанием искусства и литературы. «Чертовски талантлив, — отзывался о нём Горький, — он буквально как-то весь светится! Как же можно этих людей отталкивать!»[39] К сожалению, не все письма Горького Бухарину конца 1920-х — 1930-х годов сохранились. Однако переписка писателя с разными лицами в это время буквально пестрит именем Бухарина и свидетельствует о большом интересе к его личности и стремлении к активному сотрудничеству в литературных делах. Именно Бухарина Горький решил привлечь в качестве автора, создавая журнал для творческой молодёжи «Литературная учеба». Его мнением интересовался, посылая на родину свои новые статьи. Его просил выступить в печати по тем или иным вопросам текущей литературной жизни.

Сохранившиеся письма Бухарина Горькому также свидетельствуют о дружеском внимании к адресату и желании тесного творческого сотрудничества. Причем старые обращения «Максимыч» и «Прекрасные Усы» по-прежнему в ходу. То Бухарин зовёт Горького принять участие в слёте юных изобретателей и рационализаторов, то просит выступить на чрезвычайной сессии Академии наук, то умоляет дать «хотя бы две странички с художественной характеристикой Маркса» для готовящегося юбилейного сборника или «пару строк своих впечатлений» о съезде колхозников для газеты «Известия».

Особый интерес представляет до сих пор недостаточно раскрытый сюжет об участии Бухарина в Первом Всесоюзном съезде писателей 1934 г. Основные доклады о советской поэзии на съезде было поручено делать партийному критику Е. Усиевич и поэту Н. Тихонову. Однако незадолго до съезда Усиевич была заменена Бухариным. Л. Флейшман, автор книги «Борис Пастернак в тридцатые годы», выдвинул предположение, что замена была сделана «с подачи» Горького, но своё мнение ничем не подкрепил. Между тем хранящиеся в горьковском архиве воспоминания Гронского полностью подтверждают эту версию и лишний раз подчёркивают, какую упорную и опасную борьбу вело бухаринско-горьковское литературное «крыло» против ортодоксальных партийных критиков, поддерживаемых официальным руководством во главе со Сталиным. «Когда шла подготовка к первому съезду писателей, — вспоминает Гронский, — то в качестве докладчиков Горький выдвинул Бухарина и Радека. Я лежал больной, но получил напечатанные брошюрками доклады их. Я позвонил Сталину: как могло случиться, что такие доклады подготовлены к съезду? Сталин ответил, что они утверждены ЦК. Я говорю: как же ЦК мог их утвердить? Сталин раздражённо сказал: «Горький изнасиловал, настаивал на этом» <...> Сталину, конечно, было ясно, что доклады эти порочны в своей основе <...>

После получения доклада Бухарина, я встречаюсь с ним на лестнице в здании «Известий». Я говорю: «Как ты мог написать подобный доклад?» Он говорит: «А что?» Я говорю: «Тебя обвиняют, что ты являешься идеологом реставрации капитализма, а здесь ты, литератор, ориентируешь писателей на декадентов! Тебе придётся отказаться от доклада!» Он очень нервно реагировал, почти ничего мне не возражал, видимо, были ещё чьи-то замечания о его докладе»[40].

Блестящий доклад Бухарина, отодвигавший в тень революционно-пролетарскую поэзию В. Маяковского, А. Безыменского, А. Жарова, Д. Бедного и провозглашавший первым поэтом советской литературы беспартийного, «аполитичного» «декадента» Б. Пастернака, произвел огромное впечатление на делегатов съезда, вызвал бурю аплодисментов с одной стороны и взрыв возмущения с другой. Этот доклад, вместе с выступлением на съезде Горького против литераторов-коммунистов, составлял звено тонко продуманной и осторожно, но упорно проводимой Горьким и его единомышленниками политики, направленной на либерализацию и оздоровление литературных нравов, смягчение идеологического прессинга, оказываемого на талантливых беспартийных писателей из бывших «попутчиков».

Однако «переиграть» Сталина было трудно. Он вовремя «раскусил» суть горьковской культурной политики и до конца жизни писателя не мог простить ему первого съезда. Что касается Бухарина, то и он очень скоро понял, какой смертельной опасности подверг себя, выступив с подобным докладом.

Последние годы жизни Горький фактически находился в негласной опале. Его общественное положение сильно пошатнулось после ареста близкого ему Каменева, обвинённого в причастности к убийству С. М. Кирова. В «Правде», выражавшей официальное мнение властей, в январе 1935 г. появляются зловещие статьи-доносы и развязные выступления против фрондирующего писателя. С этого времени Сталин не только не ходит к нему в гости, но и не подходит к телефону на его звонки. Исключение вождь народов сделал лишь во время визита в Союз Р. Роллана, остановившегося у Горького. Мнением Запада о себе и созданной им империи Сталин весьма дорожил, а потому летом 1935 г. явился к Горькому на дачу в окружении К. Е. Ворошилова, В. М. Молотова и Л. М. Кагановича. Ужин в обществе Сталина и его приспешников не вызвал у Роллана особого восторга. Он тонко уловил скрытую напряжённость и неестественность отношений Горького с вождём и описал этот вечер в своём дневнике: «Они много пьют. Тон задает Горький. Он опрокидывает рюмку за рюмкой водки и расплачивается за это сильным приступом кашля <...> (Я должен добавить, что в обычное время Горький всегда трезв и ест на удивление мало, даже слишком мало <...>) Вечер показался мне очень утомительным и скучным...»[41]

Грубым и скучным людям из окружения Сталина Роллан противопоставляет очаровавшего его Бухарина, опального политика, продолжающего свою опасную дружбу с опальным писателем. Дневниковые записи Роллана живо передают особую близость и нежность их отношений: «Завтрак с Бухариным, молодым, весёлым и смешливым; он обменивается с Горьким тумаками (но Горький быстро запросил пощады, жалуясь на тяжелую руку Бухарина) <...> Чай с Бухариным и Горьким. Уходя, Бухарин целует Горького в лоб <...> Нас фотографируют всех вместе»[42].

Из всех членов партийной и государственной элиты Роллан особо выделил и наиболее высоко оценил именно Бухарина, этого «убеждённого интеллектуала», беседы с которым на философско-научные темы доставляли французскому писателю истинное наслаждение: «У него живой, острый ум, он жизнерадостен и проницателен; в нём неугасимо пламя юности и непосредственности — его невозможно не любить. Из всех политиков первого ряда он самый одухотворённый и интеллектуальный. Я не заметил в нем никакой обыденности мышления, никакого тщеславия, он человек кристального бескорыстия души»[43]. Однако все эти блестящие качества, столь восхитившие Роллана, вероятно, могли только раздражать Сталина и вызывали у него недоверие.

Смерть Горького 18 июня 1936 г. лишила Бухарина авторитетного заступника и верного друга. В некрологе, напечатанном 20 июня в «Известиях», Бухарин искренне оплакивал «Певца Разума, огромного человека и огромного художника, апостола культуры и труда, великого просветителя железной эпохи революционных катастроф», сравнивая его с погасшим «солнцем русской литературы».

Вскоре после смерти писателя, мешавшего Сталину развязать массовый террор, в августе 1936 г. в Москве состоялись грандиозные судебные процессы Каменева и Зиновьева, а вслед за тем, в феврале 1937 г. были арестованы Бухарин и другие участники «право-троцкистского блока». Процесс «право-троцкистского блока» был и процессом самого Горького, его политики и его ближайшего окружения. Ведь среди проходивших по этому делу было особенно много близких Горькому людей: А. И. Рыков, Г. Г. Ягода, П. П. Крючков, Д. Д. Плетнев. Причем всем им инкриминировалось участие в отравлении Горького. По каким-то особо жестоким, издевательским и циничным «правилам» той «юстиции» подсудимых (вероятно, чтобы довести до исступления и сломить морально) часто обвиняли в самых невероятных преступлениях, в том числе в убийстве наиболее уважаемых, дорогих им людей. Вот и Бухарину на процессе пришлось «категорически» отрицать инкриминируемый ему замысел покушения на убийство его любимого учителя и старшего товарища — Ленина и «причастность к убийству» любимого писателя и человека — Горького и его сына — Максима Пешков[44].

Пытаясь спасти Бухарину жизнь, Роллан в письме к Сталину от 18 марта 1937 г. взывал к памяти их «общего друга» Горького как к последнему средству, способному смягчить жестокое сердце диктатора: «Разум типа Бухарина — это богатство для его страны, он может и должен быть сохранен для блага советской науки и развития теоретической мысли <...> У нашего общего друга Максима Горького я часто встречался с Бухариным, их связывала самая тесная дружба. Если эти воспоминания могли бы спасти Бухарина, то во имя Горького я Вас прошу о милосердии...»[45].

О прощении и милосердии взывал к бывшему товарищу и партийному соратнику «Кобе» и сам Бухарин, пытаясь в то же время найти у вождя ответ на мучающий его вопрос об историческом смысле предстоящего судебного процесса и неотвратимой собственной казни. «Стоя на краю пропасти, из которой нет возврата, — писал он Сталину в личном «секретном» письме 10 декабря 1937 г., — я даю тебе предсмертное честное слово, что я невиновен в тех преступлениях, которые я подтвердил на следствии <...>

Есть какая-то большая и смелая политическая идея генеральной чистки a) в связи с предвоенным временем, b) в связи с переходом к демократии. Эта чистка захватывает a) виновных, b) подозрительных и c) потенциально подозрительных. Без меня здесь не могли обойтись. Одних обезвреживают так-то, других — по-другому, третьих — по-третьему. Страховочным моментом является и то, что люди неизбежно говорят друг о друге и навсегда поселяют друг к другу недоверие <...> Таким образом, у руководства создается полная гарантия.

Ради бога, не пойми так, что я здесь скрыто упрекаю, даже в размышлениях с самим собой. Я настолько вырос из детских пелёнок, что понимаю, что большие планы, большие идеи и большие интересы перекрывают всё, и было бы мелочным ставить вопрос о своей собственной персоне наряду с всемирно-историческими задачами, лежащими прежде всего на твоих плечах.

Но тут-то у меня и главная мука, и главный мучительный парадокс. <…> Если бы я был абсолютно уверен, что ты именно так и думаешь, то у меня на душе было бы много спокойнее. Ну, что же! Нужно, так нужно. Но поверь, у меня сердце обливается горячей струею крови, когда я подумаю, что ты можешь верить в мои преступления и в глубине души сам думаешь, что я во всех ужасах действительно виновен. Тогда что же выходит? Что я сам помогаю лишаться ряда людей (начиная с себя самого!), то есть делаю заведомое зло! Тогда это ничем не оправдано. И всё путается у меня в голове, и хочется на крик кричать и биться головою о стенку: ведь я же становлюсь причиной гибели других. Что же делать? Что делать? <…>

Позволь, наконец, перейти к последним моим небольшим просьбам:

а) мне легче тысячу раз умереть, чем пережить предстоящий процесс: я просто не знаю, как я совладаю сам с собой — ты знаешь мою природу; я не враг ни партии, ни СССР, и я всё сделаю, что в моих силах, но силы эти в такой обстановке минимальны, и тяжкие чувства подымаются в душе; я бы, позабыв стыд и гордость, на коленях умолял бы, чтобы не было этого. Но это, вероятно, уже невозможно, я бы просил, если возможно, дать мне возможность умереть до суда, хотя я знаю, как ты сурово смотришь на такие вопросы;

в) если меня ждет смертный приговор, то я заранее тебя прошу, заклинаю прямо всем, что тебе дорого, заменить расстрел тем, что я сам выпью в камере яд (дать мне морфию, чтоб я заснул и не просыпался). Для меня этот пункт крайне важен, я не знаю, какие слова я должен найти, чтобы умолить об этом, как о милости: ведь политически это ничему не помешает, да никто этого и знать не будет. Но дайте мне провести последние секунды так, как я хочу. Сжальтесь! Ты, зная меня хорошо, поймёшь. Я иногда смотрю ясными глазами в лицо смерти, точно так же, как — знаю хорошо — что способен на храбрые поступки. А иногда тот же я бываю так смятен, что ничего во мне не остается. Так если мне суждена смерть, прошу о морфийной чаше. Молю об этом…

с) прошу дать проститься с женой и сыном. <…> Я просил бы дать мне с ней свидание до суда. Аргументы таковы: если мои домашние увидят, в чём я сознался, они могут покончить с собой от неожиданности. Я как-то должен подготовить к этому. <…>

Моя внутренняя совесть чиста перед тобой теперь, Коба. Прошу у тебя последнего прощенья (душевного, а не другого). Мысленно поэтому тебя обнимаю. Прощай навеки и не поминай лихом своего несчастного»[46].

Однако Сталин не испытывал сентиментальных чувств по отношению к бывшим друзьям. Показательный открытый судебный процесс начался 2 марта 1938 г. 13 марта Военная коллегия Верховного суда СССР признала Бухарина виновным и приговорила к смертной казни. Его ходатайство о помиловании было отклонено, и уже через два дня, 15 марта 1938 г. Бухарин был расстрелян. Реабилитирован был этот яркий политик только через 50 лет, в 1988 г.

Горький и Бухарин были ведущими идеологами государственной и культурной политики Союза Советов. Они оба, каждый по-своему, пережили крах собственных утопических надежд и иллюзий и оба оказались в конце концов жертвами режима, который они всячески поддерживали, воспевали и утверждали своей работой и творчеством.

주석

1 Ленин В. И. Полн. собр. соч. 5-е изд. Т. 45. С. 345.

2 Горький М. Полн. собр. соч. Письма: В 24 т. (далее сокращённо: Письма). Т. 13. М., 2007. С. 241.

3 Впервые об этом см.: Примочкина Н. «Донкихоты большевизма». Максим Горький и Николай Бухарин // Свободная мысль. 1993. № 4. С. 62-69.

4 Смилга Ивар Тенисович (1892-1937), советский государственный и партийный деятель, экономист. В то время занимал пост заместителя председателя ВСНХ. Расстрелян в ходе сталинских репрессий. Письма. Т. 14. М., 2009. С. 39-40.

6 Имеется в виду Генуэзская конференция, проходившая в итальянской Генуе с 10 апреля по 19 мая 1922 г. с участием 28 государств и Советской России. Большевистское правительство во главе с Лениным придавало ей огромное значение. Советская делегация стремилась добиться на ней прорыва экономической блокады, официального признания советского государства и предоставления ему кредитов. Большим успехом советской дипломатии явилось заключение во время конференции, 16 апреля 1922 г., договора Советской России с Германией о взаимном признании и экономической взаимопомощи.

7 Архив А. М. Горького ИМЛИ РАН (далее сокращённо: АГ). КГ-ОД-1-43-1.

8 Письма. Т. 14. М., 2009. С. 56, 57.

9 Там же. С. 66.

10 Известия ЦК КПСС. 1989. № 1. С. 243-244.

11 Письма. Т. 14. С. 413.

12 Ленин В. И. Полн. собр. соч. 5-е изд. Т. 54. С. 279.

13 АГ. КГ-ОД-1-43-2.

14 Речь идёт об организованном большевиками разгроме католической и православной церкви в 1922-1923 гг., о судебных процессах над духовенством в марте-апреле 1923 г. Прелат К. Ю. Буткевич был расстрелян в марте 1923 г. за «контрреволюционную деятельность», архиепископ Я. Г. Цепляк получил за то же 10 лет тюремного заключения, патриарх Тихон за сопротивление декрету об изъятии церковных ценностей в начале июня 1923 г. был заключён в тюрьму, в конце июня освобождён из тюрьмы и помещён под домашний арест. См. подробнее: Письма. Т.14. С. 544-545.

15 Там же. С. 176.

16 АГ. КГ-ОД-1-43-3.

17 М. Горький. Материалы и исследования. Вып. 5. Неизданная переписка с Богдановым, Лениным, Сталиным, Зиновьевым, Каменевым, Короленко. М., 1998. С. 207.

18 Письма. Т. 14. С. 211.

19 АГ. КГ-ОД-1-43-4.

20 Письма. Т. 14. С. 245.

21 Там же.

22 Там же. С. 312.

23 Письма. Т. 15. М., 2012. С. 164.

24 Красная новь. 1924. Кн. 1. С. 172.

25 Коэн С. Бухарин. Политическая биография. 1888-1938. М., 1988. С. 280.

26 Архив А. М. Горького. Т. 10. Кн. 2. М., 1965. С. 17-18.

27 АГ. КГ-ОД-1-43-6.

28 Письма. Т. 15. С. 206.

29 Там же. С. 214, 216.

30 АГ. ПГ-рл-18-59-37.

31 Новый мир. 1997. № 9. С. 169.

32 Известия ЦК КПСС. 1989. № 7. С. 215.

33 Стенограмма беседы И. М. Гронского с сотрудниками Архива А. М. Горького // АГ. МОГ-3-25-4. С. 19.

34 Коэн С. Бухарин. Политическая биография. 1888-1938. С. 23.

35 АГ. КГ-ОД-1-43-12.

36 «Не нравится мне это — и грипп, и Дюма...» Письма А. М. Горького // Источник. 1994. № 1. С. 11, 12.

37 Источник. 1994. № 1. С. 12-13.

38 АГ. МОГ-3-25-6. С. 24.

39 АГ. МОГ-3-25-4. С. 9.

40 АГ. МОГ-3-25-7. С. 26-27, 28.

41 Р. Роллан. Московский дневник // Вопросы литературы. 1989. № 3. С. 240, 241.

42 Там же. С. 237, 238-239.

43 Р. Роллан. Московский дневник // Вопросы литературы. 1989. № 5. С. 186.

44 Коэн С. Бухарин. Политическая биография. 1888-1938. С. 447.

45 Р. Роллан. Московский дневник // Вопросы литературы. 1989. № 5. С. 191, 192.

46 «Прости меня, Коба...» Неизвестное письмо Н. Бухарина // Источник. 1993. № 0. С. 23, 24, 25.

3부

고리키 문학의 현대적 이해

Современное понимание творчества М. Горького

고리키의 『1922-1924년 단편들』에 나타난 존재와 의식의 미완결성의 시학 연구

이강은

논문 출처: 러시아어문학 연구논집, Vol.5-No.1, [1999]

저자 소개

경북대학교 노어노문학과 교수

고려대학교 노어노문학과를 졸업하고 동 대학원에서 「M. 고리키의 『클림 삼긴의 생애』 연구」로 문학박사 학위를 받았다. 『혁명의 문학 문학의 혁명 막심 고리키』, 『변혁기 러시아 문학의 윤리와 미학』, 『반성과 지향의 러시아 소설론』, 『바흐친과 폴리포니야』, 『러시아 소설의 형식적 불안정과 화자』 등의 저서가 있고, 역서로 막심 고리키의 소설집 『은둔자』, 『대답 없는 사랑』, 『세상 속으로』, 톨스토이 전기 『레프 톨스토이 1, 2』와 톨스토이 소설 『이반 일리치의 죽음』 등이 있다.

Abstract

\<Stories of 1922–1924\> by M. Gorky
— Poetics of the Dissonance of Consciousness and Being

Gangeun Lee

(Kyungpook National Univ.)

\<Stories of 1922–1924\> is a collection of short stories written between 1922 and 1924, each of which has its own completeness and uniqueness. It is not an editor's arbitrary compilation, but what the writer himself conceived as an independent collection of stories.

This work has shown a new form and a new tone in the literary world of M. Gorky. Gorky, who had experienced a complex internal contradiction after the Russian revolution in 1917, wanted to depict the truth of life and reality with a new vision, and this led to a search for 'a different form and a different tone'.

In general, a literary type is realized by an organic coordination of being and consciousness, circumstances and character, appearance and insides. Nevertheless, Gorky's stories do not have such literary types. In \<Stories of 1922–1924\> main characters are fused with the author to become worthy commentators of events. So, naturally, the appearance of all the characters in the stories is manifested by complex, contradictory living beings not integrated and not projected into a single ideology of the author.

All the heroes talk about their lives and their attitude to the surrounding world, bearing in themselves a special subjective assurance. All the facts in the stories at first glance would have appeared only through the prism of the hero's speech, but subsequently, we find that there is a discord between the author and the narrator, the hero and other characters. The author seems to require his readers to prepare their own prisms.

1.

막심 고리키의 『1922-1924년 단편들(Рассказы 1922-1924 годов)』[1]은 아홉 편의 단편, 즉 「은둔자(Отшельник)」, 「대답 없는 사랑(Рассказ о безответной любви)」, 「영웅(Рассказ о герое)」, 「어떤 소설」(Рассказ об одном романе), 「카라모라(Карамора)」, 「어떤 일화(Анекдот)」, 「무대연습(Репетиция)」, 「푸른 삶(Голубая жизнь)」, 「특별한 것(Рассказ о необыкновенном)」으로 구성되어 있다.

이 작품집은 1922년에서 1924년 사이에 쓴 단편들을 모은 것으로 각 작품이 나름대로의 완결성과 독자성을 가지고 있다. 그렇다고 해서 단순한 모음집이라고만 보면, 이 단편들에 산재(散在)되어 있는 의미의 내적 통일성을 소홀하게 여기는 것이다. 이 작품집은 편집자가 임의로 작품을 모아 편집한 것이 아니라 작가 자신이 독립적인 작품집으로 구상하여 출판한 것이다. 게다가 작품의 배열에까지 마음을 쓰고 있었다는 점을 고려하면 작가는 이 작품집에서 일련의 내적 의미망을 형성하고자 하였다는 사실을 확인할 수 있다.[2]

『1922-1924년 단편들』은 고리키의 창작 발전 과정에서 매우 중요한 의미를 지닌다. 즉 이제까지의 작품 경향과 판이하게 다른 새로운 내용과 새로운 형식, 새로운 어조를 모색하고 있으며, 이 모색의 결과로 얻어진 시학적 역량이 이후 그의 최후의 대작 『클림 삼긴의 생애』에 고스란히 투영되고 있기 때문이다. 고리키 자신도 이러한 새로운 모색 자체를 매우 중요하게 인식하고 있었다. 그는 한 편지에서 "『1922-1924년 단편들』은 고리키의 내면에 자라난 무성한 수염을 깎아 보려는 나의 시도입니다. 동시에 일련의 새로운 형식, 다른 어조를 모색하는 것인데 이는 '클림 삼긴'을 위해서지요. 아주 어렵고도 책임 있는 일입니다. 개인적으로 나는 이런 모색들이 아주 유익하다고 생각하고 있습니다..."라고 밝힌 바 있다. '새로운 형식', 그리고 '다른 어조'의 모색이라는 작가 자신의 언급은 바로 이 단편집의 의미를 핵심적으로 보여주는 표현이다. 이런 작가정신에 대해 프리모츠키나는 이 단편집 중의 한 작품 「푸른 삶」을 분석한 최근의 한 논문에서 "이미 오십의 경계를 넘어선 이십 년대 초에 고리키는 이전의 고리키 자신으로부터 떠나 새로 글쓰기를 배우는 것을 하나의 과제로 삼고 있다"고 적절히 평가하고 있다.

이미 세계적인 명성을 얻어 작가적 '출세'의 정상에 서고도 남는다고 평가될 만한 고리키가 오십이 넘은 나이에, 그 내면에 어떤 무성한 수염이 자라나고 있었던 것일까. 그리고 그 수염을 도대체 어떻게 깎아야 한다고 생각했던 것일까. 어떻게 더 이상 자신이 아니고 새로운 작가로 태어날 수 있단 말인가. 바로 이러한 문제에 초점을 맞추어 『1922-1924년 단편들』의 시학적 성과를 분석할 때, 이 작품집의 현대적 의의를 밝힐 수 있을 것이다.

이 작품집을 집필한 이십 년대 초는 고리키에게 있어 개인적으로나 작가로서 특별히 어려운 시기였다. 1917년 혁명 직후 고리키는 볼셰비즘과 소비에트 정부 정책에 대해 격렬한 비판을 하는 등 오랜 동지적 관계에 있던 레닌과 갈등을 빚었다. 1917년 3월부터 1918년 7월까지 고리키는 『신생활(Новая жизнь)』이라는 신문을 발행하였는데, 이 신문은 멘셰비키 노선을 지지하는 사회민주당원들의 기관지 역할을 하였다. 그는 이 신문에 혁명적 사건들에 대한 자신의 생각과 비판을 담은 칼럼을 게재하였고, 이 글은 후에 『시의에 맞지 않는 생각들(Несвоевременные мысли)』이라는 단행본으로 출간되었다.[3] 이 칼럼들에서 고리키는 레닌과 볼셰비키의 혁명노선을 강도 높게 지속적으로 비판하였다. 이 때문에 이 글들은 최근에야 발굴되고 연구될 수밖에 없었던 것이다.

이 책에서 "레닌과 트로츠키, 그리고 그 동지들은 이미 권력이라는 끈끈한 독에 중독"된 인물로, 레닌은 "도덕성의 부재와 민중의 생명에 대한 군주와 같은 무자비한 냉혹함"을 지닌 인물로, 시월 혁명은 "실패가 예정된 잔인한 실험"으로, 프롤레타리아트는 "몰상식한 주인의 선동을 받아 폭력과 테러를 사용하면서 특권계급의식을 부르짖는" 계급으로 묘사되는 등 고리키의 펜은 거침이 없었다. 혁명 권력이 성립된 이후에 이렇게 공개적으로 혁명에 대해, 그리고 그 지도자와 이념에 대해 이런 수준으로 비판할 수 있었던 사람은 적어도 당시 러시아 내에서는 아마 고리키 한 사람뿐이었을 것이다. 그러나 그 정도가 너무나 지나쳐서 수차례 정간사태를 빚었고, 마침내 이 신문은 폐간을 당하게 된다.

1918년 신문이 폐간된 이후 러시아를 떠나기로 결심한 1921년까지 고리키는 자신의 '실수'와 '혼돈'[4]을 용서한 레닌과 소비에트 정부와 냉담한 화해의 시기를 보낸다. 고리키는 레닌과 정부의 지원 아래 전시 공산주의 체제에서 심각한 생존의 위기에 내몰린 지식인들을 돕고 문화를 재건하는 여러 가지 사업에 참여하는 등 혁명 초기의 격렬한 저항의 태도를 포기한 것처럼 보였다. 이 시기의 고리키의 정신세계, 정치적 태도 등에 대해서는 보다 심층적인 연구가 별도의 자리에서 요구된다.[5] 그러나 이 시기의 정치평론가로서의 고리키의 복잡하고 모순적인 활동과 더불어 그의 문학활동의 객관적 결과물들이 일정하게 깊은 연관을 지니고 있다는 점은 분명히 인식하고 넘어가야 할 것이다.

1990년에 니즈니 노브고로드에서 열린 고리키 독회에서 수히흐는 "고리키는 그의 삶과 활동에서 서로 다른 시기의 고리키에 모순되고 있을 뿐만 아니라(이를테면 혁명 전까지는 혁명을 예감하는 바다제비(Буревестникк)였고 혁명기에는 볼셰비즘의 가장 극렬한 반대자였다가 30년대에는 동의하는, 혹은 기만당한, 혹은 부러진 '과거의 우두머리 매, 현재는 이무기 중의 이무기'[6]) 매 단계에서도 자기 자신에 모순되는 작가였다"고 전제하고, 따라서 "혁명의 현실과 심한 이율배반 속에 혁명 현실을 반영하는 고리키의 정신세계는 하나의 문제로서, 그 해결은 모든 수준에 걸친, 즉 이데올로기와 정치평론으로부터 복잡한 예술 형상에 이르기까지, 직관적인 것과 잠재의식적인 것까지 포함하는 고리키 의식의 전 측면에 걸친 연구에 의해서만 가능하다"고 판단하였다. 현대의 수히흐의 판단은 매우 적절하고 균형잡힌 것이며 현대의 고리키학의 방법론적 지침이 될 만하며 『1922-1924년 단편들』에 대한 연구에도 적용되어야만 한다. 이 작품집은 수히흐의 판단처럼 이 시기 고리키의 내면적 정신세계를 조망하기에 매우 적절한 작품이며, 또한 역으로 이 시기 고리키의 정신세계에 대한 이해는 이 작품집을 올바르게 이해하는 데에 필수적인 것이다.

2.

 1917년에서 1921년의 5년여 기간에 고리키는 문학 창작 활동보다 정치평론 기사나 문화사업, 문예조직사업 등에 더 많은 노력을 기울였다. 톨스토이와 레오니드 안드레예프에 대한 문학적 회고문과 몇몇 소품을 제외하고는 그야말로 '한 줄도 쓰지 못했다'고 말할 수 있다. 1921년 시월에 러시아를 떠날 때 그는 주위 문인들과 다같이 떠나자고 제안하면서 이 문제를 심각하게 상의하였다. 이 자리에서 빅토르 쉬클롭스키는 "작가가 쓸 수 있는 곳으로 떠나세요. 이건 도망가는 것이 아니라 일로 돌아가는 겁니다"라고 위로했다고 한다. 고리키가 러시아를 떠나게 된 것은 사실 소비에트 정부의 공식적인 설명대로 오랫동안의 폐병이 악화되었기 때문이기도 했지만, 내전을 극복해가면서 당과 정부를 더욱 강화하고자 하는 레닌과 정부의 압력이었다는 설이 유력하다.[7] 그러나 반강제적으로 러시아를 떠날 수밖에 없었던 고리키는 쉬클롭스키의 말대로 창작에 전념할 수 있게 된다. 그는 외국으로 나가자 마자 자전적 삼부작의 완결판인 『나의 대학(Мои университеты)』, 일련의 자전적 단편들과 오체르키, 『일기로부터의 단상. 회고(Заметки из дневники. Воспоминания)』를 집필하기 시작했다. 그러나 이 작품들은 혁명 후 5년여의 복잡하고 격렬한 사회 정치적 변화를 겪은 고리키의 내면을 보여주고 있지는 않다. 이전의 고리키 문학으로부터, 즉 자전적 생활체험을 바탕으로 한 전통적인 리얼리즘 방법론을 크게 벗어나지 않았던 것이다.

 그러나 『1922-1924년 단편들』은 앞서 언급한 바와 같이 전혀 새로운 형식과 새로운 어조를 추구하고 있는 작품집이다. 이 작품집은 작가 고리키의 자전적 체험에 근거한다기보다 예술적 구성, 작가의 허구적 상상력에 의존한다. 또한 다루어지는 소재가 몹시 다양하고 각각의 작품들이 매우 독특한 시학적 특성을 보여주고 있다.

첫 단편 「은둔자」는 사벨이라는 노인이 오카 강으로 이어지는 산 계곡에 동굴을 파놓고 은둔하여 살아가는 모습을 그리고 있다. 주변의 여러 마을에서 여러 계층의 사람들(특히 여자들)이 이런 저런 삶의 문제를 상담하기 위해 사벨을 찾아온다. 사벨의 외모는 매우 혐오스럽다.

> 당당한 체구였지만 어딘지 몹시 망가지고 상처투성이였다. 벽돌처럼 붉은 얼굴은 보기 흉했고 왼쪽 뺨에는 귀에서부터 턱까지 깊은 흉터가 가르고 있어 입을 일그러뜨렸으며 그것은 어디 아픈 사람 같은, 조롱기 어린 표정을 지어 주고 있었다. 어두운 눈동자는 결막염에 걸렸던지 속눈썹도 없었으며 눈꺼풀이 있을 자리에 붉은 상처가 덮고 있었다. 머리칼은 이곳 저곳 한 줌씩 빠져 있고 툭 튀어나온 두개골의 정수리와 왼쪽 귀 위가 대머리여서 귀가 훤히 드러나 보였다.(17, 235)

이런 흉측한 외모에도 불구하고 사벨은 사람들에게 숨은 현자처럼 사랑을 받는다. 그는 사람들에게 사랑과 위로의 말을 통해 선한 생활과 신에 대한 사랑을 일깨워준다. 사벨의 신은 엄격한 계율로 벌하거나 금욕주의를 강제하는 경건한 신이 아니라, 사람들 속에 살아있는 신이다. 신은 본질적으로 사벨에게 인간에 대한 믿음이고 삶에 대한 믿음을 의미하는 것이다.

신은 눈물어린 우리의 삶에 녹아 있지, 물에 녹아 있는 설탕처럼 말일세. 그런데 물은 더러운 물이라서 우리가 신을 느낄 수가 없어. 우리의 삶에서는 신의 맛을 느끼지도 못하고 듣지도 못해. 하지만 그래도 신은 전 세계에 흘러 넘치고 모든 이들의 영혼에 아주 순수한 불꽃으로 살아 있는 거지. 그래서 우리는 인간 속에서 신을 찾아야 하고, 그 조금씩의 신을 모아서 덩어리를 만들어야 하는 거야. …… 그렇게 되면 사탄이 와서 이렇게 말하겠지. 주여, 용서하소서, 당신이 그렇게 커다란 분인지 나는 미처 알지 못했습니다. 이제부터는 당신과 더 이상 싸우려 하지 않겠나이다. 부디 저를 종복으로 부려주소서라고 말이야. (17, 246)

　이것은 프랑스인 사제가 사벨에게 일깨워줬다는 종교관인데 사벨에게 큰 깨우침을 주었다. 그래서 사벨은 어떤 사람이 와서 어떤 말을 하더라도 그 사람 속에 존재하는 '가장 순수한 불꽃'이 살아나도록 다정하고 사랑스럽게 대해주는 것이다.
　그러나 사벨이 사람들을 위로하고 스스로 깨우침을 얻게 만드는 것은 도덕적 훈계나 종교적 설교로써가 아니다. 사실은 그 어떤 논리적 설득이나 주장에 앞서, 진정한 사랑의 힘이 사벨이 사람들에 대해 지닌 권력이다. 화자인 '나'는 사벨이 사람들을 부를 때 거의 노래하듯이 발음하는 '밀라야(Милая)'라는 말에 전율할 듯한 감동을 받는다.

　　동굴 속에서 형언할 수 없이 마음을 흔드는 목소리가 흘러나왔다.
　　—밀—라야…

이 불구 같은 늙은이가 이 단어에 어떻게 그렇게 매혹적인 부드
러움을, 그렇게 기쁨에 찬 사랑을 담아내는지는 정말 신만이 알 것
이다.

......

노인은 그녀와 바위에 나란히 앉아 마치 옛날 이야기라도 들려주
는 듯이 분명하고 노래하듯이 말하였다.

-자, 이거 봐, 넌 지상의 꽃이야. 주님은 널 기쁨으로 자라도록
해주었어. 너는 위대한 기쁨을 줄 수 있다고. 너의 두 눈은 밝은 빛
이고 모든 영혼에 축제처럼 여겨지지, 밀라야![8]

이 단어의 용량은 한량이 없었다. 정말로 내게는 이 말이 인생의
모든 비밀의 샘을 깊이 감추고 있는 것 같았다. …… 사벨은 이 단어
를 끝없이 다양하게 발음하는 것이었다. 다정하게, 당당하게, 또 마
음을 흔드는 슬픔을 담아서. 이 단어는 책망하듯이 부드럽게 울렸
고, 기쁨의 빛나는 소리로 흘러 넘쳤다. 이 단어가 어떻게 울릴지라
도 나는 이 단어의 근본이 무한한, 다할 수 없는 사랑이라는 것, 사
랑 이외에는 아무 것도 알지 못하고 스스로에 빠진 사랑, 사랑 속에
서만 존재의 의미와 목적을 느끼는 그런 사랑, 그 힘으로 온 세상을
편안하게 해주는 그런 사랑이라는 걸 느꼈다. (17, 254-255)

화자에 의해 다소 고양된 어조로 전달되는 이 부분에 이르면 은둔자 사
벨에 대한 화자의 논리적, 이념적 설명이 들려오고, 이 설명 뒤에는 작가
고리키의 그 유명한 '위로의 거짓말'이라는 테제, 희곡 『밑바닥에서』의 위
로자 루카 노인이 논리[9]가 숨어있다고 볼 수도 있을 것이다. 그러나 만일

이렇게만 설명되고 만다면 이 작품을 너무나도 축소시켜 이해하는 것이다.[10] 그렇다면 이 작품에서 새로운 형식이나 다른 어조 등에 대해 운위할 여지가 없다.

　은둔자는 고리키의 어떤 특정한 이념을 대변하거나 이를 위해 주조된 주인공이 아니다. 사실 은둔자를 찾아간 화자 '나'는 위에서 본 것처럼 감정적으로 분명한 가치평가를 내리고 있기 때문에, 일부 연구자들이 서둘러서 화자의 견해를 중심으로 이 작품의 이념을 판단하려는 것도 무리가 아니다. 그러나 화자 '나'는 독자적 성격과 이름을 지닌 구체적인 주인공이 아니라, 이야기를 도입하고 이끌어가기 위한 매개 역할로 제한되어 있는 인물이다. 작품 속에서 은둔자 노인은 스스로 말하고 판단하면서 화자에게 자신에 대해 알린다. 따라서 작품 후반에 나오는 화자의 설명적 일탈과 같은 부분은 작품 전체 시학에 비추어 의미구조에 그렇게 큰 역할을 하지 못하는 것이다. 화자의 주인공 은둔자에 대한 규정은 은둔자 사벨의 풍부하고도 다양한 면모의 일부일 뿐 작품 전체의 이념이 화자의 이념적 판단으로 수렴되고 축소되지 않는다.

　「은둔자」의 서사 형식은 일인칭 시점의 '나'-화자와 사벨의 만남, 사벨과 민중들의 만남을 목격하고 관찰하는 '나'의 시점에서 진행된다. 사벨이 살아가는 모습, 그의 행동거지를 관찰하고 묘사하는 '나', 그의 말을 듣고 전해주는 '나'라는 일인칭 시점은 매우 주관적일 수 있는 시점 형식이다. 게다가 이 화자가 특별한 가치관을 가지고 관찰대상들을 재단하고 왜곡하여 전해준다면 작품에는 매우 협소한 세계가 전개될 수밖에 없는 것이다. 이러한 제한된 일인칭-관찰자 시점에도 불구하고 주인공 사벨의 생애와 그의 생활, 이념을 객관적으로 형상화시키는 것은 사벨 자신의 직접적인 말을 통해서이다. 직접화법으로 재생되어지는 사벨의 말은 매우 민중적이며, 간결하고, 생동감이 넘친다. 사벨의 직접적인 말의 풍부한 표현성과 화자의 객관적인 관찰이(물론 이 모든 것은 고리키라는 작가의 능력에 속하는 것임은 두말할 나위가 없지만) 사벨 형상의 독립성을 보장해주고 있다. 바로 앞에서 나는 작품 전체의 이념이 화자의 이념적 판단으로 수렴되고 축소되지 않는다고 말했는데 그 근거를 바로 사벨 형상의 독립성에서 찾을 수 있다.

타게르는 은둔자 형상이 위치한 외부세계와 이 세계에 대한 은둔자의 태도에 주목하면서 "은둔자의 전 형상은 살아 숨쉬는, 떨림 있는 자연의 세계와 동질적으로 섞여들고 있다"고 탁월하게 지적해내고 있다. 숲속 협곡의 동굴, 협곡 아래에는 풀숲을 헤치며 시냇물이 흐르고, 위로는 푸른 하늘의 강이, 황금빛 농어처럼 별이 노닐고, 마른 풀잎 냄새가 향기로운 동굴, 동굴 앞에는 보리수나무, 자작나무, 단풍나무 세 그루가 자라고 있고...

> 그의 부드럽고 쉰듯한 목소리가 노래하듯이 울렸다. 끊임없이 친근하게 저녁의 따뜻한 공기와 풀 내음과 바람의 숨결과 나뭇잎의 살랑이는 소리, 바위에 부딪치는 냇물의 조용한 반짝임과 섞이고 있었다. 그가 말을 멈추면 밤은 그렇게 충만하지도, 그렇게 아름답지도, 영혼에 그렇게 다정하지도 않을 것이었다.(17, 238)

이처럼 자연과 거의 하나가 되어 살아가는 사벨은 웬만한 저녁 추위에 모닥불을 피우려하는 '나'에게 반대하는데 그 이유는 '살아있는 온갖 작은 것(всякая живая мелочь)'(전집 17, 243)들이 몰려들어 타죽기 때문이다. 밤을 새우고 더욱 추워지자 그는 모닥불을 펴지만 계속해서 모닥불 옆을 손으로 휘저으며 '살아있는 온갖 작은 것'들을 보호하고 있다.[11] 그는 인간의 욕구에 대해서도 그 어떤 도덕적 가식을 가지고 있지 않다. 여자들에 대한 자신의 이끌림을 너무도 자연스럽게 말하고, 맛있는 음식에 대해 탄복하리만큼 기쁘게 매달리고, 술도 몹시 좋아한다. 그는 떠돌이 시절에 어떤 좋은 프랑스 인형이 너무도 마음에 들어 그 인형을 사서 배낭에 넣고 다닌 적도 있다(떠돌이의 배낭에 너무나 어울리지 않게). 대체로 사벨은 온갖 자연스러운 것에 대해 그 어떤 사회적 편견이나 도덕적 거리감이 없다.

사벨의 형상은 이처럼 자연스러운 것에 대한 순응에 의해 독립적이면서 복합적으로 제시된다. 어떤 주어진 이념(그것이 작가의식에서 나온 것이든, 주인공의 의식에서 발현된 것이든)의 통일성과 일관성을 위해 주조된 형상이 아니라 살아있는, 따라서 복합적이고 모순성을 지닌 형상이다. 즉 사랑과 위로를 베푸는 성자와도 같은 현재의 삶과 그의 추하고 일그러진 외모, 그리고 어두운 과거가 "불협화음 속에서" "연결 불가능할 정도로 뒤엉켜 있고", 그의 모습은 심지어 "나에게 아주 아름다워 보였다. 알록달록하고 교묘하게 뒤엉킨 인생의 아름다움과도 같이"(17, 244) 등등 사벨의 형상은 매우 모순적이고 다면적이며 복잡하다.

사벨 형상에 대한 이념적 판단이 이 작품을 이해하는 핵심이 될 수 없는 것은 이러한 다면적 성격과 어조 그 자체가 작품 속에서 미학적 가치를 획득해내고 있기 때문이다. 이러한 다양한 미학적 가치들은 하나의 논리적 이성으로 일반화되어질 수 없고, 경험과 직관 속에서만 살아있는 것이다. 인간의 언어와 의식은 존재의 현실을 일반화하고 추상화하는 것을 기본 원리로 한다. 그러나 인간의 말 그 자체는 무한히 다양한 어조와 숨결을 생명으로 한다. 또한 의식 역시 존재의 사회적 역사적 규정을 벗어나 존재 그 자체의 생명 현상에 직접적으로 접촉하고자 한다. 「은둔자」의 사벨이 어떻게 현재의 모습이 되었던가. 그는 자신의 과거와 존재 현실을 부정하고 새로운 '이념'을 '외부'에서 받아들인 사람이 아니다. 그 자신의 추함과 어두운 현실 그 자체에서 자라 나온, 존재 자체 속에 숨어있는 '가장 순수한 불꽃'을 피워 올린 (새로워 보이는) 존재일 뿐이다. 사벨과 같은 존재에게는 언어와 의식, 존재 현실(그를 규정하는 외부적 요소들)이 수미일관하게, 앞뒤가 딱 들어맞는 것과 같은 논리적 정합성이 그리 중요하지 않고 그러한 상태로 정향되어 있지도 않다. 살아있는 존재 그 자체로서 모순적이며 복합적인 존재의 변화과정을 매순간 그대로 노출시킬 수밖에 없는, 영원히 변화하고 움직이는 미완결적인 존재로 제시되어지고 있을 뿐이다.

3.

『1922-1924년 단편들』의 새로운 어조는 무엇보다도 우선 작가의 목소리와 주인공의 목소리를 처리하는 서사의 특징에서 찾을 수 있다. 초기 고리키의 창작적 특징은 "행위 전개, 주인공의 운명에 있어 공공연한 작가적 간섭, 작가의 직접적인 평가적 관점"에 있다는 것은 널리 인정되는 사실이다. 그러나 후기 고리키 문학에서는 점차로 작가의 평가적 관점은 복잡하고 매개적으로 드러난다.

『1922-1924년 단편들』은 이런 문제의식에서 본다면 전기와 후기 문학의 차이를 뚜렷하게 보여주는 분기점이라고 말할 수 있다. 「은둔자」의 화자는 초기 단편들의 화자와 형식상 매우 유사하기는 하지만, 1890년대의 단편이나 1910년대의 단편에서 작가의 이념적 시점을 전적으로 대변하던 것에 비하면 상당히 자제된 객관적인 화자이다. 「대답 없는 사랑」에서 역시 「은둔자」와 마찬가지로 '나'-화자가 주인공을 만나 이야기를 듣는 것으로 구성되어 있지만, 여기서의 화자는 더욱 철저하게 주인공의 행위를 도입하고 매개하는 최소한의 역할에 머물고 있다. 주인공 토르수예프가 자신의 이야기를 극적으로 구성하여 들려주고 있으며, 토르수예프의 어조나 평가에 '나'-화자의 어조나 평가는 전혀 섞이지 않는 것이다. 토르수예프는 재능이 뛰어나지는 않은 중급의 여배우 도브리나를 사랑하게 되고, 그 때문에 매우 사랑했던 동생과 치명적인 갈등을 빚는다. 그러나 여배우의 사랑을 얻지는 못하는데, 그럼에도 불구하고 토르수예프는 자신의 모든 것을 포기하고 영원히 이 여배우를 사랑한다. 여배우를 헌신적으로 돌보면서 평생을 살아가는 토르수예프는 여배우의 파멸적 죽음을 지켜본 이후 조그만 가게를 내어 여배우의 초상을 걸어놓고 남은 인생을 살아간다. 바로 이 가게에 들른 '나'는 여배우의 사진에 호기심을 느끼고 토르수예프에게 말을 걸어 그의 '대답 없는 사랑의 이야기'를 듣게 되었던 것이다. 바로 여기에서 '나'는 형식적 장치로서 이야기를 들어주고 촉구하는 역할 이외에 그의 사랑에 대한 감탄이나 비판을 행하지 않는다. 내면적으로 그의 이야기를 굴절시키거나 반추하거나 자신의 다른 이야기를 연상해내지도 않는다. 「특별한 것」에서도 '나'는 서두에서 주인공을 묘사하고 그의 말을 듣게 되었다는 언급 이후에는 사라져버리고 주인공 자신의 독백으로 모든 이야기가 진행된다. 「영웅」, 「카라모라」에서는 형식적인 화자나 일인칭 관찰자 시점도 사라지고 '나'-주인공-화자의 일치 속에 주인공 자신의 모놀로그로 이야기가 진행되며, 「어떤 일화」, 「무대연습」은 작가의 전지적 시점에서 사건과 주인공이 묘사적으로 그려진다. 전지적 시점에서 작가의 일탈적인 평가적 시점은 거의 존재하지 않고, 긍정적 주인공으로서 작가의 이념을 대변한다고 볼 수 있는 인물도 없다. 「푸른 삶」은 결과적으로는 「은둔자」와 같이 '나'-화자의 이야기이지만 독자들은 작품이 끝날 무렵까지 작가의 전지적 시점이라고 생각하도록 구성되어 있다. 점차 정신병적 환영의 세계로 빠져드는 주인공 미로노프와 그의 주변 세계가 그려지지만 작품의 종결부에서 미로노프가 어떤 정신과 의사에게 치료를 받으며 자신의 이야기를 했고, 그것을 다시 작가인 '나'에게 해주었다는 사실이 전해진다. 그러니까 그때까지 독자들이 읽은 내용은 사건과 주인공의 진행이 아니라 누구에게 들은 이야기를 작가가 재구성해서 들려주었다는 사실(사실 이것은 모든 문학작품의 원리이지 않은가)이 알려지게 되고, '나'가 이 이야기를 좀더 확인하기 위해 정신이 정상으로 돌아온 미로노프를 찾아가 보는 장면으로 소설은 끝맺는다. 이처럼 작가와 화자, 주인공이 맺는 관계는 매우 조금씩 변형되면서 작품마다 색다른 분위기를 부여하고 있다. 그리고 가장 극적으로 이러한 관계 자체에 대한 작가의 복잡다단한 생각을 직접 작품의 대상으로 삼은 것이 「어떤 소설」이다. 여기서 작가는 작품을 전지적으로 서술하는 자이면서 자신을 굳이 감추려고 하지 않고, 때로 자신의 견해를 가지고 소설 속의 논쟁에 끼어들기까지 한다. 물론 이 논쟁은 소설과 현실, 주인공, 독자에 대한 문제이다. 즉 소설 형식 자체에 대한 소설인 셈이다. 고리키는 새로운 형식과 다른 어조의 추구에 있어 드디어 자신의 추구 자체를 소설의 대상으로 삼는다.

이러한 단편들의 형식과 시점이 말해주는 '새로운 형식'과 '다른 어조'의 핵심은 무엇인가.

무엇보다 우선 지적할 수 있는 것은 작가의 평가적, 이념적 시점으로부터 독립한 주인공의 생애와 내면이 그려지고 있다는 점이다. 이전까지의 고리키의 문학이 직접 체험에 기반한 사실적 구성에 주로 의지하는 작품이었고, 거기서 작가는 항상 일정한 평가적 관점을 유지하고 있으며, 그 관점을 대변한 주인공을 가지고 있었다는 사실은 앞에서 지적한 바이다.[12] 『1922-1924년 단편들』의 여러 주인공들은 화자인 '나'의 생애와 의식과 전적으로 독립한 주인공들이다. 앞에서 화자와 서사형식을 살펴본 바와 같이 화자인 '나'는 우연히 만난 주인공으로부터 그의 생애와 의식에 대해 이야기를 듣고, 그 들은 바를 우리에게 전달해줄 뿐이지 주인공의 생애와 의식의 변화과정에 조금의 참여도 하고 있지 않으며 또 할 수 있는 시간적 지위에 있지도 않다. 그리고 화자-'나'-주인공이 완전히 일치하는 일인칭 고백 시점 역시 그 효과에서는 앞의 경우와 다르지 않다. 물론 작가는 주인공의 선택과 구성을 통해 자신의 평가적 이념적 관점을 실현하고 있는 것은 사실이기 때문에 형식 그 자체만으로 작가의 시점이 극복되어진다고 말할 수는 없다. 그러나 고리키에게 있어서 이 시기에 이러한 형식이 필요했던 것은 이 작품집의 다양한 소재와 주인공, 주인공들의 이념적 다양함과 존재적 다양함을 그대로 작품에 담아내기 위해서, 즉 또 다른 고리키로 태어나기 위해서 필요한 문학적 실험이었다.

「영웅」의 주인공 '나'-마카로프는 영웅과 뛰어난 천재가 역사를 바꾼다는 그릇된 영웅관에 사로잡혀 있다가 혁명을 맞이하게 되자 극심한 정신적 공황상태에 빠져버리는 인물이다. 그는 "어린 시절부터 사람들을 무서워하기보다 바퀴벌레나 벌, 쥐 따위를 더 무서워했고 나중에는 뇌우나 회오리, 어둠 등의 공포가 나를 괴롭혔다"(17, 307)고 독백을 시작한다. 자연현상에 대한 공포 때문에 그는 책읽기를 좋아하게 되었고 주위 사람들로부터 매우 똑똑하다는 평가를 받을 수 있었다.

> 나는 일찍이 당당한 고독함을 맛보았고 어렴풋이 그것이 독립적인 개인이 자유롭게 성장할 수 있는 유일한 권력이라고 이해하였다. (17, 311)

이런 분위기에서 성장한 '나'는 김나지움에 입학하면서부터 다양한 철학적, 이데올로기적 경향들과 접하게 된다. 특히 역사 교사인 노바크의 영웅관에 깊은 공감을 느낀다. 노바크는 천재란 민중으로부터 혈연적으로 독립되어 있다고 주장한다. 역사적인 인물들을 열거하면서 이들이 당대 그 사회의 민중과 아무런 혈연관계가 없고, "민족의 외부에서, 항상 더 높은 곳에서"(17, 314) 왔다고 강변한다. 이런 가르침에 어떤 진실이 있다고 생각하면서도 '나'는 그런 말이 자신을 무엇인가에 속박하고 있다고 느끼고는 다소 불쾌하고 마음이 무거워진다. 그는 자연에 대한 공포와 더불어 살아있는 현실에 적극적으로 동참하려는 의지가 없었기 때문에 노바크의 영웅주의에 대해서도 쉽사리 자신을 동화시키지 못한다.

> 집에서 침대에 누워 나는 우울하게 생각에 잠겼다. 영웅이나 민중이라는 게 나와 무슨 상관인가? 나는 이런 사람들과 접촉하지 않고 살 수 있다고 확신했다. 도시에는 내 주위에도 수많은 사람들이

카알라일이라든가, 영웅이라든가, 지도자라든가, 사회주의라든가, 하여튼 노바크를 어리석게 흥분시키는 모든 것을 알지도 못하고 필요해하지도 않으면서 살아가고 있지 않은가 말이야.(17. 315)

무엇보다 '나'의 삶과 의식에는 자연에 대한 공포, 살아있는 현실에 대한 공포가 가장 근본에 자리 잡고 있다. 따라서 '나'는 단순한 삶과 안락한 삶의 유혹에만 본질적으로 관심이 있을 뿐이다. 이러한 삶의 지향이 조금이라도 흔들린다 싶으면 그는 나름대로 방어적인 행동에 나선다. 김나지움을 중도에 그만두고 도망치듯 고향으로 내려와 주저앉는다든지, 사회가 혁명의 전야에 싸이게 되자 자발적으로 보안기관의 정보원이 되어야겠다고 헌병대를 찾아가기도 한다. 헌병대장이 보기에 혁명조직에 잠입하여 활동할 능력도 배경도 없는 마카로프는 정보원으로 발탁되지 못한다. 그러나 마카로프는 도시로 나가 반혁명적이고 군주제 옹호적인 노바크와 루도메토프 등을 다시 만나 자신의 정신적 보호자로 삼고 그들의 일을 돕는다. 그러나 결국 혁명이 발발해버렸을 때 당황하고 공포에 빠진 노바크를 보면서 '나'는 심한 배신감에 빠진다. 자신의 안락을 지켜줄 줄 알았던 노바크가 누구보다도 더욱 공포에 휩싸인 것을 보고 그는,

-더러운 놈- 나는 이제까지 느껴보지 못했던 통쾌함으로 그에게 말했다. -나는 당신을 두려워하고 당신이 강하고 무서운 사람이라고 믿었어. 이제 두려워할 수 있는 그 어떤 것이 내게 있을 수 있겠어? 당신은 내게서 공포를 죽였어, 당신은 내게서 인간을 죽였다고, 더러운 자식! (17. 339)

하고 항변한다. 그리고 이후에 강도들과 어울려 잔혹한 살인마가 되고 감옥에 갇히게 된다. 그리고 "그러나 어쨌단 말인가", "모든 게 똑같아"(17, 339)라고 이 단편은 끝맺는다.

이 작품의 내용은 자연 현상, 자연스러운 사회 현상으로부터 멀어지고 도피하려는 소시민의 감성과 귀족주의와 영웅주의를 주장하는 등장인물들에 대한 이야기라고 우선 말할 수 있다. 그러나 이 작품에 대해 레쥐네프와 보론스키 등의 평가는 매우 부정적인 것이었다. 특히 보론스키는 "예술가로서의 고리키의 감수성을 지배하는 근본적인 정서적 주조음이 세계를 바람직하지 않은, 간교한, 무서운 혼돈으로 받아들이고 있다는 것은 아마도 거의 잘못된 확신일 것이다"라고 조심스럽게 부정적인 평가를 내리고 있다. 레즈네프 역시 "고리키의 아주 몹시도 굵직한 작품「영웅」은 편견에 차있고, 꾸며댄 것이며 창백한 것이다"라고 노골적으로 비웃는다. 혁명에 반대하는 계층의 이데올로기와 정신 상태에 대한 풍자이고, 더욱이 이들이 혁명 이후에는 혁명을 수용하지 못하고 정신적 도덕적 공황 상태로 떨어져버릴 수밖에 없다는 '공격적인 결론'을 도출해낼 수도 있는 작품일 터인데, 왜 보론스키나 레즈네프는 부정적인 평가를 내리고 있을까. 그것은 바로 주인공들의 관점의 독립성이 강하게 형상화되어 있고 이러한 독립성을 보장하기 위해 문체적인 중립성이 보장되어 있기 때문이다. 작가로부터, 혹은 작가의 입장을 분명히 대변하는 주인공으로부터의 어떤 평가적 일원성도 제시되지 않기 때문에, 주인공들의 '반동적' 입장에 대해 보다 공격적인 비판을 기대하는 비평가들에게 이 작품은 부정적으로 비쳐질 수밖에 없었던 것이다. 일인칭 독백적 관점으로 쓰는 작품에서 작가는 풍자적 어조나 작가적 일탈이라는 방법을 취하지 않고서는 자신의 관점을 작품에

도입하기가 상당히 어렵고 제한적일 수밖에 없다. 또한 고백하는 자로서 현재의 마카로프는 도덕적으로 타락하고 인간적으로 황폐해진 강도에 살인자일 뿐이다. 그런 잔인무도한 인물의 관점에서 고백하는 이야기에 풍자적 어조를 개입시키지 않는 한 어떻게 도덕적이며, 혹은 혁명 이념의 승리의 관점을 넣을 수 있겠는가.

「카라모라」, 「특별한 것」 역시 주제에 있어 「영웅」과 유사하며 그 새로운 형식과 다른 어조에 대해서도 유사한 평가를 내릴 수 있다. 「카라모라」의 주인공 '나'는 혁명 후 반혁명 활동분자로 체포되어 "어떻게 이런 일이 일어났는지를 써라"(17, 367)라는 명령과 함께 수십 장의 종이를 받아든다. 어찌되었든 자신을 죽일 것을 알면서, 그는 쓰지 않겠다고 생각하지만 '자신을 위해서' 기록을 해나간다. 이 작품은 그래서 감옥에 앉아 사형을 기다리는 사람의, 매우 자제심이 많으면서도 죽음을 앞둔 사람으로서의 감정의 회오리에 문득문득 빠져드는 사람의 단편적이고 일관되지 않은 생각들에 대한 속기록인 셈이다.

그의 고백 수기에 따르면 '나'(별명이 카라모라)는 혁명운동의 중심적 인물이자 헌신적인 인물이었다. 그러다가 정보기관에 매수된 위장 활동가 포포프를 날카롭게 알아보고 은밀히 교수형을 시켜버린다. 그러나 이 일로 체포되어 그 자신이 기관의 협조자가 되어 혁명가들을 밀고하는 일을 하게 된다. 그리고 혁명이 일어나 다시 체포되어 사형을 기다리는 인물이다. 그는 자신이 혁명 활동에 뛰어든 것은 자신에게 진정한 사회주의자로서의 이념의 확신이 있었기 때문이 아니라, 단지 권력을 사랑하고 남을 지휘하는 것에 커다란 매혹을 느꼈기 때문임을 고백한다.

나는 사회주의 사상을 진리로 받아들였다. 그러나 이 사상을 태어나게 만든 사실들은 나의 감정을 움직이지 못했다. 사람들이 불평등하다는 사실은 나에게 자연스럽고 당연한 것이었다. …… 나는 어렸을 때부터 남을 명령하는 데에 익숙해 있었고, 나에게 복종하도록 만들었었다. 대체로 나에게는 사회주의자에게 필수적인 어떤 것, 사람들에 대한 사랑, 그따위 것이 없었다. …… 나는 사회주의가 전혀 남의 일일뿐인 그런 사회주의자들을 많이 보았다. 그들은 계산기와도 같았고 그들에게 어떤 숫자들을 넣든, 어떤 결과가 나오든 마찬가지였다. 그들에게는 영혼이 없고 오직 형해화한 산술만이 있다. (17, 369)

동지들 중에는 시인들이나 서정파들이 있는데 항상 사람들에 대한 사랑을 설교하는 사람들이었다. 이들은 아주 좋은 사람들이었고 순진한 친구들이어서 나는 그들을 사랑했다. 하지만 나는 사람들에 대한 그들의 사랑은 꾸며낸 것이고 좋지 않은 것임을 알고 있었다. 삶에서 일정한 자리를 잡고 있지 않은 사람들, 공중에 떠있는 사람들, 이런 사람들에게는 사람들에 대한 사랑의 설교가 실용적으로 필요하다. 이건 그리스도의 순진한 교리로 잘 증명된다. 본질적으로 사람들에 대한 염려는 그들에 대한 사랑에서 나오는 것이 아니라 그들로 자신을 둘러치려는 생각, 그들의 도움과 힘으로 자기의 이념, 입장, 명예를 세우려는 데에서 나오는 것이다. 나는 지식인들이 젊어서부터 실제로 민중에게 육체적인 끌림을 느끼고 있고 이것을 사랑이라고 이해하고 있다는 것을 알고 있다. 하지만 이것은 사랑이 아니고 일종의 기계학이고 대중에게로의 인력일 뿐이다.
(17, 371)

이것은 그의 혁명 활동에 대한 냉엄한 자기 성찰과 자기 분석의 기록이다. 단순히 변절한 혁명가의 내면을 폭로하기 위한 부정적 인물로서의 역할에 따른 자기 분석이 아니라, 혁명 활동의 어두운 본질의 하나를 매우 통렬하게 지적하는 것이다(『시의에 맞지 않는 생각들』에서 고리키 자신의 논조가 그러하지 않았던가!). 기록은 매우 단편적으로 사실과 해석이 뒤엉켜서 서술된다. 그리고 단 한 번도 작가적 개입이나 비판의 어조가 개입되지 않는다. 그를 심문하는 수사관도 마찬가지고(그는 단순히 그에게 글을 쓰도록 촉구하기 위해 등장한다), 그를 매수했던 시모노프도 마찬가지다. 그래서 전체적으로 이 작품을 이념적으로 보고자 한다면 당시 소비에트 비평가들에게는 매우 불쾌했을 것이다. 혁명에 성공한 이후, 혁명에 대해 매우 비판적이고 부정적인 태도를 보였던 고리키가 외국에 나가서 쓴 단편이, 변절한 혁명가의 내면 세계에 대한 빠짐없는 기록이라니, 도대체 고리키는 이 작품에서 무슨 생각을 드러내려는 것인가? 보론스키는 이 작품에 대해 혹평을 한다. "「카라모라」는 실패한 작품이다. 이 작품은 요령부득과 모욕감을 불러일으킨다. 그 속에는 도스토옙스키의 분위기에서 빌려온 것이 많다. '더러운 짓을 할 수 있도록 허용하라.' 작품 주인공은 우연히 자신이 이제 도스토옙스키를 잘 느끼고 있다고 말한다. 그러나 우리 러시아에서 혁명의 변절자에 대해 그렇게 이중적으로 쓰는 것은 불가능하다." 「카라모라」에서 작가의 이념을 찾아내고자 할 때, 혹은 주인공의 고백을 통해 구성되는 작품의 총체적 이념을 찾아내고자 할 때, 당연히 보론스키와 같은 불만, 당혹을 느낄 것이다. 그러나 고리키는 로맹 롤랑에게 보내는 편지에서 자신의 의도에 대해 이렇게 밝히고 있다.

"내 단편의 한 주인공은 혁명가인데 자신 속에 죄를 저지르는 자신을 금지할 수 있는 힘이 있는지를 알아보기 위해 변절을 한 사람입니다. 그에게 그런 힘은 찾아지지 않았지요. 그것은 호기심에서 생긴 자살입니다. 그것은 내가 머리를 뽀개 버릴 때 어떻게 될까라는 질문에서 자살하는 것과도 같은 것이지요. 극단적인 니힐리즘의 표현으로 고찰할 수도 있겠지요. 그러나 이것을 달리 볼 수는 없을까요?

우리들 중에는 평생 고통스럽게 자신과 자신의 주위에서 어떤 불변의 견고한 것, 분석적인 사상의 파괴적 힘에 굴복하지 않는 그런 것을 찾는 사람들이 많습니다. 그들은 모든 악한 것, 거짓된 것, 비인간적인 것에 적대적이고 대립적인 그런 선한 것을, 마치 생물학적으로 질병에 대해 대항하듯이 찾고 있지요.

내가 모든 속물적인 사람들을 윤리의 그런 불변의 토대를 추구하는 사람으로 생각한다고 보지는 마십시오. 그게 아니라 나는 삶에 의해, 잘못 만들어진 삶에 의해 고통이 덧씌워진 사람들을 보고 있는 것입니다. 그 삶이란 지금 있는 그대로보다 더 나은 형태로 만들어볼 수 없는 그런 것이지요. 나는 그들 내부에서 모든 것이 불확실하고 모든 것이 불타오르고 떠돌고 감정의 총체성을 파괴하고, 그리고 감정이 사상이나 언어들에서 가스처럼 기화되어버리는 것을 느끼는 그런 사람들을 보고 있는 겁니다. 사람은 황폐화되어지고 있는 거지요.

매우 상징적이고 복합적인 의미를 담은 편지이지만, 이 편지에서 말하는 주인공이 「카라모라」의 주인공이라는 것과 이 주인공을 단순히 혁명의 변절자에 대한 폭로로서 구상하고 있지 않다는 점을 확인할 수 있다. 카라모라는 단순히 호기심에서 자살을 택하는 것과 같은 행위를 한 것이 아니다. 그에게는 영원히 해결될 수 없는 문제, 즉 존재와 의식의 불일치에 대한 고뇌와 갈등, 또한 자신의 존재와 의식을 부정하려는 끝없는 추구와 실험이 운명처럼 지워져 있다. 이러한 추구와 실험이 자유롭고도 진정하게 이루어지기 위해서는 살아있는 존재와 의식에 대한 냉정한 응시가 필요하고 어떤 외부적 간섭, 기존의 완결된 이념의 개입은 방해가 될 뿐이다. 고리키에게 있어 사형을 앞둔 사람의 가장 절실한 자기 고백과 자기 분석이 필요한 것은 바로 이것 때문이며, 또한 바로 그 이유로 고리키는 작품에 작가의 직접적인 개입이나 주석을 최대한 억제하고 있다. 고리키는 작품에서 주인공 카라모라의 존재와 의식이 있는 그대로의 보편적인 진실을 말해주고 있다는 사실을 아주 간접적으로, 즉 카라모라의 어떤 견해에도 직접적인 비판을 삼가함으로써 암시하고 있는 것이다. 이 단편의 마지막 아포리즘 같은 표현들은 그래서 더욱 깊은 울림으로 들려온다.

> 사람들 눈에는 어떤 '수정체'가 있어 그에 따라 시력의 올바름이 정해진다고들 말한다. 인간의 영혼에도 그런 수정체가 있어야만 했다. 하지만 그런 것은 없다. 그런 수정체가 없다는 데에 문제의 핵심이 있는 것이다. (17, 402)

정직하게 살아가는 습관? 이것은 올바르게 느끼는 습관이다. 하지만 감정의 진실은 그것을 드러낼 수 있는 완전한 자유 속에서만 가능하다. 그리고 사람이 성자로 태어나지 않거나, 정신적으로 눈이 멀었다면 감정을 드러낼 자유는 인간을 짐승이나 속물로 만들어 버릴 것이다. 그렇다면 아마 눈이 멀었다는 것, 이것은 성스럽다는 것이 아닐까? (17, 402)

그런데 내가 정말 오직 진실을 볼 수 있었던 그 소년이라면?
〈임금님은 정말 완전히 벌거숭이인가, 그런가?〉
또다시 내게 기어들어온다...
지긋지긋하다. (17, 403)

「특별한 것」의 즈이코프의 삶과 의식 역시 이와 같은 문제의식에서 파악될 수 있다. 즈이코프는 출신도 분명치 않은 하층 농민 출신으로 역사과정 속에서, 사회적 투쟁 속에서 자신의 자리를 발견해나가는 인물이다. 그는 다소 우연적이고, 어느 정도 의식적인 필연성 속에서 빨치산 부대에 합류하고 볼셰비키가 된다. 그는 사회적으로 성장하고 발전해가는 형상인 것이다. 그러나 즈이코프의 이러한 외적인 성장과는 달리 그의 내면세계, 즉 의식의 세계는 크게 변화하지 않는다. 그는 스스로 바보 흉내를 내면서 많은 사람들의 이야기에 귀를 기울이고 거기에서 얻은 말들을 나름대로 편집해서 자신의 말로 만들어 쓴다. 그가 듣는 많은 구절들은 그에게 와서 단순화되고 편리하게 왜곡되어 진다. 그는 감옥에 앉아 어떤 노인이 하는 단순한 삶에 대한 설교를 듣고 이를 보편화해서 이해한다.

- 단순함이 필요해. 모든 사람들은 쓸데없는 것들 속에 뒤엉켜 있어. 그래서 서로 서로를 억누르게 되지. 삶의 단순화가 필요한 거야.

  - (목수가 대꾸한다 -역주) …… 세상의 죄악과 재앙은 모두들 특별해지려고 하고 남과 달라지려고 하는 점에 있어. …… 특별한 것이 있는 곳엔 권력이 있고, 권력이 있는 곳엔 적대감과 비타협과 온갖 광기가 있어. …… 인간은 자기 자신만을 소유해야지 다른 사람을 소유해서는 안 되는 거야.

  ……

  - 영혼을 열어야 해. - 노인이 말했다.- 중요한 것은 영혼의 자유지, 영혼의 자유가 없다면 인간이 아냐.

  - 나는 이 모든 사상을 목마를 때 보드카를 마시듯 꿀꺽꿀꺽 삼켰지요. 그리고 정말로 나의 영혼은 곧바로 활짝 열렸어요. (17, 527-528)

즈이코프는 '활짝 열린 영혼'에 의존해서 이제 모든 '특별한 것'에 대해 편집증적인 질투를 가지게 된다. 모든 정치가들과 정당의 논리, 심지어 자신의 보호자였고 존경해 마지않던 의사의 논리도 모두 남과 달리 특별해지려는 욕구의 소산이라고 믿는다. 그의 이런 사상은 사회주의 이념을 제멋대로 수용해서 보편적 평균화 이론, 무정부주의적 무권력의 이상 등으로 변전해간다. 문제는 여기에서도 작가 고리키는 즈이코프의 존재의 발전과정과 그의 의식의 불일치를 집요하게 추적하고 있다는 점이다. 그의 의식은 그가 처한 존재의 현실과 일치하지 않고, 그가 겪은 현실은 올바르게 의식에 반영되지 못한다. 이렇게 즈이코프의 사회적 존재가 자신의 의식 수준과는 불일치한 상태로 발전해감으로써, 즈이코프의 형상은 그 존재와 의식의 보다 넓은 간극 속에 형상화되어진다. 즈이코프가 어쩌면 자신의 의식과 가장 유사한 존재인 한 '은둔자'를 살해하는 것은 그 간극을 뛰어넘으려는 가장 극적인 노력이었지만, 살해된 것은 아마도 자기 자신의 살아있는 의식이었을 것이다(!).

　- 그래, 그래, 사람들은 어리석지… 하지만 왜? 사람들은 특별한 것을 원하지. 그들의 구원이 단순함에 있다는 걸 몰라. 내게는 이 특별하다는 것이 내 목덜미를 쓰다듬어 준 셈이지. 만일 내가 어떻게 살아야 한다는 것을 몰랐다면, 그래서 신을 믿었다면 나는 신에게 두더지로 땅 밑에서 살아갈 수 있도록 해달라고 빌었을 게야. 나는 정말 그렇게 힘들여 살아왔어.
　- 자, 이제 이 모든 악마의 건축은 파괴되었어, 무너져 버렸다고. 이제 곧 사람들이 나를 가벼운 질서로 데려갈 때를 기다려야 해. 세상의 지혜가 단순함에 있다는 것을 사람들은 이해하기 시작했어. 우리의 가혹한 특별함은 저 멀리로 쓸어내 버려야 해… 특별한 것, 이것은 악마가 우리를 파멸시키려고 고안해낸 것이었어…
　(17,558)

역시 즈이코프의 이러한 형상은 소비에트 비평가의 마음에 들 수 없는 것이었다. 소비에트 고리키학의 건전한 대가였던 타게르마저도 즈이코프의 형상에 대해서 "그 모든 날카로운 표현성에도 불구하고 그 속에는 거짓된 역사적 일반화가 함축되어 있다. 그 속에는 민중 대중이 볼셰비즘으로 나아가는 합법칙성을 확신하는 역사의 논리가 아니라, 고리키의 혼돈, 즉 시월 혁명기에 들고 일어난 어두운 민중 대중, '안락함을 위해'서만 봉기하는 민중 대중이 문화와 사회주의 혁명이념 자체에 위협을 가한다고 하는 생각이 담겨 있다"고 단서를 달지 않을 수 없었던 것이다.

그러나 「영웅」, 「카라모라」, 「특별한 것」 등에 등장하는 주인공들, 혁명과 연관된 내면을 드러내는 인물들은 이 인물들의 사회적 전형화와 이에 따른 도덕적 평가에 초점을 맞추어 읽어서는 안 된다. 앞에서 몇 번 지적하였듯이 이들은 사회적 격변 속에서 인간의 존재와 그 존재에 대한 반영으로서의 의식의 차이와 갈등, 불일치를 끝없이 관찰하고 목격하고 증언하는 인물들일 뿐이다. 그리고 그들의 증언의 깊이와 인간적 객관성에 대한 추구가 이 단편들의 독특한 시학을 형성해내고 있는 것이다.

4.

앞에서 말한 '새로운 형식'과 '다른 어조'의 핵심, 즉 작가의 이념적 시각으로부터 독립한 주인공의 독자적 형상화는 작가의 독백적 이념에 의한 서열화를 제어하고 주인공들의 살아있는 모습 그대로, 즉 존재와 의식의 차이와 갈등의 현장을 그대로 제시하는 것을 목적으로 한다. 물론 이 모든 텍스트의 전략이 작가의 이념적 조종에 의한 것임을 부정할 수 없다. 그러나 이전의 작품에 비해서 『1922-1924년 단편들』에서는 작가의 이념적 지향이 세밀하고 복합적이고 다양하게 산재하기 때문에 우리는 작가의 이념, 작품의 총체적 의미망을 읽어내기가 쉽지 않다. 특히 모든 단편들이 거의 대부분 주인공의 독백으로 진행되고 있기 때문에 우리는 주인공의 말하는 순간, 말하는 상황, 말하는 의도, 분위기 등에 따라 그 말을 이해 하여야 한다. 이런 특징은 작품을 일정한 틀로 요약하거나 특정한 이념을 향한 서사구조로 이해하는 것을 더욱 어렵게 만든다.

예를 들어「특별한 것」은 이렇게 구성되어 있다.

1. 화자가 주인공을 바라보며 묘사한다. '나'-화자는 주인공의 외모와 특징, 말하는 태도, 목소리를 작품의 서두에서 묘사한다. '나'-화자는 단 한차례 문법적으로 등장할 뿐이다. "나는 이 입이 험한 사람에게 그의 인 생을 내게 말해달라고 부탁하였다."(Я упросил зубастого человека рас-сказать мне его жизнь.)(17, 522) 혹은 "그에게는 이 특별한 방이 좁은 것 처럼 (내게) 보였다." (Кажется, что ему тесно в этой необыкновенной комнате.)(17, 523)이라는 문장에서 '나'-화자가 느껴진다. 그러나 이뿐이 다. 이 서두가 끝나고 주인공이 '나'로 발언하면서 '나'-화자는 완전히 사 라지고 작품이 끝날 때까지 단 한 번도 등장하지 않는다. 우리는 주인 공-'나'가 말한 것을 '나'-화자가 듣고 우리에게 전해주고 있다는 사실을 논리적으로는 인식할 수 있지만, 주인공-'나'의 말을 들을 때에는 '나'-화 자의 목소리와 숨결을 느끼지 않는다. 따라서 '나'-화자는 매우 형식적인, 구성 자체로는 필연적이라고 볼 수 없는 의사(擬似) 화자라고 말할 수도 있을 것이다.

2. 주인공-'나'는 실질적인 화자이다. 주인공-'나'는 소개되어진 후 작품 전편에 걸쳐 자신의 목소리로만 작품을 가득 채운다. 그는 우선 자신에 관 한 모든 것을 말할 수 있다. 이 경우에도 그는 현재의 발화로 과거의 자신

에 대해 설명하고 묘사하기도 하지만, 그 당시의 자신의 말이나 생각을 다시 직접화법으로 전하기도 한다. 이 경우 어조의 변화가 분명히 나타나고 과거의 '나'는 지금의 '나'와 다른 어조 속에 생생하게 재현되어 진다.

그러나 주인공-'나'의 말은 논리적으로는 분명히 '나'-화자가 듣고 재구성한 것이다.

3. 주인공-'나'는 다른 사람을 관찰하고 평가한 것을 우리에게 말해준다. 자신의 말 속에 다른 사람에 대한 묘사와 평가를 담아내고 남의 말을 직접화법과 간접화법의 형태로 재현한다.

이 작품을 한 사람이 낭독한다면 그의 본 목소리는 화자-'나'일 것이고, 그는 곧바로 주인공-'나'의 목소리로 말해야 하고, 그 속에서 아주 다양한 목소리로 낭독해야 하기 때문에 낭독자는 한국 신파극의 변사를 능가하는, 믿기 어려울 정도로 다양한 목소리를 가지고 있어야 할 것이다.

『1922-1924년 단편들』의 거의 모든 작품들이 위와 같은 구성을 지니고 있다. 이런 구도에서 우리는 '과거의 사실'(가) - 주인공-'나'의 말(나) - 화자-'나'의 말(다)을 통해서 우리에게 작품의 모든 것이 전달된다는 것을 알 수 있다. 여기서 (가)와 (나) 사이에, 그리고 (나)와 (다) 사이에 어떤 프리즘이 있다고 볼 때, 그 프리즘은 과거의 사실들을 일정하게 편집하고 구성하고 왜곡하는 프리즘일 수 있다. 물론 (다)의 프리즘은 거의 느껴지지 않고 투명해 보인다. 그러나 보이지 않는 것으로서 더욱 강력한 왜곡의 가능성을 가지고 있다. 독자들은 분명히 존재하는 (다)의 프리즘을 마치 존재하지 않는 것처럼 생각하고 자신이 직접 (나)의 프리즘만을 통해 본다는 환상을 갖게 된다. (나)의 프리즘은 가장 주관적이다. 그러나 (나)의 프리즘에서도 객관적으로 다양한 인물들과 다양한 상황에 대한 객관적 묘사,

객관적 재현이 이루어지고 있다. 이러한 서사상황에서 우리는 (나)의 프리즘을 무조건 신뢰할 수도 없고, (나)에 의해 재현되는 (가)의 단편들을 연결해서 의미를 구성하는 것도 부족하다고 느낀다.

결국 우리는 이 작품을 읽는 새로운 프리즘을 필요로 하는 것이다. 그것은 우리 자신의 프리즘이다.

위에서 고찰한 작품들에서 고리키 자신은 '새로운 형식'과 '다른 어조'로써 자신의 내면의 무성한 수염을 깎고자 한 것이겠지만, 정작 우리가 읽어야 할 것은, 그 결과로서 얻어진 고리키의 소설 시학이다. 그것은 소설적 세계는 하나의 통일적 이념 체계가 아니라, 복합적이고 모순적이며 다면적인 존재와 그 존재에 대한 반영으로서의 의식, 이들 사이의 관계 체계라는 사실이다. 위의 작품들은 모두 주인공의 의식 체계로서 주어진 존재에 관한 이야기이지만, 반대로 존재 자체의 역동성에 의한 의식의 단절과 파편화의 체계(?)이기도 한 것이다. 따라서 고리키의 『1922-1924년 단편들』은 독자 자신의 프리즘을 촉구하는 소설이다. 소설이라는 이야기 전략 자체를 노출시키면서, 작가는 이야기 뒤로, 주인공 뒤로 숨어버리고 작품의 원재료와 가공된 제품을 우리에게 보여주고 있을 뿐이다.[13] 특히 주인공들은 자기의 말로 모든 것을 진술하고 있기 때문에 우리는 더욱 분명하게 모든 사실의 객관성을 되묻게 된다. 어느 누구에게 공감하고 어느 누구에게 반감을 가질 것인가라는 전통적인 독법에 익숙한 독자들은 당황해할 수밖에 없다. '아니 고리키는 어디에 간 거야, 우리만 남겨 놓고!'라고 불만을 나타낼 수도 있다. 정녕 고리키는 어디로 간 것일까. 차라리 찾지 말라는 것은 아닐까. 그러나 자신의 독립적인 프리즘으로 이 소설을 본다면 이 소설은 긍정도 반감도 필요로 하지 않고 살아있는 존재에 대한 경험적인 미적 체험을 통해, 그리고 그 존재에 대한 의식의 굴절을 통해, 다시 말해 존재와 의식의 불일치와 모순의 다양한 역동성 자체를, 그 미완결의 생동감을 느끼도록 요구하고 있음을 알 수 있다.

주석

1 이 논문에서 이 작품집 내용의 인용은 M. Горький, Полное собрание сочинений/ Художественные произведения в 25 томах (Наука, М., 1968-1976)의 제17권을 근거로 한다. 향후 이 전집에서의 인용은 본문 안에 (권수, 쪽수)로 표기한다.

2 막심 고리키는 책 편집자에게 보내는 편지에서 책의 구성에 대해 분명히 지시하고 있다. "「특별한 것」이 책의 끝에 와야 합니다. 이건 정말 꼭 그래야 해요. 이 책은 「은둔자」로 시작해서 은둔자의 살해로 끝이 나야 합니다. 이 점 분명히 잊어서는 안 됩니다!"(1924년 8월 29일 자 П. Крючкова에게 보낸 편지에서)−Летопись жизни и творчества А.М. Горького, вып. 3. М., 1959, с. 382.

3 1917년에 게재된 일부 기사가 『혁명과 문화』(베를린, 1918)로 출판되었고, 이 중 일부와 1918년 기사들 일부가 편집되어 『시의에 맞지 않는 생각들』(페트로그라드, 1918)로 출판되었다. 고리키는 이 기사들을 완전히 새로 편집해서, 연대기적으로도 정리해서 새로운 『시의에 맞지 않는 생각들』을 펴내고자 하였으나 이 계획은 실현되지 못했다. 작가의 구상에 따른 완전한 『시의에 맞지 않는 생각들』은 최근까지 빛을 보지 못하다가 1990년에 이르러서 완전한 형태로 복원 출간될 수 있었다. 이 책은 사회주의 혁명과 이념에 대한 고리키의 특수한 태도를 잘 보여주고 있고 후기 소비에트 시기의 다소 수수께끼 같은 작가의 내면세계를 이해하게 해주는 중요한 자료이다.(М. Горький, Несвоевременные мысли. Заметки о революции и культуре, Советский писатель, М., 1990)

4 이러한 표현이 언제 누구로부터 시작되었는지는 모르지만 이 시기 고리키의 활동에 대해 대체로 소비에트 시대 고리키 연구에서는 늘 '실수'(ошибки)와 '혼돈'(заблуждение)이라는 단어를 사용하고 있다. 물론 나는 이 단어에 동의하고 있

는 것은 아니다.

5 소련 붕괴 이후 이 시기를 포함하여 2,30년대의 고리키 활동과 그의 숨겨진 비사를 중심으로 다양한 폭로가 잇달았고, 새로운 자료들을 둘러싼 논쟁이 많이 벌어진 바 있다. 그러나 나의 판단으로 현재 충분하고 풍부한 자료를 중심으로 학문적으로 신뢰할 만한 내용을 담은 것으로 Л. Спиридонова의 М. Горький: диалог с историей (Наследие, М., 1994.)를, 그리고 이 시기에 대한 새로운 기술을 포함한 전기로 Гейр Хьетсо의 Максим Горький (Наследие, М., 1997.)를 꼽을 수 있다. 이 저작들을 포함해서 이 시기 고리키의 정신사는 개인사적 문제일 뿐만 아니라 러시아 혁명기의 혁명과 인간, 혁명과 지식인이라는 보편적인 문제이기도 하다. 이 문제는 독자적인 주제로서 연구될 필요가 있다.

6 'Бывший Глав-Сокол, ныне Центро-Уж' (이 표현은 Л. Сосновский의 고리키에 대한 풍자에 나오는 것이다. На посту, 1923, No.1)

7 1921년에 러시아를 떠난 고리키는 1932년 영구 귀국할 때까지 이탈리아 소렌토에 머물렀다. 이 시기를 소비에트 고리키학에서는 요양기간으로 명명하고, 고리키는 지속적으로 소련 정부를 지지하였던 것으로 기술하였지만, 최근에는 이 기간을 분명하게 망명기로 기술하고 있다. 하지만 망명이냐 요양이냐라는 논쟁은 무익하다. 문제는 이 시기 고리키의 내면세계가 구체적으로 어떠했는가에 있다. 고리키 자신이 명백하게 자신의 정치적 지위를 망명으로 규정하지 않았고, 일반적인 망명 문학가들과도 처신에 있어 확연히 달랐다는 점에서 설사 그의 외국 체류를 망명으로 명명한다할지라도 그의 망명은 매우 특별한 내적 의미를 가진 망명으로 규정되어야 할 것이다.

8 조금이라도 원문의 맛을 전달할 수 있도록 이 부분의 원문을 첨부한다. Ведь ты — цветок на земле, тебя господь взрастил на радость, ты можешь великие радости подарить, — глазыньки твои, свет ясный, всякой душе празник, — милая!

9　루카의 '위로의 거짓말'에 대해서는 졸고 '막심 고리키의 『밑바닥에서』의 작품 이념 연구 −루카와 사친, 배우의 죽음을 중심으로'(러시아문학 제8집, 1997)를 참고.

10　사실 이런 시각으로 이 작품을 보는 견해가 적지 않았다. 베쉬네프는 이 작품에서 "인간적 결점의 가장 추악한 전형"을 보았고, 새로운 라스푸친을 보았으며, 전체적으로 이 작품집을 "극단적으로 과장된 도스토옙스키의 심리주의, 로자노프주의, 솔로굽적인 헛소리와 공허한 안드레예프적 파라독스에 경도되어 있다"고 극언하고 있다.(Вешнев В. Горькое лакомство — На литературном посту, 1927, No. 20, c. 45.) 그리고 세메노프스키도 은둔자를 "해로운 인간적 결점"으로 보았고, "사람들에 대한 사랑은 헛된 구호일 뿐이고 망각을 갈망하는 것에 대한 거짓된 설교이고 기생충적 무사태평한 삶의 편리한 형식"이라고 주장했다. (Семеновский О. Послесловие к 10-му тому СС Горького в 18 томах, М., 1962, c.292,293) 반면에 한 망명 잡지에서는 사벨의 사랑을 "형언할 수 없는 정신성의 높이"에서 울려나오는 "모든 것을 용서하는 사랑"이라고 평가하였다. (Накануне, Берлин, 1 янв. 1924 г.) 이상의 예는 Тагер Е.Б. Творчество Горького советской эпохи, Наука, М., 1964, c.192-193에서 참조.

11　고요하고 칠흙 같은 밤에 모닥불을 피우고 두런두런 자신의 이야기를 나누는 이런 장면에서, 그리고 사벨의 형상에서 영화 「데르수 우잘라(Дерсу Узала)」(구로자와 아키라 감독)에서 러시아인 장교와 시베리아의 사냥꾼인 동양계 노인 데르수를 만난 그 밤의 모닥불 불꽃과 모닥불 소리, 데르수가 주위 혼령을 다스리는 모습 등을 강하게 연상시킨다. 나에게는 이 두 작품이 잊을 수 없는 거의 동질적인 미적 체험으로 남았다.

12　물론 이런 규정은 상대적인 것이다. 나는 가장 자전적 문학인 『자전적 삼부작』에서도 작가 자신과 작품의 '나' 사이에 차이와 갈등이 존재한다는 것을 고찰한 바 있다. 졸고, 「자전소설의 '나'와 작가의 차이와 갈등−톨스토이와 고리키의 자전적

삼부작 비교연구」(러시아문학 제9집, 1998)를 참조.

13 이 작품집에서 작가의 창작과정과 독자와의 관계를 추적하는 작품들이 많은 것도 이런 이유와 연관이 있다. 이를테면 「어떤 소설」, 「무대연습」, 「푸른 삶」은 존재와 의식의 문제를 문학 텍스트와 현실, 문학 텍스트와 독자의 관계의 문제로 확대시키고 있다. 거의 예술가 소설이라고까지 분류할 수 있는 이 작품들은 후에 독자적으로 분석할 기회를 갖고자 한다.

참고문헌

Горький М. Полное собрание сочинений. Художественные произведения в 25 томах, том 17, М., 1973.

-------- Несвоевременные мысли. Заметки о революции и культуре, М., 1990.

М. Горький и Р. Роллан. Переписка (1916-1917), М., 1996.

Архив Горького Ⅹ. М. Горький и советская печать. кн. 2, М., 1965.

Аксенова Е. М. Художественное выражение писателя, М., 1959.

М. Горький-художник и революция. Горьковские чтения '90, ч. 1, Нижний Новгород, 1991.

Бялик Б. Судьба Максима Горького, М., 1973.

Волков А. А.: М. Горький и литературное движение советской эпохи, М., 1958.

Виктор Панков, Советская действительность в изображении М. Горького, М., 1955.

Гейр Хьетсо, Максим Горький. Судьба писателя, М., 1997.

Грознова Н. А. Ранняя советская проза 1917-1925, Л., 1976.

Костелянец Б. Горький и проблема творческой индивидуальности писателя. — в кн. Горький и вопросы советской литературы. Л., 1960.

Летопись жизнь и творчество А. М. Горького, вып. 3, М., 1959.

Неизвестный Горький. Горький и его эпоха, вып. 3, М., 1994.

Новый взгляд на М. Горького. М. Горький и его эпоха, вып. 4, М., 1995.

Овчаренко А. И.: М. Горький и литературные искания XX столетия, М., 1982.

О художественном творчестве М. Горького. Сборник статей, М., 1960.

Спиридонова Л.: М. Горький: диалог с историей, М., 1994.

Тагер Е. Б. Творчество Горького советской эпохи, М., 1964.

Тарасова А. А. Из творческой лаборатории М. Горького, М., 1964.

Чуковский К. Две души Максима Горького. Л., 1924.

Шкловский В. Удачи и поражения Максима Горького, 1926.

「밑바닥에서(На дне)」 주제의 연속성과 리메이크[1]

안병용

논문 출처: 한국슬라브유라시아학회, 슬라브학보, Vol. 32 No.2, [2017.6]
원제 : 페레스트로이카 이후 러시아 현대드라마의 한 경향
—M. 고리키 「На дне」 주제의 연속성을 중심으로

저자 소개

경희대학교 러시아어학과 교수

서울대학교 노어노문학과를 졸업하고, 모스크바 국립대학교에서 문학박사 학위를 받았다. 주요 논문으로 「1920년대 러시아 풍자코미디 장르」, 「『위선자들의 까발라』에 표현된 불가코프와 몰리에르」, 「투르게네프 산문시 "거지"와 윤동주의 "트루게네프의 언덕" —한국 근대문학의 러시아문학 수용 문제에 부쳐」, 「밤필로프 희곡의 유희와 실존의 의미 연구 – 『장남』의 부식긴과 『오리사냥』의 질로프 형상을 중심으로-」, 「유토피아 속의 안티유토피아: 1920년대 러시아 풍자희극의 딜레마 – V. 마야코프스키의 「빈대」와 「목욕탕」을 중심으로」, 「페레스트로이카 이후 러시아 현대드라마의 한 경향 – M. 고리키 「На дне」 주제의 연속성을 중심으로」 등이 있다.

Abstract

Russian Modern Drama since the 80' Perestroika
–Continuity of M. Gorky's Subject Matters in «Na dne» and its Remakes–

Ahn Byong Yong

(Kyung Hee Univ.)

Russian literature has been experiencing serious changes following the 80's perestroika and the end of the USSR period. Since the 20th century, the Russian modern drama tended to look into traditional themes and works of the previous centuries. This article investigates two Russian modern plays, one is M. Gorky's work of the 19th century, "The Lower Depths (На дне)" in terms of the traditional themes of Russian literature, and the other is I. Shprits' "Na donishke (На донышке)" which has contributed to reinvention and expansion of such traditional themes.

The author of this article investigates M. Gorky's work as the realistic theatre including diversity of traditional philosophical elements. The author also looks into the M. Gorky's work as similar to Chekhov's work dealing with traditional themes of Russian literature.

In 1994, Igor Shprits wrote a remake, "Na donishke" which was composed as a "play in a play." The remake play was made based on Stanislavsky's realism describing a play like a real life, and a play without a textual script, the so called impromptu play.

The works of M. Gorky show tragic aspects of the object with the type of "play in a play" and tragic aspects of the subject itself, in the form of a "remake play".

I. Sprits' work of "Na donishke" shows the underside of real lives and the tragedy of the subject which is based on the traditional realistic feature of modern play's comic parody.

Many other modern Russian playwrights create works dealing with such a heavy theme as the lower depths of reality (or lifestyles of the extremely poor). These authors tend to follow Vampilov's works showing the marginality and the absence of real houses as the main theme of their plays. It implies that there are slight internal changes within the modern Russian literature which will be the research agenda in the near future.

어느 사회에든 밑바닥은 있다.

1. 들어가며

　1980년대 말 소련에서는 국민 생활 전반에 걸쳐 모든 걸 다시 생각해야 하는 심각한 사회정치적 변화가 있었다. 페레스트로이카의 과정과 그 후에 이은 소련의 붕괴는 러시아문학(드라마 포함)의 발전과 흐름에 커다란 변화를 초래하였다.
　의욕과 희망을 가지고 시작한 페레스트로이카 이후 초래된 20세기 말 소련의 붕괴와 정치, 경제, 사회 혼란은 20세기 초 러시아 혁명에 버금갈 정도의 혼란을 야기했다. 신앙처럼 떠받든 이데올로기의 붕괴는 국가기능의 마비와 기간산업의 붕괴로 이어졌고 사회 곳곳에서는 창궐하는 민족주의, 무정부상태, 아노미, 대량 실업, 경제적 궁핍, 범죄, 부패, 소요 등으로 큰 혼란을 초래하였다. 정치·사회·도덕적 가치관, 신념의 혼돈 상태는 개인의 인간다운 삶을 보호하지 못하고 사회전체를 참담한 고립과 소외, 절망 속에 빠뜨렸다.
　19세기 말처럼 20세기 말 사회 혼란과 격동기는 정치, 사회, 문화적으로 새로운 이념과 방향에 대한 첨예한 논쟁을 불러일으켰고 드라마문학 또한 예외일 수 없었다. 사회주의 리얼리즘이라는 절대적 미학 원칙이 붕괴되고 새로운 창작 원칙을 모색하면서 옛것과 새로운 것이 결합된 이 과도기에 미학적 다원주의가 공고해졌고 다양한 문화현상이 발생하였다. 20세기 말과 21세기 초 극장과 드라마 장르는 슬라브킨(В. Славкин)이 정의한 대로 '스타일(톤)의 변화(перемена интонации)'라는 용어로 특징지을 수 있다. 이 변화는 드라마 세대의 교체로 인해 발생하였다.

우선 먼저 문학 스타일과 테마가 바뀌었다. 러시아 삶의 부정적 테마와 낯선 변화 과정들이 러시아 드라마 장르에 적극적으로 공개되고 반영되기 시작했다. 지난 세기 초 모더니즘에서 보인 것처럼 새로운 형태의 실험적 모색이 현대 드라마 작가들로부터 시도되었다.

그러나 다른 한편으로 20세기 말 러시아 현대드라마는 이전의 고전 작품과 전통적 주제에 다시 관심을 기울인다. 오스트롭스키, 체홉, 고리키의 드라마에 대한 관심도 새롭게 점화되면서 리메이크와 전통적 테마, 기법의 계승으로 이어졌다.

20세기 초 혁명기와 동세기 말 격동기는 성격이 서로 다르겠지만, 급변하는 과도기와 사회 혼란기를 살아내는 인간들의 모습은 시대차이와는 별도로 동일한 양상을 보이는데 20세기 말 러시아 현대드라마는 그 점에 더욱 주목하였다. 즉, 인간 존엄을 위협받는 두 시기 모두 문학은 개인의 고통과 상실, 희생이라는 원초적이고 인본주의적인 영원한 주제에 더욱 집중하게 된다. 이것을 '영원한 주제로의 회귀(возвращение к «вечным темам»)'라고 부를 수 있다.

본 논문에서는 19세기 말과 20세기 초 비참한 사회경제적 밑바닥에 위치한 인간 군상과 존엄의 문제를 담담히 그린, 막심 고리키의 「밑바닥에서(На дне)」 작품이 지니는 전통적 드라마의 의미를 작품 주제를 중심으로 살펴보고, 이를 바탕으로 20세기 말 재현된 현상 – 고리키 작품 주제의 재발견과 연속성 - 을, 이고르 슈프리츠(И. Шприц)의 리메이크극 「밑바닥에서(На донышке)」 작품을 중심으로, 고전 전통의 현대적 재생산과 확산이라는 관점에서 고찰해 보고자 한다.

2. 고리키의 「밑바닥에서(На дне)」와 체홉 전통

2-1. 20세기 초의 '밑바닥' 풍경

1902년에 발표되어 동년 모스크바 예술극장에서 공연된 막심 고리키의 「На дне」는 사실주의 극의 대표작으로 러시아뿐만 아니라 국내외에서 꾸준한 인기를 얻고 있다.

고리키는 늦게 1900년부터 연극계와 관계를 맺기 시작했다. 바로 그 해에 체홉이 모스크바예술극단의 동료들에게 고리키를 소개시켜 주었고 그는 스타니슬랍스키와 네미로비치-단첸코의 격려를 받으며 「На дне」를 완성한다. 주지하다시피 고리키 작품세계는 초창기 낭만주의 분위기로부터 점차 리얼리즘으로 확대되었다. 사회구조적 모순으로 인해 고통 받는 민중의 모습을 애정과 연민으로 사실적으로 바라보며 그들에게 가해지는 폭력(권력)에 저항했다.

작품은 1917년 소비에트 혁명 이전의 제정 러시아 시대의 어둡고 소외된 사회 하층민 밑바닥 인생들의 폐해와 실상, 하루하루의 생활을 묵묵히 그려내고 있다. 「На дне」는 특별히 아주 중요한 주인공들이 없이 다양한 인물들의 군상으로 이루어져 있다. 등장인물들은 고리키 생전 주변 사람들, 특히 사회 밑바닥에 위치한 사람들이다. 작품은 인물들에 대한 시각과 비중을 분산시켜 그들 각각의 밑바닥 생활을 적나라하게 묘사할 뿐이다. 부브노프의 말처럼 그들의 하루는 눈만 뜨면 싸우고 욕하는 것이다. 그들에게는 집이라고 볼 수 없는 값싼 거주지, 여인숙을 탈출하는 것이 유일한 꿈이고 구원이다. 하지만 살아서는 나갈 수 없다. 죽음만이 유일한 탈출이고 구원이 되는 초라하고 비참한 현실, 당대 사회의 출구 부재를 그리고 있을 뿐이다.

고리키 극은 일반적으로 장으로 나누지 않는 4막 구성이다. 밖으로 드러나는 행동이 결여되어 있고 마지막은 틀에 박힌 자살로 끝이 나는 구조로 되어 있다. 이 작품도 예외는 아니다. 작품은 클라이맥스가 없는 느슨한 형식으로 인물들의 갈등 구조가 첨예하게 대립하지도 않는다.

그럼에도 불구하고 「На дне」는 스타니슬랍스키 배역진의 놀라운 연기로 큰 인기를 끌었고 아울러, 배경(싸구려 합숙소, 더러운 공기, 회색 벽, 나무침대, 길고 지루한 겨울)의 놀라운 사실성과 이성적인 도둑, 부랑자, 방랑자, 매춘부, 막노동꾼들의 대화 내용 등이 작품의 의미를 지금까지도 끊임없이 생산하고 있다.

작품은 인간의 운명은 유전과 사회 환경으로부터 자유롭지 못하고 개인의 힘으로는 어찌할 수 없다는 자연주의적 논리가 작품의 기저에 강하게 자리하고 있는 자연주의 희곡으로서 입센과 스트린드베리 극 분위기를 비교, 연상하게 만든다. 또한 특별한 사건이 없이 무료한 일상사를 묘사하는 점에서는 형식상 체홉의 사실주의극과도 유사한 분위기를 갖고 있다. 인물 묘사와 대사, 문체, 인물과 사건에 대한 작가의 태도 등에서 주관적 감동이나 편애 없이 담담하게 생리해부학적 태도로 묵묵히 묘사해 가고 있을 뿐이다. 이러한 간결한 문체와 태도는 배경과 오브제, 장면 묘사에서도 나타난다.

> 동굴 같은 지하실. 답답하게 돌로 된 둥근 천정은 칠이 벗겨지고 그을음 투성이다. 땅에 닿을 듯 낮은 창, 잡초 무성한 뒤뜰, 군데군데 칠 벗겨진 회색 벽, 찌그러진 양철 사모바르, 다 떨어진 헌 책, 싸구려 합숙소(여인숙), 빈민굴 생활, 등등

자연주의적 묘사 이외에 초창기 고리키가 그랬듯이 낭만주의적 요소가 군데군데 눈에 띤다. 낭만주의의 근간은 현실 세계의 모순과 불만으로부터 현실의 대안인 이상을 꿈꾼다는 것이다. 낭만주의적 요소는 우선 출생이나 과거 행적이 베일에 가린 채 이상향을 꿈꾸는 신비적 존재인 순례자 루카의 모습에서 먼저 찾을 수 있다. 인물들을 위로하고 희망을 설파하는 루카의 모습에서 톨스토이의 도덕적 교훈극「어둠의 힘(Власть тьмы)」의 성격을 일면 엿볼 수 있다. 작품은 비천한 현실상황에도 불구하고 인간 본성에 대한 강한 믿음을 가지고 연민과 위로의 낭만적이고 박애주의적인 공감대를 조성한다.

인물들은 거칠고 조급한 성격에 단순하고 일차원적이다. 낭만적 도덕적 이상주의자 루카와 대립되는 인물로 강하고 단호한 성격의 현실주의자 사틴이 있다. 두 인물의 대립구조는 극을 이끌어가는 중요한 동력이다. 이에 비하여 일반 대중과 구시대 지식인들은 허약하고 무기력하며 비생산적인 존재들이다. 인물들은 서로를 배려하지 못하고 있으며 상호간의 관심과 스스로의 존중심도 부족하다. 그들은 경제적, 물질적 예속 상태에서 정신적 자유마저 상실하고 각자 살아남기에도 벅찬 형편이다. 19세기 말에서

20세기 초 낙후된 러시아의 전제적 정치사회 구조는 민중들의 삶을 보호하지 못하고 고통의 바다로 내던지고 있었다.

예외적으로 루카만이 동일한 예속 조건에도 불구하고 정신적 자유를 누리고 있으며 자유를 설파한다. 인물들의 대화에는 진실이란 단어가 자주 등장하듯이 자유, 인간, 진실이 작품의 주요한 테마이다. 진실과 현실을 주장하는 사틴과 구원과 이상을 주장하는 루카의 대립 구조를 바탕으로 작품은 현실 관찰과 인식의 장으로부터 인간다움, 인간의 진정한 자유를 사유하는 철학적 의미와 논쟁의 장으로 바뀐다.

현실과 이상을 둘러싼 작품주제의 철학적 의미는 작품내용 분석에 많은 영향을 미치고 있다. 「На дне」은 앞서 얘기한 사실주의와 낭만주의 이외에, 윤리적 심리주의, 상징주의 요소를 또한 지니고 있다. 사실주의적 분석은 자연주의, 비판적 사실주의, 상징주의자 등 많은 이들이 공감하는 내용으로서, 언술하였듯이 작품의 사회적, 세태적, 자연주의적 요소를 중심으로 바라보는 태도이다. 예술은 있는 그대로의 삶, 전체로서의 사실적 실제를 표현한다는 인식론적 태도, 즉 예술은 현실의 정확한 인식과 반영이라는 19세기 러시아문학의 지배적 전통, 비판적 사실주의를 근간으로 하고 있다.

윤리와 심리주의적 분석은 예술이 현실의 반영이라는 점에는 공감을 하지만 사회적 현실의 역할과 의미보다는 인물의 심오한 정신, 윤리, 감성과 심리, 고통, 생각, 사상, 회의, 성찰 등 내면세계에 더 큰 방점을 둔다. 이 관점은 사회존재의 외부적 요인보다는 인물들의 행동을 유발하는 삶의 태도나 도덕 같은 내부적 동기가 중요한 요소가 된다. 사틴의 냉소주의와 부브노프의 허무주의, 루카의 인본주의적 가치관에 관심을 보이는 것이 이 관점이다. 현실의 반영보다 예술작품은 특정 사상과 개념을 표현하는 도덕적 도구라는 교육적, 교훈적 역할을 중시한다.

상징주의적 관점은 위 두 가지(세태와 현실, 윤리와 정신)를 종합하면서도 이들과 대립적이다. 외부 현실의 인식과 내면 심리의 지각보다 각 인물은 사고하는 사상가로 각 세계를 대표하는 인물이다. 극은 개인의 복잡한 내면, 정신적 고통보다 추상적 사상과 이념에 의해 전개되고 인물들이 지닌 여러 가지 사상은 어느 하나가 반드시 궁극적으로 올바르다고 할 수 없고 중심축이 되지 않는다. 어둡고 더러운 감옥 같은 곳에서 죽음을 앞둔 안나에게 말동무가 되어주고 다른 이들에게 희망과 위로를 설파하는 순례자 루카를 비참한 현실을 가리는 거짓말쟁이로 볼 것인가? 사람들을 속이는 위선자로 볼 것인가? 루카가 추구하는 이상과 구원은 궁극적으로 무엇인가? 하는 문제는 이 관점에 속한다고 본다.

서로 상충하는 루카와 사틴의 세계 대립은 겉은 달라도 결국은 두 가지 모두 인간존엄 사상을 기초로 하고 있다. 두 인물의 사상과 이념 갈등 텍스트의 내부 기저에는 삶의 고통으로부터 해방된 영혼과 물질적 구속으로부터 벗어난 자유를 기원하는 인본주의 사상, 박애주의 정신을 근간으로 삼고 있다. 즉 사회 하부구조의 붕괴와 왜곡된 현실을 바라봄으로써 보이지 않는 상부구조를 향하고 있다.

작품해석에 대한 위의 다양한 관점들을 고려해 보면, 일반적으로 사실주의 극이라는 단순한 일차적 해석으로부터 작품 내부에 숨겨진 다양한 철학적 요소를 파악하게 된다.

2-2. 체홉전통

「На дне」는 극 분위기상 체홉극의 특성과 많이 닮아 있다.

> "체홉은 작품 속의 인물들을 "편성"(orchestrate)했다는 표현을 했다. 이는 먼저 바이올린 등 오케스트라의 한 파트가 테마 곡을 연주하고, 그 다음에 금관 악기나 목관 악기 등의 다른 파트가 테마 곡을 연주하는 식으로 이뤄지는 음악 작곡에 비추어 말한 것이다. 테마 곡은 다양한 파트가 연주할 뿐 아니라, 처음에는 장조로 했다가 다음에는 단조로 하는 등 다양하게 연주할 수 있다. 체홉은 자신의 작품에서 공통된 문제를 가진 일련의 인물들을 그렸으며, 각 인물을 통해 중심 주제가 지니고 있는 어떤 면을 나타냈다."

체홉의 인물들은 오케스트라 협연, 합주곡처럼 모두 한곳에 모여서 각기 자신의 악기를 담당하고 연주한다. 체홉극은 몇 인물들만이 등장하는 각각의 별개 장면들이 있더라도 궁극적으로 모든 갈등의 충돌과 조화는 오케스트라처럼 모든 인물들이 모인 한 장소에서 병치된 협연 형태로 수렴되고 전개된다. 느리게 느긋하게 움직이는 장면의 그들은 대개 앉아 있거나 몇몇은 서 있다. 협연 형태로 작품에 등장하는 인물들은 서로 대조, 상응, 보완의 역할을 한다. 때로는 일군의 인물들이 서로 대립되는 상황에서도 어떤 이들은 전체의 대화에 끼지 않으며 때때로 자신만의 세계에서 독주를 하며 협주곡에 들어왔다 나갔다를 반복한다. 이렇게 등장인물들을 엮고 대조시키는 인물 편성을 체홉식의 무리짓기라고 일컫는다. 전체가 자리한 합주곡 장면은 각기 자신의 공간이 배정되어 있고 자리 이동의 움직임도 없다. 휴식을 취하거나 담소를 나눌 때도 군상들은 한 폭의 그림 같은 정적인 분위기를 연출한다.

「На дне」는 이러한 체홉극의 정적인 분위기와 인물 편성, 무리짓기를 볼 수 있다. 인물 편성의 달인이었던 체홉처럼 고리키도 극적 효과를 점진적으로 축적해나갈 수 있도록 장면과 인물들을 배치한다. 체홉과 고리키 극은 겉으로 드러난 표상적 대화 내용보다 텍스트 밑에 감춰진 '물 밑 흐름의 진행과 의미'를 주의해서 읽어야 한다는 공통점을 가지고 있다. 고대 전통적 드라마는 인물들의 성격이나 갈등이 첨예하게 대립되어 적대적 관계에서 비롯되는 양립될 수 없는 모순이 지배적이라면 체홉극과 「На дне」는 공존할 수 없는 대립구조가 아직은 치열하지 않다. 혼돈은 갈등의 주요소인 무질서와 불안정 상태이다. 무질서와 불안정이 극에 달하면 폭발하여 파멸하거나 질서와 조화를 회복하기 위하여 갈등을 해소하고 안정화 단계, 코스모스 상태로 이전한다. 혼돈의 또 다른 지향점은 부조리극에서 보이는 무질서와 불안정의 끊임없는 끝없는 확장, 반복, 극대화이다. 이들과 다르게 「На дне」는 언급하다시피 자연주의와 체홉극의 전통을 잇고 있다는 점에서 인물들의 운동 에너지가 아직 뜨거운 상태의 충돌이 일어나지 않고 미온의 상태로 잠재적 가능성만을 내부적으로 간직하고 있다. 인물을 각각의 분자로 본다면 운동 에너지가 어느 한 분자에 쏠리지 않고 모든 인물이 더불어 말하고 행동하는 전체 속에 나뉘어 있다. 임계점에 이르러 폭발하지도 않고 끝없이 무한 확장하지도 않으면서 모든 방향의 해결이 가능한 열린 결말로 마무리 된다.

체홉극에서처럼 「На дне」에서도 극적 사건과 변화는 무대 위에 없다. 극 전개에 의미 있는 사건들이라면 일차적으로 나타샤가 순례자 루카를 데리고 나타나는 것, 코스틸료프 살해, 배우의 자살이다. 하지만 코스틸료프의 죽음(살인 사건)은 사회철학적 주제에서 비껴난, 치정에 얽힌 에피소드로서, 안나의 병사病死처럼 주변적 관심으로 밀려난다. 배우의 죽음(자살)도 무대 밖에서 이루어지며 입으로 전달된다. 그들의 죽음은 새로운 변화나 새 희망의 시작으로 이어지지 않는다. 인물들은 벽조차 없는 (커튼으로 구분된) 내무반 같은 공간에 앉아서 누워서 담소를 이어간다. 각기 고립되고 소외된 그들의 대화는 무기력하고 자주 끊기며 허공을 맴돈다. 체홉극의 대화는 4대 장막극의 내용에서 보듯이 일상에 관한 소소한 이야기들이다. 등장인물들 거의 모두가 삶에 대한 좌절과 무기력에 빠져 있고, 새 희망을 이야기하더라도 이는 소소한 개인사적 문제, 차원에 머문다. 고리키 극의 대화도 체홉과 같은 공통 분모를 가지고 있다. 인물들의 내면과 심리, 철학과 사상적 측면은 활발한 소통과 대화로 이어지지 않고 행간에 숨겨져 있음으로, 침묵을 포함한 텍스트 안에 감춰진 물 밑 흐름을 주의 깊게 파악해야 한다. 다만 고리키 사실주의는 사회정치적 구조와 배경, 주제가 체홉보다는 강화된 형태라 할 수 있다.

작품의 사건진행을 흥미롭게 만들고 주제를 선명하게 부각시키는 방법으로 문학은 대립과 갈등 관계를 사용한다. 문학에서 인물들은 어떤 인간들의 유형, 상징이다. 프로타고니스트(protagonist)와 안타고니스트(antagonist)처럼 두 인물의 대립을 통해 각 인물의 특성이 상대적, 비교적으로 더 명확해진다. 그들은 반드시 적대적인 갈등 관계에 위치할 필요는 없지만 인물들의 대립은 대비되는 성격을 만들어냄으로써 그들의 형상이 분명하게 드러난다. 고리키는 서로 대조를 이루는 인물들을 나란히 배치하는 기법, 체홉식 병치를 사용함으로써 사틴과 루카의 대립 관계를 표현한다. 사틴은 현실적, 인식적, 냉철한 인물이고 루카는 희망적, 낭만적, 위로하는 박애주의자이다. 이들은 성격이나 이해관계가 첨예하게 대립되는 적대적 모순 관계라기보다 철학적 내지 이념적 차이의 정신 영역에서 대립 관계를 갖는다. 반면 코스틸료프와 바실리사를 중심으로 여인숙 주인과 나머지 세 들어 사는 세입자들과의 관계는 경제적, 금전적, 물적 영역에서 대립관계를 형성한다. 월세를 받는 집주인이 가지는 경제적, 금전적 우위가 세입자들에게는 정치적(가진 자와 못 가진 자), 신체적, 물질적 예속으로 확장되어 이들을 구속한다. 또한 코스틸료프, 바실리사, 나타샤, 페펠을 둘러싼 애정 관계는 성욕과 질투로 연결된 육체적, 감정적 대립 관계로 연결된다.

위 3가지 대립 관계를 정리해 보면 인물들의 개인적 또는 집단적 대립 관계는 철학적 정신 영역으로부터 감정적 육체 영역으로까지 확대되어 있다. 그리고 대립 갈등 구조는 1-2-3의 순서로 감정적으로 격하게 증가하고 있다.

    1. 철학적(정신, 사상, 이념, 이상)/사틴-루카
    2. 경제적(정치적, 금전, 재정, 현실, 실제)/코스틸료프 부부-세입자들
    3. 육체적(감정, 성욕, 쾌락, 범죄)/코스틸료프-바실리사-나타샤-페펠

이러한 사회적, 정치적, 철학적 의미의 확장을 담보하기 때문인지 고리키극 분위기는 무겁고 어둡다. 체홉극의 전통을 이어가면서도 고리키극이

인색한 점은 유머의 부재이다. 에피소드에는 유희적 상황이 없고 언어유희마저 한 차례 등장할 뿐이다.

배우가 '오르가니즘(организм)'이 술에 중독되었다고 이야기하자 사틴이 웃으면서 '오르가논(органон)'이라고 답한다. 그 뒤 '시캄브르(сикамбр)'[2], '마크로비오티카(макробиотика)'[3] 단어들을 사용하는데 난해한 이 용어들을 다른 이들은 이해하지 못한다.

오르가논은 원래 그리스어의 '도구, 기관機關'이라는 뜻을 가진 말로서 주로 학문 연구의 도구 또는 기관으로 쓰였는데 6세기부터 '아리스토텔레스의 논리학 저서와 업적을 총괄하여 부르는 이름'으로 바뀌었다. 오르가논에 포함되어 있는 내용은 학문 연구, 논증, 사고의 형식과 법칙과 같은, 학문에 있어서의 준비, 도구 역할을 하는 분석론이 주를 이루기 때문에 오르가논이라는 명칭이 붙게 되었다고 한다.

이성적인 사유는 인간에게 주어진 본질적 기능이다. 진리를 향한 이성적 사유 활동을 하지 않고서는 결코 행복할 수 없다는 것이 아리스토텔레스 이성 논리학의 기본 토대이다. 오르가논이 알콜에 의해 중독되었다는 것은 삶의 이성적 기초의 파괴를 의미한다. 즉 사회와 개인의 진리를 향한 이성적 사유 체계가 작동하지 않음을 비판하는 것이다.

작품에서 인물의 'организм'과 'органон'이 술에 절어 알콜 중독이 된 상태는 이성적 유기체 구조가 형편없이 망가져 제대로 작동할 수 없는 상태를 이른다. 고리키는 작품의 희극적 효과를 일으키는 한 차례 언어유희조차 철학적 사유를 입혀서 난해하고 무거운 유머로 처리하고 있다.

야만인, 미개인이란 뜻으로 문명의 혜택을 받지 못하는 원시적 문맹인을 의미하는 'сикамбр', 방을 쓸다가 먼지를 먹으면 몸에 해롭다고 말하는 배우의 속 좁은 생활철학을 비웃으며 던지는 'макробиотика'도 난해한 단어들이다. 난해한 단어 사용과 그것을 이해하지 못하는 장면은 겉으로는 인물들의 무지 상태, 지식과 교양의 부족함을 드러내고 있지만 내부적으로는 인물들 간의 소통의 부재, 고립을 상징한다. 인물들은 각자의 문제와 관심사를 가지고 자신의 이야기만 늘어놓을 뿐 타인에 대한 관심과 배려가 없다. 이는 체홉극에서도 종종 보이듯이, 인물들 관계가 서로 간 소통과 공유가 이루어지지 않기 때문이다.

체홉과 고리키 드라마의 (특히 공간을 보여주는) 지문은 단순한 배경으로서가 아니라 등장인물과 같은 독특한 역할을 수행한다. 동굴 같은 지하에 위치한 합숙소의 묘사는 혼돈, 어둠, 죽음, 무덤, 야만, 미개, 문맹을 연관시킨다. 동시에 역설적으로 그들의 거주 공간, 집의 모습이 그래서는 안 되는 곳, 집이라고 할 수 없는 곳, 집 부재의 공간, anti-집 공간으로 환기되어진다.

인물들이 생활하는 싸구려 여인숙 거주 공간은 그들에게 집이라고 볼 수 있다. 개인의 행복과 휴식 공간인 집 공간을 확장해 나가면 가족, 사회, 국가 공간이다. 「На дне」의 집 공간은 거주인들을 따뜻하게 보살펴 주지 못하는 가정(home) 공간이다. 먼저 가족 관계를 이루는 사람은 집주인 코스틸료프와 바실리사, 열쇠공 클레쉬와 안나만이 부부이고 나머지는 혼자 사는 개인들이다. 개인뿐 아니라 부부관계에서조차 아낌과 배려, 애정은 존재하지 않는다. 집주인 부부는 나이차가 28세이고 치정 관계로 얽혀있어서 아내의 바람은 남편이 빨리 죽고, 남긴 유산을 가지고 자유롭게 사는 것이다. 열쇠공 부인 안나는 병으로 누워 있으나 남편은 병든 아내를 무관심하게 방치하고 있다. 나머지 개인들도 각자 먹고 살기에 바쁘다. 그들에게 집은 임시로 거처하는 공간이고 하루 빨리 그곳에서 벗어나기만을 바란다.

개인의 사적 공간이 충분히 확보되지 않은 합숙소는 바닥(дно)만 존재하는 밑바닥 공간이 된다. 그들의 거주 공간인 집은 비가 새는 천장 지붕으로 된, 개방형 공동생활의 집단 공간이다. 벽도 얇은 널빤지나 커튼으로 둘러쳐져 각기 개인 사생활이 분리되지 못하고 있다. 집이라는 형태는 벽과 지붕이 제거되면 바닥만 남는다. 벽과 지붕의 붕괴는 국가 사회 복지 시스템의 붕괴를 나타내고 황량한 바닥은 욕설과 절망, 분노를 배설하는 쓰레기장의 상징이다. 그들의 사회적 신분이 밑바닥 하층민일 뿐 아니라 거주 공간조차 바닥 밖에 남은 것이 없다는 것은 작품 제목에 이중적 상징성을 부여한다. 거주 시설들이 제대로 조성되지 않고 구비된 가구도 없이 서로 간 보호 역할을 못하는 열린 집단화 공간은 anti-집 공간으로 오히려 인물들을 고립된 상태로 방치하고 있다. 각 개인들은 각자도생의 길을 걸으며 그들이 꿈꾸는 유일한 꿈이란 여인숙을 떠나는 것, 즉 현실 탈출을 유일한 구원으로 꿈꾸고 있다. 그러나 죽음(살해나 자살) 이후에도 아무런 변화도 없이, (새로운 삶에 대한 희망과 기대를 상실한 채) 붕괴된 집(가정) 구조의 원점으로 다시 회귀하는 종결은 이들의 문제점들이 해결되지 않고 다시 영구적으로 순환 반복됨을 나타낸다.

3. 슈프리츠의 「밑바닥에서(На донышке)」

3-1. 20세기 말의 '밑바닥' 풍경

현대 창작에서 광범위하게 사용되는 리메이크는 원전에 기초한 작품, 재구성, 각색 등의 '2차 텍스트(вторичный текст)'와 동등한 지위를 갖는다. 이전 작품을 새롭게 다시 만드는 것으로 전체적인 줄거리나 제목 따위는 예전의 것을 그대로 사용한다. 1990-2000년대 극문학에서 나타난 '2차 텍스트'의 유행[4]은 러시아 사회의 과도기, 전환기적 특징을 의미한다. 현대문학, 특히 '새로운 드라마(Новая драма)'가 현대예술장르의 한 표현방법인 리메이크에 기댄 이유는 다양하다. 전통의 역사가 의미 있고 빛날 때 원작이 모방, 페스티쉬, 오마주, 패러디 등으로 편곡, 재생산, 재해석된다. 이 현상은 모든 이들에게 널리 알려지고 이미 익숙한 고전적 코드(기존 작품의 사회적, 미학적 내용과 가치)를 현대적으로 재해석하고 새로운 소통을 이루고자함에서 비롯된다.

1994년 이고르 슈프리츠(И. Шприц)는 고리키 극작품 「На дне」를 바탕으로 극장극 형태의 코미디 리메이크극 「На донышке」를 써냈다. 슈프리츠는 자신은 단지 번역자이고 가공의 작가 '막스 비터 2세(Макс Биттер-младший)'의 작품 「На донышке」를 존재하지 않는 언어인 오스트리아어로 번역하였다고 밝힌다.(독일어로 bitter는 고리키(горький)를 뜻한다.) 리메이크극 「На донышке」는 고리키 원극의 내용을 간직하고 있다. 「На дне」에서와 같이 동일한 등장인물들, 동일한 4막 구조와 사건 진행, 심지어 원극에서 고리키가 쓴 머리말의 헌사를 모방해 적고 있다.

— 콘스탄틴 페트로비치 퍄트니츠키에게 바칩니다. 막심 고리키

—Посвящаю Константину Петровичу Пятницкому(«Знание» 출판사 설립자-필자 주) М. Горький

― 키릴 이고레비치 필리노프에게 바칩니다. 막스 비터(고리키) 2세
―Посвящаю Кириллу Игоревичу Филинову (И. Шприц의 작품
«Гроб»를 브라츠크 드라마 극장에 올린 연출가―필자 주) М.Бит-
тер―младший

현대적 환경에 맞게 몇 가지 아주 미세한 변화만 있을 뿐, 두 희곡의 등장인물들은 동일인이다. 원극에 없는 이지오트(Идиот)의 등장, 제화공 알료슈카가 이지오트의 아들로 바뀜, 여인숙 주인 '미하일 이바노비치 코스틸료프(Михаил Иванович Костылёв)'가 '이반 미하일로비치 코스틸료프(Иван Михайлович Костылёв)'로 이름이 바뀜, 값싼 여인숙(ночлежка)이 여러 주인이 사는 현대판 공동주택(коммунальная квартира (коммуналка))으로 바뀜, 순례자 루카가 이름 없는 노숙자로 바뀜 등등, 등장인물들의 이름, 직업, 나이 등이 원극과 똑같거나 약간 조정되어 있을 뿐, 두 작품의 내용은 전반적으로 큰 변화가 없다.[5]

「На дне」와 마찬가지로 「На донышке」에서도 고리키 원극에서 보여준 주제와 비극적 요소들은 그대로이다. 「На донышке」에서도 인물들의 공동주거환경과 생활, 삶의 모습을 주 모티프로 그리고 있으며 여전히 공동주택 사람들은 가난하고 불행하고 무의미한 삶을 그럭저럭 살아가고 있다. 불필요한 물건들(가구, 전선, 배관, 짐 등)이 여기저기 뒹구는 현대판 공동주택과 그 속에서 생활하는 인물들의 상스러운 욕설과 알콜 중독, 초라한 삶이 묘사되어 있다.

장면마다 동시에 등장하는 많은 수의 인물들, 쓸데없이 불편하게 널브러진 잡동사니, 개인 간의 소소한 갈등의 과잉은 무질서하고 어수선한 소동

을 자주 발생시킴으로써 극 분위기를 불안과 유희로 이끌어 간다. 시대 설정은 밝히지 않았지만 인물들의 대화 내용으로 볼 때, 시간은 1980년 말과 1990년대 초로 추정된다.

시대와 장소 환경만 다를 뿐 리메이크극은 새롭게 변화된 역사적, 사회 정치적 조건들 속에서 원작의 줄거리를 희극적으로 재현, 재구성하려고 노력한다. 희곡의 처음 시작과 전시된 배경은 고리키 원극과 아주 흡사하게 진행되지만 원극에서 보인 사실적, 심리적, 철학적 주제는 점차 희극적이고 유희적 분위기에 주변으로 밀려난다. 원극에서는 순례자 루카의 등장 이후 인간의 존재, 자유, 진실, 구원 등 철학적 논쟁이 비참한 현실 조건과 대비하여 사건 전개의 주된 동력이었다. 그러나 리메이크극에서는 사틴이 주도하는 고리키 원극의 재현 과정이 극 전개의 주요 동력이다. 리메이크극에서 사틴과 배우는 공동주택 거주자가 아닌, 집을 찾아온 엽기적 인물이다. 거주인들의 이름과 관계가 「На дне」에 등장하는 인물들과 같은 것을 발견하고 한티-만시스크 자치구 공훈 연출가이며 창조 인텔리 계층의 대표자로 자신을 소개하는 사틴은 동료이자 친구인 배우와 함께 공동주택 안에서 고리키 작품 내용을 실지로 재현하고자 거주인들을 직접 연출 지도한다. 이렇게 거주 공간 집과 현실은 극장의 무대가 되고 거주인들은 등장인물(배우)이 되는 극장극(동시에 극중극) 구조로 진입한다.

그들의 거주 공간인 공동주택 아파트가 2층 계단 구조로 되어 있어서 장면이 나란히 진행되는 극장 무대에 알맞은 구조를 갖추고 있고, 아파트 거주인들 이름이 고리키 희곡에 나오는 주인공들과 같다는 것을 발견한 사틴은 고리키 희곡을 실제 삶, 현실 공간에서 재현하고자 결정한다. 극장극 무대화 방식은 연극이 실제 삶이라는 스타니슬랍스키 방식의 사실주의와 텍스트 없이 주어진 상황을 임의로 연기하는 즉흥극 방식(단 원전의 큰 틀과 테두리, 줄거리를 파괴하지 않는 범위 내에서 임의적, 자율적 방식)으로 재현된다.

스타니슬랍스키는 "예술은 삶의 인식과 반영이다. 삶을 모르고서 창조할 수 없다.(Искусство – отражение и познание жизни; не зная жизни, творить нельзя)"라고 말했다. 현실을(인물 포함) 있는 그대로 사용해 무대화하는 사틴의 연출 기법은 스타니슬랍스키의 사실주의 극장을 극단적으로 대변하고 있다.

원전인 1차 텍스트에 따라 전체 줄거리와 틀, 테두리는 정해져 있다. 다만 그 안의 구체적이고 세부적인 사건 진행은 인물들의 즉흥적 방식으로 임의적, 자율적 진행에 의존한다. 사틴이 사실주의 연출가 감독으로서 모든 장면과 재현과정을 지도 감독하지만 1차 텍스트 내용은 즉흥극 방식으로 실현된다. 스타니슬랍스키 사실주의와 즉흥극 방식의 결합은 이 리메이크극이 갖는 커다란 특징이다. 첫 번째, 배우를 찾거나 기용할 필요 없이 실생활의 인물을 직접 배우로 활용하는 것은 삶이 연극이고 연극은 사실적이어야 한다는 자연주의적 사고의 극단적 실천이다. 이는 현실의 반영 거울인 무대화는 꾸밈이 필요 없고 실생활 자체(실지 인물 포함)를 보여주면 된다는 의미를 담고 있다. 결국 스타니슬랍스키 사실주의 연극 미학의 적극적 의미 – 연극은 현실 또는 생활 자체라는 믿음 – 을 역설적으로 반영하고 있다.

사틴. ... 당신에겐 텍스트가 필요 없습니다! 당신은 이미 알고 있어요! 인생 자체가 이미 텍스트를 당신 입에 넣어 줬어요. 당신의 삶이 바로 텍스트이자 초(최고)과제이자 연극이란 말입니다...

Сатин. ... Вам не нужны тексты! Вы их знаете! Сама жизнь вложила их в ваши уста! Ваша жизнь — вот ваш текст, ваша сверхзадача, ваш спектакль...

두 번째, 위 믿음의 실천이 즉흥극 방식으로 표출되는 것이다. 즉흥극의 의미는 현실 또는 생활이 연극이기 때문에 방향과 목표만 제대로 설정되어 있으면 그 세부적 진행과 내용은 인물들의 자유로운 자의에 맡긴다는 것(현실 속에 존재하는 우연성 강조)이다. 우연찮게 모든 상황이 원극과 맞아 떨어진 상황의 우연성(제 1 우연성)을 토대로 만들어지는 즉흥극은 인물들의 독창적 개성과 그에 기반한 사건 전개의 우연성(제 2 우연성)이 가미됨으로써 재현 내용과정을 빛나게 한다. 두 가지 우연성이 파생하는 임의적 긴장감이 항시 동반 조성됨으로써 코미디아 델 아르테 성격의 흥미진진한 효과를 유발한다.

3-2. 극중극이 그려내는 카오스의 세상: 유희 속에 숨겨진 비극성

위와 같은 사실주의와 즉흥극의 두 가지 방식은 극중극 형식으로 수렴된다. 합리적 이성과 인식, 논리의 잘 짜여진 사실주의와 우연에 기초한 임의적, 충동적, 무정형적 즉흥극의 어울리지 않는 결합은 고리키의 작품과 그의 전통적 주제, 당대 연극계를 희극화하고 패러디하는 모습을 띤다. 많은 평자들이 지적하는 바와 같이, 연극의 사실성의 최극단에서 마치 삶을 사는 것과 같은 연극을 올리고자 했던 스타니슬랍스키의 시도들은 많은 부분 스타니슬랍스키와는 정 반대의 노선에서 연극의 연극성을 주장하며 즉흥극의 연극적 본성을 통해 삶을 연극화하고자 했던 20세기 초 모더니스트들의 입장과 닮아있다. 슈프리츠의 「На донышке」는 서로 다른 극단의 이 우연한 조우를 흥미로운 방식으로 형상화하고 있다.

극중극은 현실 인물들의 있는 그대로의 적나라한 모습들을 꾸밈없이 폭로하고 고리키 희곡의 장면과 내용, 대사들을 무의미하게 만든다. 재현에만 초점이 맞춰진 무대화 과정은 어느덧 놀이화되어 원극의 철학적 주제와 논쟁들을 퇴색시킨다. 원극에서 철학적 논쟁을 야기하는 대사들은 리메이크극에서 재인용되고 대사로 반복 사용되지만 상스런 현대적 비속어와 섞이고 소극(笑劇)적 코믹한 상황들에 의하여 원극에서의 의미를 상실하고 언어적 유희 수준으로 강등된다. 원극에서 루카와 사틴이 던지는 논쟁의 엄숙한 분위기는 사라지고 언어적 유희만 남는다. 결국은 인간과 사회, 존재의미와 철학은 뒷전으로 물러나고 현대 사회 밑바닥 인생만이 유희와 놀이라는 희극적 방법으로 전면에 부상한다.

원극의 무거운 분위기를 소거하고 희극적 특징을 강화하는 에피소드로서, 원극에는 없는 두 번의 보물 횡재 소동이 있다. 페펠을 둘러싼 애정의 삼각관계와 그것의 결과물인 코스틸료프의 살해 장면이 원극에서처럼 유지되지만 리메이크극에서 애정의 질은 저급한 육체관계로 하락한다. 사틴의 지도하에 진행되는 리메이크극의 코스틸료프 살해 장면은 즉흥적으로 이루어지다가, 우연히 벽에 구멍이 나면서 아파트에 숨겨져 있던 지난 세기 보물을 발견하게 되는 에피소드로 변환된다. 이는 위에서 언급한 내용, 즉 인물들의 임의적 개성과 사건 전개의 우연성이 즉흥극 내용과정을 변주하게 한 예가 될 것이다. 뒤얽힌 애정관계의 결과물인 살해 장면이 보물을 횡재하는 사건으로 질적 변환함으로써 희극적 소동을 강화하고 있다.

두 번째 보물 횡재는 배우의 죽음에서 발생한다. 원극에서처럼 배우의 자살을 연출하는 과정에서 천장이 무너져 내리고 또 다시 보물을 얻게 된다. 원극의 살인과 자살이라는 심각한 상황들이 소동 거리와 우연한 보물 횡재 사건으로 바뀜으로써 비극적 결말이 희극적 소동으로 질적인 전환을 이루었다. 원극에서 보인 철학적 주제들의 무게와 의미가 빠지고 각각의 대사와 사건들이, 특히 죽음마저도, 희극적 유희와 놀이의 장면으로 바뀐 것이다.

이렇듯 연극이 된 삶의 유희성, 희극성이 담지한 비극성은 삶의 모든 것에 환멸을 느낀 채 답 없는 인생 앞에서 유희 외에는 다른 답을 찾을 수 없다고 외치는 '삶의 연극화'론의 주창자 N. 예브레이노프의 연극론을 연상시킨다.

> 아기의 삶의 의미는 유희이다. 야만인의 삶의 의미도 유희이다. 윤리적이고 학문적인 가치뿐만 아니라 회의주의 자체도 믿을 수 없어 절망한 우리에게 이것 이외의 다른 삶의 의미가 있을 수 있을까? 우리는 그저 서로에게 동화를 들려주고, 우리가 지어낸 가면들로 서로를 웃기고 놀라게 하고 황홀하게 하며, 힘과 지식, 사람과 증오를 연극으로 만들 수 있을 뿐이다. 그 무대에서는 모든 것이 훌륭하고 볼만하며 흥미진진한 계략으로 가득 차 있고 아름답고 음악적이다. 그것은 우리의 시선을 사로잡아 바깥 세상으로 난 문을 보지 못하게 만든다. 그 문 바깥에는 더 이상 극장도, 동화도, 그럴 수밖에 없기에 끝없이 연기하는 우리 의지의 세계도 없다.

이 비극적 세상 속에서 끝없는 소동과 연극을 되풀이하며, 유희하고 연극할 수밖에 없는 이들의 삶은 어떤 의미에서는 고리키의 「밑바닥에서」의 세상보다 더 비극적이고 혼란스럽다.

더불어 리메이크에서는 원극에서 보인 사틴과 루카의 사상적 대립 장면이 무너져 있다. 사틴은 원극에서와 같이 거짓과 진실이라는 문제 제기를 하지만 리메이크극에서 루카는 사틴과 대립 구조를 형성하는 원극의 역할을 수행하지 못한다. 첫 번째 이유는 루카는 재현을 위해서 임의적으로 끌어들여진 노숙자이고 술 마시는 것 이외의 역할은 없다. 그가 도망가고 난 후 들여진 두 번째 루카 역시 노숙자이며 마찬가지 역할이다. 두 번째 이유는 루카가 삶의 의미를 믿지 않는 허무주의자로 뒤바뀜으로서 원극에서 부여된 존재감을 상실하고 있다. 루카는 고리키 원극에서 보인 사상적 입장을 바꿔 저속하고 미약한 인물들과 공감대를 형성하는 인물로 바뀌었다.

루카의 태도가 그들과 차이가 없다 보니 자유, 거짓, 진실, 존재, 구원 등 사틴이 던지는 철학적 질문들이 반향도 없이 공허하게 일방적으로 메아리칠 뿐이다. 루카의 존재가 의미를 잃으면서 사틴만이 중요 인물로 남는다. 사틴이 극중극 재현을 통해 보여주고자 하는 것은 (원전에서 주장된 고리키의 주제) 삶의 진실이다. 그가 말하는 진실이란 자유로운 인간이 신처럼 받들어야 하는 것이고 거짓이란 노예와 주인(예속된 인간들, 소유 주체인 주인도 소유로 인해 예속이 발생한다)이 섬기는 신앙과 같은 것이다.

원극에서 사틴은 냉철한 현실주의자로 등장한다. 사틴이 추구하는(꿈꾸는) 자유는 현실의 극복으로부터 나온다. 그러나 현실을 보라. 우리는 공동주택 거주인들의 모습에서 고리키 희곡에서와 같이 삶의 나락에 떨어진, 사회의 밑바닥에 위치한 모습들을 발견한다. 리메이크는 고리키 원극, 1차 텍스트의 옷을 입고 있지만 안의 내용을 20세기 말(작품이 쓰여진 1994년)의 현대 사회, 세태, 도덕의 모습으로 채워 넣었다. 그런데 아이러니하게도 그 현실이 세기 전 고리키 생전과 마찬가지로 더럽고 술에 절은 밑바닥 세상인 것은 변함없다. 리메이크는 여기에서 더 나아가 거주인들 그들 자체가 밑바닥이라고 주장하고 있다.

고리키 「На дне」에서 나타나는 집 부재의 모티프가 리메이크에서도 지속되고 있다. 일차적 비극은 그들의 현실이 바닥이고 바닥은 그들의 집이고 조국이고 사회라는 점이다. 비극은 객체(대상, 현실, 환경)가 갖는 비극성과 주체 자신이 내재한 비극성으로 분류할 수 있다. 고리키극은 일차적 비극, 객체의 비극성에 초점이 맞춰 있다면 리메이크극은 더 큰 이차적 비극, 주체의 비극성에 주목하고 있다. 리메이크극 인물들은 밑바닥 생활이 일상이 되고 익숙해져 다른 변화를 시도조차 않고, 술이나 마시며 즐기면서 의식이 마비되어 있다는 점이다. 거주 공간인 공동의 집을 아름답게 꾸민다거나 안식 휴식의 공간으로 만든다거나 새 시작의 출발점으로 삼는다거나 등의 변화를 추구함도 없거니와 심지어 떠나고 싶은 마음도 없다. 자신들의 모습이 자신들의 일상이 어떠한 것인지 의식할 수 없고 중요하지도 않다. 단지 매너리즘에 빠져 모든 것이 그저 익숙해졌을 뿐이다. 원극에서 타인을 따뜻하게 위로하고 희망을 부여한 순례자 루카의 상실은 주체의 비극성을 강조하고 리메이크극 인물들에 대한 연민과 동정 기능마저 사라지게 한다.

    루카. 병은 병의 형태로 존재한다! 보드카는 보드카 형태로! 모
    든 병에는 바닥이 있다! (병으로 책상을 두드린다) 모든 사회에도

바닥이 있다! 바로 여기가 바닥이야! (병으로 두드린다.) 바닥없는 병이 없듯이, 병 없는 사회도 없단 말이야!

Лука. Бутылка существует в виде бутылки! А водка — в виде водки! И у любой бутылки есть дно! (стучит бутылкой по столу) И у общества есть дно! Вот оно! (Стучит бутылкой.) И не бывает бутылки без дна, а общества без бутылки!

비극은 비참하고 불안하고 무의미한 하루하루가 그들 삶의 일상화가 되었고 그런 삶에 대한 문제의식조차 없으며 무감각화되었다는 점(객체의 비극성보다 주체의 비극성)이다. 그들 모두가 술에 절어 밑바닥으로부터 구원이나 탈출을 꿈꾸지 않는다. 우연히 횡재한 보물도 새로운 시작의 종자돈으로 사용하지 않고 다 술로 마셔버린다. 덧붙여 리메이크극이 더 비극적인 점은 사회 밑바닥을 나락에 처한 인간-작은 인간(маленький человек)-들이 아니라 보통의 일반인들이 점유하고 있다는 점이다. 페레스트로이카 이후 새 방향을 모색하는 과도기 기간에 아직 제자리를 찾지 못하고 자신을 상실한 채, 그럭저럭 하루를 무의미하게 소일하는 많은 일반 대중이 비극의 주체이고 그들이 자리한 곳(집, 가정)이 사회 밑바닥이다. 다수의 일반 대중이, 과거(20세기 초)보다 나아진 물적 조건에도 불구하고, 삶의 의미를 잃은 채 마비된 의식 생활을 익숙하게 살고 있다는 사실 폭로가 이 작품이 보여주는 비극성이다.

이처럼 슈프리츠 리메이크극은 현대 사회 밑바닥의 모습과 그곳에 거주하는 주체에 대한 비극적 패러디이자, 동시에 고전에 기초한 현대 연극에 대한 (전통적 사실주의 극에 대한) 희극적 패러디이다. 바닥 삶의 실재를 즉흥적으로 연극화시키는 극중극 형식의 메타드라마[6]적 연출 지도는 당대 극장계에 대한 희극적 패러디라고 볼 수 있다.

현대 격동기의 예술과 현실은 매우 무의식적이고 혼란스럽다. 리메이크극에서 보여 준 극중극 형식은 '예술과 현실이 서로 자리를 바꿀 수 있다'라고 한다. 슈프리츠는 예술과 현실을 서로 자리바꿈함으로써 현대의 혼란과 현실을 고전을 통해서 우회적으로 담아 내고 있다.

「햄릿」의 극중극이 숙부의 부왕 살해를 확인하고 우유부단한 성격의 햄릿을 행동으로 이끄는 역할을 하듯이 희곡에서 극중극은 나름 자신의 의미를 지니고 역할기능을 수행한다. 언급하였듯이 슈프리츠 극중극은 현실의 무대화라는 기능을 갖는다. 고리키극의 현실은 이미 익숙하게 알려져 있어서 단순하게 극 내용을 재현하는 것만으로는 슈프리츠극은 제한적일 수밖에 없기 때문에 리메이크는 그 이상의 것을 요구하게 된다. 현실의 무대화는 놀이 유희적 성격뿐 아니라 현실을 꿈의 공간, 가상의 공간으로 전환, 변위시키는 역할을 한다. 현실과 원전의 의미는 일차적 본래 의미를 상실하지 않지만 중심 공간으로부터 주변적 공간으로 자리 이동을 하고, 극중극 의미가 새롭게 그 중심 자리를 대신하게 된다. 불가코프의 「적자색 섬(Багровый остров)」의 작가 듸모가츠키가 현실과 무대 상연이라는 두 공간을 동시에 극중극 형태로 올리면서 나타난 주제는 극장과 검열이었다. 「적자색 섬」의 극중극은 작가의 자유 창작과 당국의 검열 이데올로기의 상충을 주제로 삼아 현실을 환유적으로 폭로하는 기능을 보여주었다.

고리키극의 인물들을(현실을) 이용해 재현(무대화)하는 사틴의 연출 결심은 원전과의 차이를 개시하는 변곡점이다. 현실이 무대화를 위한 총연습장으로 바뀌면서 현실을 묘사하는 고리키 리얼리즘은 자리를 양보하고 뒤로 물러난다. 물러난 그 자리를 풍자적, 희극적, 유희적 극중극 놀이가 중심 자리로 밀고 들어온다. 그러면 극중극은 어떠한 역할기능과 의미를 갖는가? 우선 먼저 원극의 내용과 주제는 극중극에 의해 밀려난다고 해도 완전히 사라지지 않고 무대화로 재현되면서 극중극 내용과 항상 병치되어 진행된다는 것은 다시 언급할 필요는 없으리라. 다시 말하면 극중극은 밀려난 원극을 기억의 창에서 끄집어내어 호출하는 역할을 한다. 보관 저장된 원극이 상기되고 되새김질하는 원료가 된다는 일차적 기능은 의심할 바 없다.

슈프리츠 극중극은 고리키 작품의 오마주 기능에 머물지 않고 더 나아가 무대라는 창을 통하여 삶의 연속, 연장선상에서 현실 세계를 환유적으로 표현한다. 원극의 재현을 놀이화하고 웃음거리로 만드는 극중극은 원극에서 다루는 현실과 사상을 단순히 희극적 재현 코미디로 전락시키는 것이 아니라 더 나아가 현실 인물들의 마비된 의식기능을 은유적으로 꼬집고 있다. 고리키 인물들은 절망 속에서도 현실을 인식하고 있었다. 그들은 인간 존엄을 위협하는 비참한 현실을 벗어나고 구원에 이르고자 한다. 하지만 슈프리츠극의 동일 인물들은 현실에 안주하여 매너리즘에 빠진 채 오히려 현실을 즐기고 있다. 그들의 쾌락적 현실 안주는 고리키 원전에서 보여준 이상, 철학, 사상, 위로, 자유, 진실, 인간 존엄 등의 고귀한 개념을 제거함과 동시에 고립되고 소외된 작은 인간에 대한 연민과 애틋함도 스스로 사라지게 만든다. 현실과 무대의 교차 진동은 원전과 리메이크의 상관성 속에서 원전의 재현보다는 원전보다 더 비극적인 모습들, 인물들의 황량한 정신 세계, 마비된 지각과 인식, 의식을 은유적으로 집중 폭로함으로써, 단순한 고리키 작품의 오마주가 아닌, 그로부터 변주된 희극적 비극성을 강화하고 있다. 역할 놀이와 즉흥적 극중극은 현실의 실상을 제 4의 벽을 통해 일반적으로 폭로하는 방법보다 더 흥미롭고 더 지적인 방법으로서 지각과 인식 기능을 강화시키고 있다.

4. 나가며

혼란스러운 과도기에 예술(특히 문학)은 사회적 변화표(이론과 지표)보다 인간 자체 본질을 중요한 척도로 보고 실존적 형상의 묘사, 분석을 예술 가치의 중심으로 삼는다. 예술 본연의 전통적 과제와 역할의 상기 가치를 우리는 '영원한 주제(вечные темы)'라고 명명한다. 방법론적으로 예술은 좌표(기준)으로서의 사회를 직접, 직설적으로 지향하기보다 척도로서의 인간의 모습을 다양하게 구체적으로 그려냄으로서 사회의 본질과 실재, 현상을 분석하게 한다.

역사적으로 러시아 드라마는 위의 전통적 자세를 견지하면서 시대마다 새로운 문학적 내용들을 채워나가고 있다. 페레스트로이카 이후 러시아현대드라마에는 새로운 인물들의 등장으로 새로운 물결이 발생하고 있다. 곤차로바-그라뇹스카야는 그들의 유형을 '경계(한계)점에 임한 주인공(маргинальный герой)'들이라 특징짓는데, 그들은 만성적인 정신적 불안 정상태에 익숙해져 있고 그것이 일상화되어 있다.

경계점에 임한 주인공은 '사회-실존주의적 주인공(социально-экзистенциальный герой)'들 중 독특한 위치를 차지한다. 인물의 '경계성(маргинальность)'은 사회적 신분으로서가 아니라 존재의 질적 개념으로서 개인의 삶이 사회로부터 닫힌 상태를 말한다. 그들은 삶의 기대와 희망이 무너져 절망적 상태에 처한 사람들로서 사회 구조의 희생자이다. 이들의 다양한 유형은 엘리트, 인텔리, 소시민들로 나타나는데 고리키의 작은 인간 형상이 현대적으로 변용된 것이라 할 수 있다.

슈프리츠가 극중극이라는 메타드라마 방법으로 고리키의 작은 인간들을 현대적 경계인으로 전환시켜 고리키 희곡을 풍자적으로 재음미하도록 하였다면, 콜랴다(Н. Коляда), 보가예프(О. Богаев), 쿠로치킨(М. Курочкин), 그리슈코베츠(Е. Гришковец) 등 현대의 많은 작가들은 슈프리츠와는 다른 방법으로 밑바닥을 그려내었다. 그들은 강화된 경계인, anti-집(집의 부재)의 특징으로 고리키 보다는 밤필로프 전통에 의거하여 예술의 영원한 주제를 독창적으로 이어가고 있다. 저속하고 속물적 야비한 현실 상황이 미학적 현상이 되고 삶과 인물들의 불합리성이 강조되는 그들 작품에 대한 논의와 분석은 차후 과제로 남긴다.

주석

1 본 글은 슬라브학보 2017년 32권 2호(2017년 6월 30일)에 게재된 필자의 논문을 (논문명: 페레스트로이카 이후 러시아 현대드라마의 한 경향 – M. 고리키 「На дне」 주제의 연속성을 중심으로) 고리키 탄생 150주년을 기념하기 위한 출판용으로 수정 보완한 것이다. 글의 내용은 논문과 상이하지 않으나 표현을 다소 다듬고 상당 부분의 지문과 주석을 생략하였으니 글의 자세한 내용은 슬라브학보의 논문을 참조하시오.

2 Сикамбр — 레인 강변에 살던 고대 게르만 종족을 의미하는 라틴어 시감브리(Sygambri)에서 근원됨. 사틴은 야만인, 미개인, 문맹인의 의미로 사용하고 있음.

3 Макробиотика — 그리스어 макро- 와 био-에서 파생된 단어로서 '오래 사는 법'을 뜻함. 장수하는 법을 연구한 독일인 의사 구펠란드(К. В. Гуфеланд(1762—1836))가 쓴 책 제목 「인간의 생명을 연장하는 법. 마크로비오티카」에서 유래됨.

4 «Башмачкин» О. Богаева, «Анна Каренина-2» О. Шишкина, «На донышке» И. Шприца, «Смерть Ивана Ильича» М. Угарова, «"Чайка" А. П. Чехова (remix)» К. Костенко, «Гамлет. Версия» Б. Акунина, «Имаго» М. Курочкина 등등의 많은 고전 작품의 리메이크가 쓰여 졌다.

5 본문에서 설명한 변화 이외에 나타샤(Наташа) 나이가 20세에서 18세로, 메드베데프(Медведев)는 54세에서 40세, 안나(Анна)는 30세에서 35세로, 모자 장수 부브노프가 무직자 부브노프(Бубнов) 등으로 바뀌지만 인물 설정상의 큰 변화는 없다. 다만 눈 여겨 볼 변화는 순례자(странник) 루카가 노숙자(бомж)로, 싸구려 합숙소 여인숙이 공동주택(коммунальная квартира)으로 바뀐 것인데 이는 시공간의 현대화에 따른 흥미로운 변주라고 생각된다. 또한 극중 인물 이지오

트(идиот)가 새롭게 등장하고 남작(барон)은 나이가 없는 해골(скелет без возраста)로 바뀐 점은 기괴한 그로테스크의 효과까지 지니고 있다.

6 백승무는 불가코프의 메타드라마를 연구하면서 다음과 같이 메타드라마의 기능과 효과에 대하여 설명하고 있다: "일반적 연극이 재현 자체의 기능에만 골몰하여 일방적 소통구조를 형성하고, 무대상황에 대한 전능한 작가적 의식을 주입하는 폐쇄적 소통방식을 고수하는 데 반해, 메타드라마는 허구의 생산방식을 노출하고, 무대상황에 대한 다양한 시선을 허용하기 때문에 극중극과 포괄극 간의 위계와 진실성에 대한 판단에 관객의 관심을 집중시킨다. 결국 관객들은 무대사건의 서사적 전개보다는 현실과 허구의 존재론적 지위와 상대적 우위를 점유하기 위한 이 둘 간의 권력관계에 초점을 맞추면서 현실에 대한 반성적 태도를 갖게 되는 것이다." 백승무, 불가코프의 메타드라마 연구 2), 러시아연구 제 22권 제1-1호, 서울대학교 러시아연구, 2012년, 50쪽.

참고문헌

1차 자료

Горький М. Собрание сочинений в восьми томах. Том восьмой. Пьесы (1901-1935), М. Советская Россия, 1990.

Шприц И. На донышке Серия: Ландскрона. Петербургские авторы конца тысячелетия. СПБ. Сборник современной драматургии [1], 1996. http://fanread.net http://newcomedia.narod.ru

2차 자료

미르스끼 D.P. 이항재 옮김, 『러시아 문학사』, 써네스트, 2008년

백승무, 불가코프의 메타드라마 연구 2, 러시아연구 제 22권 제 1-1호, 서울대학교 러시아연구, 2012년.

안지영, "나는 아를레킨, 아를레킨으로 죽으리 – 예브레이노프와 삶의 연극," N. 예브레이노프, 『가장 중요한 것』, 문학과지성사, 2012년

에드윈 윌슨, 채윤미 옮김, 『연극의 이해』, 예니, 1998년.

Багдасарян О. Ю. Пьесы-ремейки в «Новой драме» (М. Биттер-младший «На донышке» — М. Горький «На дне»), Уральский государственный педагогический университет, г. Екатеринбург, Россия. http://cyberleninka.ru

Бугров Б. С. Дух творчества. (Об отечественной драматургии конца века) // Русская словесность. — 2000. — № 2.

Гончарова-Грабовская С. Я. Комедия в русской драматургии конца 20-начала 21 вв. — М. 2006.

Гончарова-Грабовская С. Я. Поэтика современной русской драмы: учебно-методическое пособие. Мн.: БГУ, 2003. http://philology.bsu.by

Громова М. И. Русская драматургия конца XX — начала XXI века: М. 2007.

Евреинов Н. Театр как таковой. М., 1923.

Лазарева Е. Ю, Особенности художественного мира Н. Коляды в контексте исканий драматургии 1980–1990-х гг. Автореферат дис. канд. филол. наук. М. 2010. http://cheloveknauka.com

Лейдерман Н. Л. и Липовецкий М. Н. Современная русская литература: 1950–1990-е годы: Т.2. http://litmisto.org.ua/?p=3912

Николаева Л. В. Ранная драматургия М. Горького в историко-функциональном изучении: проблема интерпретации жанра пьес "Мещане", "На дне", "Дачники". Дис. на соискание учёной степени кандидата филологических наук, Самара, 2000. http://dno2000.narod.ru/gl3.html

클림 삼긴의 '안경'과 이데올로기

이강은

논문 출처: 문예미학회, 문예미학, Vol. 7, [2000]

저자 소개

경북대학교 노어노문학과 교수

고려대학교 노어노문학과를 졸업하고 동 대학원에서 「M. 고리키의 『클림 삼긴의 생애』 연구」로 문학박사 학위를 받았다. 『혁명의 문학 문학의 혁명 막심 고리키』, 『변혁기 러시아 문학의 윤리와 미학』, 『반성과 지향의 러시아 소설론』, 『바흐친과 폴리포니야』, 『러시아 소설의 형식적 불안정과 화자』 등의 저서가 있고, 역서로 막심 고리키의 소설집 『은둔자』, 『대답 없는 사랑』, 『세상 속으로』, 톨스토이 전기 『레프 톨스토이 1, 2』와 톨스토이 소설 『이반 일리치의 죽음』 등이 있다.

Abstract

Klim Samgin's 'Glasses' and Ideology

Gangeun Lee

(Kyungpook National Univ.)

All the protagonists of Maksim Gorky's <Klim Samgin's Life> are devoted to expressing their own way of life, their attitude toward the world, or debating with others about it. All the characters of the work are responding to the ideology very sensitively. Klim Samgin, a protagonist who records and evaluates and listens, is particularly sensitive to ideology. This sensitivity can be used to introduce diverse ideological claims and pleasures of a large number of characters, and motifs related to ideology can lead the work itself.

Klim Samgin is a communicator of other people's views and positions, as well as a self-evaluating and distorting subject. Klim Samgin is the 'glasses' itself to objectively convey all ideologies according to their own logic system and present the opposite world. All ideologies are utterly monologic in that they are not dialogues for mutual understanding, although they take the form of dialogue with each other by their respective advocates. Thus, <Klim Samgin's Life> can be said to be the work of the fate of ideology itself.

The fact that in the last masterpiece Gorky showed a very neutral hero, and that the writer calmed down the height of the Bolshevik ideology that he had trusted for a long time in his life, highlights a section of the writer's mental anguish in the 1930s. In pursuit of all the ideological positions and conflicts, development and destiny of ideology, the writer objectively shows the inevitability of human ideological life, rather than singing the fall or victory of any ideology. Not only to show but also to set the various prisms in front of the eyes of the reader to look at the world of various ideologies is demanding reader's active subjectivity. The very difficult and puzzling point structure of the work restricts his viewpoint strictly, and any ideological point of view does not allow him to take the value system of the work completely.

It is no exaggeration to say that Gorky's last work is the product of his experience and the desire for a new world that he had dreamed of in his experience. But what Gorky sees at the height of the historical experience is again another world. As a consequence of the orientation of utopia in <Klim Samgin's Life>, the writer certainly emphasizes the world of anti-utopia. However, it should not be ruled out that the writer's reflection on how difficult and confusing it is to go to a new world is that there is a 'hidden direction' of 'other world' beyond all ideologies. Gorky's last masterpiece is a 'literary revolution' that overthrows his own revolutionary literature.

1. 모든 것을 총결산하는 작품

　막심 고리키의 『클림 삼긴의 생애』는 1925년에서부터 1936년, 작가가 사망할 때까지 집필된 최후의 대작이다. 고리키는 이 작품을 자신의 모든 것을 '총결산하는' 작품이자 동시대를 넘어 오십 년 뒤의 세대에게 헌정하는 작품이라고 말한 바 있다. 심지어 고리키는 이 작품을 완성하기 전에는 죽을 권리조차 없다라고 말할 정도로 최후의 모든 역량을 집중하였다.

　다름 아닌 막심 고리키가, 러시아 혁명과 뗄 수 없는 긴밀한 연관 속에서 창작활동을 했고 프롤레타리아 작가로 세계적 명성을 얻고 있던 고리키가 전력을 기울인 것임에도 불구하고 이 작품은 발표되면서부터 소련 내에서 그다지 성공적인 작품으로 받아들여지지 않았다. 왜 혁명의 '부레베스트닉(바다제비)'[1] 막심 고리키가 러시아 사회주의 혁명이 성공한 20년대에 자신의 창작활동을 '총결산'한다는 작품의 주인공을 '허약하고 병적인 개인주의자'에 불과한 지식인으로 설정하였는가, 어떻게 클림 삼긴 같은 '회의적이고 중간적인 지식인'의 눈을 통해 혁명을 향한 러시아 사회의 대 드라마를 보여줄 수 있단 말인가, 과연 막심 고리키는 혁명 이후 혁명에 대한 회의를 극복하지 못하고 삼긴을 통해 자신의 변화된 이념을 그리고 있는 것은 아닌가. 이러한 의혹과 당혹감이 『클림 삼긴의 생애』에 대한 초기 소련 비평이 보여준 반응이었다.

  20년대 소련 비평이 보여준 반응은 당시로서는 어쩌면 당연한 것이었다. 작품의 주요 사건은 클림 삼긴을 중심으로 전개되는데 그는 관찰자이자 방관자이지 결코 적극적인 주도자나 참여자로 보이지 않았다. 그렇다고 해서 냉정한 관찰자로서 사건의 진행을 객관적으로 전달해주는 역할만을 수행하는 것도 아니다. 클림은 19세기 말 인민주의와 마르크스주의가 교차하는 혁명적 사회 분위기 속에서 대학을 마치고 변호사가 되었으며 혁명활동가들의 연락업무를 대행해주는 등 다양하게 혁명가들과 교류한다. 그러나 진정으로 자신을 혁명가로 생각한 적은 한 번도 없다. 그는 혁명적 분위기 속에 모호하게 자신을 위장하고 있다. 모든 사건과 이념적 토론은 클림의 눈과 귀와 의식을 통해 작품에 도입되고 있는데, 그것은 때로는 상당히 객관적인 전달이고 때로는 클림 자신의 내면의 목소리에 의해 왜곡된 것이기도 하다. 클림은 항상 자기 분열적인 정서 상태에서, 즉 혁명에 공감하지도 않고 혁명가적 능력도 지니지 못한 채 부단히 혁명가 진영을 맴돌면서 동요하고 불안해한다. 그러다가 마침내 그는 자신이 오랫동안 품어왔던 자신의 진정한 모습을 실현하기 위해 그 무엇으로부터도 자유로운 '독립신문'을 만들겠다고 결심한다. 그러나 미처 그것을 실현하기 이전에 그는 2월 혁명의 소용돌이를 만나게 되고 한 볼셰비키 지도자를 환영하는 인파에 밀려 죽음을 맞이한다. 클림 삼긴의 이러한 운명이 전개되는 과정에 수많은 등장인물이 출현하여 다양한 이데올로기적 입장을 드러낸다. 볼셰비키 혁명가로부터 극우적인 자본가, 차리즘의 옹호자, 신비주의적인 종교가, 회의주의자, 무정부주의자, 입헌공화파, 경찰의 첩자 등등 수많은 인물들이 클림의 삶과 교직되고 있는 것이다. 또한 '호드인카 사건'이라든가 '피의 일요일 사건', 1905년 일차 러시아 혁명, 일차 세계대전, 2월 혁명 등 역사적 사건들이 연대기적으로 도입되고 역사적 실제 인물들도 수없이 등장한다. 그러나 이 모든 사건의 중심에 러시아 혁명을 주도적으로 이끄는 볼셰비키가 아니라 클림이 있다. 그는 볼셰비키적 이념에 대해 부정적 태도를 부단히 유포하고 있을 뿐만 아니라 거의 모든 이데올로기에 대해 그 반대되는 시각을 제기하도록 설정되어 있다. 혁명 전에 『어머니』에서 파벨 같은 강철 같은 혁명가와 그 어머니의 혁명 전사로의 성장을 그렸던 고리키가 마지막으로 창조적 열정을 다 기울인 작품에서 어떻게 이런 인물을 우호적으로 그릴 수 있다는 말인가. 20년대 소련의 젊은 비평가들의 불만은 당연하고도 남음이 있는 것이었다.

2. 작가와 주인공

이러한 불만과 의혹으로부터의 출구는 루나차르스키의 「삼긴론」(1932)에서 주어졌다. 루나차르스키는 『클림 삼긴의 생애』가 혁명 전 러시아 역사의 파노라마를 그리고 있는 작품이라고 전제하고, 비록 독일 성장소설과 같이 한 주인공의 성장과정을 그리고 있지만 이 주인공에 대한 작가의 부정적 태도가 숨겨져 있다고 주장하였다. 그러나 작가의 부정적 태도가 명확하게 드러났다면 루나차르스키에게 별다른 고뇌가 필요치 않았을 것이다. 루나차르스키는 20년대 비평에 대항해서 이 작품을 변호하고자 하였지만 매우 허약하고 병적인 지식인이 작품의 중심에 있다는 객관적 사실, 그리고 이 주인공에 대한 고리키의 '부정적 태도'가 분명하게 드러나지 않는다는 사실에 눈을 감을 수는 없었다. 여기서 루나차르스키에게 필요한 것이 '숨겨진 풍자'라는 개념이다. 루나차르스키는 작품에 작가의 풍자적 태도가 명백하게 드러나지 않고 숨겨져 있다고 말한다. "고리키는 자신의 주인공과 작품의 많은 부분에 대해 아주 부정적으로 대하면서도 자신에게 그러한 문체화를 허용하지 않는다. 반대로 그는 마치 도덕적 판관으로서의 자신을 멀리하고 사물들을 객관적으로, 그리고 완전히 냉담하게 묘사하려고 노력하는 것 같다. 이것은 힘있는 기법이다. 즉 숨겨진 풍자라고 부를 수 있는 그런 것이다."

루나차르스키는 작품의 중심에 클림 삼긴이 있다는 사실을 부정하지 않으면서 이 주인공에 대한 작가의 풍자가 숨겨져 있다는 '절묘한' 개념을 내세움으로써 작가도 구하고 작품도 구하고자 한다. 그러나 루나차르스키는 '숨겨진 풍자론'으로는 여전히 고리키와 작품을 충분히 구할 수 없다고 느낀 듯하다. 그리하여 그는 '부정적 풍자의 대상'인 클림 삼긴의 삶 외에 러시아 역사의 파노라마를 그리는 것이 이 작품의 또 다른 중심이라고 주장한다. 삼긴이라는 부정적 주인공이 작품의 한 중심을 차지하고 있고 다른 중심에는 그를 통해 혁명 전 러시아의 역사적 사회적 파노라마가 전개되고 있다는 것이다.

루나차르스키의 '숨겨진 풍자론'과 '이중중심론'은 이후 연구자들을 통해 일종의 불문율로 받아들여졌다. 그리고 점차로 '부정적인 주인공' 삼긴은 작품의 중심에서 밀려나고 역사와 민중, 쿠투조프(볼셰비키 사상을 체현한 인물) 등 '역사의 파노라마'가 작품의 단일한 중심으로 세워졌다. 보리소바는 민중이 "총체적이며 주제적으로 독자적인 형상으로 나름의 구성과 나름의 발단, 절정, 결말을 지니고 있다"고 단언하였으며 옵차렌코는 삼긴이 "역사의 창조자가 아니라 '삶의 몰의지자'이며 사건의 중심이 아니라 주변에 있다. …… 비록 작품 속에 삼긴과 관련되지 않은 곳은 거의 없지만 그 진짜 주인공은 민중이다"라고 확정지었다.

소련의 문학 연구자들이 『클림 삼긴의 생애』에서 역사의 파노라마를 찾아내고 러시아 혁명의 필연성과 이 필연성을 수행하는 러시아 민중의 역동적인 힘을 포착해냄으로써 이 작품을 소련 문학의 로만-에포페야[2]로 규정하고자 많은 노력을 기울였음에도 불구하고, 사실 그러한 해석은 작품의 엄연한 시학적 사실을 외면하지 않고는 불가능한 일이었다. 그들의 노력과 희망에도 불구하고 클림은 여전히 작품의 중심에서 역사의 파노라마를 보고 듣고 평가하고 왜곡하고 있었다. 클림을 작품에서 아무리 부차적인 인물로 만들려고 해도 클림은 작품의 가장 중요한 구성 중심으로서 시학적 열쇠를 움켜쥐고 있었던 것이다. 클림의 이러한 역할을 받아들일 수 없었던 많은 연구자들은 결국 이 작품이 어느 정도 구성상 실패하였다고 말할 수밖에 없었고 심지어 클림이 매우 모욕적인 방해물이라는 진단을 내리지 않을 수 없었다.

클림 삼긴이라는 주인공의 어떤 점이 그렇게 소련의 문학 연구자들에게 거북했던 것일까. 그리고 주인공 클림은 자신을 끌어내리고 소련 문학의 규범적 해석의 근거를 만들어내려는 지속적인 시도를 어떻게 저지하고 있는 것일까. 클림의 진정한 소설적 역할은 무엇이며 이를 통해 실현된 소설 세계의 진정한 모습은 어떤 것인가.

오늘날 『클림 삼긴의 생애』를 다시 고찰하고자 할 때, 우리는 클림 삼긴이 작가의 단순한 풍자 대상이 결코 아니며 작품의 구성 중심으로서 작품의 의미망을 구성하는 핵심이라는 사실을 인정하는 것에서 출발해야 한다. 루나차르스키의 '이중중심론' 역시 이런 사실을 인정하면서 다른 한편 다른 중심, 즉 소련 비평의 해석에 보다 적합한 새로운 중심을 읽어내고자 하는 노력이었다. 하지만 많은 연구자들이 루나차르스키의 이중중심론에 근거하여 이 작품을 이해하고자 했지만 클림이라는 보다 중심적인 주인공의 역할을 배제할 논리적 근거가 취약함을 느끼지 않을 수 없었고 결국 클림 삼긴이라는 주인공에 대해 불만을 드러낼 수밖에 없었다. 이러한 연구 과정이 역으로 분명하게 보여주는 바는 바로 클림 삼긴이 많은 부정에도 불구하고 여전히 유일한 작품 중심이라는 사실이다.

사실 클림 삼긴을 풍자의 대상으로 국한시켜버리면 클림이 하고 있는 작품 내의 많은 역할을 도외시하게 만든다. 작품에 도입되고 있는 수많은 역사적 사건과 인물들의 관계, 다양한 이데올로기적 입장도 클림이라는 구성 중심을 배제하고 나면 모두 파편적이고 일면적이다. 이렇게 파편적이고 일면적인 내용을 연구자의 의도나 희망에 따라 재구성하거나 재의미부여하는 방식은 작품을 벗어나지 않고서는 이루어질 수 없다. 즉 작품에 실현되지 않은 내용을 부가하지 않고서는 작품의 일관된 의미망을 구성할 수가 없는 것이다. 그리고 그것은 바로 작품의 왜곡을 의미할 뿐이다. 그러나 반면 이 모든 슈제트를 구성 중심으로서의 클림의 역할과 연관시켜보면 '허약하게 구성되어 있던' 슈제트가 아연 긴장 속에 살아난다. 그리하여 『클림 삼긴의 생애』의 완벽한 시점체계가 '재인식'되고 이를 통해 작품의 의미와 의의가 현대적으로 부각된다.

클림 삼긴의 구성적 역할에 대한 시학적 분석은 우선 작품의 모든 사건과 모든 인물, 관계는 클림을 통해서만 작품에 도입된다는 사실을 분명히 확인해준다. 이를 위해 클림에게는 비상한 능력이 부여되어 있다. 무엇보다 그는 탁월한 관찰력과 사고력을 지니고 있고, 이데올로기 환경에 민감한 성격을 가지고 있다. 또한 주요 사건과 관계의 핵심을 보고 들을 수 있는 정도의 활동력과 관계망도 지니고 있다. 클림이 없는 경우에 벌어진 사건은 그 자체로 작가에 의해 작품에 묘사되지 않고 그 자리에 있었던 누군가의 전언에 의해 클림에게 전달됨으로써 작품에 도입된다. 클림은 인물의 성격이나 행위, 사건이나 상황에 대한 객관적인 제시의 역할을 충실히 해내고 있는 것이다. 클림의 이러한 역할이 인정되지 않을 때, 이 작품은 그야말로 구성상의 화려한 실패를 보여주고 있다는 오해를 벗어날 수 없다.

그러나 객관적인 사실의 전달과 묘사의 역할을 하는 것이 클림의 가장 중요한 역할이지만 클림이 단순히 전달자의 역할, 서술자의 역할에 머무르지 않는다는 데에 문제의 복잡성이 있다. 클림은 내면세계를 유일하게 직접 드러낼 수 있는 인물로서 모든 내용을 제시하되 자신의 의식을 통과시켜 제시한다. 작품 속에서 내면 풍경이 그려지는 것은 오직 클림 삼긴뿐이다. 오직 그만이 생각하고 느끼는 바를 우리에게 전할 수 있다. 다른 사람의 성격과 내면은 그들의 행동과 말이 클림에게 목격됨으로써, 혹은 또 다른 사람에 의해 전언됨으로써(클림이 존재할 수 없는 상황에서 벌어진 일인 경우) 드러난다. 이 점에서 우리는 클림이 보여주는 세계 속에 클림의 주관적인 판단과 왜곡이 담겨있으리라는 점을 어렵지 않게 알 수 있다. 클림은 주변 세계를 작품으로 들여오는 유일한 입구이면서 동시에 주변 세계를 자신의 주관으로 가치평가하고 비틀고 덧씌우는 인물이다.

『클림 삼긴의 생애』에서 묘사되는 세계가 주인공 클림의 관찰, 청취, 그리고 클림의 의식 내의 수용을 통해서만 전개된다는 것은 작가에게 상당히 어려운 시점구조이다. 한편으로는 작가 자신이 전지적으로 작품 전개에 개입하기가 매우 어렵다. 클림이 볼 수 없고 관찰할 수 없는 시간과 공간에서 발생한 사건, 시대적 특징이나 주요 등장인물의 성격 등을 작품에 도입하기가 쉽지 않은 것이다. 그런 경우 불가피하게 작가는 클림이 보지 못하고 관찰하지 못한 사건에 대해 알려줄 수 있는 장치를 만들어야 한다. 이를테면 직접 목격자가 클림 앞에서 그 사건에 대해 서술하도록 하거나 혹은 클림이 그 사건에 대한 이야기가 진행되는 때와 장소에 참석하도록 만들어야 한다. 클림 앞에 많은 인물들이 필연적인 인과관계 없이 나타나거나 사라지고, 클림 자신이 특별한 이유나 행동동기 없이 여기저기를 떠돌아다니거나 우연한 인간관계를 많이 맺는 것도 이런 시점 구조의 필연적 결과이다. 이것은 대 장편소설 속에서, '역사적 파노라마'를 보여주는 '총결산적 작품'에서 활용하기 매우 어려운 시점구조이다. 다른 한편 작품에 재현된 세계가 클림 삼긴의 주관성에 의해 좌우될 수 있다는 한계가 있다. 만일 클림이 매우 긍정적인 인물이어서 그의 성장과정과 의식에 대한 묘사가 작가 정신과 일치한다면 비록 주인공의 주관적인 판단이라 할지라도 우리는 긍정적으로 수용할 만하고 작가 자신의 의도가 적절히 실현되고 있다고 말할 수 있다. 그러나 클림은 러시아 혁명의 전개과정을 심도 있게 보여주기에는 너무나 허약한 주인공이다. 고리키가 클림의 내면을 통해 혁명의 적극적인 진행과정, 그 합법칙성을 보여주고자 했다면 분명 클림은 실패한 주인공일 수밖에 없다. 클림은 '작가 정신의 실현'에 '적절히 호응하는' 그런 주인공이 아니다.

고리키는 왜 열정을 가지고 집필했던 최후의 대작에서 이렇게 제한적이고 불편한 시점구조를 택할 수밖에 없었는가. 정말로 구성상의 실패였던가.

고리키는 『클림 삼긴의 생애』를 집필하면서 "나는 지식인이 영원히, 수세기 동안 저주할 그런 작품을 쓸 것이다"라거나 "작품 전편에 걸쳐서 나는 볼셰비키 사상이 어떻게 형성되었는지를 보여줄 것이다"라고 의도를 밝히고 있지만 다른 한편으로는 "만일 내가 삼긴을 너무 정력적으로 몰아붙이고 있다면 그건 정말 나쁜 것입니다. …… 그런 인물에 대한 불신은 나의 젊은 시절부터 있었던 것이지요. 그러나 만일 내가 지나치다면 그것은 이미 주관주의가 될 것입니다. 그렇다면 내 책은 망쳐졌다는 뜻이겠지요"[3]라고 말하면서 주관주의를 피하고 가능한 엄정한 객관성을 달성하고자 한다는 뜻도 분명히 밝힌 바 있다. 클림 삼긴의 안경[4]을 통해서 모든 세계를 보여주고 클림 삼긴의 안경을 통해 모든 세계에 대한 반-세계를 보여주려는 시점구조는 고리키의 이러한 객관성의 목표와 연관되어 있다. 즉 고리키 자신은 클림 삼긴의 안경을 벗어나 마음껏 자신을 밝힐 수 없고 클림 삼긴이 창조하고 있는 반-세계에 대한 또 다른 명징한 작가적 반-세계(작가가 공감하고 작가 정신을 함축하는)를 자유롭게 창조해낼 수 없다. 또한 주인공 클림 삼긴도 무제한으로 자신의 내면을 표현할 수 있는 인물로 창조되지 않았다. 그는 작가의 전적인 사랑을 받아 작가 이념의 전달자가 되지도 못하고 세계의 움직임 한가운데에 있는 적극적 인물로도 창조되지 않았다. 클림을 통해 수용되는 세계 역시 클림이라는 매개를 통해서만 가능하기 때문에 자신의 전면적인 모습을 지니고 있지 못하다.

이멘되르퍼는 『클림 삼긴의 생애』의 시점구조를 면밀히 검토함으로써 이 작품에 작가정신을 담은 "화자 법정은 없으며" 작품 세계에 대한 "독자의 판결은 열려진 채로 유지될 것이 요구된다"고 말한다. "소설의 묘사된 세계는 무엇보다도 주인공의 세계이다. 대화는 이 영역을 확장시키지만 자신의 세계를 넘지는 못한다. 아이러니와 대비는 그 경계를 넘어서 독자의 수용에 영향을 준다. 그로 인하여 주인공과 작가의 동일시가 회피되며 거리두기의 가능성이 독자에게 부여된다. 작가는 영향력 확보를 위해 간접적인 수단을 사용하며 직접적인 평가를 회피한다. 아이러니와 대비에 관련될 수 있는 화자 법정은 없다. 『클림 삼긴의 생애』에는 주인공의 세계에 대한 명징한 반대세계가 구축되어 있는 것이 아니다. 세계에 대한 독자의 판결은 열려진 채로 유지될 것이 요구된다." 이멘되르퍼는 이 작품이 슈탄첼의 분류에 따른 인물시각적 소설유형을 몇 십 년 앞서 선취하고 있다고 보면서 작품의 시점구조가 작가와 주인공, 독자의 동일시를 피해 일정한 거리두기를 시도하고 있다는 탁월한 분석을 시도하였다.

  슈탄첼은 현대 소설의 유형을 주석적 소설, 일인칭 소설, 인물시각적 소설로 분류하면서 인물시각적 소설은 "서술자가 이야기 속에 참견하는 것을 단념하고 소설의 인물들 뒤에 썩 물러나 있는 나머지 서술자의 존재가 독자에 의해서 더 이상 의식되지 않게까지 되어 …… (독자들이) 마치 자기 자신이 사건의 무대 위에 올라가 있는 듯 환상을 갖게 되거나, 또는 자기가 한 작중인물의 눈을 통하여 작중 세계를 관찰하고 있는 듯 환영을 가지게" 만드는 서술방법이라고 말한다. 이러한 서술 방법이 발전하게 된 이유로는 "첫째, 객관성의 요구라는 철학적 원칙을 들 수 있겠고, 둘째로는 한 특정한 시각의 엄격하고 시종여일한 유지를 통한 서술 기법상의 혁신을 들 수 있으며, 셋째로는 인간의 의식과 잠재의식이라는 한 새로운 주제를 들 수 있다."

  이멘되르퍼의 분석과 슈탄첼의 소설 유형 분석을 고려하면 『클림 삼긴의 생애』에서 작가가 달성하고자 했던 객관성의 문제와 이 작품의 시점구조의 연관성을 이해할 수 있게 된다. 막심 고리키가 현대 러시아 역사과정에 대한 다양한 실천적 체험과 숙고를 통해 마지막으로 모색하고 있는 소설 형식은 작가 자신을 엄정하게 제한하고 이 제한된 형식을 통해 러시아의 혁명적 삶과 역사를 있는 그대로 보여주고자 함이었다. 따라서 이 작품이 발표된 이후에 다양하게 제기되었던 작가의식의 문제는 위와 같은 시학적 분석을 통해 재검토되어야 한다. 물론 이 작품이 인물시각적 유형의 시학을 온전하게 실현한 작품인가에 대해서는 이멘되르퍼의 분석과는 별도로 또다시 검증되어야 할 것이다. 그러나 최소한 "삼긴의 안경을 통한 막심 고리키의 눈"[5]이라고 작가와 삼긴을 동일시하거나 작가가 주인공에 대해 "숨겨진 풍자"를 하고 있다거나, 혹은 작가의 주석적 편린을 찾아내어 작가가 러시아 역사의 필연적 혁명과정에 대한 신념을 작품에 주입하고 있다는 식의 평가는 이 작품의 시학이 지향하고 있는 바에 부합하지 않는다는 점은 분명하다.

『클림 삼긴의 생애』에 대해 새로운 분석을 시도하는 수히흐는 이 작품의 시점구조에 대해 이렇게 비유하고 있다. "특수한 형태로 제작된 그림, 혹은 특수한 안경을 끼고서만 볼 수 있는 스테레오 영화가 있다고 하자. 그 때 우리는 서로 다른 구성을 가진 두 개의 렌즈를 들여다 보고서야만 입체 사진의 묘사를 식별할 수 있다. 안경이 없이는 무엇도 이해할 수 없다. 렌즈 중에 하나를 들여다보고서도 역시 마찬가지이며 그 둘을 혼합할 때에만 필요한 효과가 느껴질 뿐이다. '삼긴의 안경'은 그러한 것으로 '이중 초점'을 가진 안경이다. 즉 한 초점의 안경은 명료한 것을 보여주지만 평면적인 묘사를 보여주고 다른 초점의 안경은 왜곡된 것을 보여준다. 그런데 이 두 개를 동시에 보면 선명한 규모의 다면적인 것이 보인다. 작가의 자리는 이를테면 이 두 렌즈의 결합 지점에, 그들 사이의 경계에 있다고 할 수 있다." 수히흐의 비유는 작가의 형상이 특정한 주인공이나 작품 속의 특정한 서사에 의해 드러나는 것이 아니라 그들을 드러내는 방법 속에, 그들이 관계 양상 속에 존재한다는 것을 말한다. 즉 고리키의 창작 이념은 클림 삼긴이라는 주인공에 대한 동감이나 거부감 속에서 찾아질 수 없다. 또한 클림 삼긴이라는 주인공에 의해 작품에 수용되는 러시아 역사의 '객관적' 발전과정, 그 속에 참여하는 러시아 민중 속에서도 작가의 단일한 창작이념을 추출해낼 수는 없다. 다시 말해 작가의 창작 이념을 제대로 인식하기 위해서는 명료한 객관적 세계상과 주인공의 의식 사이를 바라보는 '특수한 눈'이 요구된다는 것이다. 기존의 연구들이 주인공의 이데올로기적 정체성 문제에 매달려 왔고, 나아가 작품 전체의 이데올로기적 내용성을 분석하는 데에 집중하여 왔다면 수히흐는 그런 관점 모두를 지양하고 이데올로기의 발현양상에 대해 관심을 가질 것을 촉구하고 있는 셈이다.[6]

3. 쿠투조프와 삼긴의 안경

『클림 삼긴의 생애』에서 러시아 혁명의 필연성을 읽어내고 싶은 사람은 당연히 쿠투조프라는 등장인물에 주목하게 된다. 쿠투조프는 볼셰비키의 이데올로기를 일관되게 견지하고 있는 인물이다. 클림 삼긴이라는 중간적이고 회색적인 주인공에 대해 회의적인 생각을 떨치지 못하던 독자는 쿠투조프를 만나는 순간, '그럼 그렇지, 과연 고리키가 ······' 하고 무릎을 칠 만하다. 그만큼 쿠투조프는 전형적인 볼셰비키이며 『어머니』의 파벨 블라소프와 꼭 닮은 형상으로서 고리키의 문학을 일직선으로 해석해낼 수 있

는 마지막 인물이다.[7]

쿠투조프는 러시아 볼셰비키의 전형적인 이력을 가지고 있다. 일정한 직업이 없이 비합법 전위조직에 가담한 직업적 혁명가인 그는 감옥에서 러시아 현실과 혁명에 대해 학습했다. 그는 대중 속에서 선전 선동 활동을 수행하고 당의 지시에 따라 다양한 조직화 사업을 전개하는 것으로 알려진다(그 구체적인 활동양상은 작품에 제시되지 않는다). 그는 모든 것을 엄격한 계급적 관점에 따라 판단하고 명료하게 자신의 입장을 제시한다. 그는 결코 동요하거나 주저하는 법이 없고 시종 일관성을 유지하며 특히 자신의 논리가 비과학적일 수 있다거나 틀릴 수 있다는 단 한 번의 회의도 보이지 않는 "강철 같은 마르크스의 논리"(22, 107)로 무장한 혁명가이다. 쿠투조프는 동지에게 보내는 한 편지에서 혁명에 대한 자신의 신념을 이렇게 표현한다. "세상은 중병에 걸려 있소. 자유주의 휴머니즘의 약한 물약으로는 치유할 수 없다는 것은 아주 분명합니다. …… 외과수술이 요구되는 거지요. 곪을 대로 곪은 상처를 도려내고 썩은 종기를 뽑아내야만 합니다."(22, 368)

오직 계급적 관점으로 모든 것을 환원시켜 판단하는 쿠투조프에게 자신의 신념체계를 벗어나는 다른 사람들은 가혹한 비판의 대상이다. 그는 아직도 러시아에 영향력을 행사하고 있는 인민주의에 대해서 이렇게 말한다. "나로드니키가 교활한 언사로 가득 찬 가방을 아무리 꿰매보려고 해도 계급적 송곳을 감출 수는 없지."(22, 368) 그리고 귀족 출신의 회의주의자 투로보예프에 대해서는 "그 친구의 회의주의는 완벽해. 그건 말이지. 마치 자기 계급이 그 역할을 다하고 비존재로의 경사면을 따라 빠르게 미끄러져 내려가는 것을 잘 느끼고 있는 그런 사람의 세계관이랄 수 있지."(21,

235) 그리고 한때 자신과 사랑을 나누었던 마리나 조토바에 대해서 쿠투조프는 이렇게 말한다. "지식인이지. 좋은 건강한 두뇌를 가졌지. 그러한 두뇌의 발전과 자유로운 현현은 부르주아의 계급적 이해의 도식과 규범들에 의해 밀접하게 제한되어 있지."(24, 180)

삼긴은 쿠투조프의 분명한 논리 앞에서 자신을 방어할 능력을 잃고 허둥대지만 쿠투조프의 본질에 대해서는 정확하게 독자에게 보여준다. "쿠투조프주의로 나타나는 볼셰비즘은 사람들을 완전히 명료한 이해관계의 선으로 엄격히 규정되는 통일적 집단으로 나누어버림으로써 삶을 단순화하였다. 각각의 인간이 계급과 집단의 의지에 따라 행동한다면, 그럴듯하게 교묘히 짜낸 말 뒤로 자신의 진정한 바람과 목적을 아무리 숨기려 해도 항상 그 진정한 본질을, 집단적 계급적 명령의 힘을 폭로해낼 수 있을 것이다."(21, 452) 클림 삼긴은 쿠투조프주의를 수용한다면 자신의 지적 능력을 부각시키고 남과 다른 면모를 보여주기에 매우 유용할 것이라고 생각한다. 주변의 인물들이 나름대로 세상을 바라보고 나름대로 판단하고 나름대로 확신을 표명하는 가운데 클림은 내심으로는 전혀 아무런 신념도 가지고 있지 못한 인물이다. 클림은 상황과 편의에 따라 누군가의 '언술체계'를 자신의 것으로 적당히 차용하여 자신을 위장한다. 그 가운데 쿠투조프의 언술체계야말로 가장 유용하고 힘이 있다고 여기게 된 클림은 때때로 쿠투조프식의 언술을 행함으로써 주위 인물들에게 자신이 비밀스런 어떤 혁명활동에 가담한 아주 신중한 인물로 비쳐지게 만든다.

그러나 마르크스주의와 볼셰비즘의 논리에 부합하지 않는 일체의 것을 배제하고, 즉 다른 모두로부터 벽을 치고 고립됨으로써 이념적 순수성을 확보해내는 쿠투조프에 대해 작품에는 다양한 이념적 반대자들이 설정되어 있다. 쿠투조프에 대한 가장 강력한 이념적 대립자는 회의주의자 투로보예프이다. 그는 쿠투조프의 엄격한 계급철학과 혁명의 논리에 대해 "하지만 말이죠. 만일 계급철학이 삶의 모든 수수께끼를 푸는 열쇠가 아니라 자물통을 깨어 부셔버리는 것이라면 어떻게 하지요?"(21, 451)라고 이의를 제기한다. 투로보예프는 회의주의자이고 예언자들의 적이며 그 시대의 모든 지배 이념들 중 어느 것에도 견해를 같이하지 않는 인물이다. 쿠투조프의 규정에 따르면 '퇴화하는 계급의 대표자'일 뿐이다. 그러나 그의 지혜와 독립적 태도에 대해서는 쿠투조프조차 인정하지 않을 수 없다. 그는 아마도 쿠투조프가 냉소적 웃음을 담지 않고, 경멸도 담지 않고 함께 이야기를 나누는 유일한 인물일 것이다. 쿠투조프는 투로보예프를 "지혜로운" 녀석이고 "유독하다"(21, 212)고 이중적으로 평가한다. 문화의 운명에 대한 투로보예프와 쿠투조프의 대화의 한 장면을 보자.

"문화가 죽어가고 있다는 것은 아주 분명해. 사람들이 남의 힘을 빌어 살아가는 데 익숙해져가고 이러한 습관은 모든 계급을, 사람들의 모든 태도와 행동들을 철저히 관통해가고 있기 때문이지. 나는 이런 습관이 노동으로부터 짐을 벗으려는 사람들의 바람에서 나온 것이라고 생각해. 그러나 그것은 인간의 제 이의 본성이 되어서 이제는 혐오스런 형태를 띨 뿐만 아니라 노동의 깊은 의미를, 그 시(詩)를 뿌리째 뽑아버리고 있거든."(21, 252) 사회주의로서도 이와 같은 문화의 퇴락을 완전히 고칠 수 없을 것이라는 투로보예프의 견해에 대해 쿠투조프는 "방 한가운데 비석처럼" 서서, "눈썹을 높이 치켜뜨고서", "손을 주머니에 넣고서", 대답할 때는 "우호적으로 웃음을 지었다."(21, 252) 쿠투조프는 자신의 견해에 강력한 이의제기가 될 수 있다는 사실을 누구보다도 잘 아는 듯이 투로보예프의 견해에 대해 긴장하고 있다. 그러고는 "이상주의자요, 당신, 투로보예프! 그리고 낭만주의자고. 그건 이미 완전히 시대에 맞지 않는 거요."(21, 252)라고 평소의 자신과 어울리지 않게 다소 당황한 반응을 내보인다. 논쟁을 회피하고 있는 것이다. 이처럼 쿠투조프는 투로보예프의 강렬한 회의와 날카로운 비판에 대해 정면으로 논쟁을 벌이지 않으려 하고 때로는 "메마르게 껄껄"(21, 216)거리거나 때로는 당황해서 "흥분한 듯 큰소리로"(21, 204) 응수하곤 한다.

쿠투조프에 대해 투로보예프가 이념적으로 맞서는 장면 역시 클림 삼긴의 눈앞에서 전개된다. 이들의 논쟁이 클림의 관찰과 전달에 의해 작품에 제시되는 형식을 취함에 따라 독자는 이들의 논쟁에 대해 한편 직접 대화를 듣는 것 같이 느낄 수 있고, 다른 한편 클림이라는 매개자를 의식할 수밖에 없다. 이러한 효과는 앞서 말한 바와 같이 클림 삼긴의 객관화와 주관화라는 두 가지 역할 때문이다. 클림 삼긴은 제 삼자들이 벌이는 논쟁을 직접 아무런 평가나 왜곡없이 작품에 제시하거나 혹은 자신의 의식 속에서 자신의 평가적 어조를 덧붙여 작품에 수용하고 있는 것이다. 물론 클림 삼긴 자신도 쿠투조프의 견해에 대해 마음으로 강력한 이의를 제기하고 싶어하는 때도 있다. 이를테면 쿠투조프가 자신이 유형을 갔던 시골 사람들에 대해 이렇게 말하는 장면을 보자.

"혁명은 내일이 아니지." 쿠투조프가 끓고 있는 사모바르를 바라보며 휴지로 턱수염을 닦으면서 대답했다. "혁명에 이르기까지 몇몇은(시골 사람들 중—역주) 분명히 뭔가 필요한 일을 할 수 있는 사람들로 바뀔 거야. 하지만 대다수는 수동적으로든 적극적으로든 혁명에 대적하려고 할 것이고 그 과정에서 죽게 될 거라고 생각할 수밖에 없어."

"당신에겐 모든 것이 단순하군요." 바르바라가 마치 수긍하는 듯이 말했다. 삼긴은 얼굴을 찌푸리며 중얼거렸다.

"하지만 그건 그리 단순한 일이 아니지요."

"아니 그럼 어쩔 거란 말인가?" 쿠투조프가 웃으면서 되물었다. "혁명에서는 말이요, 나는 사회혁명을 염두에 두는 건데, 제 삼의 길을 배제한 논리적 법칙이 가차 없이 작동하지. 예나 아니냐."

삼긴은 '그건 잔인해'라고 말하고 싶었다. 그리고 더 많은 것을 말하고 싶었다. ……

'그의 모든 사상은 틀림없이 그가 자신의 신념에 옭아맨 사슬과 같아. 그래, 그는 강력한 인물이야. 하지만…??'

삼긴은 '그러나'하고 쿠투조프와 논쟁을 벌이고 싶었다. 하지만 논쟁하기 위해서는 의욕 말고도 자신의 '언술체계'가 필수적이었다.(22, 443-444)

이처럼 클림은 쿠투조프에 대해 대항하고 싶은 욕망을 종종 느끼지만 스스로 독자적인 언술체계를 전개할 능력은 없다. 하지만 클림의 내면적 수용에 의해 드러나는 쿠투조프는 본질적으로 "하나의 이념에, 그것도 다소 기형적으로 그 이념에 갇힌, 자신의 신념에 맹목인 사람"(22, 368)이다. 또한 쿠투조프는 "그의 무례한 말, 어색한 제스처, 겸손한 척하는 사람 좋은 미소, 멋진 목소리 − 그 모든 것들이 완벽한 조화를 이루었고 그것들 하나하나가 기계의 각 부품들이 완제품을 만드는 데 필요한 것처럼"(21,

235) 되어 있는 사람이다.

쿠투조프는 클림의 의식을 통하여 철저한 혁명가적 논리를 드러내면서 동시에 클림에 의해 부정된다. 회의주의자 삼긴에게 쿠투조프는 그가 만난 유일한 총체적 개성이고 "그 완결성에서 전혀 예외적인 존재"(21, 235)이다. 그러나 칼라바예바는 쿠투조프의 완결성은 "힘의 완결성"이라고 지적한다. 쿠투조프의 완결성은 사람들을 굴복시키고 논리에 맞서는 능력이며 현실을 단순화시키는 능력으로 형상화된다는 것이다. 사실 쿠투조프는 주변 인물들이 죽어가는 모습에도 눈 한번 깜박이지 않을 정도로 냉정하기 그지없다. 비무장한 시민들에게 병사들이 총을 쏘았다는 이야기를 들을 때나 모스크바 봉기에서 수많은 노동자들이 죽어가는 상황에서도 그는 매우 냉정하게 반응할 뿐이다. 철의 혁명가 쿠투조프에게 '인간, 그건 다음 문제'였다. 바로 이러한 쿠투조프의 판단들에 대해 삼긴은 "쿠투조프주의는 삶을 몹시 단순화하고 있어…"(21, 452)라고 평가함으로써 쿠투조프 이념을 부정하고 있다.

뿐만 아니라 다른 인물과의 대화나 다른 인물의 평가를 통해 쿠투조프는 다양하게 반박된다. 앞에서 가장 강력한 반박자로 회의주의자 투로보예프를 들었지만 다른 많은 인물들 역시 자신의 입장에서 쿠투조프에 대항하고 있다. 이를테면 나중에 신비적 종교주의에 빠지는 마리나 조토바는 쿠투조프에 대해 "무신론에서 당신은 낙제할 거예요."(23, 132)라고 비판하고 나로드니크인 돌가노프는 마르크스·엥겔스의 반–슬라브적, 반–러시아적 언술을 지적하면서 볼셰비키 일반에 대해 비판한다. "마르크스주의자는 깨끗하고 윤이 반들거리지. 항상 독일 철학의 종루에서 모든 걸 바라보고, '러시아인들도 사람이다'라고 말한 헤겔이라든가, '슬라브인들 머리통을 부셔버려'고 외쳐댄 몸젠이라든가 말이지."(22,182) 결국 그는 마르크스주의를 "이윤에 대한 유럽 독일의 가르침"(22,183)이라고 폄하한다.

마르크스주의와 쿠투조프를 비판하는 많은 인물들의 주장이 모두 동일한 근거에 서있지는 않다. 그들 각자는 자신의 이데올로기적 입장에 따라 서로 다른 이유로 마르크스주의와 쿠투조프에 반대하고 있다. 회의주의자인 투로보예프는 자신의 회의주의적 시각으로, 마리나 조토바는 종교주의자로서, 나로드니크는 인민주의의 입장에서, 마카로프는 여성주의의 입장에서 각각 나름의 논지를 전개한다. 물론 이 모든 주장과 평가와 비판은 클림의 눈앞에서, 혹은 클림이 듣는 곳에서, 혹은 클림이 다른 사람의 전언을 통해서 알 수 있도록 전개된다. 모든 이들의 이념적 판단과 주장이 클림의 의식을 통해 수용되면서 또한 클림의 평가에 의해 굴절된다. 모든 이데올로기가 클림의 안경을 경유하면서 스스로의 완결된 체계를 드러내고 동시에 그 반-이데올로기와 충돌하는 것이다. 클림의 안경은 여기서 모든 이데올로기를 거르는 이중 필터와도 같은 역할을 한다.

4. 이데올로기적 신화, 유토피아를 넘어

『클림 삼긴의 생애』에서 이데올로기적 대립이 쿠투조프를 둘러싸고서만 발생하는 것은 아니다. 작품의 모든 주인공들은 모두 자신의 삶의 방법, 세계에 대한 자신의 태도 등을 표출하거나 그에 대해 다른 사람들과 논쟁을 벌이는 데 열중한다. 작품의 모든 인물들은 한결 같이 이데올로기에 대해 매우 민감하게 반응하고 있는 것이다. 이들의 이데올로기적 민감성은 당연히 이들을 보고 들으면서 기록하고 평가하는 주인공 클림 삼긴의 이데올로기적 민감성이다. 바로 이 민감성으로 인해 수많은 인물들의 다양한 이데올로기적 주장과 편린이 작품에 도입될 수 있고 이데올로기와 관련된 모티프가 작품 자체를 이끌어갈 수 있게 된다.

클림 삼긴의 민감성은 그 자체로는 자신의 독자적인 이데올로기를 산출하고자 하는 숨은 열망과 관련되어 있다. 클림 삼긴은 자기 자신의 흔들리지 않는 독자적인 이데올로기를 만들어내기 위해 수많은 이데올로기의 현장을 돌아다니고 있는 것이다. 하지만 결과적으로 그는 자신의 이데올로기를 확립해 가는 것이 아니라 우리에게 혁명 전 러시아 지식인 사회의 복잡다단한 이데올로기의 현장을 보여주는 역할을 충실히 하고 있다. 그래서 이 작품이 클림 삼긴의 이데올로기적 형성과정을 그리고 있다거나, 혹은 클림 삼긴과는 무관한 어떤 이데올로기에 대한 작가의 지향을 담고 있다거나, 혹은 러시아 역사의 필연적 전개과정을 그리고 있다는 작품 이해는 이 작품의 본질과 거리가 먼 것이 된다.[8]

클림 삼긴은 구체적인 형상이면서 환영적인 존재이다. 그는 다른 사람들의 견해와 입장을 보여주는 전달자이면서 동시에 그것에 대해 스스로 평가하고 왜곡하는 주체이다. 클림 삼긴은 모든 이데올로기를 그 자체의 논리체계에 따라 객관적으로 전달하면서 그 반대의 세계를 제시하기 위한 '안경' 그 자체다. 모든 이데올로기는 각각의 대변자들에 의해 서로 대화의 형식을 취하지만 상호 이해를 위한 대화가 아니라는 점에서 철저히 독백적이다. 또 어떤 이데올로기에도 작가의 공감이 전면적으로 부여되지 않고 그 반대의 세계 또한 분명히 제시되어 있다는 점에서 『클림 삼긴의 생애』는 이데올로기의 운명 자체를 그리고 있는 작품이라고 말할 수 있다. 그렇다면 이 작품의 주인공을 클림 삼긴이나 다른 누구가 아니라 바로 이데올로기라고 말해야 옳다. 이데올로기가 어떻게 태어나 어떻게 발전해 가는가, 그리고 수많은 이데올로기의 혼란한 대화와 투쟁 자체가 어떻게 물질적 힘으로 현실에 작용하는가 등에 대한 고뇌 어린 작가적 의문이 이 작품의 근본 동기인 것이다.

고리키가 최후의 대작에서 매우 중립적인 주인공을 내세워, 작가 자신이 평생 가까이 신뢰했던 볼셰비키 이념에까지 냉정하게 그 높낮이를 가늠하고 있는 것은 2, 30년대 작가의 정신적 고뇌의 한 단면을 보여준다. 그 모든 이데올로기적 입장과 갈등, 이데올로기의 탄생과 발전, 운명을 추적하면서 작가는 어떤 이데올로기의 몰락이나 승리를 노래하기보다 인간의 이데올로기적 삶의 불가피성, 그 구조를 객관적으로 보여주고 있다. 보여줄 뿐만 아니라 독자의 눈앞에 다양한 프리즘을 설정해놓음으로써 현란한 이데올로기의 세계를 독자 자신의 눈으로 바라보라는 적극성을 요구하고 있다. 클림 삼긴이라는 매우 어렵고 곤혹스러운 시점구조는 작가 자신의 시점을 엄격하게 제한할 뿐만 아니라 그 어떤 이데올로기적 시점도 작품의 가치체계를 완전히 점거하지 못하게 한다. 그것은 마치 '피의 일요일 사건'에 참담해하면서 한 사내가 내지르는 외침과도 같다. "이젠 없어. 어떤 전설도, 그 어떤 전설도!"(22, 568), "없어, 없다고. 그 어떤 꾸며낸 이야기도!"(22, 569) 이 외침은 『클림 삼긴의 생애』에서 '그 어떤 이데올로기적 신화도 더 이상 없다'는 울림이 되고도 남는다. 그러나 우리가 이것을 다시 이데올로기적 회의주의로 귀착시켜 이해해 버린다면 그것은 또 다른 신화가 될 것이다. 이 작품이 어떤 이데올로기에 대해서도 냉정한 객관성을 유지하고 독자 자신의 눈을 활성화하도록 요구하는 것은 단순히 이데올로기

허무주의에 기초하는 것이 아니라 '이데올로기 속에서 이데올로기 바깥으로, 그리고 다시 안으로'의 부단한 각성과정을 요구하는 작가의식의 산물이다.

고리키가 작가로서, 혁명가로서, 사상가로서 감당한 역사적 체험의 크기는 가히 세계사적 진폭을 가지고 있다. 고리키의 문학은 자신의 체험과 그 체험 속에서 꿈꾸었던 새로운 세계에 대한 갈망의 소산이라고 말해도 과언이 아니다. 또한 새로운 세계, 지금 이곳과는 다른 세계, 이곳에 없는 세계, 다시 말하자면 유토피아에 대한 지향이 고리키를 러시아 혁명과정에서 한 걸음도 비켜나지 못하도록 만들었던 것도 사실이다. 그러나 고리키가 세계사적 체험의 정점에서 보고 있는 것은 다시 또 '다른 세계'이다. 『클림 삼긴의 생애』에서 유토피아에 대한 지향이 현재화된 결과로서 현실의 이데올로기적 삶의 현장을 냉정하게 그려내고 그 끔찍한 혼돈을 독자 스스로 직시하기를 요구하는 작가는 분명 반–유토피아의 세계를 강조하고 있는 것처럼 보인다. 하지만 새로운 세계로 나아가는 것이 얼마나 어렵고도 혼돈스러운 것인지에 대한 작가의 성찰 속에 모든 이데올로기를 넘어서는 것으로서의 '다른 세계'에 대한 '숨은 지향'이 담겨있다는 점을 외면해서는 안 된다. 고리키의 마지막 대작은 고리키 자신이 평생 기울여온 '혁명'의 문학에 대한 총결산이자 총비판으로서 새로운 세계, 즉 새로운 '혁명'의 문학을 세우고 있는 것은 아직 아니지만 자신의 문학 세계를 전복하는 새로운 '문학'의 혁명을 꾀하고 있는 것은 분명하다. 이 새로운 문학의 혁명이 고리키에 의해 완수된 것은 아니다(이 작품의 미완결만을 염두에 두고 하는 말은 아니다). 하지만 이제 이러한 '문학'의 혁명을 통과하지 않는 어떤 '혁명'의 문학도 이제 가능하지 않다고 본다는 점, 그리고 미래에 이 혁명이 완수될 것을 고대한다는 점에서 고리키의 '숨은 지향', '또 다른 유토피아'로의 지향을 읽어내는 것은 작품 밖의 우리의 일이다.

주석

1. 고리키는 「바다제비의 노래 Песня о буревестнике」에서 폭풍우를 예고하는 바다제비(부레베스트닉)의 형상을 그렸고, 이 작품의 여러 표현이 널리 사용되면서 혁명의 부레베스트닉라는 별명을 얻었다.

2. 로만-에포페야(роман-эпопея): 우리 말로 장편 서사시로 번역될 수 있을 이 개념은 장편소설과 서사시의 통합을 시도하는 것으로 사회주의 소설의 새로운 장르 창조의 시도로 이해될 수 있다. 이에 대해서는 졸고 「러시아 현대소설론의 이론과 이데올로기-로만-에포페야론을 중심으로」(『러시아어문학연구논집』, 제2집, 1996) 참조.

3. М. Горький: Полное собрание сочинений в 25 томах, Наука, М, 25권, 86쪽.(이후 이 전집에서의 인용은 (권수, 쪽수)로 표시함.)

4. 클림은 어린 시절에 이미 안경을 쓰기 시작했다. 그가 안경을 쓴 이유는 시력이 나빠져서가 아니라 다른 아이들과 다르게 보이고 싶었기 때문이다. 그가 안경을 쓰게 되는 대목을 살펴보자. "…… 그는 아이들이 돌아왔을 때 그를 남겨놓고 여행을 떠났을 때와는 상당히 달라져 버렸다는 것을 한눈에 알아보도록 해주고 싶었다. 그는 오랫동안 '그러기 위해서는 어떻게 해야 되나'하고 생각했다. 그리고 만일 자신이 안경을 쓰기 시작한다면 무엇보다도 강하게 그들에게 충격을 주게 될 것이라고 단정했다. 그래서 눈이 피로해서 학교에서 색 있는 안경을 쓰라고 했다고 어머니에게 말하고 나서 다음날 뾰족한 코 위에 두 개의 뿌연 안경알을 얹어 놓았던 것이다. 이 유리를 통해서 본 세상 모든 것은 엷은 먼지를 쓰고 있는 것 같았고 대기까지도 그 투명함을 잃고 흐릿해 보였다. 거울을 보고 클림은 안경이 제 갸름한 얼굴을 인상 깊고도 훨씬 더 지적으로 보이게 해주었다고 확신했다."(21, 77-78)

5 Ж. Эльсберг: Глаза Максима Горького сквозь самгинские очки: На литературном посту, 1927, 제15–16호). 엘스베르그는 이 논문에서 삼긴과 고리키의 이념적 시각이 일치한다고 비판했다. 논문 제목 자체가 바로 '삼긴의 안경을 통해 본 막심 고리키의 눈'이다.

6 최근 칼라바예바 교수는 고리키와 삼긴의 거리에 대한 문제를 재론하면서 소련 비평계에서 지나치게 고리키와 삼긴을 갈라놓으려 했다는 점을 지적하고 있다. 칼라바예바 교수는 고리키의 작가의식과 삼긴 주인공의 역할이 긴밀하게 상동하고 있으며, 그 점에서 고리키 작가의식의 긍정성과 부정성이 함께 드러나고 있다고 말한다. 그러나 고리키가 자기 자신마저도 작품 속에서 냉정하게 제한시키려 했다는 시학적 노력에 대해서는 충분히 평가하지 않는다. 나아가 새로운 관점으로 이 작품의 시학을 종합적으로 평가하려는 관점은 제시되지 않는다. Л. Колобаева: Жизнь Клима Самгина. Автор и герой: Неизвестный Горький (к 125-летию со дня рождения), Наследие. М. 1994 참조.

7 막심 고리키의 문학 세계를 통일적이며 모순이 없는 일관된 문학세계로 해석하고자 했던 소련 문학계는 민중의 영웅적 지도자 단코(단편 「이제르길 노파」)-부레베스트닉-사친(희곡 「밑바닥에서」)-파벨-쿠투조프 등으로 이어지는 계보를 통해 고리키의 혁명적 문학 이념을 구성하였다.

8 작품에서 모든 등장인물과 사건은 그 자체의 형상적 완결성을 얻지 못한다. 혁명 전 러시아의 주요한 사건들, 이를테면 1905년 '피의 일요일 사건'과 '12월 모스크바 봉기', '호드인카 사건', 1917년 2월 혁명 등이 작품에 도입될 때에도 그 사건의 전모가 중요한 것이 아니라 이 사건을 둘러싼 사람들의 견해가 중요하다. 각 인물들에 대해서도 그들이 무엇을 하며, 어떤 이력을 가지고 있고, 또 이후 어떻게 살아갔는가 등과 같은 요소는 중요하지 않다. 전기적 요소가 중요성을 가질 때는 이데올로기적 입장과 연결될 때이다. 그렇기 때문에 작품 속에 많은 인물들이 별다른 인과관계 없이 우연히 출현했다 그대로 사라지고, 또 다시 우연하게 길거리에, 저녁 모임에 나타나곤 할 수 있다.

참고문헌

이강은: 「М. 고리키의 『클림 삼긴의 생애』 연구 −이데올로기적 삶의 객관적 형상화를 중심으로」, 고려대학교 대학원 박사학위 논문, 1994.

М. Горький: Полное собрание сочинений в 25 томах, Наука, Москва 1968-1976.

М. Горький: Полное собрание сочинения. Варианты в 8 томах, Москва 1976.

И. Борисова: Народ и революция (М. Горький: Жизнь Клима Самгина): Молодая гвардия, 1957.

В. Гура: Роман и революция, М. 1973.

Н. Жегалов: Роман М. Горького "Жизнь Клима Самгина", М. 1965.

В. Келдыш: О ценностных ориентирах в творчестве М Горького: Известия АН Серия литературы и языка, 52권 제4호, 1993.

Л. Киселева: Внутренная организация произведения: Проблемы художественной формы социалистического реализма, 제2권, М. 1971.

Л. Колобаева: "Жизнь Клима Самгина". Автор и герой: Неизвестный Горький (к 125-летию со дня рождения), Наследие, М. 1994.

А. Овчаренко: М. Горький и литературные искания XX столетия, Художественная литература, 3-е изд. М. 1982.

С. Сухих: Заблуждение и прозрение Максима Горького, Горький 1992.

В. Ходасевич: Таким я знала Горького: Новый мир, 제3호, 1968.

Ж. Элсберг: Глаза Максима Горького сквозь самгинские очки: На литературном посту, 1927, 8월호.

H. Immendörfer: Die perspektivische Struktur von Gorkijs Romans Zizn Klima Samgina, Berlin 1973.

F. Stanzel: Typische Formen des Romans, Göttingen 1965.

МАКСИМ ГОРЬКИЙ И АНДРЕЙ ПЛАТОНОВ

Д. С. Московская

저자 소개

Darya Moskovskaya, Moscow, Russia, A. M. Gorky Institute of World Literature of the Russian Academy of Sciences, Head of the Department of Manuscripts of the A. M. Gorky Institute of World Literature of the Russian Academy of Sciences, Doctor of Philology.

E-mail: d.moskovskaya@bk.ru

Abstract

Maksim Gorky and Andrey Platonov

Darya Moskovskaya

(Gorky Institute of World Literature)

The article deals with the documented story of relations between two great writers of the twentieth-century Russia, A. M. Gorky and A. P. Platonov. Correspondence between the writers began in 1928 and lasted five years. It shows that they were bound by mutual respect and understanding of the significance of each other's literary talents. Gorky consistently supported Platonov and always remained friendly and honest critic of his works. On the advice of Gorky Platonov focused on drama. Thanks to the support of Gorky in 1934, after devastating criticism of the story "For later", Platonov returned to writing. The article shows differences in the worldview of the writers belonging to different historical and cultural eras, as well as the similarity of their ideals generated by the Orthodox spiritual tradition and common origin.

Keywords: Gorky, Platonov, correspondence, worldview, tradition, politics, revolution.

> А Горький — горящий, светлый, светящийся, один из тех, немногих ⟨...⟩ кому судьба сулила быть светочем своего времени.
> *Вячеслав Полонский. Максим Горький. 1919 г.*

28 марта 2018 г. исполнилось 150 лет со дня рождения Максима Горького (Алексея Максимовича Пешкова) — всемирно известного русского писателя и общественного деятеля. Вспоминая Горького спустя почти столетие, мы осознаем масштаб его творчества, сопоставимого с наследием таких гениев XIX века, как Л. Н. Толстой, Ф. М. Достоевский, Г. Ибсен, Г. Гауптман, Б. Шоу или А. П. Чехов. Дополняя значимость Горького-писателя в перспективе времен, ясно обозначается и величие Горького-человека, свойства которого итальянская писательница, Нобелевский лауреат 1926 г., автор предисловия к первому изданию сборника горьковских рассказов в Италии (1901) Грация Деледда определила как «недостижимая добродетель альтруизма» [1]. Возвращаясь к трудам и дням Горького сегодня, мы видим его поглощённого неустанной борьбой за возвращение человеку его достоинства, попранного жестокими обстоятельствами и недостойными условиями жизни.

Критиков изумлял необычный в истории литературы успех начинающего писателя. Н. Михайловский сравнивал стремительный взлёт Горького с медленным успехом Чехова и утверждал, что с Горьким «произошло нечто вроде рождения готовой Минервы из головы Юпитера» [8]. Завоевания Горького не ограничились пределами России: «его усиленно переводят, критикуют, комментируют, интересуются обстоятельствами его личной жизни… — в Германии, во Франции, в Италии, в славянских странах» [8].

После революции Горький оставался самым печатаемым и узнаваемым русским писателем. Если обратиться к данным известного бостонского художественно-библиографического ежегодника O`Brien`a «The Best Short Stories and the Yearbook of the American Short Story», то мы увидим, что в 1920-е гг. в количестве переводов и в рейтинге среди зарубежных читателей по-прежнему лидировал Максим Горький. Далее, значительно уступая ему, следовали Б. Пильняк («That which is Dead Calls always» — «Смертельное манит»), П. Романов («Actress» — «Актриса», «Black Biscuits» — «Чёрные лепешки»), К. Федин («Garden» — «Сад»), новеллы Бабеля, Ильфа и Петрова, Эренбурга, Глеба Алексеева, Сейфуллиной, Зощенко, Замятина, Катаева, Олеши, Зозули, Ник. Тихонова, Пастернака, Веры Инбер и Андрея Платонова.

«Открыть секрет успеха писателя — значит <…> указать тот пункт в его писаниях, который направляет к нему радиусы интереса и симпатий современных читателей», — писал Михайловский [8]. В поиске ответа на вопрос о «радиусе» читательских симпатий к Горькому обратимся к одному малоизвестному суждению о его творчестве. Оно тем более ценно, что принадлежит не профессиональному литературному критику, а искреннему в своих чувствах читателю, чьё имя в скором времени прославится в России и за рубежом — будущему академику-физиологу А. А. Ухтомскому[1]. Суждение Ухтомского 1915 г. тем более независимо и свободно, что было высказано в письме сердечному другу: «Мы, обыденные люди, обыкновенно мало чувствуем; условия окружающей среды и воспитания в разных условностях глушат в нас сердце в отношении страдной жизни ближнего. Нужны большие личные события или большой талант того или иного писателя, чтобы пообнажить наши нервы для подлинного восприятия жизни. Вот, например, для меня в последние дни таким "будильщиком" был М. Горький <…> этот большой русский автор. Он разбудил хоть ненадолго чувствилище в нашей душе, дал оглянуть подлинную картину человеческой жизни и смерти и подтвердил, что ужас и ада, и смерти проникает насквозь всю толщу человеческой обыденной жизни. В этом отношении М. Горький большой, очень большой писатель, куда более сильный, чем какой-нибудь Андреев <…>. Горькому передался простой, безыскусственный дар народного русского сказителя, вроде его бабушки, изображённой в "Детстве": просто и безыскусно передаётся жизнь людская и тем будится в читателе или слушателе подлинное внимание к жизни и смерти людским, подлинный ужас перед адом и смертью, заживо охватывающими человека!.. <…> Снова и снова требуется перечувствовать те жизни, которых тебе самому пришлось коснуться и которые прошли перед тобою!.. Ну и что же, более ли ясно и понятно оказывается здесь?.. <…> Наша с Вами жизнь защищена значительно более, чем жизнь рабочего или его несчастной семьи. Но если только расширить своё сердце, то во всяком положении и при всякой степени довольства человек будет ощущать, что вот сгорают и тлеют люди рядом с ним <…> сгорают дети, не успевшие разглядеть света» [19, С.77–78]. Для автора этого письма Горький был тем, кто «расширяет» сердца людские, «человеком, бдящим на камне». «Нарочито внимательный к чужой жизни», он был достоин в глазах Ухтомского сравнения со святым Серафимом Саровским [19, с.79].

Другой провинциал с тонким человеческим и писательским чутьем А. Золотарёв, каприйский, из круга писателей-знаньевцев, протеже Горького, в десятилетие между 1906 по 1916 гг. находил в старшем друге черты глубинной человечности и подлинной народности, которые ценились им как спасительная альтернатива официальной культуре и даже религии. Об отношении к Горькому много говорит дарственная надпись Золотарёва на издании романа, посвящённого русским революционно настроенным студентам-эмигрантам, проживающим в Париже, «Во Едину от суббот» (1913). Золотарёв писал: «Учителю за Любовь и Огонь Сердца — Любовью и Огнём Сердца» [6, с.12].

Таково восприятие Горького его современниками, уроженцами 70-х годов XIX столетия. Иначе судил о Горьком представитель нового времени, тот, кому дорогу в культуру и творчество открыла Октябрьская революция, — пролетарский писатель Андрей Платонов.

Его малоизвестный отзыв на пьесу «На дне» 1921 г. акцентирует романтический, оторванный от реальной жизни пафос горьковского творчества: «Горький любит не истинное большое человечество, а то маленькое, которое вырастает из этого большого. Его очаровала и влюбила в себя эта маленькая шеренга штурмующих вселенную — Наполеон, Магомет, Христос, Бетховен и те неведомые вожди древних орд, для которых тесны были пустыни и ненавистна зарождающая жалкая культура человека». Они, продолжает Платонов, «уничтожают» вселенную, «чтобы остаться <в ней> одному» [13, С. 199]. Очевидно, на молодого воронежского журналиста, каким был Платонов в начале двадцатых годов, повлияла марксистская критика, в частности, мнение А. Луначарского о провозглашенном Горьким праве личности на совершенствование, о его гордом вызове обществу и его устоям, о радости жизни, которые роднят писателя с Ницше.

Однако не следует забывать, что время взлёта Горького от расцвета творчества Платонова отделяет двадцатилетие, вместившее в себя две революции и две разрушительные войны, смену государственного режима, военный коммунизм, нэп и эпоху реконструкции. В те годы, используем исполненную трагического реализма метафору Вс. Иванова, можно было воочию наблюдать, как из тел миллионов невинно убиенных «создаются курганы». О новом качестве двадцатого, «железного», века-«волкодава» тот же Платонов сказал в 1930 г.: «Как не похожа жизнь на литературу <…> скука, отчаяние. А в литературе — "благородство", лёгкость чувства и т. д. Большая ложь — слабость литературы. Даже у Пушкина и Толстого, и Достоевского — мучительное лишь "очаровательно"» [11, с. 77]. Дореволюционные писатели, к которым принадлежал не названный Платоновым Горький, были поколением «литераторов», умевших «мучительное» превращать в «очаровательное». Для них, в глазах Платонова, живой, страдающий человек был «средством» для литературного творчества, а не жизненной целью.

Суждение Платонова принадлежит своему трудному времени

и нуждается в комментарии, который полезно начать с биографии писателя. И в ней немалое место занимает Горький.

Начало жизненного пути Андрея Платоновича Климентова (появление псевдонима Платонов относится к середине 1918 г.) роднит его с детством и отрочеством Максима Горького. Подобно последнему, Платонов был провинциалом и стремительно ворвался в большую литературу с низов, лишенный городской интеллигентской просвещённости и лоска. Уроженец Ямской слободы Воронежа, из многодетной семьи железнодорожного мастера, паровозного машиниста, слесаря, он получил образование в церковноприходской школе. Его детство, как и детство Горького, было освещено общением с наставником — тем, кто умел вложить в ребёнка любовь к природе и людям, осенить духом творчества. У Горького таким добрым гением была бабушка. Она, как вспоминал писатель, своими «таинственными сказками» вливала «в сердце моё силу, приподнимающую меня». Бабушкины сказки научили его любить тех, кто «сеет на земле для утешения бедных людей все цветы, все радости — всё благое и прекрасное»[5, с.274-275].

Воспитателем души Платонова стала его первая учительница, Аполлинария Николаевна, память о которой писатель пронёс через всю свою жизнь, воспроизведя её образ в рассказе «Ещё мама»: «Артём исподволь поглядел на учительницу: ишь ты, какая она была, — она была лицом белая, добрая, глаза её весело смотрели на него, будто она играть с ним хотела в игру, как маленькая. И пахло от неё так же, как от матери, тёплым хлебом и сухою травой»[15, с. 174]. От неё ребёнком он узнал «пропетую сердцем сказку» «про Человека, родимого "всякому дыханию", траве и зверю» [10, с. VI]. Эта добрая сказка разбудила родники творчества в душе будущего писателя.

Подобно Горькому, Платонова в большую литературу ввели старшие и опытные товарищи, сумевшие рассмотреть в начинающем авторе значительный и оригинальный талант. Если для Горького таким вожатым стал В. Короленко, то для Платонова — Г. Литвин-Молотов, опубликовавший в Краснодаре первую книгу его стихов «Голубая глубина». Он же открыл широкому читателю Платонова-прозаика, способствовав изданию книги его повестей «Епифанские шлюзы» в 1927 г., «Сокровенный человек» в 1928 г., в 1929 г. «Происхождение мастера» (первые главы романа «Чевенгур»).

К 1927 г. относится заочная встреча Платонова с Максимом Горьким, в то время ещё проживавшим в Италии, но пристально следившим за культурными процессами в Советской России. 11 августа 1927 г. А. Воронский, которому Платонов передал для публикации в «Красной нови» рукопись «Сокровенного человека», писал Горькому: «Мне нравится Андрей Платонов, он честен в письме, хотя ещё неуклюж. У меня есть его повесть о рабочем Пухове — эдакий русский Уленшпигель, — занятно» [2, с.57].

Вероятно, рекомендация Воронского привлекла внимание Горького к сборнику рассказов Платонова «Епифанские шлюзы». 2 октября 1927 г. в ответном письме Ф. Гладкову Горький отмечал: «За этот год появилось четверо очень интересных людей: Заяицкий, Платонов, Фадеев, Олеша. Удивительная страна» [3, с. 103] . В письмах 1927–1928 гг. к Е. Кусковой, С. Сергееву-Ценскому, И. Груздеву, Д. Лухотину и др. он рекомендовал Платонова адресатам. В ответ на вопрос Р. Роллана о новой советской литературе Горький отвечал: «Вам пишут, что „в России нет литературы. Странное утверждение. <…> Истекший год (1927. — Д.М.) дал несколько очень заметных фигур, возбуждающих хорошие надежды. Это: Фадеев, автор романа «Разгром», Андрей Платонов, Заяицкий <…>» [3, с. 19].

Горьковское внимание к молодой советской литературе и начинающим писателям было едва ли не самой привлекательной чертой его личности. Активный участник событий революции 1905 г., он был вынужден эмигрировать и в далёкой Италии строил планы по созданию рабочей энциклопедии для просвещения народа по примеру французских энциклопедистов, организовал Высшую социал-демократическую пропагандистско-агитаторскую школу для рабочих, где читал лекции по истории литературы для прибывших из России активистов-пролетариев. Вернувшись в конце 1913 г. на Родину, Горький целиком отдал себя издательским проектам: на собственные средства открыл издательство «Парус» и начал выпускать журнал «Летопись». В обстановке военных лет в том же издательстве запланировал и частично осуществил публикацию серии сборников национальных литератур — армянской, грузинской, еврейской, латвийской, литовской, украинской, финской. Его проект был уникальной гуманитарной культурной акцией в условиях Первой мировой войны и набиравшего силу на этом фоне национализма, потому что утверждал идею равноправия и самобытности национальных культур. И тогда, и позже Горький оставался верен своему убеждению: в культуре будущего не может быть «ни эллина, ни иудея», а только трудовой народ. В своих долгих скитаниях «по Руси» (цикл рассказов, написанных Горьким в 1912–1917 гг. и объединённых в 1923 г. под этим названием) он постиг бесконечную ценность народной культуры. В «Нижегородском листке» он публиковал свои опыты освоения фольклора Кавказа, Башкирии, Киргизии, описывал религиозные праздники-мистерии персов-шиитов. Он выступал как этнограф-фольклорист, собирая и записывая народнопоэтические тексты, которые разжигали его собственную фантазию. В 1910 г. на Капри он познакомился с народной поэзией Западного края, собрал публикации белорусских поэтов Якуба Коласа и Янки Купалы. Стихотворение Янки Купалы «А кто там идёт…» вдохновило его на перевод, ставший в его глазах чем-то вроде «Белорусского гимна». В 1928 г., в свой первый приезд в Россию после долгих лет изгнания, Горький направил усилия на пользу национальных литератур. Совершив поездки по Советскому Союзу, он много писал о необходимости издавать сборники национальных писателей. В этих трудах скажется опыт организационных работ 1912, 1915, 1917 гг. по созданию национальных сборников и поддержке писателей-инородцев. Наконец, именно Горьким в предреволюционные годы были вовлечены в большую литературу молодые писатели, ставшие знамением новой культуры России, культуры России советской, покорившей мир своей самобытностью. Среди них И. Бабель, И. Вольнов, Вс. Иванов, А. Новиков-Прибой, А. Чапыгин, К. Тренёв. Горький неизменно поддерживал новые литературные движения и эстетические поиски молодых, став покровителем далёких от политических схваток времени петроградских «Серапионовых братьев». И потому столь естественной и закономерной была тяга Платонова к Горькому и убеждение в том, что он может быть понят и принят Мастером.

Из июньского, 1928 г. письма Платонова к жене известно, что первая его встреча с Горьким состоялась вскоре после возращения Горького в Москву из Сорренто [17, с.257]. Второй раз они виделись в мае-июне следующего года, как следует из письма Платонова к Горькому от 19 августа 1929 г. [17, с.264]. Вероятно, эта встреча произошла 30 мая 1929 г., во время второго посещения Горьким СССР, насыщенного встречами и общением с писателями. В письме Платонов предлагал вниманию Горького рукопись романа «Чевенгур», отдельные фрагменты которого уже были к этому времени опубликованы в центральных литературных журналах «Красная новь» и «Новый мир», надеясь на авторитет писателя в продвижении романа к читателю: «Её не печатают (в "Федерации" отказали), говорят, что революция в романе изображена неправильно, что всё произведение поймут даже как контрреволюционное. Я же работал с другими чувствами и теперь не знаю, что делать. Обращаюсь к Вам с просьбой прочитать рукопись, и если будет Ваше согласие, сказать, что автор прав и в романе содержится честная попытка изобразить начало коммунистического общества» [17, с. 264]. В тот же день Платонов отнёс Горькому рукопись романа, но не застал его на месте: 17 июня тот отправился в путешествие по СССР, завершившееся 11 сентября. Узнав о возвращении Горького в Москву, 12 сентября Платонов вновь обратился к нему с той же просьбой: «Прошу Вас прочитать рукопись и помочь тому, чтобы она была напечатана, — если Вы найдёте, что рукопись заслуживает этого» [17, с.266].

Горький откликнулся и незамедлительно познакомился с романом. Уже 18 сентября он обратился к автору со словами поддержки и одобрения. В то же время — опытный редактор и наставник мастерства — он прямо высказал свои рекомендации на пользу текста и дал собственную оценку общему стилю Платонова-писателя и мыслителя.

«Человек вы — талантливый, это бесспорно, бесспорно и то, что вы обладаете очень своеобразным языком. Роман ваш — чрезвычайно интересен, технический его недостаток — чрезмерная растянутость, обилие "разговора" и затушеванность, стертость "действия". Это особенно сильно замечаешь со второй половины романа.

Но, при неоспоримых достоинствах работы вашей, я не думаю, что её напечатают, издадут. Этому помешает анархическое ваше умонастроение, видимо свойственное природе вашего "духа". Хотели вы этого или нет, — но вы придали освещению действительности характер лирико-сатирический, это, разумеется, неприемлемо для нашей цензуры. При всей нежности вашего отношения к людям, они у вас окрашены иронически, являются перед читателем не столько революционерами, как "чудаками" и "полоумными". Не утверждаю, что это сделано сознательно, однако это сделано, таково впечатление читателя, т. е. — моё. Возможно, что я ошибаюсь. Добавлю: среди современных редакторов я не вижу никого, кто мог бы оценить ваш роман по его достоинствам. <…> Это всё, что я могу сказать вам, и очень сожалею, что не могу сказать ничего иного. <…> Куда направить рукопись?» [3, с.313].

Второе письмо Горького Платонову показывает, что Мастер деятельно искал способ помочь Платонову, вступая с ним заочный диалог, хотел, избегая лжи и лести и понимая всю уникальность и нестандартность таланта этого ещё молодого (тридцатилетнего) автора, — утешить и поддержать. Осенью 1929 г. он пишет Платонову, заботясь о судьбе «Чевенгура»:

«Дорогой Платонов —

о романе вашем я говорил с Берсеневым, директором 2-го МХАТа. Возникла мысль — нельзя ли — не можете ли вы переделать часть его в пьесу? Или же попробовать написать пьесу на иную тему? Мысль эта внушена вашим языком, со сцены, из уст неглупых артистов, он звучал бы превосходно. О возможности для вас сделать пьесу говорит и наличие у вас юмора, очень оригинального — лирического юмора. Берсенев будет искать вас в Д<оме> Герцена, ибо я забыл ваш адрес, когда говорил с Берсеневым, <…> В психике вашей, — как я воспринимаю её, — есть сродство с Гоголем. Поэтому: попробуйте себя на комедии, а не на драме. Драму — оставьте для личного удовольствия.

Не сердитесь. Не горюйте… "Всё — минется, одна правда останется". "Пока солнце взойдет — роса очи выест"? Не выест» [3, с. 314].

21 сентября 1929 г. Платонов ответил своему высокопоставленному рецензенту: «Алексей Максимович! Благодарю Вас за письмо и за труд по чтению романа "Чевенгур". Хотя Вы сказали мне однажды, что благодарить не за что, т. к. мы все делаем одно коллективное дело — советскую литературу, но я Вас всё-таки благодарю. У многих людей есть коллективистское сознание, но редко ещё есть у кого коллективистские чувства и действия. Поэтому можно благодарить за такую, к сожалению, редкость. Может быть, в ближайшие годы взаимные чувства "овеществлятся" в Сов. Союзе, и тогда будет хорошо. Этой идее посвящено моё сочинение, и мне тяжело, что его нельзя напечатать. Рукопись просьба направить мне; если же это технически трудно (рукопись велика), то оставьте её дома и скажите тому лицу, которое чаще всего присутствует в Вашей квартире, чтобы рукопись мне отдали, когда я приеду» [17, с. 268].

Как видим Платонов, преодолев естественное огорчение, смог оценить по достоинству готовность Горького оказать ему деятельную помощь. Возможно, присущие Горькому «радость, волнение, энтузиазм», которые заметила в нем Г. Делледа, и свойственная ему «открытая позиция» [1] в отношении ко всем встречным, позволявшая ему видеть, прежде всего, достоинства человеческой личности, а не её недостатки и пороки, делали его столь обнадеживающе привлекательным для не избалованного вниманием Платонова. Встреча с руководством рекомендованного Горьким театра состоялась. Однако 18 декабря 1929 г. литературный отдел МХАТ II отклонил идею инсценировки романа.

Совет Горького был полезен: он помог Платонову сконцентрировать внимание на драматургии. Начало 1930-х годов отмечено появлением целого ряда пьес, ни одна из которых, впрочем, так и не увидела свет. В сентябре 1931 г. Платонов стал членом Всероссийского общества драматургов и композиторов (Всероскомдрам), в том же году написал пьесу на актуальную производственную тематику «Объявление о смерти» (первая редакция пьесы «Высокое напряжение»).

Возвращаясь к краткому горьковскому отзыву, отметим несовпадение мировоззрений двух великих художников. Чуткий и наблюдательный критик Вяч. Полонский, «мысленно обозревая» в 1919 г. написанное Горьким, утверждал как пафос его творчества неослабевающий и неизменный восторг перед миром: «он хотел бы всё человечество заразить этой своей радостью, вдохнуть ему свою любовь к космосу. <…> И о чём бы Горький ни говорил, как бы тяжки ни были картины, развёртываемые им перед читателем, как бы ни стонало сердце от гнева и скорби, — рано или поздно наступит мгновение, когда забудет он гнев и скорбь, — и вновь и вновь ласковыми словами начнет славословить мир, расписывать его ярчайшими красками. Произойдёт на земле что-нибудь жестокое, что поселит в душе тоску и отвращение, — он, как к противоядию, тянется к красоте мира, к солнцу, к небу» [18, с. 30-32]. В Горьком он видел «неистребимую радость бытия» [18, с.33]. Платонов — дитя пореволюционной эпохи. Его чувства и воображение были болезненно задеты ощущением несбывшихся надежд, обманутых ожиданий, сознанием небывалых разрушений и множества невинных жертв классовой борьбы. В 1925 г. Платонов писал: «Жить ласково здесь невозможно, / Нет лучше поэтому слова «прости». / Годы прошедшие прожиты ложно, /Грядущие годы собьются с пути./ <…> Где же ты скрыта, страна голубая, /Где ветер устанет и смолкнет река?../ На свете такие страны бывают: / В поле я видел — земля велика» [13, с. 296]. В стихотворном признании-манифесте Платонова нет горьковской «характернейшей» черты — «самой природой вложенной в него способности радостно воспринимать мир» [18, с. 32].

Огненная вера в победу над мировым горем, озарявшая творческий путь Горького, обернулась в сознании Платонова трагической реальностью — мучительной гонкой за мечтой, путь к которой пролёг через неизбывные людские страдания. Сегодняшний день лежащих «у заборов в уюте лопухов» «старых чевенгурцев», шептавшихся «про лето господне, про тысячелетнее царство Христа, про будущий покой освежённой страданиями земли», «чтобы кротко пройти по адову дну коммунизма» [16], был в глазах писателя социально значительней и бесконечно ценней не наставшего завтрашнего дня. Проявления подобного «контрреволюционного» умонастроения в «кулацкой хронике» «Впрок» вызовет гнев главного редактора «Красной нови» А. Фадеева, который будет клеймить Платонова, почти повторяя горьковские оценки: «… строителей колхозов Платонов превращает в дураков и юродивых. <…> Платонов, тоже прикидываясь дурачком и юродивым, издевательски умиляется над их действиями» [9, с.274].

Вернувшийся из Италии в СССР 14 мая 1931 г. Горький был осведомлён о ситуации с публикацией повести «Впрок», критика которой выплеснулась в центральную прессу (статья В. Дятлова в «Правде» 18 июня 1931 г., статья А. Фадеева в «Известиях», 3 июля 1931 г., статья И. Макарьева в журнале «На литературном посту»). Платонов, пытавшийся письменными обращениями в «Правду», «Литературную газету» и лично к Сталину остановить поток политических обвинений, вновь прибег к покровительству Горького. 24 июля 1931 г. он пишет ему письмо, которое просит не воспринимать как жалобу. Его целью было желание реабилитировать себя в глазах Горького, стремление очистить своё имя от обвинений в «хитрости», в умении «обмануть нескольких простых, доверчивых людей», — человеческие подлые свойства, которые в равной мере были неприемлемы ни для Горького, ни для самого Платонова. Он рассказал Горькому о долгом пути рукописи к читателю: она была переработана несколько раз по указаниям редакторов и, наконец, получила у многих из них высокую оценку. Она воодушевила неизбалованного вниманием автора: «Я редко видел радость, особенно в своей литературной работе, — пишет Платонов, приведя слова одного из редакторов «Ты написал классическую вещь, она будет жить долгие годы», — естественно, что я обрадовался» [17, с. 305]. «Жалею теперь, — продолжал он, — что я поверил тогда и поддался редкому удовольствию успеха» [17, с. 306]. Всё, чего хотел Платонов, обращаясь к Горькому, было вернуть доверие Мастера: «Я хотел бы, чтобы вы поверили мне». В этом стремлением проявилась глубокое уважение к Горькому-человеку, к Горькому-другу.

Письмо осталось без ответа, однако фрагмент, где Платонов объясняет причины своего «легкомысленного» решения публиковать повесть, был отдан Горьким для перепечатки и передан в другие инстанции для оправдания гонимого писателя. И в этом поступке — ещё одна прекрасная гуманная черта личности Горького: его участие в судьбах гонимых и страдающих жертв непримиримой и безрассудной классовой борьбы в России, не утихшей после событий Революции и Гражданской войны. Когда весной 1921 г. из-за жестокой политики продразвёрстки чудовищный голод охватил города и веси России, Горький инициировал создание Всероссийского комитета помощи голодающим (Помгол) во главе с Л. Каменевым. Горький позаботился о том, чтобы придать Комитету авторитетный, весомый в глазах властей предержащих характер. По его просьбе в состав Помгола вошли президент РАН академик А. П. Карпинский, академики Н. Марр, Н. Курнаков, А. Ферсман, непременный секретарь Академии наук С. Ольденбург, знаменитый пушкинист П. Щёголев и др. Почётным председателем комитета стал В. Короленко, которому было поручено написать воззвание к правительствам Европы. Тогда же Горький обнародовал «Обращение ко всем просвещённым людям мира» с призывом помочь подвижникам русской науки, гибнущим от голода, и лично обратился к Г. Уэллсу, А. Галлену, А. Франсу, Ф. Нансену. Результат не заставил себя ждать: А. Франс отдал в помощь голодающим в России свою Нобелевскую премию, председатель Международного красного креста Ф. Нансен возглавил Международный комитет помощи голодающим в России. Будущий президент США Г. Гувер развернул большую кампанию по спасению местного населения в Поволжье и на юге России. «Без авторитета и престижа Горького вряд ли пришли бы на помощь и американцы», — пишет выдающийся норвежский славист Г. Хьетсо [21, с. 22]. По недавним подсчётам, благодаря инициативе Горького были спасены 10–20 миллионов людей.

В августе 1921 г., когда в среде интеллигенции прошли аресты и расстрелы сотен людей по делу В. Таганцева, Горький пытался вмешаться в судьбу арестованных, известны два его письма в ВЧК. В числе расстрелянных оказался сотрудник горьковской «Всемирной литературы» поэт Н. Гумилев и старый друг Горького химик М. Тихвинский. Тогда Горького обвиняли в бездействии, но поэт В. Ходасевич, свидетель событий, опровергал это мнение: «На основании самых достоверных источников я утверждаю, что Горький делал неслыханные усилия, чтобы спасти привлечённых по делу, но его авторитет в Москве был уже почти равен нулю» [20, с. 450].

Активная позиция Горького во многом предопределила его отъезд из страны, что, возможно, спасло ему жизнь, как и пассажирам двух печально известных «философских пароходов». Писатель вновь оказался изгнанником, на этот раз уже из России Советской. Однако репрессии продолжались, и Горький снова протестовал. Когда в начале июля 1922 г. был начат судебный процесс над руководителями партии эсеров, к которой принадлежала и его жена Е. П. Пешкова, Горький выступил с открытыми письмами к А. Рыкову и А. Франсу, в которых выразил резкий протест против физической расправы с политическими оппонентами. Тогда Горького поддержали Р. Роллан, А. Эйнштейн, А. Франс, Г. Уэллс. Последовательная и бесстрашная позиция Горького, противостоявшего всем формам социального зла, безусловно, делала его внимательным и сочувственным читателем письма Андрея Платонова.

Разгромная критика «бедняцкой хроники» «Впрок» положила начало многолетней борьбе Платонова за право возвратиться в литературу и возможность публиковаться. Особую надежду он возлагал на пьесу «Высокое напряжение» (1931–1932), которой хотел доказать высокопоставленным критикам, среди них был сам Сталин, перестройку своего мировоззрения. Пьеса, первоначально названная «Объявление о смерти», была подвергнута глубокой авторской переработке после обсуждения на творческом вечере писателя во Всероссийском союзе советских писателей 1 февраля 1932 г. и затем 5 июня 1932 г. на заседании Худполитпросвета бывшего театра Корша. «Высокое напряжение» получило высокую оценку слушателей: «Пьеса несравненно выше "Последнего решительного" Вишневского» [7, с. 616] и была рекомендована к постановке. Но сначала её должен был одобрить Главреперткома. 26 июля 1932 г. Платонов обратился с письмом к Горькому, надеясь, что он прочтёт и поддержит её публикацию: «Я не стал бы Вас затруднять своей просьбой о прочтении, если бы у меня оставался другой какой-либо выход. Но все пути мною испробованы. Они оказались безрезультатными благодаря моим прошлым крупным литературно-критическим ошибкам. Теперь положение таково. Рабочие, члены худполитсовета, меня поддерживают, а работники репертуарных органов держат пьесу без ответа, создавая этим атмосферу неясности, определённо отрицательным образом действующую на театр». Платонов напоминает Горькому, что именно он «когда-то» рекомендовал ему «писать пьесы. Я понял, что это правда, и написал их несколько. <…> Если Вы найдёте, что в пьесе достоинства перекрывают её недостатки, то я передам Вашу оценку в театр — и пьеса будет поставлена. Если Вы найдёте, что пьеса плохая, то я сообщу об этом театру и возьму оттуда пьесу» [17, с. 320-321]. К письму был приложен протокол Худполитсовета.

И вновь, как и прежде, Горький немедленно откликнулся на просьбу Платонова, прочёл пьесу и дал на неё положительный и честный отзыв. «Уверенно судить о достоинствах вашей пьесы мешает мне плохое знание среды и отношений, изображённых вами. А рассматривая пьесу с её литературной, формальной стороны, нахожу её своеобразной, интересной и достойной сцены. Недостатками являются: обилие монологов, покойники и гроба на сцене, слишком аллегорически назойливо сделанный Мешков с его "самоубийством", которое у вас похоже на "жертвенный отказ индивидуалиста от самого себя". Забыл сказать: очень хороший язык» [3, с. 314].

Отзыв Горького, пересланный Платоновым М. Козакову в качестве рекомендации пьесы в журнал «Ленинград», не возымел действия — «Высокое напряжение» не пошло в печать. Платонов был вычеркнут из списков публикуемых авторов.

В это трудное время Горький оставался едва ли не единственной надеждой Платонова в неравном споре с сильными мира сего. В мае 1933 г. он обращается к Мастеру за советом и, в ещё большей степени, за поддержкой в своём сомнении, может ли он быть «советским писателем или это объективно невозможно». «Обычно я сам справляюсь со своей бедой и выхожу из трудностей, — пишет Платонов, — но бывают случаи, когда это делается немыслимым, несмотря на крайние усилия, когда труд и долгое терпение приводят не к их естественному результату, а к безвыходному положению» [17, с. 332–333]. Летом и осенью 1933 г. Платонов неоднократно напоминал о себе Горькому: «Мне это (издание произведений. — Д. М.) нужно не для "славы", а для возможности дальнейшего существования. Существование же мне нужно для того, что я ещё буду полезным работником в советской литературе» [17, с. 339]. И хотя его обращения остались без ответа, известно, что Горький приложил немалые в тех трудных обстоятельствах, которые сложились вокруг Платонова как «классового врага», усилия, чтобы положение писателя улучшилось, и он вернулся на литературный фронт.

Не давшие немедленных плодов старания Горького оставляли Платонову надежду. В конце февраля 1934 г. он посылает Горькому антифашистский рассказ «Мусорный ветер». В прилагаемом к рукописи письме он подчёркивал: «Обращение моё непосредственно к Вам вызвано моим тяжёлым положением и сознанием того, что Вы поймёте всё правильно. Обычно же я избегаю быть назойливым» [17, с.341]. Горький ответил быстро и как всегда честно, чем подтвердил право быть советчиком и другом Платонова и уважение к его таланту: «Рассказ ваш я прочитал, и — он ошеломил меня. Пишете вы крепко и ярко, но этим ещё более — в данном случае — подчёркивается и обнажается ирреальность содержания рассказа, а содержание граничит с мрачным бредом. Я думаю, что этот ваш рассказ едва ли может быть напечатан где-либо. Сожалею, что не могу сказать ничего иного, и продолжаю ждать от вас произведения, более достойного вашего таланта» [3, с. 315]. В Архиве А.М Горького ИМЛИ РАН сохранился машинописный текст рассказа с критическими замечаниями Мастера на полях.

На этом переписка Платонова и Горького завершилась. Однако Горький не отказался от помощи писателю. Осенью 1933 г., когда развернулась кампания по подготовке Первого Всесоюзного съезда писателей, председателем которого был Горький, он инициировал создание многочисленных изданий, публикации в которых должны были представлять результаты работы региональных писательских бригад, и рекомендовал Платонова для поездки в Сибирь. Участие Платонова не состоялась, но в марте 1934 г. он был направлен в Туркмению для освещения социалистического строительства в республике. Оттуда Платонов привез повесть «Такыр», публикация которой в литературно-художественном альманахе «Айдинг-Гюнлер» («Лучезарные дни») разорвала круг сплошной изоляции писателя.

История отношений Горького и Платонова, нашедшая отражение в их переписке, с одной стороны, показывает глубокое уважение Горького к таланту Платонова, с другой, то, как Платонов доверял Мастеру, хотя отчетливо сознавал несхожесть мировоззрений: «А я Горького не особенно люблю, — он печатает плохие статьи <…>» [17, с. 255]. Так в 1928 г. он отзывался о статьях Горького, проникнутых отрицанием русской дореволюционной культуры. Её созидатели, городское мещанство, купечество и церковнослужители, были глубоко чужды живущему упованием на бесконечную силу человеческого разума Горькому. Он призывал к созданию «второй природы», культуры социалистических городов из стекла и бетона, которой будет уничтожен хаотичный и жестокий к человеку древний уклад жизни Земли. «Но даже такого рода недоразумения Горького доказывают необыкновенное благородство его характера, потому что эти недоразумения происходили из доверия к образованному человеку, из убеждения <…> в разумном, хотя и скрытом до времени, величии мира» [12, с. 49], — так спустя десятилетие в 1937 г. Платонов прокомментировал свой давний спор с Горьким. Он указывал на «этическую чистоту природы» Горького и на «простодушие гиганта», разделённое Горьким с Л. Толстым [12, с. 50]. Платонову доставало благородства и чуткости понять Горького и оправдать: «Горькому пришлось жить и действовать на шве двух принципиально отличных эпох, быть поэтическим провозвестником эпохи коммунизма, душить врага, проникающего в сердце народа и в собственную душу, и быть поэтому самому часто окровавленным» [12, с. 51].

Можно предположить, что идеалы и ценности традиционной православной культуры, которым, вольно или невольно и каждый по своему, в жестоком потоке своего переломного времени следовали эти два несомненных гения русской литературы XX века, указали Платонову в раздумьях об умершем Мастере линию духовной связи и преемственности его с Пушкиным. Платонов назвал главным делом жизни обоих стремление «спасти и сохранить любимое им человеческое существо <…> и вырастить его в человека для будущей, истинной жизни» [12, с. 51]. Глубинное родство Горького и Пушкина он увидел в общем объекте их духовных усилий — трудящееся человечество, народ-труженик.

주석

1 В 1920–1930-е гг. учение Ухтомского о хронотопе, психологической доминанте и «Заслуженном собеседнике» поставят его в один ряд с таким выдающимся философом и мыслителем, как М. Бахтин.

참고문헌

1. Ариас-Вихиль М. А. «Недостижимая добродетель альтруизма»: Грация Деледда о ранних рассказах М. Горького (1901) // Новые российские гуманитарные исследования http://nrgumis.ru/articles/363/ дата обращения 17.02.2018.

2. Архив Горького. Т. X. Кн. 2. 1965.

3. Горький и советские писатели. Неизданная переписка. Литературное наследство. Т. 70. М.: АН СССР. 1963. 736 с.

4. Горький М. Полное собрание сочинений. Письма: В 24 томах. Т. 8. М.: Наука, 2001. 608 с.

5. Горький М. Собрание сочинений в 30 томах. Т. 13. М.: Государственное издательство художественной литературы, 1949. 647 с.

6. Золотарев А. Campo santo моей памяти: Мемуары. Художественная проза. Стихотворения. Публицистка. Философские произведения. Высказывания современников. СПб.: Росток, 2016. 960 с.

7. Корниенко Н. Борьба за постановку пьесы «Высокое напряжение». Документы 1932 г. //«Страна философов» Андрея Платонова: Проблемы творчества. М.: ИМЛИ РАН, 2011. Вып. 7. С. 610-624.

8. Михайловский Н. К. О повестях и рассказах гг. Горького и Чехова // Источник: http://gorkiy-lit.ru/gorkiy/about/mihajlovskij-gorkij-chehov.htm Дата обращения 17.02.2018

9. Платонов А. Воспоминания современников Материалы к биографии. М. Современный писатель. 1994. 497 с.

10. Платонов А. Голубая глубина. Книга стихов. Краснодар, 1922. 93 с.

11. Платонов А. Записные книжки. Материалы к биографии. М.: Наследие. 2000. 421 с.

12. Платонов А. Размышления читателя. М.: Современник, 1980. 287 с.

13. Платонов А. Сочинения. Т. 1, кн. 1. М.: ИМЛИ РАН, 2004. 545 с.

14. Платонов А. Сочинения. Т. 1, кн. 2. М.: ИМЛИ РАН, 2004. 511 с.

15. Платонов А. Собрание. Сухой хлеб. М.: Время, 2011. 720 с.

16. Платонов А. Чевенгур // http://modernlib.ru/books/platonov_andrey_platonovich/chevengur/read Дата обращение 17.02.2018

17. Платонов А. «...я прожил жизнь»: Письма. 1920-1950 гг. М.: Астрель, 2013. 685 с.

18. Полонский. В. О литературе. Избранные работы. М.: Советский писатель. 1988. 496 с.

19. Ухтомский А. А. Интуиция совести. Письма. Записные книжки. Заметки на полях. СПб.: Петербургский писатель. 1996. 528 с.

20. Ходасевич В. Книги и люди. Этюды о русской литературе. М.: Жизнь и мысль, 2002. 480 с.

21. Хьетсо Г. Максим Горький сегодня // Неизвестный Горький. Новый взгляд на М. Горького. Серия «М. Горький и его эпоха. Материалы и исследования». Вып. 4. М.: Наследие, 1995. С. 16-24.

4부

문화적 컨텍스트에서 본 고리키

М. Горький в культурном контексте

МАКСИМ ГОРЬКИЙ И РОМЕН РОЛЛАН: ИСТОРИОСОФИЯ ВОСТОКА И ЗАПАДА (ПО МАТЕРИАЛАМ ПЕРЕПИСКИ)

М. А. Ариас-Вихиль

저자 소개

Marina Arias-Vikhil, Russia, Moscow, PhD, Senior researcher at the Institute of World Literature named after A. M. Gorky (IMLI), Russian Academy of Sciences, Archive of A. M. Gorky,

The article was written with the support of RFBR grant 18-012-00436A "Romain Rolland and Maxim Gorky: between literature and politics (from unpublished materials of the AM Gorky Archive of the IMLI RAS and the R. Rolland Foundation of the National Library of France)"

Abstract

MAXIM GORKY AND ROMAIN ROLLAND: HISTORIOSOPHY OF THE EAST AND THE WEST (BASED ON THE WRITERS CORRESPONDENCE)

M. A. Arias-Vikhil

(A. M. Gorky Institute of World Literature of the Russian Academy of Sciences)

R. Rolland's letters to M. Gorky seem interesting from the point of view of the French writer's perception of Russia. Their most intensive correspondence began in the early 1920s, when Gorky had left Soviet Russia and was living in Germany. In this correspondence, both writers appear to be defending intellectual independence and freedom, arguing about the nature of the Russian revolution. They are outraged by violence and concerned about dictatorial tendencies of the Russian leadership. The main subject of their polemics is the fate of Russia in relation to peculiarities of the Russian people's character and to Russia's place in the common field of European and world culture. They discuss whether Russia is a Western or Eastern country and what are the prevailing tendencies of the world culture development. The dispute about East and West in the correspondence between Gorky and Rolland is of great historiosophical significance.

Keywords: Gorky, Rolland, Spengler, Russia-East-West problem, Peter the Great, Konstantin Leontiev, Esper Ukhtomsky.

С самого начала переписки М. Горького и Р. Роллана выявилось одно из главных направлений их полемики: проблема Россия — Восток — Запад. Включаясь в обсуждение спора «молодой» России и «старушки» Европы, оба писателя вносят в него свою оригинальную ноту[1]. Вспомним начало переписки писателей. М. Горький, задумавший издание серии «Жизнь замечательных людей», делает акцент на героической личности, а главным качеством героя считает его способность к действию, его активность. И хотя в целом «книга должна быть объективным и занимательным рассказом о жизни гения, о росте его души, о всех, наиболее значительных событиях, пережитых им, о страданиях, которые он преодолел, славе, венчавшей его» [1, с. 18], главное — «воспитывать героическое, мужественное отношение к действительности», «внушить человеку, что это он — творец и хозяин мира, и на нём лежит ответственность за все грехи земли, точно так же, как ему слава за всё прекрасное в жизни» [1, с. 18].

Энтузиазму и активизму М. Горького Роллан противопоставляет необходимость воспитания «более широкого взгляда на мир» [1, с. 17], философской созерцательности, формирующей мировоззрение и ясность разума, самообладания — качеств, которые Роллан как истинный европеец считает наиболее ценными для личности.

Со свойственной ему отзывчивостью Горький соглашается с Ролланом в том, что «необходима горячая проповедь духовного родства всех со всеми, проповедь культурного объединения, всемирности, универсализма» [1, с. 18] и что «надо помогать человеку освобождаться от угнетающих его разум цепей личного, классового, национального» [1, с. 18].

В то же время, принимая предложение Роллана написать жизнь Сократа, он настойчиво стремится обосновать свою позицию выбора деятельного героя — «творца и хозяина мира» [1, с. 18]. Ведь именно эти качества отсутствуют, по мнению М. Горького, у русского человека. Здесь кроется, по его мнению, главное отличие России от Запада. Эта проблема давно занимала М. Горького, он пытался её разрешить в статье «Две души» в 1915 году, напечатанной в первом номере его журнала «Летопись». В письме Роллану он берет на себя труд подробно разъяснить своему корреспонденту, какие именно черты русского мировосприятия делают, по его мнению, Россию восточной, а не западной страной: «… Жанна д'Арк? Боюсь, что эта тема заставит нас говорить о «мистической душе народа» и прочем, чего я не понимаю и что для русских страшно вредно. Другое дело — жизнь Франциска Ассизского, — если можно, говоря о нём, избежать дифирамба церкви. Но если б автор книги о Франциске поставил целью себе указать на глубокое различие между Франциском из Ассизи и святыми Востока, России, — это было бы очень хорошо и полезно. Восток — пессимистичен, пассивен; русские святые не любят жизни, они отрицают и проклинают её. Франциск — эпикуреец религии, он — эллин, он любит Бога как своё создание, как творчество своей души. В нём — только любовь к жизни и нет унизительного страха пред Богом. Русский — это человек, который скверно живёт и хорошо умирает. Нигде не говорят так много о любви, как в России, и нигде не умеют так мало любить. Боюсь, что Россия — больше Восток, чем Китай. Мы так же богаты мистицизмом, как бедны энергией. Да не покажутся Вам эти рассуждения странными и неуместными, — я хорошо знаю свою страну. И вообще, всех людей необходимо воспитывать в любви к деянию, необходимо будить в них уважение к разуму, к человеку, миру» [1, с. 18-19].

Мистицизм и пассивность определяют Россию, по мнению М. Горького, как восточную страну. Это видение России революционера М. Горького совпадает со взглядом на Россию немецкого философа истории эволюциониста О. Шпенглера (1880–1936) в его нашумевшей книге «Закат Европы» (в двух томах, 1918–1922).

В личной библиотеке М. Горького сохранилось одно из первых изданий перевода этой книги в России («Образ и действительность» / Пер. с нем. М. Д. Френке. М.-Птрг., 1923. Т. 1), но автор её не произвел на Горького впечатления основательности и самобытности. Лишь первые 47 страниц книги содержат пометы[2] М. Горького, в основном сводящиеся к тому, что Шпенглер варьирует темы Н. Я. Данилевского и Ф. Ницше, самого «русского» из немецких философов. В письме к Роллану от 18 сентября 1923 года, анализируя влияние русской мысли на Германию, Горький вновь возвращается к этой теме: «Шпенглер идёт от Нитчше и очень много взял у Данилевского, из его книги «Европа и славянство», в свою очередь «Ф. Нитчше черпал свои вдохновения у Штирнера и Достоевского», а «Макс Штирнер думал очень по-русски, он, видимо, был хорошо знаком с идеями Михаила Бакунина, от которых не сразу освободился и Вагнер» [1, с. 98]. В Личной библиотеке Горького хранятся книги всех перечисленных авторов с пометами писателя, свидетельствующими о его глубоком интересе к философии. Горький был внимательным читателем работ немецкого философа М. Штирнера (Макс Штирнер. Единственный и его собственностъ. Ч. 1. СПб., 1907), пьесы К. Федина об анархисте М. Бакунине (К. Федин. Бакунин в Дрездене. Театр в 2 актах. Пб.: Госиздат, 1922), исследования русского философа-персоналиста Л. Шестова «Достоевский и

Ницше (Философии трагедии)» (Л. Шестов. Собр. соч. Т.3. СПб.: Шиповник, б. г.), теории культурно-исторических типов цивилизации русского философа Н. Я. Данилевского, изложенной в его книге «Россия и Европа. Взгляд на культурные и политические отношения славянского мира к германо-романскому» (СПб.: Общественная польза, 1871). Заметим, впрочем, что в критической литературе указаний на то, что Шпенглер знал труды Данилевского, нет, хотя Шпенглер был широко образованным человеком и на основе обобщения известных и малоизвестных исторических данных, касающихся различных цивилизаций, подвёл итог определённому этапу развития европейской мысли в сфере истории эволюции общества, используя метод культурно-исторической аналогии. Сама же идея «заката Европы», интерпретированная Горьким в духе исторического материализма К. Маркса как «закат буржуазной Европы», подхвачена писателем, который писал в известном письме М. М. Пришвину от 1 февраля 1925 года, что Европа «закатывается не по Шпенглеру» [2, т. 15, с. 119].

По тем же причинам, что и Горький, Шпенглер отказывается признать Россию европейской страной: «Слово Европа и возникший под его влиянием комплекс представлений были единственной причиной, заставлявшей наше историческое сознание объединять Россию и Европу в одно ничем не оправдываемое целое. В данном случае простая абстракция, возникшая в культурном кругу воспитанных на книгах читателей, привела к огромным реальным последствиям. Воплощённые в личности Петра Великого, они на целое столетие подменили историческую тенденцию примитивной народной массы, в противовес чему русский инстинкт, с враждебностью, олицетворённой в Толстом, Аксакове и Достоевском, очень правильно отграничивает «матушку Россию» от «Европы» [3, с. 53].

Будучи восточной страной, Россия не принадлежит к западной культуре: «Восток и Запад — понятия, полные настоящего исторического содержания. «Европа» — пустой звук. И если допустить, что Греция во время Перикла «находилась в Европе», то теперь она там больше не находится». Так и Россия находится не в Европе: «Что имеет общего Толстой, из самых недр своего человеческого сознания отвергающий, как нечто чуждое, весь западный мир идей, со Средними веками, с Данте или Лютером?» [3, с. 53].

Исходя из одних и тех же посылок, М. Горький и О. Шпенглер по-разному решают вопрос о будущем России. Используя метод исторических аналогий, Шпенглер в своих таблицах проводит параллель между греко-римским стоицизмом и западным социализмом, который он определяет как «зиму западной культуры» и «закат Европы» по аналогии с закатом античности («Всегда существовало сознание, что количество форм исторических явлений ограниченно, что типы эпох, ситуаций и личностей повторяются. Говоря о роли Наполеона, почти всегда припоминали и Цезаря и Александра, причём сопоставление с первым было морфологически недопустимо, а со вторым соответствовало действительности. Самому Наполеону его положение представлялось похожим на положение Карла Великого. Конвент говорил о Карфагене, подразумевая при этом Англию, а якобинцы называли себя римлянами. Сравнивали, далеко не в равной мере основательно, Флоренцию с Афинами, Будду с Христом, раннее христианство с современным социализмом» [3, с. 99]).

Социализм представляет собой, по мысли Шпенглера, одну из разновидностей западной морали, выступающей «с притязанием на всеобщее и вечное значение» [3, с. 475]. Это составляет необходимое условие фаустовского бытия: «Кто иначе думает, чувствует, желает, тот дурен, отступник, тот враг. С ним надо бороться без пощады. Долг человека. Долг государства. Долг общества» [3, с. 475]. Социалистическая революция, как и любая другая, согласно О. Шпенглеру, неизбежно влечёт за собой военную диктатуру и является «осенью» цивилизации, за которой следует «зима», то есть смерть западной цивилизации.

Социалистическая революция показала, что Россия идёт по западному пути. Но Шпенглер считает, что у России есть шанс избежать судьбы Запада. Европеизацию России (сначала Петром

Первым, потом большевиками), которую Шпенглер определяет как «псевдометаморфозу», он считает ошибкой, которая, однако, не носит фатального характера. Русская душа ориентирована на Восток, к колыбели «магического» христианства, «звезде волхвов», она восстанет против фаустианства западной культуры, будь то Пётр Первый или В. И. Ленин («Социализм — в высшем, а не банальном смысле — как всё фаустовское, есть идеал, исключающий другие идеалы, и обязан своей популярностью только недоразумению, а именно будто он есть совокупность прав, а не обязанностей. Тривиальные внешние тенденции попечения, благополучия, «свободы», гуманности, счастья большинства содержат только негативную сторону идеи, в полной противоположности античному эпикуреизму, для которого состояние блаженства было фактическим ядром и суммой всей этики» [3, с. 490]). Скоро большевики поймут на собственном опыте, что европейская доктрина может уничтожить Россию, но никогда не завоюет её. Взойдёт заря новой религии: Россия Толстого, Россия «негативной критики» умерла. Л. Толстой воплощает прошлое, агонию петровских преобразований, апостолом новой религии станет Ф. Достоевский.

М. Горький, в противоположность О. Шпенглеру, считает, что Россия должна окончательно встать на путь Запада и искоренить в себе черты «азиатчины». Поэтому результаты деятельности Петра Первого и В. И. Ленина он оценивает как необходимые вехи на пути преобразования Востока в Запад, а не как «псевдометаморфозы» (в терминологии О. Шпенглера). 3 января 1922 года он пишет Р. Роллану из Германии: «Речь идёт не обо мне, а о старой великой Европе и о России, подростке среди её народов. Да, Европа тяжко больна, и меня, русского, её состояние тревожит не меньше, а больше, чем многих бесстрашно мыслящих европейцев. Ибо, — если Европа, — это мощный творческий организм, который насыщает весь мир величайшими достижениями науки, искусства, техники, — если этот организм перестанет работать, как работал до XX-го столетия — его бессилие прежде всего и всего пагубнее отзовётся на России. Мы, русские, от времён Петра Великого жили за счет европейской культуры, и без этой опоры нам грозит поглощение пассивным анархизмом» [1, с. 25].

Мысль о том, что «русские жили за счет европейской культуры» (петровская «псевдометаморфоза») восходит к начатому ещё в эпоху Просвещения давнему спору о том, каковы последствия восприятия западной культуры Россией, приобщившейся к ней «слишком рано», не пройдя весь путь эволюции, который преодолел Запад. Включаясь в этот спор, Ромен Роллан пишет: «Мне кажется, Ваша Россия тоже страдает оттого, что она не вовремя приобщилась к европейской цивилизации. Как говорит Лафонтен: «Бежать не к чему, надо выйти вовремя». Ваш несчастный народ не виноват в этом. Он сделал всё, что мог. Ему пришлось усвоить за одно столетие завоевания цивилизации, которые другие европейские народы создавали и накапливали постепенно, на протяжении десяти веков. Наделённый умом и запасом жизненных сил, он совершил настоящие чудеса в области искусства, литературы, науки… Но это сказалось на его духовном здоровье. Он страдает оттого, что слишком быстро созрел. И это вполне естественно! Болезнь роста! Переходный возраст. Такой возраст, однако, опаснее для народов, чем для отдельных людей» [1, с. 71].

Замечания Роллана о «молодости» России и «несвоевременности» её приобщения к европейской цивилизации восходят к суждениям писателей и философов, присутствующим в европейском сознании со времен эпохи Просвещения. Вспомним, что, для того чтобы изменить представление просвещённой Европы о России как о «стране сибирских волков и медведей» (по выражению Фридриха II), понадобилось, чтобы Пётр Первый приехал во Францию в 1716 году ко двору Регента, будущего Людовика XV. Блестящая плеяда деятелей французского Просвещения внимательно следила за пребыванием русского царя. Сила и обаяние личности Петра покорили сердца французов: «Царь Московии — самый великий и славный государь нашего времени… Его можно сравнить лишь с великими людьми античности,

Европа вынуждена это признать» [5]³. Сен-Симон, Фонтенель, Монтескьё, Вольтер, каждый по-своему, отдали дань восхищения русскому царю.

Знаменитый летописец эпохи Просвещения Сен-Симон, находившийся при дворе Регента, изложил свои впечатления в «Мемуарах», задав тон всем последующим высказываниям о «царе Московии»: «Пётр Первый справедливо создал себе громкое имя у себя на родине, в Европе и Азии. Я не могу назвать царя более могущественного, прославленного… Им восхищается его век, но будут восхищаться и последующие века» [5]. Позиция Сен-Симона становится важным свидетельством изменения отношения к России во Франции, которая из противника превратилась в поклонника Петра и, благодаря ему, России. Известно, что во Франции существовала сильная оппозиция российскому влиянию в Европе. Людовик XIV не желал встречаться с Петром и отклонял все его просьбы о визите. После смерти Людовика XIV Пётр проявил настойчивость и приехал во Францию. Двор оценил приезд Петра как навязанный русским царём, памятуя о том, что король-солнце не видел смысла в союзе с Россией.

Несмотря на «былое варварство» России, Сен-Симон верит, что деятельность Петра Первого полностью изменит положение: «Его репутация во Франции непоколебима, Франция единодушно смотрит на него как на чудо и очарована им» [5]. Сен-Симон, как и большая часть французской аристократии, становится горячим сторонником франко-русского союза в пику англичанам.

Постоянный секретарь Французской Академии писатель Фонтенель, племянник знаменитого драматурга Пьера Корнеля, в «Похвале Лейбницу» написал: «Царь задумал самое великое и благородное дело, которое когда-либо может осуществить правитель, а именно поднять свои народы из варварства и дать им науки и искусства. Он приехал к Лейбницу в Торгау и просил у него совета. Они много говорили о его намерениях, а, уезжая, царь назначил Лейбница личным советником юстиции и дал ему приличную пенсию. Редкая честь для современного мудреца стать законодателем варваров» [6, p. 52][4]. Петру I было присвоено звание академика и иностранного корреспондента Французской Академии. В торжественной речи, произнесённой в Академии в связи со смертью Петра Великого в 1725 году, Фонтенель сказал: «Преимущество России в том, что она получила в готовом виде то, что создали самые учёные и образованные нации; скоро Россия встанет с ними вровень» [6, p. 52].

В свою очередь Вольтер писал о том, что Пётр I поднял из варварства народы, «менее цивилизованные, чем мексиканцы, когда они были открыты Кортесом» [7]. Он сумел дать России хорошую армию, флот, законы, академию. Свою задачу Вольтер видел в том, чтобы написать историю Петра Великого: «Он был законодателем, основал города и, смею сказать, империю, в противоположность Карлу XII, который разрушил своё королевство» [7]. Ожидая соизволения и заказа царицы Елизаветы Петровны, Вольтер собрал сборник анекдотов из жизни царя, в котором, в частности, заметил: «Как мало надежды имел человеческий род, что в Москве родится такой человек, как царь Пётр. Можно было бы поспорить: один к числу населения всей России, а оно равнялось тогда шестнадцати миллионам, т. е. один к шестнадцати миллионам, что этот дар природы достанется кому угодно, но не царю, и, тем не менее, это произошло» [7]. Не очень лестное мнение Вольтера о русских изменилось благодаря усилиям Петра: «Менее чем за полвека русские овладели всеми искусствами» [7]. Когда в 1757 г. посланник России во Франции Михаил Бестужев-Рюмин предложил Вольтеру от имени графа Ивана Шувалова, известного покровителя наук и искусств, приехать в Санкт-Петербург для работы над историей Петра, Вольтер ответил: «Вы мне предлагаете то, о чём я мечтаю уже тридцать лет» [7]. История Петра известна, но объяснить, чем стала Россия, благодаря Петру и его преобразованиям — эта задача достойна писателя, ибо, писал Вольтер, «подлинную мощь государства составляет его репутация» [7]. Когда вышел первый том «Истории Российской Империи Петра Великого», Фридрих II, состоявший в переписке с Вольтером, был в ярости: «Зачем Вам понадобилось писать историю сибирских волков и медведей? Я не буду читать историю этих варваров, я хочу забыть о том, что они живут в нашем полушарии». Действительно, история Вольтера начиналась с фразы о том, что невозможно было представить себе, что в России появится одна из лучших и самых дисциплинированных армий в Европе, которая, разбив шведов и турок, одержит победу и над Германией.

В речи по случаю приёма во Французскую Академию Вольтер сказал: «Ваши труды, господа, проникли в столицу самой отдалённой империи Европы и Азии и самой обширной, в город, который сорок лет назад был пустынной равниной, где жили дикие звери. Теперь в городе Петра Великого и его достойной дочери ставят французские драмы, звучит итальянская музыка и французское красноречие» [7].

Неизвестно, был ли лично знаком с Петром I Монтескьё, но в момент приезда Петра во Францию он находился в Париже. В «Персидских письмах» Монтескьё проходит русская тема — речь идёт о грандиозных пространствах Московии и об изменении нравов в ней: «Царь Московии употребляет все средства, чтобы вознести во мнении Европы и Азии свою нацию, которая была до сих пор забыта и интересна только самой себе» [8].

В «Духе законов» также немало ссылок на Россию, которая, благодаря происходящим в ней переменам, вдруг стала всем интересна. В четырнадцатой главе Книги V Монтескьё, рассуждая о деспотии как способе правления, замечает: «Посмотрите, как московское правительство стремится уйти от деспотического правления. Для правителя деспотизм также тягостен, как и для народа. Сокращены наказания за преступления, установлены суды, народы получают просвещение» [9]. В Книге XIII, «О налогах», говорится: «Пётр I ввёл очень мудрые законы, которые продолжают действовать в России» [9]. В Книге XIX, озаглавленной «Каковы естественные средства изменения нравов и обычаев нации», Монтескьё обращается исключительно к опыту Петра: «Лёгкость и быстрота, с которой цивилизовалась эта нация (заметим, что слово «цивилизация» не существовало тогда в современном значении — М. А.), показали, что царь слишком плохо о ней думал… Преобразование нации облегчалось тем, что обычаи России чужды ей самой, так как являются следствием смешения народов и завоеваний. Пётр I, дав европейские нравы и обычаи европейской нации, воспользовался возможностями усвоения, которых он сам не ожидал» [9].

Резким диссонансом в общем хоре похвал деятельности Петра прозвучало суждение Ж.-Ж. Руссо, отличающееся историческим пессимизмом. Многие русские писатели в разное время положительно оценивали «переимчивость» (А. С. Пушкин) и «отзывчивость» (Ф. М. Достоевский) русского народа, но Жан-

Жак Руссо увидел в этой черте лишь подтверждение того факта, что русские не смогли найти самих себя. В «Общественном договоре» (1762) он заметил: «Русские никогда не станут по-настоящему цивилизованными, потому что они попытались сделаться таковыми слишком рано. Пётр был гением подражания, а не истинным гением. Сначала он хотел сделать русских немцами, затем англичанами, когда надо было начать с того, чтобы сделать их русскими… он помешал своим подданным стать тем, чем они могли бы быть, внушив им, что они то, чем они не были» [10].

Мнение Руссо о деятельности Петра привело его к мысли о нестабильности русской государственности: «Российская империя захочет подчинить Европу и окажется сама в подчинении — у татар, своих подданных или соседей» [10].

Таким образом, Роллан оказывается наследником просветительских идей в отношении России, и, в частности, «русской идеи» Ж.-Ж. Руссо, высказавшего мысль о том, что Россия должна будет заплатить «по счёту», «присвоив» завоевания европейской культуры. Роллан считает, что «страшная многовековая история и этническая смесь самых разнородных элементов создали духовную путаницу, которую не скоро удастся распутать». Для этого требуется «длительная передышка», а «несчастная Россия не получила её от судьбы» [1, с. 77].

Не менее важным представляется и суждение Монтескьё о

том, что «обычаи России чужды ей самой и являются следствием смешения народов и завоеваний» [8]. Эту мысль подхватывает М. Горький, говоря Роллану в письме от 9 октября 1923 года из Фрейбурга о «влиянии Азии на Россию», о том, что «великое множество монгольской, турецкой и финской крови примешано к русской»: «поэтому, если уже не мировоззрения калмыков, то всё же их законы и обычаи оказывают влияние на сознание народа: анархизм, неупорядоченный образ правления у кочевых племён, их отвращение к работе» [1, с. 74].

В Европе, по мнению М. Горького, «влияние Азии» смягчено «опытностью» европейской культуры. Влияние Азии на Россию «более конкретно, более широко»: «Здесь я поспорю с Вами по вопросу о Востоке. Когда вы европейцы, люди активные, с грандиозной историей <…> смотрите на Восток, вы видите там только то величественное, что дала его мысль, его творческий дух. Вас интересует динамика. Русские — не европейцы, мы очень сложный конгломерат славянских и тюркско-финских племен. Мы смотрим на быт Востока, нашу массу увлекает его социальная статика, его любовь к покою <…> У нас мечтают о государстве без власти над человеком, — эта утопическая мечта в крови, в природе народа. Русский не любит работать и не хочет брать на себя никакой ответственности за ход жизни, за условия её. Это очень странный человек, болеющий скептицизмом невежества, с душой, запутанной в противоречиях, полной фантастических неожиданностей. <…> Вот, дорогой друг мой, где скрыта великая мука моя, я боюсь за народ, — за огромное его ленивое тело, за его талантливую, но чуждую жизни душу. Народ этот ещё не жил, не делал истории своими руками, своей волей, как это делали латинская и англосаксонская расы. И — ему не хочется делать историю. Он хочет только одного: безответственно и спокойно жить на своей плоской широкой земле, в сущности, — пустынной» [1, с. 74].

Вопрос об «азиатском» характере русского народа для Горького далеко не праздный. Он определяет характер власти в России и, в конечном счете, её судьбу. Русская социалистическая революция, «что бы ни утверждали враги Советского правительства», отдала власть в руки народа, но парадокс заключается в том, что «этот народ не умеет пользоваться ею, не способен пока ни овладеть, ни расширить её, отказывается работать в полную свою силу» [1, с. 74].

Проблема России, по мнению Горького, заключается в том, что в России работает одна интеллигенция, «ломовая лошадь истории и культуры». Он пишет Роллану (1922, Герингсдорф): «Вы сказали печальную истину, назвав меня «человеком другой расы». Да, это так. По какой-то злой иронии почти все русские интеллигенты — чужие люди в своей родной стране. Величайший, удивительный наш поэт Александр Пушкин выл, как волк: «Чёрт меня дернул родиться в России с умом и талантом!» Один из лучших писателей наших Николай Лесков кричал о народе: «Дрянь родная! Навоз славянский! Как жить с тобою!» И почти у каждого из крупных русских людей вы найдёте этот вопль отчаяния одиноких, потерянных в массе народной, бессильных пред силой её пассивного сопротивления тому, во что верит интеллигенция <…> истощается энтузиазм и вера, исчезает сила, способная организовать Россию как европейское государство» [1, с. 36]. Однако, по мнению Горького, и интеллигенция несёт на себе печать «азиатчины»: «Все они — аполитичны, индивидуалисты и романтики» [1, с. 37]. В этом, считает Горький, «скрыт всё тот же анархизм, всё то же стремление от жизни, к безответственности, к покою» [1, с. 37].

Русская революция 1917 года показала, что под мистицизмом (проявлениями которого является анархизм и русское «авось») и пассивностью таилась огромная энергия, нашедшая выход в разрушительном взрыве. Эта энергия, на отсутствие которой в обыденной жизни жаловался М. Горький, была предметом веры писателя, именно ею, по его мнению, движется мир (вспомним, например, его повесть «Исповедь» (1908).

Необычайная талантливость русского народа свидетельствует, по мнению Горького, о наличии у него могучей творческой энергии. Талантливость русского народа выделяет его среди других народов Европы и Азии, является его главной отличительной чертой. Об этом Горький пишет Роллану 18 сентября 1923 года: «Русский человек — человек фантастический. Иван Тургенев хорошо сказал об этом человеке, что у него «мозги набекрень». Этот особенный изгиб разума, его уклон в сторону от обыкновенного, нормального, может быть, создаст из русских оригинальнейший народ, который озарит весь мир огнём своей талантливости» [1, с. 66]. Но эта же «кривизна разума» может и уничтожить Россию для мира, послужить причиной «безответственности» (М. Горький) и «легкомыслия» (Р.Роллан), толкающего её на имеющие трагические последствия эксперименты, «переходящие границу здравого смысла» (Р. Роллан).

6 августа 1923 г. Горький писал Роллану: « Мучает меня эта загадка — человеческая, русская душа. За четыре года революции она так страшно и широко развернулась, так ярко вспыхнула. Что же — сгорит и останется только пепел — или?» [1, с. 62].

Читая произведения М. Горького, Роллан убедился, что Горький «превосходно знает свой народ»: «То, что Вы говорите о загадочности русской души, очень меня поразило. В настоящее время никто, вероятно, не знает лучше Вас русской души» (4 октября 1923) [1, с. 69]. Более того, Роллан считает, что Горький знает его лучше, чем Лев Толстой, который идеализировал народ: «Я почувствовал, насколько великий Толстой, который так мне дорог, идеализировал его помимо воли: благодаря своей гениальной интуиции он видел чужую душу как бы при вспышке молнии, но молния озарила потёмки лишь на мгновение, и по одному этому мгновению он судил о душе в целом. Он видел народ лишь мимоходом, он не делил с ним хлеб и жизнь» [1, с. 31]. И только Горький «погружался в глубины этого страшного народа» и показал его таким, каким узнал: «тёмным, взбудораженным, лишённым нравственных устоев» [1, с. 31].

Роллан делает вывод о том, что русский народ «не знает сам себя»: «он ни плох, ни хорош по-настоящему» и, «как апостол Пётр, по двадцать раз на дню отрекается от себя». Это связано с тем, что Россия приобщилась к европейским ценностям «слишком поздно» (вариант Руссо: «слишком рано») и не успела в силу этого выработать соответствующий образ жизни, необходимые «нравственные устои»: «Таково ваше больное место. Зло в России является скорее следствием беспорядка, чем врождённых недостатков. Русской душой плохо руководили. <…> У вас недостаточно <…> связей. Ни общественных, ни нравственных, ни вокруг вас, ни внутри. Ничто не сдерживает вас, а так как вы наделены юной, неуёмной, бьющей через край жизненной силой, вы спотыкаетесь на каждом шагу. Заключение: России необходима железная дисциплина — Пётр Великий или Ленин. — Но для того чтобы эта дисциплина вошла в привычку, а затем и в нравы, нужно время и ещё раз время…» (30 октября 1924) [1, с. 109]. Тема Петра Великого заставляет ещё раз вспомнить «Мемуары» Сен-Симона, которого поразила в русском характере «вольность, происходящая из чувства свободы» и отмеченная печатью «былого варварства». Так он пишет о стремительности и непредсказуемости поведения русских: «Ни царь, ни его люди ни в чём себя не сдерживали» [5].

Роллан считает, что дикому и непокорному коню — русскому народу — нужна узда в виде европейских ценностей, иначе он «спотыкается на каждом шагу». Пишет Роллан и о том, что он считает европейскими ценностями: соответствие между словом и делом, так как характерное для русских «постоянное несоответствие между мыслью и действием» приводит к «нарушению жизненного равновесия»; «ясность разума», которую он «ценит превыше всего»; чувство меры. Однако за неимением времени внушить эти ценности народу, приходится довольствоваться «железной дисциплиной» («Петра Первого и Ленина»), которая не даст России ввергнуться в анархию и хаос. Эти соображения лягут в основу просоветских (просталинских) взглядов обоих писателей в конце 1920-х — 1930-е годы.

Революционные события, связанные с террором, гражданской войной и установлением «диктатуры пролетариата», по-новому осветившие тёмные стороны загадочной «славянской души», заставляют писателей отказаться от поэтизации стихийной силы и неуправляемости русского народа. Времена любования гоголевской птицей-тройкой или толстовским «славянским конём» («Конь несёт меня стрелой, а куда, не знаю» (А. К. Толстой) если не канули безвозвратно, то, во всяком случае, отодвинулись в прошлое. Необходимо вспомнить в этой связи высказывание Александра Блока: «Гоголь представлял себе Россию летящей тройкой… Что, если тройка, вокруг которой «гремит и становится ветром разорванный в куски воздух» — летит прямо на нас? Бросаясь к народу, мы бросаемся прямо под ноги бешеной тройке, на верную гибель». Это высказывание Блока подчёркнуто Горьким в книге А. Я. Цинговатова из его личной библиотеки (А. Я. Цинговатов. А. А. Блок. Жизнь и творчество. М.-Л., Госиздат, 1926. С. 44). Пришло время также вспомнить пушкинское определение русского бунта, «бессмысленного и беспощадного». Подобные опасения лежали в основе и других философских концепций, направленных на «обуздание» народа, например, литературного критика и публициста К. Н. Леонтьева (1831–1891), писавшего о необходимости «подморозить» Россию, опираясь на сильную власть и православие [11, с. 86]. Горький писал по этому поводу: «Самый ужасный и ненавистный недостаток в политике — слабость; это преступление против Святого Духа политики», — я, в этих словах, слышу резкое эхо мысли русского политика и философа Константина Леонтьева» [1, с. 67]. «Узду» для народа К. Леонтьев видел в «церковности», как заметил Горький: «…ясно, что вся премудрость консерваторов — К. Леонтьева, К. Победоносцева и других — пропитана той «народной мудростью», в которой наиболее крепко сжата церковность» [1, с. 67].

По мнению Роллана, отношение Горького к русскому народу, который он «знает как никто другой», сочетает в себе «пессимизм и оптимизм (таков закон жизни: вдох, выдох)» [1, с. 31], однако самому Ролану не удаётся попасть в этот ритм. Он склонен, скорее, к историческому пессимизму. Поэтому, хотя разочарование в социалистической революции не было открытием в том смысле, что «всякая революция несёт с собой насилие и разрушение», оно оказалось «более глубоким и горьким, чем все предыдущие», так как «рухнула великая иллюзия». Он пишет Горькому по этому поводу: «Почти всю Вашу жизнь Вы несли в себе страдания этого страшного русского народа, который Вы хотели и не могли спасти» (12 октября 1922 г.) [1, с. 44].

При этом Роллан отнюдь не считает, в отличие от Шпенглера и Горького, Россию восточной страной. В отличие от Бисмарка, утверждавшего, что «единственным постоянно действующим фактором истории является география», Роллан не видит особой судьбы России в её местоположении. Историософская концепция Роллана строится не по горизонтали, а по вертикали. Поэтому он неоднократно пишет Горькому о том, что не согласен с его оценкой Востока, так как сам оценивает Восток «по вертикали», то есть с точки зрения культурно-исторических типов цивилизаций Востока. Вот как излагает он свою концепцию в письме от 4 октября 1923 г.: «Сколько мне ещё надо сказать в ответ на Ваше письмо! В частности, по вопросу Азия — Европа. Вы, конечно, понимаете, что я не согласен с Вами! Вы очень неуважительно относитесь к юным "телятам" Азии, которые сосут старую корову Европу! Но, дорогой друг, если и признать существование телят, то встает вопрос, кто же из двух — Европа или Азия питались молоком другой. Мне очень хотелось бы знать, что, в сущности, создала Европа! Во всяком случае, не религиозное мировоззрение: все религии пришли из Азии. Великие философские системы тоже. Истоки европейского искусства находятся в Азии или Египте. Что же касается пресловутой науки — этой гордости европейцев, наши историки с каждым днем подтверждают догадки, возникшие сто двадцать лет тому назад у французских учёных, принимавших участие в Египетской экспедиции, а именно, Египет и Халдея владели за тысячелетия до нашей эры познаниями по математике, оптике, астрономии, геодезии и т. д., которые мы только начинаем открывать заново. — Вера европейцев в прогресс — тоже одна из догм, мешающая им прямо смотреть в глаза действительности. Прогресс наблюдается (быть может) в развитии какой-нибудь отдельно взятой цивилизации. Но если рассматривать совокупность цивилизаций, можно ли говорить о прогрессе при переходе от одной к другой? Сомневаюсь. Во всяком случае, сегодня можно с уверенностью сказать, что не раз какая-нибудь цивилизация погибала целиком со всеми своими завоеваниями и открытиями. То были вершины человечества. А потом провалы. И снова вершины, другие вершины. Кто скажет, какие из них самые высокие? Я знаю цену европейской цивилизации. Но она не единственная. Существовали и будут существовать другие. Я радуюсь при мысли об этом, ибо я ясно вижу границу, которую наша цивилизация не переступит никогда.

Что касается Европы — «неутомимой великомученицы исканий истины, справедливости, красоты» — мой друг, я знаю также другую Европу — «неутомимого» палача других народов, Европу, уничтожившую цивилизацию Мексики и Перу, дважды уничтожившую чудеса искусства Китая, Европу, которая торгует христианством» [1, с. 72]. Историософская концепция Р. Роллана ставит его в один ряд с Ф. Ницше и О. Шпенглером, как в вопросах критики европоцентризма и христианства, так и в отрицании понятия исторического прогресса, лежащего в основе марксизма.

Попытки разгадать тайну исторической формы при помощи каких-либо научных, социальных или экономических теорий О. Шпенглеру казались «безумными». Ссылаясь на высказывание И.-В. Гёте («В жизни дело идёт о жизни, а не каком-либо результате её»), Шпенглер замечал: «Никто не будет ожидать от тысячелетнего дуба, что именно теперь должно начаться его подлинное развитие. Никто не ожидает от гусеницы, с каждым днём растущей на его глазах, что этот рост может продолжиться ещё несколько лет. Каждый в этом случае с полной уверенностью чувствует определённую границу, и это чувство является не чем иным, как чувством органической формы. Но по отношению к высшему человечеству в смысле будущего царит безграничный тривиальный оптимизм. Здесь замолкает голос всякого психологического и физиологического опыта, и каждый отыскивает в случайном настоящем «возможности» особенно выдающегося линейнообразного «дальнейшего развития» только потому, что он их желает. Здесь находят место для безграничных возможностей — но никогда для естественного конца — и из условий каждого отдельного момента выводят в высшей степени наивно построенное продолжение. Но у «человечества» нет никакой цели, никакой идеи, никакого плана, так же как нет цели у вида бабочек или орхидей» [3, с. 59]. В этом же духе высказывается Роллан: «Народы гибнут, как опадающие листья. Само древо человечества отомрёт. Но вырастут другие деревья, и жизнь заструится в их ветвях» [1, с. 75].

Пристально анализируя высказывания писателя, мы приходим к выводу о том, что Роллан разделяет концепцию «исторических форм» Шпенглера, восходящую к философии природы И.-В. Гёте. Поэтому вслед за Шпенглером, он мог бы воскликнуть: «Пессимизм ли?» (Под таким названием вышла статья Шпенглера, попытавшегося ответить на упреки в историческом пессимизме в связи с его концепцией «заката Европы»). Именно в этом свете неудача русской революции воспринимается им, помимо моральных оценок, как факт натуральной истории. Он с полным основанием написал Горькому: «Я всегда чувствовал по Вашим произведениям, что Вы «больны Россией», больны с детства; и я люблю Вас за эту благородную болезнь. — Что до меня, я не «болен Францией». (Она вполне здорова, да и к тому же я не оказываю предпочтения ни одной стране). Всю свою жизнь я был бы скорее склонен болеть человеческим родом, человечеством, если бы неистребимая любовь к Жизни постоянно не восстанавливала моё внутреннее равновесие. Народы гибнут, как опадающие листья. Само древо человечества отомрет. Но вырастут другие деревья, и жизнь заструится в их ветвях. Я люблю жизнь в каждом её проявлении. И я счастлив своим слиянием с нею» [1, с. 75].

В сущности, речь идёт о тех самых «широких горизонтах», о необходимости открытия которых он писал Горькому в своём первом письме. Революционный марксизм Горького, при всей его неортодоксальности, воспринимался Ролланом как попытка самоограничения и догматизма: «Я отнюдь не собираюсь обращать Вас в свою веру, будь я даже в силах это сделать. Я люблю жизнь полноводную и глубокую, искреннюю и совершенную, жизнь, в которой сочетаются оптимизм и пессимизм, ирония и страстность, и ценю превыше всего самообладание — ясность духа». Драматические коллизии переписки двух писателей показывают стремление одного быть политиком, а другого — философом.

Открывая «более широкие горизонты» «больному Россией» М. Горькому, Роллан возводит Россию и Европу к одному общему корню — «арийцам Вед, завоевателям Индии», пришедшим с Севера. Снимая противоречие между Востоком и Западом, определяющее воззрения М. Горького, Роллан прибегает к знаменитому ницшеанскому образу «великолепных «смеющихся львов», в котором он видит прообраз современной европейской цивилизации, включающей и Россию, и предлагает «оставить в покое Будду и Христа». Общее прошлое добуддийского и дохристианского человечества представляется ему залогом общего будущего.

В книге «Антихрист», хранящейся в личной библиотеке М. Горького с его пометами, Ницше характеризует арийцев как гиперборейцев и пишет: «Нужно превосходить человечество силой, возвышенностью души, — презрением… Нужно быть привычным жить на горах, — видеть под собою жалкую современную болтовню политики и себялюбия народов. <…> Мы, гипербореи, мы довольно хорошо знаем, насколько в стороне мы живем: "Ни сухим путём, ни водою не найдёшь ты дороги к гипербореям", — писал Пиндар. По ту сторону севера, льда смерти — наша жизнь, наше счастье» (Нитче Фр. Антихрист. Перевод Н. Н. Полилова. Кн-во Прометей. СПб., 1907. С. 2–3). Европейское человечество, ведущее свою родословную от этнического массива ариев, включает и славян. Причина близости индоевропейцев, живших некогда в ближайшем соседстве на землях Приполярья и вытесненных с севера последним оледенением и похолоданием, наступившем около VII–VI тысячелетий до н. э., связана с укреплением межплеменных контактов в процессе переселений и совместного освоения новых территорий. В начале XX века теория арктической родины европейцев была изложена индийским учёным Б. Г. Тилаком в книге «Арктическая родина в Ведах» (1903) и поддержана многими специалистами, по-новому оценившими историю сложения древнеарийских племён. Независимо от Тилака к подобным выводам пришли немецкие учёные (Г. Якоби, М. Блумфельд, М. Барт, Г. Бюлер и др.), что было зафиксировано в статьях по данной проблеме первого тома Британской энциклопедии (1895). Несколькими годами раньше вышла в свет книга ректора Бостонского Университета доктора Уоррена «Найденный рай, или Колыбель человеческой расы на Северном полюсе». В России одним из первых на неё откликнулся известный биолог начала XX века Евгений Елалич, опубликовав книгу «Крайний Север как родина человечества» (СПб., 1910), а также знаменитый профессор Э. Ухтомский[5]. О былом единстве Запада и Востока он писал: «Глубокая древность вовсе не представляла из себя нескольких цивилизаций, замкнутых друг от друга и отчуждённых. Напротив, отдалённые страны, ради торговли и религиозных интересов, поддерживали непрерывные сношения. Восток жил и дышал однородным и напряжённым стремлением создавать всё новые и новые идеалы, обожествлять свои лучшие грезы, уготовлять пришествие Спасителя на землю. Вавилоняне, финикияне, евреи, персы, египтяне, аравитяне морским путём, гораздо реже сушей, соприкасаясь с Индией и Китаем, влияли на них, от них брали наиценнейшее. Разные космогонические и астрономические теории делались вслед затем достоянием целого мыслящего мира. Расцвет этой кипучей жизни — период с VIII по VI век до Рождества Христова. Как раз тогда арийцы простерли свои завоевания до индийских побережий и начинали ощущать потребность в более широком кругозоре, чем мировоззрение Вед. Являлась философия, зарождались религиозные движения, просыпался исторический буддизм. Я подчёркиваю слово «исторический», потому что идея его издревле присуща была не только индийскому духу, но и вообще человечеству. Будд («просветителей, искупителей от зла») признавалось и признаётся видимо-невидимо, ожидается в будущем такое же несметное количество. Ориенталисты постепенно приходят к убеждению, что основу распространённейшей веры составляет натуралистический символизм, что наука имеет дело с мифом о солнце, что люди, забыв о происхождении культа, молятся несуществовавшему «святому». Единственное действительно случившееся, так или иначе достоверное заключается в следующем: кто-нибудь из мудрецов страны превзошел других по внушаемому уважению, по свойственному исключительно его проповеди обаянию. Последователи могли придать учителю чисто мифические черты, и затем уже сложившаяся легенда не была в состоянии разграничить естественные элементы от сверхъестественных, весьма близких и родственных воображению индусов. Из представления о животворящем источнике света возник и вырос образ неистощимого по милосердию существа, преподающего смертным, как им достигнуть свободы от пороков и найти полное внутреннее успокоение. Колыбелью его были земли восточнее Ганга, где браминство далеко не пользовалось незыблемым значением, влиянием, где рядом с понятиями арийских пришельцев открыто уживались воззрения местных автохтонов дравидской тёмной расы. Сам исторический Будда, если признавать его существование, по всей вероятности, даже не был ариец, а происходил из воинственного племени шакиев («могущественных»), проникнувших с севера и водворившихся около гималайских предгорий нынешнего Непала. Из слияния арийской цивилизации с первобытнейшими человеческими верованиями, сохранявшимися в низших слоях населения, должно было выйти и действительно вышло нечто поразительное, способное и удовлетворить пытливейшие восточные умы, и утолить глубокую духовную жажду тёмных масс во что-нибудь цельное слепо поверить, перед чем-нибудь благоговейно преклониться» [12].

Эта цитата отражает историософские взгляды учёных, сложившиеся на рубеже XIX–XX веков и в первой четверти XX века. Именно в контексте историософии разрешается антагонизм между Востоком и Западом, к которому апеллировал Горький. Роллан снимает этот антагонизм, опираясь на историософию как науку о существовании общих законов исторического развития и возможностях обретения общечеловеческого единства.

주석

1. Интересно, что в это же время проблему взаимоотношений «новой» России и «старой» Европы в свете теории О. Шпенглера пытались решить французские сюрреалисты. Об этом см.: Aragon L. Philosophie des paratonnerres. In : La Révolution surréaliste, facsimilé de la revue. Paris, 1975. Octobre 1927 (№ 9-10). P.45-54; а также: Ариас-Вихиль М. А. Пётр Первый и французские сюрреалисты. Миф о «новой» России во французской литературе 1920-х гг. // Человек — Искусство — Общество. Закон целого. М., 2006. С. 271-280.

2. См. об этом: Евдокимов А. В. Теория «Заката Европы» О. Шпенглера в восприятии М. Горького // Творчество М. Горького в социокультурном контексте эпохи. Горьковские чтения, 2004. Нижний Новгород: Издательство Нижегородского университета, 2006.

3. Здесь и далее высказывания Сен-Симона цит. по кн.: Saint-Simon. Memoires. T.V. Paris, 1947–1961. См. также русск. изд.: Сен-Симон. Мемуары. Кн. 2. М., 1991. С.349–374. Все цитаты французских писателей приведены в переводе автора статьи по французским источникам.

4. Здесь и далее высказывания Фонтенеля цит. по кн.: Robel L. Histoire de la neige. La Russie dans la litterature francaise. P., 1994. P. 52-53.

5. Ухтомский Эспер Эсперович (1861-1921) — князь, русский дипломат, ориенталист, публицист, поэт, переводчик. Известен «востокофильской» позицией в печати и общественной жизни предреволюционной России. Один из приближённых Николая II. В 1890-1891 гг. князь Ухтомский сопровождал цесаревича

Николая в его путешествии на Восток на крейсере «Память Азова». Председатель правления Русско-Китайского банка (1896-1910), председатель правления Маньчжурской железной дороги (1890-е -1905).

참고문헌

1. М. Горький и Р. Роллан. Переписка (1916-1936). Серия «Архив А. М. Горького». Т.XV. Москва, 1996.

2. Горький М. Полное собрание сочинений. Письма. Т. 1-20. Москва, 1998-2018.

3. Шпенглер О. Закат Европы. Ростов-на-Дону, 1998.

4. Сен-Симон. Мемуары. Кн. 2. М., 1991. С. 349-374.

5. Saint-Simon. Mémoires. T.V. Paris, 1947-1961.

6. Robel L. Histoire de la neige. La Russie dans la littérature française. P., 1994.

7. Voltaire. Oeuvres historiques. P., 1962.

8. Montesquieu. Lettres persanes. P., 1992.

9. Montesquieu. De l'esprit des lois. Vol. I- II. Paris, 1973-1990.

10. Rousseau J.-J. Du Contrat social. Paris, 1966.

11. Леонтьев К. Восток, Россия и славянство. Т. II. М., 1886.

12. Ухтомский Э. Э. Из путевых заметок и воспоминаний. СПб, 1904.

ВОСТОЧНАЯ ФИЛОСОФИЯ В ДУХОВНЫХ ИСКАНИЯХ МАКСИМА ГОРЬКОГО И РУССКОЙ ТВОРЧЕСКОЙ ИНТЕЛЛИГЕНЦИИ ПЕРВОЙ ЧЕТВЕРТИ XX ВЕКА

К. Н. Гаврилин (Москва)

저자 소개

Kirill Gavrilin, Russia, Moscow, PhD, Professor, Moscow State Stroganov Academy of Art and Design, Head of History of Art and Humanities department,

Abstract

EASTERN PHILOSOPHY IN A SPIRITUAL ODYSSEY OF MAXIM GORKY AND THE RUSSIAN CREATIVE INTELLIGENTSIA DURING THE 20TH CENTURY'S FIRST QUARTER

Gavrilin Kirill

(Moscow State Stroganov Academy)

The paper concentrates on special places for meetings of theosophical societies, circles and ashrams in Russia in the first quarter of the 20th century. Theosophy was then an integral part of the Russian culture, of which Maxim Gorky was a prominent representative. This paper is not dealing with ordinary residential buildings, but with natural complexes that the Theosophists interpreted as extraordinary by virtue of the complexes' geographic location, possible links with ancient cults, presence of natural fetishes or anomalies. On the other hand, the article stresses the importance of some architectural and artistic complexes related to a well thought out ideological program, the building owner's personality, or a group of artists in contact with the Theosophical movement.

Keywords: Buddhism, Theosophy, Anthroposophy, Oriental Gorky collection, Gorky in Capri.

Хорошо известно, что Россия, наравне с Германией, была крупнейшим центром теософии в мире. Книги, журналы и сборники по данной теме, публикуемые многочисленными издательствами, делали теософию объектом массового интереса. Личность Елены Блаватской, основательницы теософского движения, превратилась в своего рода икону. Кроме того, русская аудитория получала своевременные переводы книг западной теософии, а русский ашрам на реке Адьяр, недалеко от Мадраса, в Индии, основанный в 1879 г. самой Блаватской, приобрел международное значение и даже посещался русской правительственной делегацией во время путешествия Николая II на Восток в 1891 г. Неслучайно наставник юного цесаревича, известный писатель и востоковед Эспер Ухтомский, описавший это путешествие, проницательно отмечает особую близость мировоззрения России и Азии, невозможную, по его мнению, для Запада, потому, что «для нас <…> и для Азии основу жизни составляет вера» и весь строй российской жизни «дышит глубоко восточными умозрениями и верованиями» [1, с. 43]. Закономерно, что идеи теософии и связанных с ней восточных культов становятся весьма популярны в императорской семье и при царском дворе, так что императрица Александра Фёдоровна была увлечена ламаизмом Тибета, а её излюбленной эмблемой стала буддийская свастика — мотив, извлечённый из книги Елены Блаватской «Тайная доктрина» (1888), понимавшийся как символ возрождения и спасения. Этот знак украшал многие предметы царского обихода, обложки дневников и открытки, капот автомобиля цесаревича Алексея и даже иконы царской капеллы. Императрица состояла в тайном теософском ордене «Зелёного дракона», с которым, по всей видимости, и связаны некоторые ритуальные предметы, заказанные ею у Фаберже, среди которых чаша из зелёного камня, обрамлённая серебром и бриллиантами, с ручкой в виде свастики, сделанная Фаберже в 1898 г. [2, с. 44–45]. Кроме того, на обратной стороне одной из икон её личной капеллы, с образом Св. Серафима Саровского, рукой императрицы было написано: «S.I.M.P. The Green Dragon. You were absolutely right» [3, с. 44–45].

рис. 1 Ритуальная чаша. Санкт-Петербург, Фаберже. 1898 г. Нефрит, серебро, брилианты. Сделана по заказу императрицы Александры Федоровны

Также, известно, что в знаменитый кружок Г. И. Гурджиева в Петербурге входили представители императорского двора [4].

Немаловажным событием стало основание и строительство в Петербурге буддийского храма, которое не обошлось без участия царского двора, санкционировавшего это событие. Разрешение на строительство было получено в 1900 г., по всей видимости, в этой связи в Петербурге и проводились гастроли Сиамского королевского балета, которые вызвали большой резонанс в обществе. Король Сиама Рама V дарит буддийскому храму статую Будды, а над проектом постройки работает архитектор Г. Б. Барановский, весьма востребованный в русском высшем обществе. Храм был построен в 1909–1915 гг., в лучших традициях древней архитектуры Тибета. В научный комитет, руководивший строительством, вошли крупнейшие российские востоковеды и художники, среди которых С. Ф. Ольденбург, Ф. И. Щербатской, Н. К. Рерих и многие другие. Важнейшим событием в истории храма стало буддийское служение, проведённое здесь ещё до завершения строительных работ, 21 февраля 1913 г., в честь трёхсотлетия царского дома Романовых.

В калейдоскопе настроений Серебряного века нельзя не отметить ярко выраженный интерес к буддизму, в котором часто видели символ всей индийской религиозно-философской мысли, а порой и олицетворение всего «таинственного Востока». Увлечение буддизмом не ограничивалось простым знакомством с многочисленными публикациями русской и западной буддологической литературы и популярными брошюрами теософов. Многие выдающиеся деятели Серебряного века пытались узнать индийскую буддийскую мудрость из первых рук — через изучение языка буддийских текстов, прежде всего санскрита и пали. Так, например, знаменитые поэты-символисты И. Анненский, А. Блок, В. Брюсов, Вяч. Иванов, А. Белый, С. Городецкий, К. Бальмонт, В. Хлебников изучали санскрит, нередко под руководством известных лингвистов и востоковедов. Кроме того, Хлебников даже учился в университете на санскритском отделении. Хорошо известно, что Бальмонт, Блок и Белый пришли к буддизму благодаря знакомству с теософским учением [5].

Таким образом, теософия стремилась объединить различные формы вероисповеданий путем раскрытия объединяющего их «сокровенного смысла» и отбрасывания «разъединяющей» догматики. Этот принцип стал основополагающим в книгах Е. П. Блаватской, Г. Олькотта, А. Безант и Г. И. Гурджиева. Нередко теософию в России называли необуддизмом, хотя буддийских элементов в ней ничуть не больше, чем элементов индуизма, брахманизма, оккультизма и мистицизма. Помимо всего прочего, теософы постоянно апеллировали к достижениям современной науки. Примечательно, что программный документ теософского движения назывался «Буддийский катехизис» (автор — Г. Олькотт), скрыто полемизировавший с христианской догматикой [6]. Также важно отметить, что к буддийским идеям и терминологии прибегало и другое универсальное направление, отделившееся от теософии, — антропософия, созданная Рудольфом Штейнером в 1913 г. Дискуссии, охватившие русское общество и реакцию православной церкви на «необуддизм» (теософию), отражает двухтомная книга Н. Ф. Федорова «Буддизм в сравнении с христианством» (Петроград, 1916). В этой связи примечательна и роль Л. Н. Толстого, который в своей публицистике сближал историческое значение Христа и личность Будды.

Наличие частных капелл и других помещений для теософских собраний, театрализованных мистерий и ритуалов, фиксируется достаточно широко — от императорского дворца, до знаменитой «башни» Вячеслава Иванова и загородного дома художника В. А. Ватагина в далёкой Тарусе, написавшего для специально об-

рис. 2 Триптих «Боги Индии» 1914. Негрунтованный холст, масло. Таруса. Собрание семьи художника

устроенной в этом доме капеллы большое панно «Боги Индии» (1914) — триптих, представляющий собой своеобразную теософскую икону [7]. В числе подобных произведений — панно-икона художника Н. К. Калмакова с изображением индийской богини Кали «Женщина со змеями» (1909, Государственный Русский музей, Петербург). История фиксирует подобные «капеллы» даже в правительственных зданиях, среди которых Императорское географическое общество, в одном из залов которого в 1900-е гг. заседало Российское философское общество. В этом помещении находилась специально отгороженная зона, предназначенная для громадного тибетского идола, представлявшего демоническое божество, присутствие которого здесь, по словам Д. С. Мережковского, не

рис. 3 В. А. Ватагин, рядом с триптихом «Боги Индии». Фотография 1914 г. Таруса

рис. 4 Н. К. Калмаков. «Женщина со змеями» или «Богиня Кали» (1909, Государственный Русский музей, Петербург)

было случайным [8, с. 93].

Присутствие архаических статуй и архаизированных образов в теософских капеллах и «святилищах» так же кажется нам неслучайным. Анна Тургенева — первая жена Андрея Белого, теософка и художница, дружившая с Рудольфом Штейнером, вспоминает своё потрясение от знакомства со скульптурой архаической Греции и Египта в Лувре. С её слов, эти статуи «дали ей ответ, удостоверив, что боги однажды вместе с художниками работали над камнем», ибо «прошлое явно не ведало наших границ рождения и смерти», ведь «человеческая душа связана перевоплощениями со всей жизнью в истории…» [9, с. 205]. Таким образом, в архаизации мотива теософы видели нечто сакральное. Писатель-теософ П. Д. Успенский постоянно обращается к древним статуям, стремясь получить от них нечто наподобие откровения, ниспосланного свыше. Так, Успенский был убеждён, что Большой сфинкс рядом с пирамидой Хефрена — это «артефакт иной, очень древней культуры, которая была одержима знанием намного больше, чем наша» (этого же мнения придерживался Гурджиев) [10]. Им вторила художница Маргарита Сабашникова (жена поэта М. Волошина), утверждавшая, после осмотра архаических произведений искусства в галереях Эрмитажа, что «древние культуры были выше нашей» [11]. Так же, как и Тургенева, Успенский пишет, будто в массивных камнях древних храмов и статуй таятся сокровенные знания прошлого. Так, в одной из своих книг он описывает удивительный «контакт» с древней статуей Будды на острове Цейлон в 1914 г. «Взгляд» статуи Будды с сапфировыми глазами будто бы достиг самых потаённых уголков души писателя, так, будто скульптура — одухотворённое существо [12, с. 9]. По этой причине кажется вполне закономерным присутствие в теософских кругах архитекторов, скульпторов и живописцев, преднамеренно обращавшихся к архаизму. В их числе архитекторы В. Маят (автор знаменитой символистской виллы «Чёрный лебедь» в Москве и не менее известной усадьбы Кучук-Кой в Крыму), Г. Б. Барановский, скульпторы С. Д. Меркуров, В. А. Ватагин, С. Т. Конёнков, А. А. Арендт, живописцы Н. К. Рерих, Н. К. Калмаков, М. В. Сабашникова, В. В. Кандинский, М. В. Матюшин, М. Верёвкина и многие другие.

Организация теософских капелл и храмов в России имела ещё одну важную особенность, имеющую глубокие корни в национальном менталитете, связанную с идеей поклонения иконе, образу, преклонения перед алтарём или фетишем.

Прежде всего, это выразилось в многочисленных попытках создать своеобразную теософскую икону, уже отмеченную исследователями, среди которых В. С. Турчин, интерпретировавший ряд картин Кандинского подобным образом. По мнению Турчина, к созданию этих икон Кандинского вдохновили бер-

рис. 5 В. В. Кандинский. Москва. 1916 (ГТГ, Москва)

линские лекции Штейнера в 1904–1905 гг., слушателем которых стал художник в числе многих других русских последователей учения антропософии. Одно из этих произведений — картина «Москва» — была написана в 1916 г. (Государственная Третьяковская галерея, Москва). Это полотно представляет традиционный формат архаической русской иконы —идеальный квадрат. В этой картине, как и в своём литературном наследии, Кандинский представляет Москву как прекрасный, сакральный город, Новый Иерусалим. В центре этой архитектурной иконы — многоглавый кремль с нисходящими на него метафизическими лучами, а по сторонам — сюжеты, связанные с могилой Хирама (или Адомира) — легендарного мастера, строителя Соломонова храма в Иерусалиме, который стал вместилищем красоты и знаний. Убитый завистниками, он был тайно захоронен и воскрес. Москва, таким образом, предстаёт перед нами как древний религиозный центр, равный Иерусалиму [13, с. 250–255].

Этот традиционный для русского религиозного сознания

иконный квадрат, связанный с самыми популярными в православии моленными образами (Спас Нерукотворный, иконы праздничного ряда иконостаса, оглавые изображения Богоматери), мы обнаружим в большом ряду произведений русского искусства 1910–1920-х гг.: от К. С. Петрова-Водкина и Калмакова до Кандинского, К. С. Малевича (с его знаменитым «Чёрным квадратом», 1913) и В. Е. Татлина. Причём Калмаков буквально использует традиционную иконографическую схему лика [14, с. 58–59]. Поиски теософии не ограничиваются традиционной русской иконографией. Среди важнейших источников теософов — Египет и Индия, указанные в литературном наследии и лекциях Блаватской,

рис. 6 Икона Спас Нерукотворный. XII век. Новгород (ГТГ, Москва), К. С. Малевич «Черный квадрат». 1913 (ГТГ, Москва); Н. К. Калмаков. Иконы для теософской капеллы в Метце (Франция)

Гурджиева, Успенского, Безант, Олькотта и Штейнера. Примером такого рода может служить уже упоминавшееся огромное панно Калмакова «Богиня со змеями», отсылающее нас к иконографии индуистской богини Кали. Это большеформатное полотно, высотой более двух с половиной метров, по всей видимости, являлось частью какой-то идейной программы, комплекса произведений, составлявших ансамбль капеллы для ритуалов и медитаций.

Художественное оформление подобных объектов в России, в отличие от стран Запада, было обязательным. Кроме того, это пространство предназначалось нередко для ритуальных мистерий, театрализованных представлений и даже танца, который интерпретировался как «молитва».

Танец — ещё одна составляющая теософской эстетики и ритуальной практики, безусловно, тесно связан с музыкой. Невероятное впечатление на публику оказывают гастроли в Петербурге Сиамского королевского балета в 1900 г. Архаическая пантомима *лакон*, доведшая до совершенства пластику рук, — это религиозный обряд, священный танец, отмеченный и Розановым, и Дягилевым. Сакральный смысл древнего танца был возрождён Айседорой Дункан, много раз приезжавшей в Россию и показавшей в одной из своих пантомим танец-молитву Богу-солнцу [15, с. 211].

Неслучайно Гурджиев грезит постановкой балета «Битва магов», объявление о которой он дал в одной из московских газет в 1915 г. В этой постановке Гурджиев намеревался использовать несколько «священных танцев», которые позволят выступающим «изучить себя» [16]. Гурджиеву хотелось, чтобы в этом балете приняли участие некоторые известные танцоры, с которыми были проведены предварительные переговоры. Замысел Гурджиева — одно из ряда выдающихся событий в истории балета, наиболее яркой страницей которой стала знаменитая антреприза Дягилева, представившая балеты «Синий бог», «Весна священная», «Послеполуденный отдых фавна», «Половецкие пляски», «Свадебка» (1910-е гг.), обращавшиеся к архаическому ритуальному танцу, в том числе из практики индийского шиваизма.

Кроме того, кажется интересным тот факт, что по соседству с домом скульптора Ватагина в Тарусе, также путешествовавшего по Индии в 1913–14 гг., в начале 1920-х гг. обосновалась танцевальная студия «босоножек» — юных последовательниц учения Айседоры Дункан, исполнявших ритуальные танцы прямо на открытом воздухе перед домом мастера. Фасад ватагинского дома, обращённый к восходу солнца, востоку, был обрамлён статуями священных индуистских животных — одногорбых быков-зебу, так, будто лестница дома — это ступени храма с таящейся в его глубине теософской капеллой. Таким образом, дом Ватагина в Тарусе представляет собой яркий пример архитектурно-пластического комплекса, связанного и с музыкой, и с танцем. Целая серия скульптур на тему «искусства движения» была представлена мастером в 1925–1928 гг. на одноимённых выставках в Москве, став своеобразным итогом «культовой» практики теософского ашрама в Тарусе.

Анализ теософской культуры в России был бы неполным, если бы мы не учли личности выдающихся музыкантов и композиторов, среди которых композитор-теософ А. Н. Скрябин, с его симфоническими произведениями и цветомузыкой, сестра поэта В. Брюсова — Надежда Яковлевна, знаменитый пианист, музыковед, основавшая школу теософии, консолидировавшую молодёжь. Музыка воспринималась как абстрактный универсальный язык, ключ к открытию других миров и тайного знания. Всё это происходило в атмосфере безумной эсхатологической обречённости, которая пронизывала Россию в 1910-е гг.

Помимо того, мистерии-драмы Р. Штейнера, снискавшего феноменальную популярность в России, ставила любительская театральная труппа. Эти постановки, собиравшие толпы людей, нередко на открытом воздухе, требовали большого пространства, поэтому появилась необходимость «построить соответствующий им театр» [17, с. 292], — так в 1913 г. в швейцарском Дорнахе был заложен знаменитый Гётеанум — теософский центр, взявший на себя функции храма. В создании Гётенаума принимала участие международная бригада художников, причем роль русских, среди которых М. Волошин, М. Сабашникова, А. Тургенева, А. Белый, М. Матюшин, В. Кандинский, М. Верёвкина — была немаловажной.

В этой связи нам бы хотелось отметить ряд замечательных усадебных комплексов, сосредоточенных вдали от столиц, на берегах Чёрного моря, в Крыму и на Северном побережье Кавказа, недалеко от Сочи. Прежде всего, это крымская усадьба Коктебель поэта Максимилиана Волошина, где был построен весьма необычный усадебный дом, собиравший в 1910–1920-е гг. всю художественную богему России. Волошин и его супруга, художница Сабашникова, были известны как убеждённые теософы, друзья и последователи учения Штейнера. Главным сокровищем их владений, безусловно, являлась гора Карадаг, слывшая ещё в древние времена феноменальным природным святилищем. Скалы и гроты горы Карадаг чем-то напоминают остров Капри, так же как на итальянском острове, у подножия горы, прямо в море — природная арка в скале — «Золотые ворота», удивительное творение природы, напоминающее каприйские скалы Фаральони. На самой вершине горы, прямо напротив природной арки ещё один странный фетиш — высо-

рис. 7 Скала «Золотые ворота» в море у подножия Карадага в Коктебеле

рис. 8 Гора Карадаг в Коктебеле. На вершине горы скала «Чёртов палец»

кая одинокая скала, напоминающая перст, и прозванная ещё в древности «Чёртов палец». Скальный массив «Чёртова пальца» с противоположной стороны образует пологий силуэт, напоминающий спину лежащего животного. Этот силуэт отождествлялся со сфинксом, образ которого мы обнаружим и в акварелях Волошина, и в замечательном карандашном рисунке художника П. В. Вильямса («Гора Карадаг, сфинкс», 1926 год. ГТГ, Москва). В этом рисунке силуэт «Чёртова пальца» напоминает сфинкса с высоко вознесённой длинной шеей, округлой спиной и лапами, как бы сложенными на краю

рис. 9 П. В. Вильямс. «Гора Карадаг, сфинкс». Бумага, карандаш. 1926 год. (ГТГ, Москва)

морского обрыва. Он подобен стражу, возлежащему на вершине горы и созерцающему огромное пространство окрестных холмов и морских берегов. Схожий образ сфинкса, очертания которого угадываются в «Чёртовом пальце», мы находим и в этюде Волошина 1910-х гг. (Дом-музей М. А. Волошина, Коктебель, Крым).

«Чёртов палец» как природный фетиш интриговал теософов, он, подобно стрелке гигантских часов, отбрасывал тень и отсчитывал время, указывал страны света и менялся в свете утра, дня и вечера, в туманных сумерках и в мареве снегопада. «Чёртов палец» стал объектом культа, поклонения и восхождения теософов, своеобразным алтарем и вершиной маяка, где разжигались костры, прочитывались священные тексты древнеиндийской поэзии, звучала музыка. Апофеозом культа этой скалы можно считать картину молодой художницы-символистки Н. В. Лермонтовой «Сфинкс» (конец 1910-х гг.), представившей на самой вершине «Чёртова пальца» свой автопортрет в образе загадочного сфинкса. Деформированные конечности и одеяние странницы — клетчатая шаль, дорожная шляпа и прогулочная обувь —

рис. 10 Н. В. Лермонтова. «Сфинкс». Холст, масло. Конец 1910-х годов. Частная коллекция, Россия.

придают этому образу особую остроту. Силуэт сфинкса Лермонтовой, вознесённый на высокий пьедестал «Чёртова пальца», господствует в пространстве пейзажа с панорамным видом далёких гор и долин архаической страны «Киммерии», как назвал окрестности Коктебеля поэт Волошин по имени одного из древнейших племён, населявших эту землю. Образ сфинкса в женском обличье

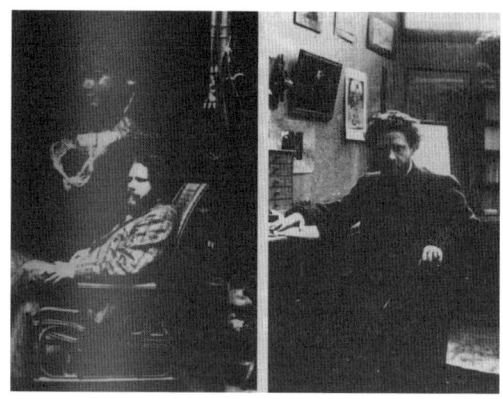

рис. 11 М. Волошин в парижской мастерской на фоне бюста египетской царицы Таиах. 1905 г.

становится навязчивым мотивом для обитателей волошинского Коктебеля. Поэтизируя образ своей возлюбленной — теософки и художницы Маргариты Сабашниковой, Волошин сопоставляет её с образом загадочной египетской царицы Таиах, копию скульптурной головы которой он всегда возил с собой (она по сей день украшает один из интерьеров его дома-музея в Крыму). Сама Сабашникова распознала в лике египетской царицы сфинкса, о чём писала в своих воспоминаниях [18]. Кроме того, Маргарита создаёт собственный акварельный автопортрет анфас, в котором странным образом сочетаются образ врубелевского Демона и образ загадочного сфинкса. Этот образ получает развитие в несохранившейся картине художницы, в которой она запечатлела свою подругу Лидию в оранжевой комнате, лежащей «в позе сфинкса, опирающейся на локти» [19].

Мотив восхождения на вершину Карадага к подножию «Чёртова пальца», превращался для коктебельского ашрама Волошина в своеобразный ритуал, наполненный символической значимостью, так что скала, напоминавшая солярное божество Древнего Египта — Сфинкса, являлась центром огромного природного святилища, у подножия которого, где-то внизу, в море, находилась природная арка «Золотых ворот». Таким образом, совокупность природных артефактов напоминала фантастический архитектурный комплекс, созданный самой Природой.

Немаловажным кажется нам и тот факт, что именно «Чёртов палец», та самая скала из крымского Коктебеля, изображена Волошиным на эскизе занавеса для Гётеанума, выполненного акварелью в Дорнахе в 1914 г. (Дом-музей М. А. Волошина, Коктебель, Крым). Силуэт скалы так же, как в рисунке Вильямса, подобен сфинксу — гордо поднятая голова и высокая шея, отмеченные лиловой краской, «лапы» — тёмно-синей, подобие крыла — пурпурной. Совершенно очевидно, что этот эскиз ещё

рис. 12 М. Волошин. Эскиз занавеса для Гётеанума в Дорнахе. Бумага, акварель. Дорнах, Швейцария. 1914 год. (Дом-музей М. А. Волошина, Коктебель, Крым)

раз указывает на особый сакральный смысл редкого природного объекта, которому поклонялись теософы. Напротив скалы художник изобразил одинокую фигурку путника, который подобен царю Эдипу, задающему вопросы Сфинксу.

Другое теософское святилище, на наш взгляд, представляет усадьба Новый Кучук-Кой на южном берегу Крыма. Этот великолепный архитектурно-пластический ансамбль, сооружённый в 1902–1915 годах, — один из шедевров русского символизма [20, с. 48–96]. Заказчик усадьбы — Я. Е. Жуковский, известный богач, коллекционер, приходившийся родственником художнику-символисту М. А. Врубелю. Среди родственников Жуковского, часто бывавших в крымском доме, можно назвать известную теософку и поэтессу А. К. Герцык. Кроме того, архитектором усадебного комплекса был теософ и поэт В. Маят. Главный мотив усадьбы — огромная лестница, подобная лестнице святого Иакова, ведущая от побережья к вершине, усадебной террасе. Образ ритуального восхождения раскрывается здесь в скульптурах самых изысканных мастеров искус-

рис. 13 П. Уткин. Лестница в усадьбе Новый Кучук-Кой. 1912 г. Холст, масло

ства русского символизма — М. Врубеля и А. Матвеева. Сквозной мотив, предложенный Матвеевым, это засыпание, глубокий сон, пробуждение и восхождение к солнечным лучам, представленное в серии статуй засыпающих и пробуждающихся мальчиков и юношей, обрамляющих лестницу. Этот ансамбль также показывает постоянный мотив пути, восхождения от забвения и сумрака прибрежных гротов к апофеозу солнечных лучей. Безусловно, эта усадьба, украшенная живописью, майоликовыми панно, декоративными предметами и статуями, обрамлённая прекрасным садом, вписанная в естественный ландшафт, была создана в соответствии со стройной идейной программой, составленной заказчиками-теософами, или под влиянием идей теософии.

Другой пример теософского святилища расположен недалеко от Сочи, в селении Лазаревское, где находился ещё один дом скульптора Ватагина. Кроме того, особое восприятие Индии у Ватагина было подготовлено писателем А. Чеглоком, основавшим теософскую общину — ашрам в Лазаревском, на побережье Черного моря, недалеко от Сочи, который неоднократно посещал Ватагин и до и после поездки в Индию в 1914 г. [21, с. 217-242]. Чеглок, увлечённый учением йоги и индуизмом, известен нам также как один из важнейших деятелей социал-демократической партии, организовавший ячейку РСДРП в Сочи, а также близкий друг А. В. Луначарского, М. Горького и Г. В. Плеханова. В 1905 г. он принял активное участие в революционных событиях в Хосте (недалеко от Сочи), организовав вооружённое выступление бедняков. После этого события Чеглок был вынужден эмигрировать, пробыв за рубежом с 1906 по 1914 гг. Находясь в эмиграции, принял участие в работе партийной школы на Капри и в 1907 г. вместе с Луначарским предложил философскую ревизию марксизма — «богостроительство». Интересно и то, что среди слушателей партийной школы на Капри были индусы, так что миссия Чеглока в Индии представляется нам неоднозначной.

Вернувшись в Лазаревское, Чеглок возобновил деятельность теософского ашрама, построив в местечке Гуарек, на вершине горы, храм Солнца, в плане представлявший звезду, где, благодаря системе зеркал, в течение всего дня сохранялся солнечный свет (что, впрочем, отдалённо напоминает оформление интерьеров индийских храмов джайнизма, использующих многочисленные маленькие зеркала). В этом ашраме регулярно бывали М. Волошин, П. С. Попов, А. Н. и О. Б. Обнорские, чета Ватагиных и многие другие. Примечательно, что Василий Алексеевич, разделявший теософские идеи Чеглока, впоследствии приобрел здесь дом, так что жизнь его протекала между Москвой, Тарусой и Лазаревским. Здесь, в Лазаревском, изучался санскрит, переводились священные книги индуизма, в частности Бхагавад-Гита, стихи Рабиндраната Тагора, штудировались первые книги Джидду Кришнамурти (1896–1986), например, его программное произведение «У ног учителя» (1910) и другие. По всей видимости, для ритуальных собраний кружка в храме Солнца Чеглок изобрел струнный музыкальный инструмент — «гудун» (вероятно, что-то наподобие индийского ситара), помогавший войти в транс и напоминавший своими звуками экстатическую музыку шиваизма. Члены кружка придерживались вегетарианства, приверженность которому Ватагин сохранял до конца жизни: его слова о жертвенной роли животного в человеческой истории совпадают с известным суждением Кришнамурти.

Ватагин вспоминал музыку и ритуальные действа святилища Шивы в Мадурае, которое оказалось в центре его внимания: «Особенно волновало меня желание изобразить ту ночную процессию. Мне представлялась большая масляная картина, но, разумеется, тема была не по моим живописным возможностям. Да и по существу эта тема едва ли могла быть изображена живописью. Здесь не было момента, который бы охватил впечатление в целом. Здесь одно впечатление сменялось другим и третьим. Одно явление сменялось другим поразительным явлением. А музыка, пение, фимиам, блеск факелов и фантастические отблески цветного окружения и вся экстатическая напряжённость

— разве можно было реально отобразить всю временную смену явлений в одном неподвижном образе?» [22, с. 57]. Впоследствии собрания теософского общества в Лазаревском также стали устраивать по ночам, при свете костра на берегу моря, в сопровождении музыки «гудуна».

Лето 1914 г. проходит для Ватагина «под знаком Индии»: «Я пытался на больших картинах по наброскам, этюдам и воспоминаниям воплотить поразившие меня впечатления…» [23, с. 57]. В скульптуре из дерева в сочетании с росписью — в приёмах как бы позаимствованных в индуистской резьбе — Ватагин воплощает своих слонов и одногорбых быков-зебу, а в живописных панно, зафиксированных на старых фотографиях, мы видим, в частности, женское воплощение Шивы — богиню Дургу верхом на льве. Художник говорит, что намеренно отказавшись «от живописной работы» (т. е. традиционной картины), он «написал условно три панно «Боги Индии» как подражание» искусству древних, а «из дерева резал слонов и священных быков» [24, с. 59]. Видимо, этот духовный опыт, пусть и признанный Ватагиным неудачным «отступничеством от христианского мировоззрения», выплеснулся в его творчестве второй половины 1910-х гг. с невероятной яркостью. Возможно, что некоторые произведения — панно и рельефы, явно предполагавшие архитектурное решение — создавались для убранства ашрама в Лазаревском или храма Солнца в Гуареке, где Ватагин вновь встречался с Чегло́ком, уже после поездки в Индию. Тем более, что художник практиковал йогу и был знаком с ней, как с религиозным учением, разделяя теософские воззрения своего товарища.

Важно отметить, что дом Ватагина в Лазаревском расположен на высокой террасе над морем так же, как и храм солнца на горе Гуарек. Лестница, ведущая от моря к дому, и тропа, ведущая на вершину горы Гуарек, так же, как и в усадьбе Кучук-Кой, были обрамлены статуями, некоторые из которых сохранились. Как скульптор-анималист Ватагин изобразил здесь священных животных солярного культа из всех известных ему архаических религий. Это египетские павианы, сидящие на корточках, заворожённо вглядывающиеся в лучи заходящего солнца, это священные животные индуистского культа Шивы — быки и слоны, а также другие фигуры, многие из которых, к сожалению, утрачены. Реконструкция этого удивительного ансамбля, включавшего в себя прибрежное пространство для ночных собраний, где разжигали костёр и слушали музыку, читая сакральные тексты, а также лестница, ведущая к дому, и тропа восхождения, ведущая к храму солнца, вновь возвращают нас к навязчивому мотиву «восхождения», с которым мы сталкиваемся и в Коктебеле Волошина, и в Кучук-Кое.

Ещё одна близкая аналогия подобного рода, связанная с сообществом русских художников, поэтов, писателей и философов (среди которых было много сторонников теософии), обнаруживается в окружении М. Горького на итальянском острове Капри. Горький, увлекавшийся, как известно, и ницшеанством, и философией космизма Н. Ф. Федорова, друживший с известным писателем-символистом и теософом Л. Н. Андреевым [25, с. 501–520], был одержим Востоком, коллекционировал мелкую японскую пластику и буддийскую скульптуру. По всей видимости, необуддизм или теософия не обошли стороной и этого писателя, так что в известном графическом портрете художника Ю.П. Анненкова 1921 г. образ Горького представлен рядом со статуэткой Будды так, будто и писатель, опустивший глаза, и божество пребывают в состоянии глубокой медитации. Примечательно, что в данном случае представлена иконография Будды «дхармачакра мудра» — читающего свою первую проповедь. Таким образом, Горький уподобляется Будде, проповедующему своё учение. Отметим также одну

рис. 14 Ю. П. Анненков. Портрет А. М. Горького. 1920 г. Бумага тушь перо, акварель. ГТГ, Москва

шутливую фотографию, сделанную на острове Капри в 1910 г. (Дом-музей А. М. Горького, Москва), где писатель в обществе своей супруги М. Ф. Андреевой и М. С. Боткиной, восседает на стуле в позе лотоса, как буддийский проповедник, указывая пальцами на небеса. Кроме того, известны и другие фотографии, сделанные на острове в 1908–1910 гг., из серии «Живые картины», кото-

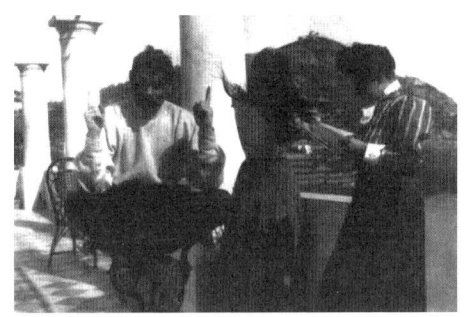

рис. 15 М. Горький в позе Будды, М. Ф. Андреева, М. С. Боткина. Капри, 1910г. Дом-музей. Горького, Москва

рые обращаются к ламаистской иконографии, представленные так же в шутливой интерпретации (обе — Дом-музей А. М. Горького, Москва). Прежде всего, это «Пять Будд» — А. М. Горький, З. А. Пешков, А. Н. Тихонов (сидят), Ю. А. Желябужский, Л. Б. Красин (стоят) — полуобнажённые, в восточных одеяниях, на фоне одного из каприйских гротов. Дхьяни-Будды, или Пять Будд — воплощают пять

рис. 16 Пять Будд. Сидят (слева направо): М. Горький, З. А. Пешков, А. Н. Тихонов, стоят: Ю. А. Желябужский, Л. Б. Красин. Шуточная фотография Ю. А. Желябужского, 1908-1910, Капри. Дом-музей Горького, Москва

аспектов высшей мудрости. Однако в эзотерическом буддизме они олицетворяют также четыре стороны света и его середину. Другая фотография — «Жертвоприношение Будде» — довольно редкий сюжет тибетского ламаизма, где в роли жреца, приносящего жертву, предстаёт сам Горький, в роли Будды — его приёмный сын, З. Пешков, а в роли жертв А. Тихонов, Л. Красин и Е. Желябужская. Такая осведомлённость в редкой буддийской иконографии, связанной именно с Тибетом, столь важным для эзотериков и теософов, кажется нам неслучайной. Другим интересным обстоятельством биографии Горького является дружба со знаменитым учёным-буддологом С. Ф. Ольденбургом, который также бывал на берегах Неаполитанского залива.

Художник Василий Шухаев, вспоминая своё пребывание на Капри, говорит о странном окружении Горького, включавшего в себя индусов и йогов, приготовлявших священный напиток, усеянный розовыми лепестками [26, с. 132–133]. В партийной школе Горького на острове Капри обучались индусы, здесь долгое время жил упомянутый выше писатель-теософ Чеглок, бывавший в Индии и основавший там отделение социал-демократической партии, принесшей туда пропаганду идей марксизма, протянувшуюся, как ни странно, от Капри, через Сочи в Мадрас и Бомбей, сквозь причудливую призму теософии.

Объектом ритуального восхождения на Капри стала, конечно же, скала Монте Соларо, куда поднимались Горький и его единомышленники, ежедневно встречая и провожая солнце [27, с. 234–240]. В своих символистских, по сути, «Сказках об Италии», рассказе «Мальва» и других произведениях, писатель неоднократно говорит о «Боге-Солнце», так что солярная «апологетика» красной нитью проходит через всё его творчество. Название каприйской горы, безусловно, указывает на наличие древнего солнечного культа в этом месте, так что Монте Соларо однозначно понималась как сакральное место. О восхождениях Горького и его спутников на вершину этой горы ранним утром и вечером свидетельствуют многие, побывавшие здесь [27, с. 234-240]. Именно после пребывания в партийной школе на Капри, вернувшийся в Россию, на берега Черного моря, писатель Чеглок создаёт в Лазаревском теософский ашрам, а впоследствии строит храм солнца на вершине горы Гуарек. Позволим себе предположить, что в этом проекте со всей очевидностью проявились каприйские впечатления от «поклонений солнцу» на Монте Соларо. Тем более что в текстах теософов и оккультистов Солнце нередко воспринималось как истинный источник творения жизни, так что неоднократно упоминающийся «Луч творения», превращается в важнейшую категорию теософской картины мироздания [28, с. 110–111].

Остров Капри, овеянный древними легендами, насыщенный

древними гротами и руинами языческих храмов и римских вилл, безусловно, интриговал мистически настроенных мыслителей. Возможно, это ещё одно святилище русской теософии, образ которого ещё предстоит полностью раскрыть и интерпретировать.

참고문헌

1. Ухтомский Э. Э. Путешествие Государя Императора Николая II на Восток. М., 1994.

2. Журнал «Антикварное обозрение», №49 (специальный выпуск), октябрь 2012 г. Москва.

3. Там же.

4. Лахман Г. В поисках П. Д. Успенского. Гений в тени Гурджиева. СПб, 2011. С. 112. Примечание 1; П.Д. Успенский. В поисках чудесного. М., 2012. С. 37.

5. Бонгард-Левин Г. М. Индийская классика в переводах К. Бальмонта. Новые архивные материалы //Всемирная история и Восток. М., 1989. С. 257–267; Бонгард-Левин Г. М. Индия в творчестве К. Д. Бальмонта. Новые архивные материалы //Мировая культура: традиции и современность. М., 1991. С. 321–327; Бонгард-Левин Г. М. А. Блок и индийская культура //А. Блок. Литературное наследство. Т. 5. М., 1993.

6. Олькотт Г. Буддийский катехизис. СПб., 1902.

7. Дом В. А. Ватагина в Тарусе. Собрание семьи художника.

8. Руднев П. А. Театральные взгляды Василия Розанова. М., 2003.

9. Тургенева А. Андрей Белый и Рудольф Штейнер // Воспоминания о Серебряном веке. М., 1993.

10. Лахман Г. Там же. С. 38. Примечание 24.

11. Сабашникова М. В. Зелёная Змея. История одной жизни. Электронный ресурс: http://bdn-steiner.ru/modules.php?name=Books&go=page&pid=5702

12. Ouspensky P. D. A New Model of the Universe. NY, 1969. С. 9.

13. Турчин В. С. Кандинский в России. М., 2005.

14. Боулт Дж., Балыбина Ю. Николай Калмаков и лабиринт декадентства (1873-1955). М., 2008. С. 58-59.

15. Тургенева А. Там же. С. 211.

16. Работа над балетом продолжилась в Константинополе в 1919-1920-х гг. и была завершена в Париже постановкой в театре Елисейских полей в 1923 г. (П.Д. Успенский. В поисках чудесного. М., 2012. С. 7, 498, 512, 517).

17. Розанов В. В. Танцы невинности // Среди художников. Собрание сочинений. Т. 1. М., 1994. С. 292.

18. Сабашникова М. В. Указ. соч.

19. Там же.

20. Давыдова О. С. Художественный ансамбль «Новый Кучук-Кой» - символический сад «Голубой розы» // Русское искусство: XX век. Исследования и публикации / отв. ред. Г. Ф. Коваленко. М., 2008. Т. 2. С. 48-96.

21. Gavrilin K. N. Sciamanesimo, induismo, teosofia nell'opera di Vasilij Vatagin // La Venere e lo sciamano: L'influsso dello sciamanesimo siberiano sulle arti e la cultura russa del Novecento. Napoli, 2010. P. 217–242.

22. Ватагин В. А. Воспоминания. Записки анималиста. Статьи. М., 1980. С. 57.

23. Там же. С. 57.

24. Там же. С. 59.

25. Басинский П. В. Максим Горький: Миф и биография. СПб., 2008. С. 297–363; Горький и мир философских идей Н.Ф. Федорова. Переписка с А.К. Горским и Н.А. Сетницким. Вступительная статья, подготовка текста и

примечания И.А. Бочаровой и А.Г. Гачевой // Горький и его корреспонденты. М., 2005. С. 501–520.

26. Василий Шухаев. Жизнь и творчество /под редакцией Е. П. Яковлевой. М., 2010.

27. Gavrilin K. N. Il pittore K. I. Gorbatov a Capri // Capri: mito e realtá nelle culture dell'Europa centrale e orientale. Salerno-Napoli, 2005. P. 234-240.

28. Ibid.

29. Успенский П. Д. В поисках чудесного. С. 110-111.

М. ГОРЬКИЙ: МУЗЕЙНЫЙ ОБРАЗ

С. М. Демкина

저자 소개

Svetlana Demkina, Russia, Moscow, Institute of World Literature named after A. M. Gorky (IMLI), Russian Academy of Sciences, Head of Museum of A. M. Gorky, PhD

Abstract

M. GORKY: MUSEUM IMAGE

Svetlana Demkina

(A. M. Gorky Institute of World
Literature of the Russian Academy of Sciences)

The article deals with a museum component of studies of the Gorky's personality. The author discusses history and specifics of Gorky museums in several Russian cities. The 150th anniversary of A. M. Gorky makes it relevant to talk about the phenomenon and the scale of his personality in the context of the museum interpretation of the writer's image. "Museum-forming" potential of Gorky's personality includes museum centers in a number of locations (two in Moscow, three in Nizhny Novgorod, one museum each in Kazan, Krasnovidovo, Arzamas); collections of Russian and foreign art, priceless photo archives, documentary materials which constitute the evidence of the Russian history in its two most important hypostases: before and after the 1917 revolution.

Keywords: Museum, image, Gorky, writer, exhibit, collection

150-летие А. М. Горького возвращает нас к разговору о личности писателя, оказавшего серьёзное влияние на литературные и общественные процессы России в XX столетии. Именно такие люди, биография которых не прерывается со смертью, привлекают исследователей и музейщиков.

Как неотъемлемая часть культуры музеи помогают «осваивать» историю. Изучая путь людей, в разное время формировавших облик России, мы сохраняем живой смысл отечественной культуры. Многолетний опыт существования горьковских музеев рассказывает о важности участия в воспитании гражданина интересно поданной биографии известного человека. Преимущество мемориальных домов — свидетелей жизни великих людей, их творческих поисков и каждодневного труда, хранящих память о своих хозяевах, очевидно: подлинность во всём. Подобно посмертному изданию авторской рукописи мемориальные музеи являются своего рода памятником писателю, учёному, композитору.

Посещение мемориального музея — прекрасная возможность

не просто узнать биографию незаурядной личности, но и увидеть за её судьбой историю своей страны. В особенности, если имя хозяина дома знакомо с детства, встречается на обложках книг, звучит в школе, библиотеке, в названиях улиц, театров, школ. Смысл и сила многостраничных жизнеописаний, существования сохранённой прижизненной обстановки, длительного читательского интереса — в главном герое. Алексей Максимович Пешков — М. Горький — как объект музейной интерпретации представляется практически образцовым.

Реализованный «музееобразующий» потенциал личности Горького — несколько музейных центров в разных городах (два московских, три нижегородских, казанский, красновидовский, арзамасский, самарский); мемориальные доски, названия улиц, памятники в отечественных и зарубежных городах; коллекции отечественного и зарубежного искусства, бесценные фотоархивы, документальные материалы — свидетельства российской истории в двух её важнейших ипостасях: до и после революции 1917 г. Выбирая заинтересованным взглядом ключевые экспонаты в музейных залах, можно сложить весьма необычный горьковский образ.

Первый шаг к созданию музейного образа писателя — Нижний Новгороде. Здесь в горьковский заповедник вошли домик В. Каширина — Музей Детства, квартира в доме Н. Ф. Киршбаума и литературный музей. Будучи уже немолодым, Горький начертил план дома деда, в котором жил с матерью в 1871–1872 гг. Вместе с повестью «Детство» горьковский набросок помог создателям музея. Открывшийся 1 января 1938 г., он воспринимается сегодня как объёмная иллюстрация первой части знаменитой автобиографической трилогии. Погружение в описанное и когда-то реально существовавшее пространство приземистого одноэтажного дома, окрашенного «грязнорозовой краской» [1, с. 19–20], теснота маленькой комнатки «под гробообразным потолком» и густота нелюбимых Алешей Пешковым запахов «пирогов с зелёным луком, морковью» [1, с. 79], — своего рода ключ к пониманию его личности. Здесь впервые возникла внутренняя потребность — изменить жизнь; позднее закрепившаяся и осуществлённая литератором, «властителем дум», писавшим так, чтобы возбуждать «несокрушимую надежду на возрождение наше к жизни светлой, человеческой» [1, с. 194].

Летом 1884 г. будущий писатель покинул Нижний Новгород, отправившись в Казань. Старогоршечная улица, знаменитая Марусовка на Рыбнорядской, дом Корнэ, ночлежка на Мокрой, крендельное заведение Василия Семёнова, пекарня А. С. Деренкова — казанские адреса Горького. Из подвала деренковской пекарни на улице, носящей сегодня имя писателя, в 1940 г. вырос литературно-мемориальный музей. Здесь можно проследить за формированием мировоззрения юноши, распростившегося с мечтой учиться в Казанском Императорском университете, много и тяжело работавшего, увлекшегося свободолюбивыми идеями, пережившего неудачную любовь и тяжелейший духовный кризис, повлекший за собой попытку самоубийства. Подлинные документы и предметы эпохи; воссозданная пекарня; фотографии университета, мечты о котором остались мечтами; трущоб с «призраками» людей; психиатрической клиники; архиерейского дома; Фёдоровского бугра — места попытки самоубийства; земской больницы, где хирург И. П. Плюшков удалил пулю; казанской Консистории, постановившей предать Алексея Пешкова «за покушение на самоубийство <…> приватному духовному суду его приходского священника с тем, чтобы он объяснил ему значение и назначение здешней жизни и убедил его на будущее время дорожить оною, как величайшим даром Божиим, и вести себя достойно христианского звания» [2, с. 39-41], — всё это этапы духовного становления незаурядной личности. Бесценный опыт четырёх лет горьковских «университетов»: более двадцати художественных произведений, превосходный музей — срез отечественной истории и судьбы одного человека.

В 1888 г. Алексей Пешков покинул Казань и по приглашению своего друга М. А. Ромася, державшего бакалейную лавку и занимавшегося революционным просвещением крестьян, приехал в живописное село Красновидово. Несколько месяцев, которые прожил там будущий писатель, оказались столь важными для истории волжской деревни, что в 1979 г. в Красновидове открыли первый в России сельский музей А. М. Горького. Была воссоздана мемориальная обстановка жилой комнаты и лавки Ромася, позднее оформлена литературная экспозиция с документальными материалами, напоминающими о пребывании Горького в Казани и Красновидове. История запечатлела краткий по времени период пребывания никому не известного юноши с неудачной любовью и неудачной попыткой самоубийства за плечами маленьким музеем, ставшим предметом гордости старинного села, культурным и краеведческим центром. Уже осенью 1888 г. Алексей Пешков, переживший после красновидовского пожара разочарование в народничестве и русском мужике, отправился на Каспий, начав своё хождение по Руси.

С мая по сентябрь 1902 г., находясь под следствием по «делу о мимеографе», Горький жил в Арзамасе. Пешковы сняли старинный купеческий дом в центре города, где в 1982 г. открылся Музей. Мемориальные комнаты — кабинет с письменным столом, изготовленным арзамасским столяром по заказу Горького, за которым была закончена пьеса «На дне», начата пьеса «Дачники», правились рукописи знаньевцев. Писатель так много работал, что вызвал удивление и сочувствие дежурившего под окном полицейского. «Поднадзорный мало спит, по ночам в квартире работает», — сообщалось в служебном рапорте. В коллекции московского музея хранится фотография, на которой запечатлены дом, Горький в окне своей квартиры и полицейский под этим окном.

Важной точкой на музейно-мемориальной карте стала нижегородская квартира Горького в доме барона Н. Ф. Киршбаума. В отличие от домика В. Каширина этот музей связан с одним из самых счастливых и успешных периодов жизни писателя. В 1902 г. он — известный автор переведённых на шестнадцать языков мира произведений; общественно значимая личность, герой газетных и журнальных публикаций; драматург, переживающий оглушительный успех пьесы «На дне». В этом музее в полной мере ощущается суть духовных перемен, произошедших с Алексеем Пешковым, ставшим М. Горьким. Интеллигентная уютная простота и демократическая атмосфера горьковской квартиры противоположны «свинцовым мерзостям» домика деда Каширина. Здесь хорошо работалось: всё в кабинете писателя с портретами жены, сына и А. П. Чехова на столе располагало к творчеству; здесь кипела общественная и художественная жизнь: в малой и парадной столовых спорили друзья и единомышленники — Ф. И. Шаляпин, Л. Н. Андреев, Н. Г. Гарин-Михайловский, К. П. Пятницкий, Л. А. Сулержицкий, А. Б. Гольденвейзер и многие другие. Современная гулкая тишина «шаляпинской» комнаты напоминает о великом басе наряду с личными вещами Федора Ивановича. Рядом — детская с книгами и игрушками Максима и Катюши, токарным станком, партой и скрипкой сына; комнаты Е. П. Пешковой и её матери; спальня супругов с букетом сухих полевых цветов, собранных для жены Алексеем Максимовичем.

Московский Музей — завершающий этап в создании целостного музейного образа писателя. Музей А. М. Горького ИМЛИ РАН, основанный в 1937 г., соединяет в себе свойства академического, литературного и мемориального. Это литературная экспозиция (Поварская, 25-а), рассказывающая о жизни и творчестве писателя с раннего детства до 1921 г. (до отъезда за границу), и мемориальный музей-квартира на Малой Никитской, 6. В Музее около ста тысяч единиц хранения; как и везде, лишь часть экспонатов выставлена, многое находится в специальном хранении. Тем не менее, в Музее можно увидеть работы М. В. Нестерова, В. А. Серова, Б. Д. Григорьева, Л. О. Пастернака, А. Д. и П. Д. Кориных, А. Н. и Н. А. Бенуа, Б. М. Кустодиева, Ю. А. Анненкова, В. Д. Поленова, В. Д. Фалилеева, А. Остроумовой-Лебедевой, Е. С. Кругликовой, И. И. Машкова, В. Д. Фаворского, Кукрыниксов и др., скульптуру С. Т. Конёнкова, И. Д. Шадра, В. И. Мухиной, Н. В. Томского, В. Сапика, Н. В. Крандиевской. Музейный фотофонд представлен произведениями М. П. Дмитриева, А. О. Карелина, М. Шерера и Б. Набгольца, Д. Лейбовского, М. Наппельбаума, П. Оцупа, Н. Петрова, М. Альперта, М. Ошуркова и др.

В литературной экспозиции о времени, насыщенном событиями и творчеством, рассказывают карта-панно странствий Алексея Пешкова по Руси 1889 и 1891–92 гг.; галерея разных пунктов горьковского маршрута и людей, встретившихся на его пути. В наглядной ретроспективе перед глазами посетителей музея проходит множество сюжетов: Одесса; ломка камня в карьере Владикавказской железной дороги; разгрузка баржи, волжские пристани, рыбацкие тони в низовьях Волги; рабочие и служащие станции Крутая Грязе-Царицынской железной дороги; З. Е. Басаргин, начальник станции и его дочь; М. Я. Началов, живший в Царицыне под полицейским надзором; Кострома; Феодосия; окрестности Аккермана; бакинские промыслы Манташева; Тифлис, А. М. Калюжный и его дом на Елизаветинской улице; стол, за которым там работал А. Пешков, газета «Кавказ» с первой публикацией М. Горького; его ранние стихотворения; закавказские железнодорожные мастерские; ночлежный дом Бугрова в Нижнем Новгороде; народная столовая в Нижегородской губернии; О. Ю. Каминская — прообраз героини рассказа «О первой любви» и письмо Горького ей; В. Г. Короленко и письма писателей друг другу; «Самарская газета» с фельетоном из цикла «Между прочим», подписанного «Иегудиил Хламида»; редакция «Самарской газеты»; дело самарского городского управления о негласном полицейском надзоре; В. И. Анненков, Н. Г. Гарин-Михайловский; павильоны и отделы нижегородской выставки; подлинные вещи писателя: пальто-крылатка, шляпа и трость. О знаковых моментах горьковской биографии свидетельствуют его фотографии с Толстым, Чеховым; затем имена, составляющие золотой фонд русской и мировой культуры, сопровождают Горького до конца жизни: М. В. Нестеров, И. А. Бунин, В. Я. Брюсов, М. Н. Ермолова, В. В. Стасов, В. М. Васнецов, И. Е. Репин, Л. А. Сулержицкий, И. Ф. Анненский, Л. Н. Андреев, В. Ф. Комиссаржевская, К. С. Станиславский, Вл. И. Немирович-Данченко, Ф. И. Шаляпин, В. А. Серов, Р. Роллан, А. Галлен, А. А. Блок, А. Н. Скрябин, С. В. Рахманинов, И. П. Павлов, Н. И. Вавилов, Е. И. Замятин, Ю. А. Анненков, Г. Уэллс, Б. М. Кустодиев, А. Белый, К. И. Чуковский и многие другие.

Литературно-биографическую экспозицию на Поварской продолжают залы на Малой Никитской — фотографии и документы, рассказывающие о последнем периоде жизни. Но главное — первый мемориальный этаж особняка. Здесь писатель прожил пять лет, очень много работал (среди законченного — пьесы «Егор Булычев и другие», «Достигаев и другие», второй вариант «Вассы Железновой»; из недописанного — «Жизнь Клима Самгина»); принимал многочисленных гостей; готовил первый Всесоюзный съезд писателей; редактировал огромное количество рукописей. Малая Никитская, 6 — последний горьковский адрес. В доме с надписью на памятной доске «А. М. Горький жил здесь в 1931–1936 гг.» вспоминаются предсмертные слова писателя: «Конец романа, конец героя, конец автора» [3, с. 61]. В чем-то главном московская квартира напоминает нижегородскую — только, называя комнаты и вещи, мы часто прибавляем слово «последняя» — последняя библиотека, последний кабинет, последние рукописи, последние книги.

Из гостиной с огромным окном можно пройти в библиотеку, с пола до потолка заполненную книгами — главным богатством писателя; через полутёмную парадную прихожую, огромным зеркалом отражающую массивную входную дверь — в кабинет, комнату, которую, по словам С. Маршака, хозяин как будто всегда возил с собой. Затем спальня — тихая комната, окнами во двор. Знаменитой лестницей Шехтеля, по которой так любят ходить гости дома сегодня, Горький не пользовался, — из-за болезни он не поднимался на второй этаж, где жила семья сына — Максим Алексеевич с женой Надеждой Алексеевной и дочерьми Марфой и Дарьей, а также близкие семье люди: медсестра О. Д. Черткова, художник И. Н. Ракицкий.

Самая большая комната дома с огромным окном в сад служила столовой, гостиной. Завтрак обычно проходил в узком кругу, более оживлённо становилось за обедом и вечерним чаем. Здесь проходили встречи с многочисленными гостями, прежде всего литераторами, людьми искусства. Уже через две недели после приезда Горький встретился здесь с группой драматургов. Его авторитет художника в литературной среде был очень высок. Горький стал одним из главных инициаторов объединения писателей в творческий союз, который формировался в 30-е гг. в сложных условиях борьбы пролеткультовцев, лефовцев, рапповцев и других литературных группировок. В гостиной на М. Никитской не раз собирался оргкомитет I съезда писателей. Почти все известные литераторы 1930-х гг. побывали у Горького. В июне 1931 г. он принимал членов Международного объединения рабочих писателей, обсуждал выпуск антивоенной газеты «1 августа». В июле того же года дом Горького посетил Б. Шоу, совершавший поездку по Советскому Союзу. В 1935 г. состоялась, наконец, встреча Горького с Р. Ролланом, которой оба ждали двадцать лет. Здесь Горький встречался с самыми разными людьми — пионерами, колхозниками, военными, рабочими, музыкантами, художниками, актёрами. В августе 1931 г. в горьковской гостиной автор читал актёрам театра им. Е. Вахтангова пьесу «Егор Булычов и другие». По вечерам, отдыхая в кругу семьи, Алексей Максимович любил слушать музыку. В горьковском собрании граммпластинок имеются записи произведений Чайковского, Бородина, Бетховена, Шопена, Грига. Из современных ему композиторов Горький слушал Гершвина и Шостаковича, в защиту которого он вынужден был выступить в марте 1936 г. После статьи «Сумбур вместо музыки» Горький в письме Сталину назвал композитора «наиболее одарённым из всех современных музыкантов».

Из столовой деревянные двери, украшенные ручной резьбой, ведут в библиотеку. Мемориальная библиотека Горького в этом доме — последняя, примерно 6-я по счету из собранных им за долгую жизнь. Много книг из предыдущих собраний Алексей Максимович передал в городскую библиотеку Нижнего Новгорода, Публичную библиотеку Петрограда, раздал друзьям. Это собрание книг насчитывает 10 000 названий (12 000 томов) и занимает 44 специально изготовленных шкафа в библиотечной комнате, секретарской, в двух вестибюлях и на ступенях лестницы. В последнюю библиотеку вошли книги, с которыми Алексей Максимович не расставался всю жизнь. Одним из первых приобретений стали «Афоризмы и максимы» А. Шопенгауэра в 3-х томах. На первом есть надпись: «А. Пешков. Самара, 1895 г.» Там же и первые, сделанные им пометки и записи на полях. Основную часть библиотеки составляет художественная литература —

русская и переводная. Это книги любимых авторов — Пушкина, Чехова, Лескова, Бунина. Некоторые, особенно с дарственными надписями, Горький всюду возил с собой (например, собрание произведений А. П. Чехова в 9 томах, подаренное автором в Ялте в 1902 г.). В этой библиотеке представлены книги почти всех известных советских писателей 1920–1930-х гг. Здесь многие издания произведений А. Н. Толстого, М. Зощенко, К. Федина, Л. Леонова, М. Шолохова, Вс. Иванова, Н. Тихонова (все с дарственными надписями). Сохранились сборники стихотворений Б. Пастернака, В. Маяковского, С. Есенина, М. Цветаевой, подаренные этими поэтами. Библиотека человека, с ранних лет убеждённого, что «лишних знаний нет», поражает широтой тематики. Энциклопедии, книги по философии, фольклору, быту, языковедению, русская и зарубежная проза, поэзия; история литературы, серия «Жизнь замечательных людей», труды по искусству, географии и биологии, истории религии, научная литература и право, мемуары и т. д. Многие книги в библиотеке Горького с автографами (Чехов, Бунин, Блок, Андреев, Розанов, Пастернак, Цветаева и др.). Последним из прочитанного стала вышедшая весной 1936 г. в серии «Жизнь замечательных людей» книга Е. В. Тарле «Наполеон».

Из кабинета — дверь в спальню, где только самое необходимое. Справа от кровати — деревянная полка с книгами, под ней мягкое кожаное кресло, небольшой столик с лампой и пепельницей. Это любимый уголок Горького. Здесь, при свете лампы, в кресле, укутав ноги пледом, с карандашом в руках, он обычно подолгу читал перед сном. Горький, в шутку называвший себя «профессиональным читателем», старался читать все новинки, ибо до конца жизни сохранил редкое качество «удивления книге». Об этом с восхищением писал Р. Роллан: «Какая неистребимая ясность ума! Какая жажда учиться!». На стене над книжной полкой — пейзаж с видом морского берега возле виллы «Иль Сорито», где Горький жил в Сорренто. Картина написана и подарена Николаем Бенуа, сыном известного русского художника Александра Николаевича Бенуа. На тумбочке возле кровати — снимок старшей внучки Горького — Марфы. Это одна из самых последних фоторабот сына — Максима Алексеевича. Он скончался 11 мая 1934 г. от скоротечного крупозного воспаления лёгких. Эту потерю Алексей Максимович фактически не смог перенести и пережил сына лишь на два года. Над комодом находится одно из последних художественных приобретений Горького — пастельный автопортрет П. М. Боклевского, юриста по профессии и художника по призванию; иллюстратора книг Гоголя, Островского, Мельникова-Печерского. Горький, придававший большое значение качеству иллюстраций, очень ценил его дарование. Единственная «роскошь» в комнате — японский шкафчик, в котором находятся предметы из восточной коллекции и «сувениры»: деревянные фигурки, вырезанные Л. Леоновым — Бурыга и Яков Пигунок, персонажи его ранних рассказов; футляр для спичечного коробка с росписью известного палешанина И. И. Голикова и др.

Музейное отражение этого периода жизни Горького «вписано» в архитектурную специфику особняка. Мемориальная экспозиция московского музея расположена в доме, построенном Фёдором Осиповичем Шехтелем в 1900-х гг. для Ст. П. Рябушинского. После революции здесь размещались Госиздат, Психоаналитический институт и его лаборатория, детский сад, ВОКС (Всесоюзное общество культурной связи с заграницей). В 1931 г. дом был предоставлен Горькому, возвратившемуся на родину из Италии.

Здание — памятник архитектуры стиля модерн — завораживает посетителей изгибом мраморной лестницы со светильником-медузой, загадочными рисунками витражей, деревянной резьбой дверей, стеклянным потолком и приглушённым светом. Многие современники вслед за Роменом Ролланом полагали, что Горький плохо вписывается в предложенные декорации. Современное музейное пространство сочетает сохранённые интерьеры, подлинную обстановку и горьковскую атмосферу дома в сложном, но безусловном единстве. Годы, прожитые писателем в этих стенах, наложили неповторимый отпечаток на облик его последнего дома. Горьковский мемориальный контур отчетливо проступает на фоне истории особняка на М. Никитской. Подлинность последней квартиры писателя — важнейшее достоинство музея.

Горький прожил долгую, насыщенную жизнь; вместившую творческие достижения, личные трагедии, ошибки и удачи, поражения и победы. Музейное повторение его биографии — отражение и осмысление знаковых событий прошлого, определивших будущее страны, для которой писал Максим Горький.

참고문헌

1. Горький М. Полн. собр. соч.: Художественные произведения: В 25 т. М.: Наука, 1968–1976. Т. 15. 644 с.

2. Калинин Н. Горький в Казани. Казань, 1928. 52 с.

3. Предсмертные записи М. Горького // Вокруг смерти Горького. Документы, факты, версии. М.: ИМЛИ РАН, «Наследие». 2001. С. 59–64.

Максим Горький в русской и мировой культуре XX века

В. В. Полонский,
Д. С. Московская,
М. А. Ариас-Вихиль

저자 소개

Vadim Polonsky, Russia, Moscow, A.M. Gorky Institute of World Literature of the Russian Academy of Sciences, Professor of the Russian Academy of Sciences, Director of the A.M. Gorky Institute of World Literature of the Russian Academy of Sciences, Doctor of Philology. E-mail: v.polonski@mail.ru

Darya Moskovskaya, Moscow, Russia, A.M. Gorky Institute of World Literature of the Russian Academy of Sciences, Head of the Department of Manuscripts of the A.M. Gorky Institute of World Literature of the Russian Academy of Sciences, Doctor of Philology. E-mail: d.moskovskaya@bk.ru

Marina Arias-Vikhil, Russia, Moscow, A.M. Gorky Institute of World Literature of the Russian Academy of Sciences, Senior Researcher, PhD. E-mail: arias-vikhil@mail.ru

Abstract

MAXIM GORKY IN RUSSIAN AND WORLD CULTURE OF THE 20TH CENTURY

Vadim Polonsky, Darya Moskovskaya, Marina Arias-Vikhil

(A. M. Gorky Institute of World Literature

of the Russian Academy of Sciences)

Russian writer and public figure Maxim Gorky had a huge international fame and influence. In pre-revolutionary years, he supported novice writers of worker and peasant origin, at his own expense, opened publishing houses and magazines for them. During World War I and the growth of nationalism, he asserted the idea of national identity, contributed to the publication of collections of national literature including Armenian, Georgian, Jewish, Latvian, Lithuanian, Ukrainian, and Finnish. After the February Revolution, he created the scientific and educational Free Association for Development and Dissemination of the Positive Sciences. After the October Revolution, he defended the intelligentsia against repression and supported their existence by establishing the Commission to Improve the Living Conditions of Scientists (KUBU) and the World Literature publishing house. Gorky initiated creation of the All-Russian Public Committee to Aid the Hungry, which included the President of the

Russian Academy of Sciences, Academician A. P. Karpinsky, academicians N. Ya. Marr, N. S. Kurnakov, A. E. Fersman, S. F. Oldenburg. The Gorky's humanitarian initiatives led to establishing committees to help the hungry in many countries around the world. The government policy of terror and repression, with which he disagreed with, forced him to emigrate. Returning to Russia in 1930, full of hopes, he conceives scientific and educational publications series "History of the Civil War", "History of factories and plants," "History of Russian cities and life." Gorky stands at the origins of the Union of Soviet Writers, the Institute of Oriental Studies, the Literary Institute, the All-Union Institute of Experimental Medicine. On his initiative, the Institute of World Literature was established as a laboratory for studying the literature of the peoples of the USSR and the world. Contemporary studies of Gorky's legacy in the Institute of World Literature of the Russian Academy of Sciences are free from the dogmatic filters of the Soviet officialdom. They reveal Gorky's connections with the literature of the Silver Age of modernism and with world culture. IMLI will celebrate the 150th anniversary of M. Gorky with publication of new archival materials that reveal the writer's relations with famous foreign cultural figures.

Keywords: Gorky, Nobel laureate, member of the Academy of Sciences, publishing series, national literature, Orientalists, Institute of World Literature, archive, publication, correspondence, anniversary.

28 марта 2018 г. исполнилось 150 лет со дня рождения Максима Горького (Алексея Максимовича Пешкова) — всемирно известного русского писателя и общественного деятеля, художника сложного, во многом трагичного пути. Трудно назвать другого отечественного классика минувшего столетия, имевшего столь масштабную международную литературную славу и влияние. Его творчество, сопоставимое с наследием таких никем не превзойдённых в XIX в. гениев, как Л. Н. Толстой, Ф. М. Достоевский, А. П. Чехов, ознаменовало завершение классической традиции русской литературы и художественный поиск новых культурных форм и перспектив. Создатель «новой драмы», наряду с Г. Ибсеном, А. Стриндбергом, Г. Гауптманом, А. П. Чеховым, автор романтических рассказов о жизни босяков и бродяг, Горький постоянно был в поисках героя своего времени, но его главный роман так и остался незавершённым. Открытый финал «Жизни Клима Самгина» символичен: наступил железный XX век, век-волкодав, принёсший глобальные исторические катаклизмы и поставивший человечество перед необходимостью

выбора новых философских, научных и культурных ориентиров, чтобы не просто выжить, а избежать духовного обнищания, понижения нравственных критериев, дегуманизации и морального релятивизма.

Уникальность гения Горького состоит не только в создании галереи исполненных экспрессии образов и запоминающихся сюжетов, ставших символами эпохи тотальных перемен — восстания масс и низвержения традиций патриархального прошлого, но и в страстном общественном темпераменте. В перспективе отчётливо видно, что Горький посвятил свою жизнь осуществлению в самых сложных исторических условиях новаторских широкомасштабных гуманитарных, научных и издательских проектов, стоял у истоков организации существующих и поныне общественных организаций, литературных, учебных и академических научно-исследовательских институций. То, что по сей день делает имя и личность Горького столь привлекательными в глазах соотечественников и зарубежных читателей и исследователей, есть неустанная борьба писателя за возвращение человеку его достоинства, попранного условиями существования. «Недостижимая добродетель альтруизма», — так охарактеризовала главную черту творчества Горького его современница Грация Деледда, итальянская писательница, Нобелевский лауреат 1926 года, автор предисловия к первому изданию сборника рассказов

Горького в Италии (1901). Пафос раннего творчества Горького и созданные им романтические символы — Сокол, Буревестник, Данко — были нераздельными спутниками бурлящей юности XX века в её предчувствии грядущих «невиданных мятежей».

В феврале 1902 г. на заседании Отделения изящной словесности Академии наук А. М. Горького избрали почётным академиком. В это время «политически неблагонадёжный» писатель, уже дважды арестовывавшийся (в 1898 и в 1901 гг.), находился под следствием. Академия решила поддержать Горького, кумира читателей в России и за рубежом, не имевшего начального образования, но обладавшего феноменальной жаждой знаний и фантастической работоспособностью. Император Николай II отменил избрание «босяка» в академики, наложив резолюцию на доклад о выборах: «Более чем оригинально!». Однако общественное мнение в лице уже признанных духовных авторитетов того времени было не на стороне узкоконсервативного подхода к культуре. В знак протеста от звания почётных академиков отказались А. П. Чехов и В. Г. Короленко, а почётный академик В. В. Стасов решил не посещать более Академии наук. Но историческая правда восторжествовала: после Февральской революции в марте 1917 г. Горький был восстановлен в звании почётного академика на заседании Российской академии наук. Как показало время, писатель неоднократно подтверждал своё право на место в сонме выдающихся деятелей РАН, открыв в XX столетии путь в её стены целой плеяде выдающихся писателей-филологов — А. Н. Толстому, Л. М. Леонову, М. А. Шолохову, А. И. Солженицыну и другим, чьи славные имена стали синонимом служения Родине.

Место Горького в Академии наук было предопределено его просветительскими идеями и неустанной масштабной деятельностью по сохранению и пропаганде высших достижений человеческой мысли. Активный участник событий революции 1905 г., он был вынужден эмигрировать и в далёкой Италии строил планы по созданию рабочей энциклопедии для просвещения народа по примеру французских энциклопедистов, организовал Высшую социал-демократическую пропагандистско-агитаторскую школу для рабочих, читал лекции по истории литературы для прибывших из России активистов-пролетариев. Вернувшись в конце 1913 г. на Родину, Горький целиком отдал себя издательским проектам: на собственные средства открыл издательство «Парус» и начал выпускать журнал «Летопись». В «Парусе» он намеревался осуществить издание серии «Жизнь замечательных людей», а в обстановке военных лет в том же издательстве запланировал и частично осуществил публикацию серии сборников национальных литератур — армянской, грузинской, еврейской, латвийской, литовской, украинской, финской. Его проект стал подлинно гуманитарной культурной акцией в условиях Первой мировой войны и набиравшего силу на этом фоне национализма, утверждая идею многоэтничности — равноправия и самобытности национальных культур. И тогда, и позже Горький оставался верен своему убеждению: в культуре будущего «нет и не может быть «ни эллина, ни иудея» … есть только трудовой народ, единственная сила, которая органически неспособна употреблять свою власть во зло иноплеменным трудящимся массам» [1, с. 424].

В годы юности в своих долгих скитаниях «по Руси» (цикл рассказов, написанных Горьким в 1912–1917 гг. и объединённых под этим названием в 1923 г.) он приобщился к быту народностей прикаспийских степей, Крыма, Кавказа, Бессарабии. В «Нижегородском листке» он публиковал свои опыты освоения фольклора Кавказа, Башкирии, Киргизии, описывал религиозные праздники-мистерии персов-шиитов. Он выступал как этнограф-фольклорист, собирая и записывая народно-поэтические тексты, которые разжигали его собственную фантазию. В 1910 г. на Капри он познакомился с народной поэзией Западного края, собрал публикации белорусских поэтов Якуба Коласа и Янки Купалы. Стихотворение Янки Купалы «А кто там идёт…» вдохновляет его на перевод, и он создаёт «нечто вроде «Белорусского гимна»: А кто ж это их, не один миллион…» [2, с. 182]. В 1928 г., в свой первый приезд в Россию спустя долгие годы изгнания, Горький направил свои усилия на пользу национальных литератур. Совершив поездки по Советскому Союзу, он много писал о необходимости издавать сборники национальных писателей. В этих трудах скажется опыт организационной работы 1912, 1915, 1917 гг. по созданию национальных сборников и поддержке писателей-инородцев.

В 1913 г. к сотрудничеству в журнале «Летопись» были привлечены не только литераторы — уже знаменитые и ещё молодые, подающие надежды (В. Я. Брюсов, А. А. Блок, И. А. Бунин, И. Е. Вольнов, В. В. Маяковский, И. Э. Бабель, А. П. Чапыгин, К. А. Тренёв и другие), но также и учёные. «Цель журнала — может быть, несколько утопическая — попытаться внести в хаос эмоций отрезвляющее начало интеллектуализма, — писал Горький. Кровавые события наших дней возбудили и возбуждают слишком много тёмных чувств, и мне кажется, что уже пора попытаться внести в эту мрачную бурю умеряющее начало разумного и критического отношения к действительности» [3, с. 196].

После Февральской революции разумное и критическое отношение к жизни вело Горького к созданию научно-просветительской Свободной ассоциации для развития и распространения положительных наук во главе с академиком В. А. Стекловым. Идею Горького поддержали академики И. П. Бородин, В. И. Вернадский, А. А. Марков, И. П. Павлов, А. С. Фаминцын и другие. Целью ассоциации стала пропаганда науки, сохранение и развитие научно-технических центров, издание трудов учёных: «Наука — это высший разум человечества, это — солнце, которое человек создал из плоти и крови своей, создал и зажёг его перед собою для того, чтобы осветить тьму своей тяжёлой жизни, чтобы найти из неё выход к свободе, справедливости, красоте. Основное богатство каждой страны заключается в количестве разума, в количестве интеллектуальных сил, воспитанных и накопленных народом. <...> Надо понять, что труд учёного — достояние всего человечества, и наука является областью наибольшего бескорыстия. Работники науки должны быть ценимы именно как самая продуктивная и драгоценная энергия народа, а потому для них необходимо создать условия, при которых рост этой энергии был бы всячески облегчён» [4, с. 3].

События Октябрьской революции 1917 г. стали испытанием демократических идеалов писателя. В августе 1917 г. в своей газете «Новая жизнь» он выступил против планов большевиков по захвату власти в стране и в дальнейшем не мог смириться с «красным террором», с уничтожением интеллигенции, «мозга нации», «ломовой лошади истории» (цикл статей «Несвоевременные мысли», 1917–1918 гг.). В годы революции и острого гражданского конфликта, расколовшего российское общество, дом Горького по-прежнему был открыт лучшим представителям отечественной культуры: здесь находили приют и левые, и правые, и даже члены великокняжеской семьи, которым писатель помогал, спасая их от революционного террора.

Деятельность М. Горького в 1917–1921 гг. была направлена на спасение от голода и физического уничтожения деятелей науки и культуры, учёных, литераторов. Он развернул проект издания произведений мировой литературы в созданном им издательстве «Всемирная литература», где в 1918–1924 гг. было выпущено более 200 книг. Писатель инициировал учреждение Комиссии по улучшению быта учёных (КУБУ), в которую вошли З. Г. Гринберг, И. И. Манухин, П. С. Осадчий, педагог А. П. Пинкевич, академики С. Ф. Ольденбург, В. Н. Тонков, А. Е. Ферсман и другие.

После арестов в сентябре 1919 г. в среде учёных Петрограда Горький обратился к В. И. Ленину и Ф. Э. Дзержинскому с письмами в защиту арестованных: «Здесь арестовано несколько десятков виднейших русских учёных, в их числе: Депп, Осипов, Терёшин, Буш, Крогиус, Ольденбург, Белоголовый, Д. Гримм и т. д., и т. д. Считаю нужным откровенно сообщить Вам моё мнение по этому поводу: для меня богатство страны, сила народа выражается в количестве и качестве её интеллектуальных сил. <…> Я решительно протестую против этой тактики, которая поражает мозг народа, и без того достаточно нищего духовно…»

[5, с. 23]. В 1920 г. в редакционной статье первого номера журнала «Наука и её работники» Горький настойчиво проводил мысль о необходимости бережного отношения к «мозгу» нации: «Если этот процесс вымирания учёных будет продолжаться с такою быстротой, наша страна может совершенно лишиться мозга... Подумав над этим фактом, мы поймём, что истинная наука действительно беспартийна и что основное её стремление, главная цель — благо всего народа, счастье всего человечества» [6, с. 3].

Когда весной 1921 г. из-за войны, разрухи, политики продразвёрстки чудовищный голод охватил города и веси России, Горький инициировал создание Всероссийского комитета помощи голодающим (Помгол) во главе с Л. Б. Каменевым. В его состав вошли президент РАН академик А. П. Карпинский, академики Н. Я. Марр, Н. С. Курнаков, А. Е. Ферсман, непременный секретарь Академии наук С. Ф. Ольденбург, знаменитый пушкинист П. Е. Щёголев и другие. Почётным председателем комитета стал В. Г. Короленко, который должен был написать воззвание к Европе. Тогда же Горький обнародовал «Обращение ко всем просвещённым людям мира» с призывом помочь подвижникам русской науки, гибнущим от голода: «Русским учёным надо помогать. <…> Положение их не просто трудно — оно катастрофично. Количество смертей среди них принимает устрашающие размеры. Разум страны умирает — её самый драгоценный разум.

Свет этого разума всегда рассеивал и будет рассеивать не только сумрак России — это свет всего мира» [6, с.175, 176].

Гуманитарные инициативы М. Горького привели к созданию комитетов для помощи голодающим в разных странах мира. Он обращался с письмами к Г. Уэллсу, А. Галлену, А. Франсу и многим другим, дважды лично встречался с Ф. Нансеном. А. Франс отдал в помощь голодающим в России свою Нобелевскую премию, председатель Международного красного креста Ф. Нансен возглавил Международный комитет помощи голодающим в России. Будущий президент США Г. Гувер развернул большую кампанию по спасению местного населения в Поволжье и на юге России, организовал посылки российским учёным и интеллигенции. «Без авторитета и престижа Горького вряд ли пришли бы на помощь и американцы», — пишет выдающийся норвежский славист Г. Хьетсо [7, с. 22]. По недавним подсчётам, благодаря инициативе Горького были спасены 10–20 млн людей. Однако уже 27 августа 1921 г. постановлением ВЦИК комитет был ликвидирован, его члены подверглись репрессиям, а самые активные приговорены к расстрелу. От смерти их спасло лишь вмешательство Ф. Нансена и Г. Гувера.

В августе 1921 г. в среде интеллигенции прошли аресты и расстрелы сотен людей по делу В. Н. Таганцева, сына петербургского профессора Н. С. Таганцева. Горький пытался вмешаться в судьбу арестованных, известны два его письма в ВЧК. В числе расстрелянных оказался сотрудник горьковской «Всемирной литературы» поэт Н. С. Гумилёв и старый друг Горького химик М. М. Тихвинский. Горького обвиняли в бездействии. Поэт В. Ф. Ходасевич, свидетель событий, писал по этому поводу: «На основании самых достоверных источников я утверждаю, что Горький делал неслыханные усилия, чтобы спасти привлечённых по делу, но его авторитет в Москве был уже почти равен нулю» [8, с. 450].

Ленин предложил Горькому покинуть страну, что, возможно, спасло ему жизнь, как и пассажирам двух печально известных «философских пароходов». Так писатель вновь оказался изгнанником, на этот раз уже из России Советской. Однако репрессии продолжались, и Горький снова протестовал. Когда в начале июля 1922 г. был начат судебный процесс над руководителями партии эсеров, к которой принадлежала и его жена Е. П. Пешкова, Горький выступил с открытыми письмами к А. И. Рыкову и А. Франсу, в которых выразил резкий протест против физической расправы с политическими оппонентами: «Если процесс социалистов-революционеров будет закончен убийством, это будет убийство с заранее обдуманным намерением, — гнусное убийство. <…> За всё время революции я тысячекратно указывал Советской власти на бессмыслие и преступность истребления интеллигенции в нашей безграмотной и некультурной стране» [9, с. 66]. Его поддержали Р. Роллан, А. Эйнштейн, А. Франс, Г. Уэллс.

После выхода в 1923 г. «Указателя об изъятии антихудожественной и контрреволюционной литературы из библиотек, обслуживающих массового читателя», подготовленного Н. К. Крупской, Горький выступил с протестом против репрессий в отношении книг Платона, Р. Декарта, И. Канта, А. Шопенгауэра, Г. Спенсера, Л. Н. Толстого, М. Метерлинка, против лишения читателей возможности знакомиться со священным писанием народов мира — Евангелием, Талмудом, Кораном. «Лично для меня, — пишет Горький Роллану, — человека, который всем лучшим своим обязан книгам и который любит их едва ли не больше, чем людей, для меня — это хуже всего, что я испытал в жизни и позорнее всего, испытанного когда-либо Россией» [10, с. 286].

К концу 1920-х годов, в условиях политической изоляции молодого пролетарского государства, советское руководство отчётливо осознало политическое значение М. Горького. Это был человек, к которому прислушивался весь мир. И руководителем партии И. В. Сталиным было сделано всё возможное, чтобы вернуть Горького в СССР, «привязать его канатами к партии». Единственное, что могло привязать Горького если не к партии, то к Стране Советов, было обещание права работать на благо своего народа. Расчёт был тонок. Накануне празднования своего 60-летия автор доверчиво заявлял: «Я решительно отказываюсь от всяких чинов и наград, в какой бы форме они ни были предложены мне. Я имею уже высшую награду, о которой может мечтать литератор, — награду непосредственного общения с моим читателем» [11, с. 237].

С 1927 г. Горькому пересылали планы Госиздата на утверждение. Ещё живя в Сорренто, он основал в СССР ряд газет и журналов («Наши достижения», «СССР на стройке», «За рубежом», «Литературная газета», «Литературная учёба», «Колхозник»), задумал ряд просветительских издательских серий («История Гражданской войны», «История фабрик и заводов», «История русских городов и быта», «История деревни», «История молодого человека», «История женщины», «Жизнь замечательных людей», «Библиотека поэта»). Исследование научно-просветительских инициатив Горького, как реализованных, так и не осуществлённых, ведётся сотрудниками института на архивных материалах ИМЛИ, РГАЛИ, ГАРФ [12–14]. В 1932 г. Горький возглавил Оргкомитет Первого съезда советских писателей, а в 1934 г. стал председателем Союза советских писателей, получив удостоверение за № 1. По инициативе Горького созданы Институт востоковедения, Литературный институт, Всесоюзный институт экспериментальной медицины (ВИЭМ). Будучи хорошо знакомым со многими известными учёными-востоковедами (В. М. Алексеевым, Б. Я. Владимирцевым, И. Ю. Грачевским, Н. Я. Марром, С. Ф. Ольденбургом), среди которых были также члены Академии наук, Горький способствовал учреждению 7 сентября 1920 г. Института востоковедения Москвы при Наркомате наций.

17 сентября 1932 г. Президиум ЦИК СССР, отмечая заслуги писателя в области воспитания новых писательских кадров и в честь 40-летия литературной деятельности, постановил: «Основать в Москве Литературный Институт имени Максима Горького». Институт был образован в системе научных и учебных учреждений, подчинённых Учёному комитету при ЦИК Союза ССР как «литературный учебный центр, дающий возможность писателям, творчески себя проявившим, и, в первую очередь, писателям из среды рабочих и крестьян, повысить свою квалификацию, получить всестороннее развитие и критически усвоить наследие литературного прошлого» и как «лаборатория для изучения художественной литературы народов Союза ССР» [15, с. 1].

На следующий же день после решения о создании Литературного института Горькому написал выдающийся фольклорист Ю. М. Соколов: «Мы, литературоведы, горячо приветствуем решение правительства об организации в Москве Литературного института Вашего имени. Но у нас в Москве нет сейчас и литературоведческого исследовательского учреждения (если не считать ЛИИ Комакадемии, работающего в последнее время донельзя замкнуто в узком кругу немногих лиц), нет у нас и ни одного литературоведческого общества» [16].

Идея Горького объединить исследовательскую работу и учебный процесс в едином научно-образовательном учреждении, уникальном и ещё невиданном в мире, была по тем временам новаторской и грандиозной. Необходимость такого института — творческой лаборатории, была вызвана появлением новой советской литературы. 26 мая 1934 г. Горький писал Р. Роллану: «Вам, вероятно, уже известно, что Академия наук и ВИЭМ переносятся из Ленинграда под Москву, где эти два огромные учреждения будут основой «Города науки». Наверное, там же будет строиться Институт изучения всемирной литературы, весьма интересный по его программе» [17, с. 285].

В процессе формирования института, входившего в систему учреждений, подведомственных Учёному комитету при Правительстве СССР, 27 августа 1934 г. он был переименован в Институт литературы им. А. М. Горького и нацелен на исследовательскую работу в области мировой литературы. В этот же день состоялось и первое назначение — директором института по рекомендации Горького стал Л. Б. Каменев, который мечтал создать «некую Сорбонну литературоведения». После смерти Горького по решению Правительства СССР от 14 февраля 1937 г. при институте были созданы Архив и Музей А. М. Горького, а изучение творческого наследия писателя стало приоритетным направлением научной деятельности. 16 апреля 1938 г. институт вошёл в состав АН СССР, имея пять научно-исследовательских отделов: по изучению творчества А. М. Горького (руководитель член-корреспондент АН СССР И. К. Луппол); советской литературы (руководитель профессор М. И. Серебрянский); русской литературы XVIII в. (руководитель профессор Н. К. Гудзий); западноевропейской литературы (руководитель профессор Ф. П. Шиллер); античной литературы (руководитель академик М. М. Покровский). По инициативе И. К. Луппола в марте 1938 г. были проведены первые «Горьковские чтения», традиция которых продолжается по сей день. Одновременно началось издание серии томов «Архива А. М. Горького» (в 1939–2002 гг. вышло 16 томов). В середине 1940-х годов учёные принялись за подготовку Собрания сочинений А. М. Горького в 30 томах под руководством Б. В. Михайловского (первый том вышел в 1949 г., последний — в 1956 г.). В 1958 г. в Горьковском секторе была издана 4-томная «Летопись жизни и творчества А. М. Горького» (1958–1960; редколлегия: Б. В. Михайловский, Л. И. Пономарёв, В. Р. Щербина). В 1963 г. в научно-археографической серии

«Литературное наследство» издан том «Горький и советские писатели: Неизданная переписка», в 1965 г. — «Горький и Леонид Андреев: Неизданная переписка», в 1988 г. — «Горький и русская журналистика начала ХХ века». С 1967 г. под руководством профессора А. И. Овчаренко (1922–1988) началась подготовка и издание «Полного академического собрания сочинений А. М. Горького». Издание собрания сочинений сопровождалось серией «М. Горький: Материалы и исследования» (с 1989, ответственный редактор Л. А. Спиридонова; в 2017 г. вышел выпуск № 13), в которой издаются неизвестные архивные материалы, с аналитическими статьями и научным комментарием.

Миссия Института мировой литературы, этой «Сорбонны литературоведения», была определена стремлением Горького создать научно-исследовательский центр изучения истории русской и зарубежных литератур и фольклора и основную базу фундаментальных и прикладных исследований по методологии и теории мирового историко-литературного процесса. В 1949 г. в нём был сформирован Сектор литератур народов СССР. В 1955 г. сектор вошёл в состав новообразованного Отдела советской литературы. С того времени до 1988 г. сектором, а потом и отделом заведовал доктор философских наук Г. И. Ломидзе (с 1972 г. член-корреспондент АН СССР). В 1988 г. сектор выделился в самостоятельную единицу и на его основе был создан Отдел литератур народов СССР (ныне — Отдел литератур народов России и СНГ ИМЛИ РАН).

В последние годы в институте особенно активно развивается исследование творчества Горького в контексте европейской культуры, а также изучение мирового значения писателя [18, с. 419–433]. Долгое время отечественное литературоведение было сковано официальной советской идеологией, и многие особенности творчества Горького, факты его жизни оказались вне поля зрения исследователей, вынужденных ограничиться догматическим каноном. Эпитет «великий пролетарский писатель» исключал все альтернативные трактовки его непростой биографии, яркого, сложного по своей структуре литературного творчества и мировоззрения. В советский период идеологический официоз окончательно развёл Горького с культурным ландшафтом «упаднического» Серебряного века. Писателю было назначено стать литературным флагманом пресловутого третьего этапа освободительного движения в России и зачинателем нового проекта — социалистического реализма. Однако свободные от подобных догматических фильтров исследования последней четверти века ИМЛИ РАН, ведущиеся под руководством В. В. Полонского в Отделе русской литературы конца XIX — начала XX в., существенно скорректировали образ писателя. Было доказательно продемонстрировано, что едва ли не всё наиболее ценное и до сих пор живое в наследии Горького — от терпкого синтеза красочной романтики с экспрессивно сниженным натурализмом ранних рассказов до вершинного сочинения «Жизнь Клима Самгина» с его сложнейшей аналитико-феноменологической конструкцией, вскрывающей, подобно романам Р. Музиля, М. Пруста, Дж. Джойса, Т. Манна, механизмы взаимодействия большой истории и субъективных преломлений времени в кризисном сознании распадающегося «я», — находится в глубочайшей внутренней зависимости от основополагающих миросозерцательных и художественных импульсов модернистского субстрата Серебряного века [19, с. 14–25].

На основании документов Горького, просмотра de visu и перевода на русский язык итальянской периодики того времени сотрудником Архива А. М. Горького М. А. Ариас-Вихиль были подготовлены к печати два тома, посвящённые пребыванию Горького в Италии: «Диалог культур: Горький на Капри (1905–1914)» и «Горький в Сорренто (1917–1936)», научная монография ««Недостижимая добродетель альтруизма»: Максим Горький в итальянской критике». На архивном материале строится недавно опубликованная Д. С. Московской мемуарная книга Алексея Золотарёва, друга Горького, посвящённая каприйскому периоду жизни и творчества писателя [20].

Эти книги и другие издания ИМЛИ РАН впервые вводят в научный оборот обширные свидетельства разнообразных — научных и творческих — связей писателя с деятелями итальянской литературы и искусства, в числе которых историк и философ Б. Кроче, критик У. Ойетти, актриса Э. Дузе, скульпторы Д. Трентакосте и И. Компаньоли, политики А. Лабриола и Э. Ферри, драматург Р. Бракко, писатель и журналист Дж. Чена, писательница С. Алерамо, историк Г. Сальвемини, поэтесса А. Негри, известная журналистка М. Серао и многие другие. Исследования показывают, что Горький неизменно находился в центре внимания не только итальянской социал-демократии, но и широких кругов молодёжи, университетской профессуры, различных общественных организаций. Указанные исследования развивают традицию изучения наследия Горького в контексте мировой культуры. Ещё в 1996 г. в серии «Архив А. М. Горького» ИМЛИ РАН вышла в свет переписка Горького с Р. Ролланом, Нобелевским лауреатом, который был одной из ключевых фигур литературной и политической жизни Европы первой половины XX века. В своих письмах корреспонденты, олицетворявшие для современников «совесть эпохи», проясняли друг для друга и для себя позиции по самым больным вопросам политики и культуры, размышляли на философские и литературные темы. В предисловии к русскому изданию Собрания сочинений Р. Роллана (1929–1935) Горький высоко оценивал главное достоинство его творчества —

веру в человека. Роллан также выступил автором предисловия к публицистическим статьям Горького, инициировал выдвижение писателя на Нобелевскую премию по литературе. Среди номинантов Горький был в 1918, 1923, 1928 и 1930 гг. [21, с. 62–89].

Желание вернуться на родину и вновь обрести своего читателя поставило М. Горького в положение заложника сталинской политики. Незадолго до окончательного отъезда Горького из Италии его посетил в Сорренто друг Р. Роллана, известный австрийский писатель С. Цвейг, который записал своё впечатление от этой встречи: «Горький хорошо знает, что весь мир ждёт от него свидетельств: Советы ждут, чтобы он высказался за них и всё одобрил, а другие ждут, чтобы он всё осудил. А он молчит <...>; ведь не станешь же ругать собственное дитя, даже если оно уродилось не таким, как нам хотелось». Цвейг добавил, что положение Горького «абсолютно трагично» [22, с.155].

По приглашению М. Горького в июне-июле 1935 г. Москву посетил Р. Роллан. Первые дни после приезда он провёл в гостинице «Савой», ожидая встречи со Сталиным в Кремле. Однако уже на другой день после встречи с вождём Роллан переехал в дом Горького. Московское путешествие Роллан описал в своём «Московском дневнике», переданном позже в Архив А. М. Горького его вдовой. Дневник содержит горькие размышления о трагизме судьбы великого русского писателя: «Горький бросился, забыв обо всём, в русскую революцию <...> его заворожила новая Россия, казавшаяся ещё блистательнее с далёких берегов муссолиниевского Средиземноморья. <...> Тщетно пытается он видеть в деле, в котором участвует, только величие, красоту, <...> он видит ошибки и страдания, а порой даже бесчеловечность этого дела. <...> Несчастный старый медведь, увитый лаврами и осыпанный почестями, равнодушный в глубине души ко всем этим благам <...> он пытается заглушить свой застарелый пессимизм опьяняющим энтузиазмом и верой окружающих масс» [23, с. 182]. Правозащитная деятельность Р. Роллана в 1930-х годах, постоянно обращавшегося за помощью к Горькому, остаётся малоисследованной страницей политической истории XX в. и заслуживает серьёзного анализа. Требуют внимания и тщательного изучения литературные и общественные связи Горького с западными интеллектуалами, в частности, с французскими писателями Л. Арагоном, А. Мальро, Ж.-Р. Блоком, А. Барбюсом, А. Жидом, Ж. Роменом, Ж. Дюамелем и другими, которые составили одну из самых ярких страниц русско-французских творческих взаимодействий XX века.

Не менее актуально исследование творчества Горького в контексте английской литературы. С Г. Уэллсом, Б. Шоу, Ч. Райтом, Дж. Голсуорси Горький состоял в личной переписке. В Архиве А. М. Горького хранятся переданные М. И. Будберг письма

Уэллса Горькому и его интереснейшие воспоминания о посещении им лаборатории И. П. Павлова. Вспоминая о своей первой встрече с Горьким в 1906 г. в Америке, Г. Уэллс писал: «Горький не только великий мастер искусства, которым занимаюсь и я, это ещё и замечательная личность» [24 , с. 222]. В конце 1916 г. Горький обратился к Уэллсу с просьбой написать биографию Т. Эдисона для возобновлённой им серии «Жизнь замечательных людей»: «Вы понимаете, как необходима книга, которая учит любить науку и труд. Я попрошу также Ромена Роллана написать книгу о Бетховене, Фритьофа Нансена — о Колумбе, а сам напишу о Гарибальди» [25, с. 64]. Эта предназначенная Горьким для юношества серия существует по сей день.

О том, как происходило знакомство англичан с книгами Горького, свидетельствуют воспоминания К. Маккензи: «Романы Тургенева вызвали восхищение английской интеллигенции, но они вызвали восхищение как произведения искусства, а не открытие какого-то нового образа мыслей… И лишь успех переводов произведений Максима Горького впервые пробудил в Англии настоящий интерес к русской литературе. В 1901–1902 гг. вышло шесть книг с переводами его романов и рассказов»[26, с. 225]. В рецензии на первую книгу рассказов Горького, вышедшую в Англии, Маккензи писал: «Книга Горького прозвучала как удар молота в атмосфере самодовольства и чопорности, царившей в Англии времён короля Эдуарда» [26, с. 225]. Произведения Горького воспринимались как «манифест русского натурализма» (Ф. Чендлер) в отличие от сумеречных певцов «загадочной русской души» Достоевского и Чехова. В нём англичане увидели пророка, предвещающего наступление новой эры (Э. Диллон). Пьеса Горького «На дне», быстро снискавшая европейскую славу и пользовавшаяся успехом на сценах Франции, Германии, Италии, была негласно запрещена в Англии, как и пьесы Г. Ибсена, О. Уайльда, Г. Гауптмана и Б. Шоу. Её премьера в Англии состоялась лишь в 1911 г. на сцене театра «Кингсвей».

Переписка М. Горького с Б. Шоу началась во время Первой мировой войны. Зная об антивоенной направленности публицистики Шоу тех лет, Горький стремился привлечь его в свой журнал «Летопись». Шоу поддержал идеи Октябрьской революции и выступил в защиту СССР. В июле 1931 г. Б. Шоу приехал в Советский Союз. Здесь состоялась вторая их встреча. Шоу отметил, что Горький знал Россию «лучше, чем другие писатели, чем писатели-дворяне, знал её изнанку, её тёмные пучины. Картина, нарисованная им, была мрачнее, но она подлинно отображала действительность» [27, с. 62].

Высокую оценку творчества Горького дал Дж. Голсуорси. Поздравляя Горького с 60-летием в марте 1928 г., он отправил ему телеграмму: «Я позволю себе принести дань восхищения и уважения великому русскому писателю Максиму Горькому по случаю шестидесятилетия со дня его рождения. Желаю ему ещё много лет здоровья и счастья, и пусть ещё долгие годы читаются его исполненные силы произведения» [28, с. 82].

Хранящийся в Архиве А. М. Горького «Альбом-адрес» с приветствиями более 50 европейских литераторов и деятелей искусств (Ш. Андерсон, Я. Вассерман, А. Деблин, Ж. Дюамель, Л. Фейхтвангер, Дж. Голсуорси, К. Гамсун, Ю. Енсен, С. Лагерлеф, Г. Манн, Т. Манн, Э. Пискатор, Р. Роллан, Б. Шоу, Г. Уэллс, А. Цвейг, С. Цвейг, Э. Синклер и другие) — яркое свидетельство международного значения Горького. Факсимиле страниц этого адреса войдут в юбилейное издание, книгу-альбом «Горький-150» ИМЛИ РАН. В ближайших планах института — издание богато иллюстрированного рукописного журнала «Соррентинская правда» (1924) с юмористическими рассказами и стихами, забавными карикатурами. В числе авторов журнала были обитатели и гости виллы Горького — сын Максим с женой Надеждой, М. И. Будберг, В. Ф. Ходасевич, Н. Н. Берберова. Двери соррентийской дачи Горького были открыты художникам, артистам, певцам, композиторам, режиссёрам. Здесь гостили Н. А. Бенуа, Б. Ф. Шаляпин, Б. Д. Григорьев, А. Д. и П. Д. Корины, В. И. Немирович-Данченко, В. Н. Яковлев, В. Э. Мейерхольд, И. А. Добровейн, С. С. Прокофьев, И. П. Уткин, А. И. Безыменский, А. Н. Толстой, С. Я. Маршак, О. Д. Форш. Б. Д. Григорьев написал здесь портрет Горького, представленный на Венецианской биеннале в 1926 г. Приезжал в Сорренто и скульптор С. Т. Конёнков, сделавший с натуры бюст писателя. Тема «Горький и художники» требует самостоятельного научного исследования.

Пожалуй, никто не создал более убедительного и поэтического образа Горького — писателя-романтика, писателя-труженика, чем его французский собеседник Ромен Роллан. Ещё в марте 1918 г., поздравляя Горького с днём рождения, он посвятил ему замечательные строки: «Вы родились в конце зимы и на пороге весны, в пору весеннего равноденствия. И это совпадение довольно символично, ибо Ваша жизнь связана с концом старого мира и с возникновением среди бурь мира нового. Вы были как бы гигантской аркой между этими двумя мирами. Между прошлым и будущим, да и поныне служите аркой между Россией и Западом. Я склоняюсь перед аркой. Она возвышается над дорогой. И те, кто придёт после нас, ещё долго будут видеть её, даже когда она останется далеко позади. Что до меня, человека, который имел счастье жить в одно время с Вами и делить издалека Ваши сомнения и надежды, я желаю, чтобы ясный вечер спустился на Ваши нивы, великий труженик, принявшийся за работу ещё до зари!» [29, с. 20, 21].

К 150-летию М. Горького Институтом мировой литературы РАН был осуществлён ряд юбилейных международных проектов. Среди них — состоявшийся в Мемориальном музее-квартире Горького (Шехтелевский особняк) 1 декабря 2016 г. «круглый стол» «Горький — XXI век: А.М. Горький и мировой литературный процесс в контексте российско-белорусских связей», организованный ИМЛИ РАН совместно с Постоянным комитетом Союзного государства и Международным информационным агентством «Россия сегодня»; международная научная конференция «Максим Горький. XXI век» (19–24 марта 2017, Париж, Франция), проведённая совместно с Институтом Eur'Orbem (Paris-Sorbonne/CNRS) при поддержке Министерства культуры РФ и посольства России во Франции и сопровождавшаяся премьерой спектакля «На дне» известного режиссёра-постановщика Национального театра Бретани Эрика Лакаскада и иной культурной программой; презентация представителями ИМЛИ РАН научных горьковедческих изданий на Парижском книжном салоне 2017 г. и многое другое. Эти и прочие начинания в преддверии юбилейного для памяти М. Горького года призваны помочь по-новому увидеть роль писателя и общественного деятеля в становлении структурообразующих социальных, научных и культурных институций современного мира, в формировании ценностных ориентиров нашей многонациональной страны.

참고문헌

1. Горький М. Собрание сочинений в 30 томах. Т. 24. М.: Государственное издательство художественной литературы, 1949.

2. Горький М. Письмо М. М. Коцюбинскому от 8 (21) ноября 1910 г. // Полное собрание сочинений. В 24 томах. Письма. Т. 8. М.: Наука, 2001.

3. Горький М. Письмо К. А. Тимирязеву от 11 октября 1915 г. // Полное собрание сочинений. В 24 томах. Письма. Т. 11. М.: Наука, 2004.

4. Горький М. Что такое наука? // Наука и её работники. 1920. № 1. С. 3–6.

5. Горький М. Письмо В. И. Ленину от 6 сентября 1919 г. // Полное собрание сочинений. В 24 томах. Т. 13. Письма. М.: Наука, 2007.

6. Горький М. Письмо А. Галлену от 24 марта 1921 года // Полное собрание сочинений. В 24 томах. Письма. Т. 13. М.: Наука, 2007.

7. Хьетсо Г. Горький сегодня // Неизвестный Горький. Новый взгляд на М. Горького. Серия «М. Горький и его эпоха. Материалы и исследования». Вып. 4. М.: Наследие, 1995.

8. Ходасевич В. Горький // Книги и люди. Этюды о русской литературе. М.: Жизнь и мысль, 2002.

9. Горький М. Письмо А.И. Рыкову от 1 июля 1922 г. // Полное собрание сочинений. В 24 томах. Т. 14. Письма. М.: Наука, 2009.

10. Горький М. Письмо Р. Роллану от 15 января 1924 г. // Полное собрание сочинений. В 24 томах. Т. 14. Письма. М.: Наследие, 2009.

11. Горький М. Письмо А.Б. Халатову от 5 марта 1928 г. // Полное собрание сочинений. В 24 томах. Письма. Т. 17. М.: Наука, 2014.

12. Московская Д. С. К хронике горьковского проекта «История русских городов» на материале неопубликованной монографии А. А. Золотарёва и Н. П. Анциферова «Ярославль» // Нижегородский текст русской словесности. Межвузовский сборник научных статей. Н. Новгород: НГПУ, 2009. С. 144–150.

13. Московская Д. С. Проблемы урбанизма в историко-литературном процессе 1930-х годов (Н. П. Анциферов и А. А. Золотарёв в издательском проекте «История русских городов как история русского быта». По архивным материалам) // Studia Litterarum. 2016. Т. 1. № 1–2. С. 286–302.

14. Московская Д. С. Шекспир и борьба за встречный промфинплан, или как сделано «Высокое напряжение» // Studia Litterarum. 2017. Т. 2. № 3. С. 220–236.

15. Правда. 1932. 26 сентября.

16. Курилов А. С. Из истории института: А. М. Горький и ИМЛИ; Первые положения об институте и планы научной работы // Литературоведческий журнал. 2012. № 31. https://fictionbook.ru/author/aleksandr_nikolyukin (дата обращения 10 ноября 2017 г.).

17. М. Горький и Р. Роллан. Переписка (1916–1936) // Серия «Архив А. М. Горького». Т. XV. М.: Наследие, 1996.

18. Спиридонова Л. А. Горьковедение на современном этапе // Studia litterarum. 2016. № 3–4. С. 419–433.

19. Полонский В. В. Филология vs философия? В поисках выхода из тупика интерпретаций // Studia litterarum. Т. 1. № 1–2. 2016. С. 14–25.

20. Золотарёв А. А. Campo santo моей памяти: Мемуары. Художественная проза. Стихотворения. Публицистка. Философские произведения. Высказывания современников / Отв. ред. Д. С. Московская. СПб.: Росток, 2016.

21. Ариас-Вихиль М. А.: М. Горький — претендент на Нобелевскую премию //

От Бунина до Пастернака. Русская литература в зарубежном восприятии. К юбилеям присуждения Нобелевской премии русским писателям. М.: Русский путь, 2011. С. 62–89.

22. Цвенгрош Г. Г. Вопросы гуманизма в трактовке А. М. Горького, Р. Роллана и А. В. Луначарского // М. Горький — художник и революция. Горьковские чтения-1990. Н. Новгород, 1992.

23. Роллан Р. Московский дневник // Вопросы литературы. 1989. № 5.

24. Горький и зарубежная литература. М.: Изд-во АН СССР, 1961.

25. Горький М. Письмо Г. Уэллсу от середины декабря 1916 года // Полное собрание сочинений. В 24 томах. Письма. Т. 12. М.: Наука, 2006.

26. Горький и зарубежная литература. М.: Изд-во АН СССР, 1961.

27. Переписка А. М. Горького с зарубежными литераторами. Серия «Архив А. М. Горького». Т. VIII. М.: Изд-во АН СССР, 1960.

28. Переписка А. М. Горького с зарубежными литераторами. Серия «Архив А. М. Горького». Т. VIII. М.: Изд-во АН СССР, 1960.

29. М. Горький и Р. Роллан. Переписка (1916–1936). Серия «Архив А.М. Горького» М.: Наследие, 1996. С. 20–21.

막심 고리키 탄생 150주년 기념
막심 고리키 다시 읽기

초판 인쇄 2018년 10월 01일
초판 발행 2018년 10월 08일

엮은이 뿌쉬낀하우스

펴낸이 김선명
펴낸곳 뿌쉬낀하우스
편집 김영실, Evgeny Shtefan
디자인 박은비
주소 서울시 중구 동호로 15길 8, 리오베빌딩 3층
전화 02)2237-9387
팩스 02)2238-9388
이메일 pushkin_book@naver.com
홈페이지 www.pushkinhouse.co.kr
출판등록 2004년 3월 1일 제 2004-0004호

ISBN 979-11-7036-008-7 93890

Published by Pushkin House. Printed in Korea
Copyright ⓒ 2018 Pushkin House

저작권법에 의해 보호를 받는 저작물이므로 무단 전재와 무단 복제를 금합니다.